VIDAS
INVESTIGADAS

James Miller

VIDAS INVESTIGADAS

De Sócrates a Nietzsche

Tradução de
HUGO LANGONE

Título original
EXAMINED LIVES
From Socrates to Nietzsche

Copyright © 2011 *by* James Miller
Todos os direitos reservados.

Direitos para a língua portuguesa reservados
com exclusividade para o Brasil à
EDITORA ROCCO LTDA.
Av. Presidente Wilson, 231 – 8º andar
20030-021 – Rio de Janeiro – RJ
Tel.: (21) 3525-2000 – Fax: (21) 3525-2001
rocco@rocco.com.br
www.rocco.com.br

Printed in Brazil/Impresso no Brasil

preparação de originais
NATALIE ARAÚJO LIMA

CIP-Brasil. Catalogação na fonte.
Sindicato Nacional dos Editores de Livros, RJ.

M592v	Miller, James, 1947-
	    Vidas investigadas: de Sócrates a Nietzsche/James Miller; tradução de Hugo Langone. – Rio de Janeiro: Rocco, 2012.
	    16x23cm
	
	    Tradução de: Examined lives: from Socrates to Nietzsche.
	    ISBN 978-85-325-2747-9
	
	    1. Filósofos – Biografia. I. Título.

12-0163	CDD–921 CDU–929:1

Para Ruth

SUMÁRIO

INTRODUÇÃO / *9*

SÓCRATES / *21*

PLATÃO / *45*

DIÓGENES / *73*

ARISTÓTELES / *87*

SÊNECA / *113*

AGOSTINHO / *139*

MONTAIGNE / *167*

DESCARTES / *195*

ROUSSEAU / *223*

KANT / *253*

EMERSON / *281*

NIETZSCHE / *307*

EPÍLOGO / *337*

NOTAS / *345*

AGRADECIMENTOS / *381*

INTRODUÇÃO

De todos os que se iniciam na filosofia – não os que dela se ocupam quando jovens, no intuito de se instruir, e a abandonam em seguida, mas os que nela se demoram por mais tempo –, a maioria torna-se muito excêntrica, para não dizer completamente perversa; ao mesmo tempo, os que se mostram perfeitamente decorosos
[...] tornam-se inúteis.

– PLATÃO, *A República* (487c-d)

E ra uma vez um tempo em que os filósofos causavam espanto. Eles às vezes eram alvo de escárnio e piadas, mas em geral representavam uma fonte de inspiração comum, oferecendo, com suas palavras e ações, modelos de sabedoria, padrões de conduta e, para os que os levavam a sério, exemplos a serem seguidos. Por muito tempo, histórias sobre os grandes filósofos desempenharam um papel formativo na cultura do Ocidente. Escritores romanos como Cícero, Sêneca e Marco Aurélio mediam o próprio progresso espiritual comparando suas condutas com a de Sócrates, a quem todos consideravam o modelo da perfeita virtude. Mil e seiscentos anos depois, de maneira semelhante, o jovem John Stuart Mill (1806-1873) aprendeu grego clássico para poder ler o *Memorabilia*, de Xenofonte (século IV a.C.), e as *Vidas e doutrinas dos filósofos ilustres*, tal como narrada por Diógenes Laércio, seguidor grego de Epicuro que, acredita-se, viveu no século III a.C.

Com exceção da idade absurdamente precoce com que Mill fora forçado a devorá-lo, não havia nada de estranho em seu rol de leituras. Até bem pouco tempo, quem era capaz de ler os clássicos gregos e romanos nutria-se rotineiramente não apenas de Xenofonte e Platão, mas também dos ensaios morais de Sêneca e Plutarco, que se mostravam repletos de histórias edificantes sobre os benefícios e as consolações da filosofia. Uma pessoa instruída provavelmente sabia alguma coisa sobre Sócrates, mas também sobre o "epicurismo", o "estoicismo" e o "ceticismo", movimentos filosóficos ainda de interesse para David Hume (1711-1776), que escreveu sobre cada um deles em seus *Ensaios: morais, políticos e literários* (1741-1742).

Para Hume, assim como para Diógenes Laércio, cada movimento filosófico se expressava não apenas por sua doutrina, mas também por seu modo de vida – um padrão de conduta exemplificado pelos detalhes biográficos relatados por Diógenes Laércio acerca de figuras como Epicuro, fundador do epicurismo; Zenão, tradicionalmente visto como o primeiro estoico; e Pirro, que inaugurou uma das vertentes do ceticismo antigo. Além de Hume e Mill, Karl Marx (1818-1883) e Friedrich Nietzsche (1844-1900) – para tomarmos dois exemplos igualmente modernos – também estudaram as *Vidas e doutrinas dos filósofos ilustres*. De fato, tanto Marx quanto Nietzsche, ainda com vinte e poucos anos, escreveram tratados baseados, em parte, em estudos minuciosos desse trabalho.

Hoje, ao contrário, a maioria das pessoas altamente instruídas, incluindo aí filósofos profissionais, não conhece nada sobre Diógenes Laércio ou sobre a grande maioria dos filósofos antigos cuja vida ele narrou. Em muitas escolas de diversos países, em especial nos Estados Unidos, o currículo clássico foi amplamente abandonado. Em geral, os livros didáticos modernos pouco falam da vida dos filósofos, reforçando a noção contemporânea de que a filosofia pode ser mais bem compreendida se encarada como uma disciplina puramente técnica, a qual gira em torno de questões restritas ao campo da semântica e da lógica.

O filósofo moderno padrão – o Kant da *Crítica à razão pura* (1781) ou o John Rawls de *Uma teoria da justiça* (1971), por exemplo – se identifica amplamente com esses livros. Em geral, pressupõe-se que a "filosofia", para mencionar a definição oferecida pelo recente e extraordinário *Dicionário Oxford de Filosofia*, se refere ao "estudo dos traços mais generalizados e abstratos do mundo e das categorias do pensamento: mente, matéria, razão, prova, verdade etc.".[1] Além disso, na universidade moderna, onde tanto Kant quanto Rawls exerceram sua vocação, aspirantes a filósofos aprendem todos os dias que, entre outras coisas, a verdade de uma proposição deve ser examinada independentemente do que talvez saibamos sobre a pessoa que a formula. Como coloca a filósofa Seyla Benhabib, as teorias filosóficas "trazem afirmações sobre a verdade que transcendem o contexto histórico e social. No interior da disciplina, detalhes da vida privada de determinado pensador parecem um tanto irrelevantes à compreensão ou avaliação de suas visões".[2]

Esse desprezo pela prova *ad hominem* tem origem num preconceito tipicamente moderno nutrido pelos filósofos profissionais. Para a maioria dos pensadores gregos e romanos, de Platão a Agostinho, teorizar não era senão uma forma de viver a vida filosoficamente. Para Sócrates e para os inúmeros filósofos clássicos que tentaram seguir seus passos, o principal problema não era ratificar determinada série de proposições (mesmo quando a capacidade de definir termos e de analisar argumentos era um componente constitutivo do ensinamento da escola), mas explorar "o tipo de pessoa e a espécie de personalidade"[3] que poderiam ser desenvolvidos ao se encarar a busca pela sabedoria com seriedade. Para os filósofos gregos e romanos, "o discurso filosófico [...] tem origem numa escolha de vida e numa opção existencial, e não o contrário".⁴

Ou então, como afirma Sócrates nas páginas do *Memorabilia*, de Xenofonte: "Se não revelar o que penso através de uma declaração formal, o farei através de minha conduta. Não julgais que ações são provas mais confiáveis do que palavras?"⁵

Na Grécia e na Roma antigas, acreditava-se amplamente que a vida de um filósofo deveria traduzir determinado código de conduta e determinada forma de vida. Como consequência, detalhes biográficos eram muitas vezes mencionados no julgamento valorativo dos filósofos. O fato de Sócrates ter enfrentado a morte com dignidade, por exemplo, foi visto por muitos como um argumento em prol das visões sustentadas por ele acerca de como conduzir a vida.

Porém, será *mesmo* que Sócrates encarou a morte com dignidade? Como podemos ter certeza de que sabemos a verdade sobre seu real comportamento? Diante de perguntas como essas, a desconfiança dos filósofos modernos diante de argumentos *ad hominem* tende a ser reforçada por um ceticismo moderno semelhante, que desconfia dos tipos de histórias tradicionalmente relatadas sobre os filósofos.

Tomemos a antologia de Diógenes Laércio, que é a compilação de biografias filosóficas mais extensa que possuímos hoje. O trabalho tem início com Tales de Mileto (c. 624-546 a.C.): "A ele pertence o provérbio 'Conhece-te a ti mesmo'", escreve o autor com sua típica e indiferente imprecisão, "o qual Antístenes atribui, em sua *Sucessão dos filósofos*, a Femonoe, embora admita que fora apropriado por Quilon".⁶ Ele descreve Tales como o primeiro dos professores distraídos:

> Dizem que, certa feita, quando uma velha senhora o tirou de casa para que pudesse observar as estrelas, ele caiu num fosso, e seu grito por socorro fê-lo obter da senhora a resposta: "Como podes almejar saber tudo sobre o céu, Tales, quando sequer consegues ver o que está diante dos teus pés?"⁷

O trabalho de Diógenes Laércio há muito vem atormentando os estudiosos modernos. Sua compilação reúne de forma claramente indiscriminada um material que advém de uma vastidão de fontes. Apesar de sua característica irregular, sua coleção de máximas, de excertos poéticos e de trechos de tratados teóricos continua sendo uma fonte primordial do pouco que sabemos hoje sobre as doutrinas professadas por muitos filósofos da Grécia antiga, de Tales de Mileto e Heráclito (c. 540-480 a.C.) a Epicuro (341-270 a.C.). As anedotas de Diógenes, por outro lado, foram muitas vezes desprezadas, em parte porque ele não faz esforço algum para avaliar a qualidade de suas fontes, em parte porque suas biografias encontram-se repletas de contradições e em parte porque é impossível acreditar em algumas de suas histórias.

Os relatos preservados por Diógenes Laércio ocupam uma zona ambígua entre a verdade e a ficção. Logo no princípio – nos diálogos socráticos de Platão[8] –, a vida do filósofo foi transformada numa espécie de mito e tratada como um tipo de poesia, adentrando o imaginário coletivo como a condensação mnemônica, expressa por uma narrativa exemplar, do que determinada forma de vida poderia significar na prática. Aderir a uma escola filosófica na Antiguidade muitas vezes envolvia o esforço, realizado na companhia de outros, de seguir os passos de um predecessor consagrado, glorificado numa série de relatos famosos. Muito antes de os cristãos tomarem para si uma "imitação de Cristo", os socráticos lutavam para imitar Sócrates; os cínicos buscavam viver com a mesma modéstia do primeiro cínico; e os epicuristas tentavam emular a vida de seu mestre epônimo, Epicuro.

Dessa forma, as narrativas sobre heróis espirituais desempenhavam um papel formativo nas escolas filosóficas da Antiguidade. A necessidade desses relatos levava à elaboração de histórias idealizadas, capazes de esclarecer e edificar. Em diálogos dramáticos[9] como a *Apologia*, *Críton* e *Fédon*, o retrato que Platão traça de Sócrates diante da morte tem como objetivo atiçar a imaginação e fortalecer a decisão do aluno de iniciar a incerta caminhada rumo à sabedoria. Como o classicista Arnaldo Momigliano afirmou, Platão e seus companheiros

> fizeram experimentos biográficos, os quais se voltavam à apreensão das potencialidades, e não das realidades das vidas individuais. [...] [*Sócrates*] não era um morto cuja vida poderia muito bem ser contada. Ele servia como guia por territórios até então inexplorados.[10]

Seguindo os passos de Platão e experimentando com algumas das mais antigas formas de biografia e autobiografia conhecidas no Ocidente, um grande número de filósofos helênicos, incluindo Sêneca e Plutarco, presumiu que sua tarefa era transmitir preceitos através da descrição textual e encantadora de um mestre: daí o relato que Plutarco faz da vida dos nobres estadistas da Grécia e de Roma, assim como a narrativa sobre si mesmo que Sêneca realiza em suas *Epístolas morais*. Diferenciar o que é fato do que é ficção[11] nessas descrições seria (tomando emprestada uma comparação de Nietzsche) como adaptar a sinfonia *Eroica*, de Beethoven, para um grupo composto de duas flautas.

Porém, se o caminho para a compreensão de si mesmo tem início com anedotas heroicas, ele logo se desdobra na busca por essências abstratas. Para muitos filósofos gregos e romanos, de Platão a Agostinho, o verdadeiro eu é imaterial, imortal e imutável. Porém, a história não acaba aí, uma vez que a investigação de si acaba por encontrar, e é forçada a reconhecer, o labirinto aparentemente infinito da experiência interior. Primeiro em Agostinho (354-430 d.C.) e depois em Montaigne (1532-1592), surge um novo retrato do ser humano como criatura em fluxo, como uma potencialidade pura para o ser,[12] sem dúvida orientada ao que antes se acreditara ser o bem, a verdade e o belo.

A transição da forma antiga de viver a vida filosoficamente para sua forma moderna não se deu de maneira repentina ou abrupta. Uma geração após a de Montaigne, Descartes (1596-1650) ainda conseguia conceber uma espécie de autobiografia mítica, ao passo que, menos de duzentos anos depois, Rousseau (1712-1778) só é capaz de imaginar a redação de uma autobiografia humilhantemente honesta e, ao mesmo tempo, verificável em suas particularidades mais incriminadoras. Não deve nos surpreender, portanto, que tantos filósofos modernos, embora ainda inspirados pelo ideal antigo da filosofia como estilo de vida, tenham, como Kant, procurado refúgio em formas impessoais de teorização e ensino.

Esse tipo de filosofar acadêmico deixava Friedrich Nietzsche notoriamente impassível. "Eu, por exemplo, prefiro ler Diógenes Laércio", escreveu ele em 1874.

> A única crítica de uma filosofia que é possível e que prova algo, isto é, que procura descobrir se é possível viver de acordo com ela, nunca foi ensinada nas universidades; foi ensinada tão somente uma crítica de palavras por meio de outras palavras.[13]

Um século depois, Michel Foucault (1926-1984) expressou uma visão semelhante. No inverno de 1984, alguns meses antes de sua morte, Foucault dedicou sua última série de lições no Collège de France ao tema da *parrésia*, ou discurso franco, na Antiguidade clássica. Investigando, tal como fizera Nietzsche um século antes, possíveis antecedentes de sua própria abordagem à sinceridade, Foucault analisou a vida de Sócrates e – usando provas compiladas por Diógenes Laércio – a vida, muito mais estranha, de Diógenes de Sínope (m. c. 320 a.C.), o cínico arquetípico que, segundo as descrições antigas, vivia num barril, carregando uma lamparina à luz do dia e dizendo a todos os que perguntavam: "Estou em busca de um homem."

Foucault, é claro, sabia que as lendas acerca de um filósofo como Diógenes não eram mais levadas a sério. Porém, tal como Nietzsche, ele menosprezava a "negligência" moderna diante do que chamou de "problema" da vida filosófica. Esse problema, especulava, desaparecera por duas razões: em primeiro lugar, porque as instituições religiosas, em especial o monasticismo cristão, haviam absorvido, ou (em suas próprias palavras) "confiscado", o "tema da prática da verdadeira vida". E, depois, "porque a relação com a verdade agora só pode ser validada e expressa como conhecimento científico".[14]

A propósito, Foucault então indica a possível fecundidade de uma pesquisa sobre o assunto.

> Tenho a impressão de que seria interessante escrever uma história motivada pelo problema da vida filosófica, um problema [...] encarado como uma escolha capaz de ser discernida através dos acontecimentos e decisões de uma biografia, através [*da elaboração do*] mesmo problema no interior de um sistema [*de pensamento*] e através do lugar que foi dado, neste mesmo sistema, ao problema da vida filosófica.[15]

Foucault não foi a única figura do século XX a reconhecer que a filosofia poderia ser um modo de vida, e não apenas um estudo dos traços mais gerais do mundo e das categorias do pensamento. Por exemplo, uma noção de autenticidade amoldou o *Ser e tempo* (1927), de Heidegger, da mesma forma como o horror à má-fé inspirou *O ser e o nada* (1944), de Sartre. Mais para o fim de seu trabalho,[16] Sartre foi ainda além, concebendo a criação de um relato biográfico e histórico abrangente e capaz de demonstrar como *todas* as particularidades aparentemente fortuitas da vida de um único ser humano se juntam para formar uma "totalidade" – um caráter unificado e singular.

Nos anos 1960, como ativista e pós-graduando em história das ideias, eu tencionava entender e descrever como os cursos mais amplos da existência social e política moldavam a experiência de vida, demonstrando, assim, de que maneira o que era político se tornava pessoal e vice-versa. Meu interesse nesses temas sem dúvida fora motivado por minha própria educação religiosa, vivenciada numa comunidade protestante que dizia estimar a manifestação sincera e individual de crenças profundas e de convicções íntimas. Talvez seja por isso que, para mim, "autenticidade" significa o contínuo exame de meus compromissos básicos, os quais inevitavelmente conduziriam a atos específicos: "Não posso fazer outra coisa. Esta é a minha posição." Mais tarde, quando escrevi sobre a Nova Esquerda que se formava nos Estados Unidos durante a década de 1960, eu me concentrei, em parte, na forma como outros jovens radicais procuravam alcançar sua integridade pessoal através do ativismo político. E, quando escrevi sobre Michel Foucault, elaborei uma descrição biográfica e histórica de sua busca nietzschiana por "tornar-se o que se é".

Ainda assim, o próprio Foucault recorda que, apesar de sua durabilidade, o tema da vida filosófica tem sido desafiado, desde o Renascimento e a Reforma, pelas conquistas práticas da física, da química e da biologia modernas, assim como pelo crescente número de tradições religiosas e espirituais que, como o protestantismo, enfatizam o autoexame. Daí o *problema* da vida filosófica: dadas a evidente força pragmática da ciência aplicada e a força igualmente evidente das comunidades de fé em dar um sentido para a vida, por que deveríamos nos esforçar para elaborar "nossas próprias ponderações"[17] em resposta a questões monumentais, como "O que posso saber?", "O que devo fazer?" e "O que posso esperar?".[18]

Dedicados a filósofos que vão de Sócrates a Nietzsche, os 12 esboços biográficos que se seguem têm como objetivo explorar essas questões a partir da redação de uma história, como sugeriu Foucault, "motivada pelo problema da vida filosófica". Em vez de descrever determinada vida em detalhes, eu descrevo várias delas resumidamente. Anedotas e incidentes humanos dão substância ao filósofo em questão. Teorias características são resumidas de maneira concisa, embora suas nuances e complexidades muitas vezes confundam os filósofos até hoje. Além disso, seguindo o exemplo de biógrafos antigos – tal como Plutarco em suas *Vidas dos nobres gregos e romanos* –, fui altamente seletivo, esforçando-me para condensar o ponto crucial das personalidades. Durante todo o percurso, meu objetivo é o de transmitir o arco de uma vida, e não a essência de uma doutrina ou máximas morais.

Os padrões modernos de comprovação foram aceitos – sou historiador por formação, e os fatos importam para mim. Porém, em especial acerca dos filósofos antigos, os mitos devem ser levados em consideração, pois tais lendas formaram uma parte constitutiva da tradição filosófica do Ocidente. Que a vida de muitos filósofos antigos estejam além de qualquer possibilidade de crença é um fato cultural por si só: isso ajuda a explicar a contínua fascinação – e às vezes o ressentimento – suscitada pelos atletas espirituais cujos feitos (como os dos primeiros santos cristãos) tantas vezes pareceram estar além de qualquer experiência possível.

Essa história propriamente dita começa com Sócrates e Platão, pois foi Platão, em seus diálogos socráticos, quem popularizou a palavra *filosofia*. No século seguinte ao da morte de Sócrates, um grupo distinto e identificável de "filósofos" floresceu pela primeira vez. Monumentos em homenagem a eles – bustos, estátuas – foram erguidos em Atenas e em outros lugares de língua grega. E então, ao olhar para trás, estudiosos antigos estenderam a palavra *filósofo* a sábios gregos mais velhos.

Hoje, muitos dizem[19] que o primeiro filósofo foi Pitágoras (c. 580-500 a.C.), alegando, a partir de argumentos socráticos, que ele não considerava sábio homem algum, mas apenas deus. Em sua *Metafísica*, Aristóteles foi ainda mais longe, aplicando o termo a uma ampla gama de teóricos pré-socráticos, de Tales a Anaxágoras (c. 500-429 a.C.), e afirmando, também a partir de Sócrates, que tais pensadores "filosofavam para escapar da ignorância",[20] espantados como estavam diante dos primeiros princípios por trás de todas as coisas.

A forma como é escrita a história do problema da vida filosófica depende do que se toma como as ambições dessa tradição por vezes negligenciada. Para os propósitos deste livro, eu em geral escolhi figuras que buscavam seguir os passos de Sócrates e que se esforçavam para corresponder à sua declarada ambição de "viver uma vida de filósofo e examinar a mim mesmo e aos outros".[21]

Para Sócrates, assim como para muitos (mas não todos) daqueles que tentaram se pautar por seu exemplo, essa ambição de alguma forma girava em torno da resposta ao adágio "Conhece-te a ti mesmo". (Aristóteles, por exemplo, acreditava que ela fora o motor de toda a vida de Sócrates.)

Obviamente, o que a injunção délfica de fato significa – e o que ela impõe – está longe de ser evidente, como aprendemos com Platão: "Ainda não sou capaz", confessa Sócrates no *Fedro*, "de conhecer a mim mesmo; e realmente parece-me ridículo investigar algo mais antes de compreender isso."[22]

Ademais, mesmo na Antiguidade, o autoexame representa apenas uma parte da história da filosofia. Desde o início – em Platão e, mais uma vez, em Agostinho –, o problema da filosofia se desdobra na complicada relação entre o que hoje chamamos de "ciência" e "religião": no caso de Platão, entre a lógica matemática e a relação mística; em Agostinho, entre a busca aberta pela sabedoria e a transmissão de um pequeno número de dogmas invariáveis.

A série de biografias que se segue não é abrangente. Ela omite[23] Epicuro e Zenão, Spinoza e Hume, assim como filósofos do século XX como Wittgenstein, Heidegger, Sartre e Foucault. Porém, julgo serem muito representativos os 12 filósofos antigos e modernos que selecionei. Ao mesmo tempo em que incluo algumas figuras que raramente são levadas a sério pela maioria dos pensadores contemporâneos – Diógenes, Montaigne e Emerson, por exemplo –, também incluí várias figuras canônicas, em especial Aristóteles, Descartes e Kant, cujos trabalhos ajudaram a filosofia a se afastar da ênfase clássica na conduta exemplar e a se aproximar da investigação rigorosa. Dessa forma, suas biografias levantam questões mais amplas sobre a relação entre a filosofia como modo de vida e a disciplina filosófica que predomina hoje nas instituições acadêmicas de todo o mundo.

No início de seu livro de ensaios sobre os *Homens representativos*, Emerson declara ser "natural acreditar em grandes homens".[24] Ainda assim, cerca de duzentos anos depois, uma crença desse gênero quase não parece natural, e o que faz de alguém "grande" está longe de ser evidente. Quando, uma geração depois, Nietzsche cogitou aproximar-se da vida filosófica "para ver se seria possível viver de acordo com ela",[25] ele aparentemente pensava num personagem exemplar – e mítico – como Sócrates. Porém, está no destino de um filósofo moderno como Nietzsche legar-nos cadernos e cartas que fornecem, com detalhes, indícios de uma série de inconsistências e idiossincrasias que tornam absurdo questionar seriamente se seria possível viver dessa maneira. Além disso, é consequência da crítica do próprio Nietzsche à moral cristã o fato de todos que a levam a sério acharem difícil, se não impossível, encontrar um código de conduta que seja bom para todos e, portanto, digno de ser copiado.

Os trabalhos de edificação moral, é claro, continuam populares, em especial nos Estados Unidos. Alguns manuais espirituais e religiosos prometem ao leitor contemporâneo lições inestimáveis sobre como viver bem, mas os ensaios que aqui se seguem não podem propor algo assim. Em seu conjunto, esses 12 esboços biográficos suscitam muito mais perguntas do que podem responder:

Se, tal qual Platão, definirmos a filosofia como uma busca infindável pela sabedoria, então para que essa busca de fato serve?

Qual a relação entre razão e fé, entre filosofia e religião? E de que maneira a busca pela sabedoria se relaciona tanto com as formas mais rigorosas de investigação quanto com a "ciência"?

Exerce-se melhor a filosofia em particular ou em público? Quais são suas implicações, caso existam, para a política, a diplomacia e a conduta dos cidadãos numa sociedade democrática?

Acima de tudo, o que é esse "eu" que tantos filósofos tentaram conhecer? E de que forma a concepção que temos dele mudou ao longo da história, em parte como consequência do tratamento dado por sucessivos filósofos às suas investigações? O autoconhecimento seria mesmo possível? E, caso seja, até que ponto? Mesmo após autoexaminar-se durante anos, Nietzsche declarou que "somos necessariamente estranhos para nós mesmos" e que "*precisamos nos compreender mal*".[26]

Quem procura acha?

Aqui, então, encontra-se a breve biografia de um punhado de filósofos antigos e modernos: Sócrates e Platão, Diógenes e Aristóteles, Sêneca e Agostinho, Montaigne e Descartes, Rousseau e Kant, Emerson e Nietzsche. Todos eles são homens, pois antes do século XX a filosofia era uma vocação predominantemente masculina – fato bombástico que limitou o tipo de vida (inflexivelmente independente, frequentemente desprendida, muitas vezes solitária e assexuada) que os filósofos têm tendido a levar. Dentro desses limites comuns, porém, houve variações consideráveis. Alguns filósofos foram figuras influentes ainda em vida, enquanto outros permaneciam marginalizados; alguns eram reverenciados, enquanto outros provocavam escândalos e indignações públicas.

Apesar dessas diferenças, cada um desses homens estimava a busca pela sabedoria. Cada um se esforçava para levar sua vida de acordo com um conjunto de preceitos e crenças deliberadamente escolhido, identificado em parte através da prática do autoexame e expresso através de palavras e de ações. Portanto, a vida de cada um deles pode nos ensinar algo sobre a busca pelo autoconhecimento e seus limites. E, como um todo, eles podem nos dizer como a natureza da filosofia – e a natureza da filosofia como um modo de vida – mudou com o tempo.

SÓCRATES

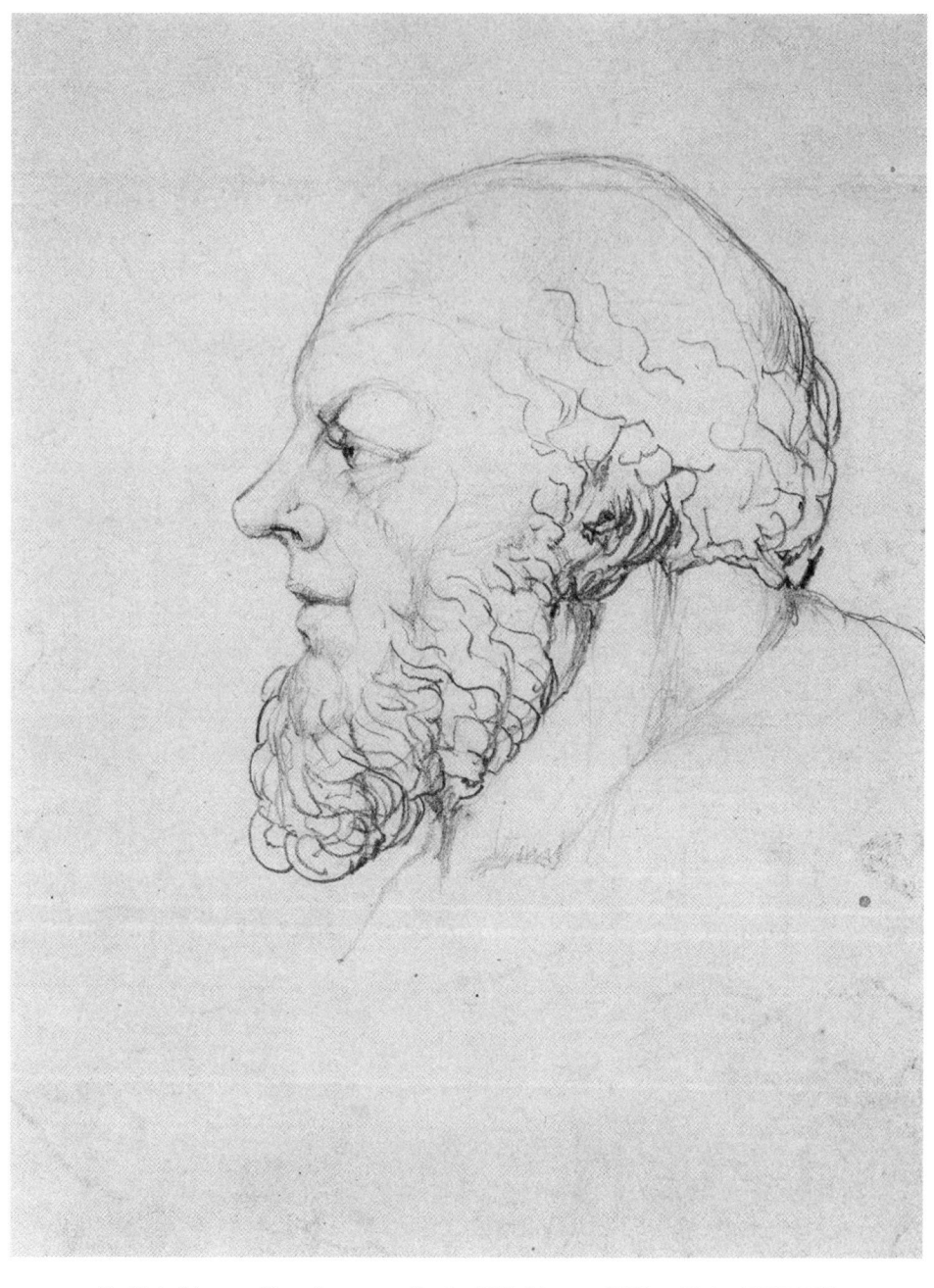

Perfil de Sócrates. Desenho em grafite (c. 1820) feito por William Blake (1757-1827), poeta, litógrafo e mistagogo britânico. "Eu era Sócrates", afirmou ele ao fim de sua vida. "Devo ter conversado com ele. Assim como conversei com Jesus Cristo. Recordo-me vagamente de estar na presença dos dois."[1]
(Yale Center for British Art, Paul Mellon Collection, EUA/The Bridgeman Art Library International)

Na metade do século V a.C., a cidade-estado de Atenas estava no auge de seu poder e influência. Após encabeçar uma aliança de cidades-estados gregas na vitória sobre o Império Persa, alcançada com as batalhas de Maratona (490 a.C.), Salamina (480) e Plateias (479), a cidade consolidou seu regime democrático. Pacificamente, ela estendeu seu poderio político a todos os cidadãos – habitantes nativos do sexo masculino – e criou um modelo esclarecido de estado de direito. Ao mesmo tempo, Atenas exerceu uma vasta hegemonia sobre diversas colônias marítimas e sobre cidades-estados vassalas. Prosperando com o comércio e com os tributos de seu império, a cidade formou a organização militar mais temida ao leste do Mediterrâneo, uma marinha abundantemente equipada que tinha, como respaldo, a cavalaria e a infantaria. Verdadeira cabeça do mundo grego, Atenas liderava os helênicos também na educação, atraindo professores de todo o território.

Seu povo, segundo escreveu o grande historiador suíço Jacob Burckhardt,

> julgava-se uma nação de sacerdotes a que, num período de fome universal, Apolo confiara a missão de falar em nome de todos os gregos e bárbaros. Tradicionalmente, Ática era creditada pelas invenções da civilização, o que se dava num grau terminantemente ofensivo a todas as outras nações e ao restante dos gregos. De acordo com essa tradição, foram os atenienses quem primeiro ensinaram à raça humana como semear e como utilizar a água de nascentes; eles não foram apenas os primeiros a plantar azeitonas e figos, mas também tinham inventado o direito e a justiça.[2]

Da mesma forma, eles inventaram a "filosofia".

Sócrates, primeiro homem a ser reconhecido como filósofo, nasceu na cidade de Atenas em cerca de 470 a.C. Embora vivesse numa época gloriosa e numa grande cidade, as fontes antigas são unânimes em afirmar que não havia nada de esplêndido em sua ascendência ou criação. Ela era filho de Sofronisco, um pedreiro, e da dona de casa Fenarete. Habitante nativo de Atenas, pertencia ao distrito de Alopece. As aparências de sua vida diziam pouco – sua família, afirmam, não era nem rica, nem pobre.

Porém, sua experiência interior era extraordinária. Sócrates escutava uma voz que ninguém mais conseguia ouvir. Em determinadas situações,[3] ela lhe mandava interromper o que estava fazendo e modificar sua maneira de agir. De acordo com Platão, principal fonte de quase tudo o que pensamos e sabemos sobre o primeiro filósofo, Sócrates dizia ser aquela voz simplesmente a sua, que a ele se dirigia como se a partir de uma espécie sobrenatural de espírito tutelar. Fonte de espanto e inquietação, a voz segregava Sócrates, que desde a infância se sentia isolado e diferente – um indivíduo único em meio a uma coletividade que estimava sua sensibilidade coletiva, vividamente expressa por uma teia de ritos costumeiros e por crenças religiosas tradicionais e coroada com um conjunto de instituições políticas que incorporava o recente ideal democrático, uma nova forma de autogoverno coletivo.

Cada cidadão ateniense deveria lutar por sua terra natal. As guerras eram uma preocupação quase constante naqueles anos, uma vez que Atenas brigava para manter sua supremacia regional contra sua única e verdadeira rival no mundo grego, a fortalecida força terrestre de Esparta. Embora jamais enriquecesse, Sócrates tinha dinheiro suficiente para equipar-se com uma armadura e servir como soldado de infantaria – ou hoplita – no exército de cidadãos atenienses. Em 432, ele participou do cerco de Potideia, durante o qual demonstrou uma energia quase sobre-humana – um dos poucos traços marcantes registrados em quase todos os relatos antigos sobre sua vida.

Naqueles anos, Atenas encontrava-se politicamente dividida. De um lado estavam os que propunham a extensão dos direitos e deveres políticos a todos os cidadãos, independentemente do quão pobres. Esse grupo de democratas declarados tinha como líder Péricles (c. 495-429), chefe eleito da cidade, líder inconteste de Atenas durante as décadas de 440 e 430 e orador que empregava seus formidáveis dons para tentar fundamentar logicamente o autogoverno da cidade por parte de seus cidadãos. Como resposta, alguns atenienses mais abastados lutavam, tal como os ricos frequentemente o fazem, para exercer um poder ilimitado; eles denegriam a inteligência do ateniense comum e, em alguns casos, elogiavam instituições autoritárias que caracterizavam outras cidades-estados gregas, como Esparta.

Não sabemos de que lado ficava Sócrates nesses notáveis debates sobre a democracia – o que é estranho, uma vez que Atenas esperava que seus cidadãos participassem ativamente da vida política da pólis. Quando jovem, dizem que ele frequentava os círculos de Péricles, que nada simpatizava com a tirania. Existem indícios grosseiros de que Xântipe, mulher com quem se casara mais ou menos no ano de 420, tenha sido uma aristocrata. Também há relatos,[4] todos duvidosos, sobre um meio-irmão mais novo que pode ter sido um dos arcontes – ou governantes – de Atenas no período que se seguiu à queda da Tirania dos Trinta, em 403 a.C.

Segundo Diógenes Laércio, "Sócrates levava uma vida tão ordenada que, quando a peste tomou Atenas [*em 430, no início da Guerra do Peloponeso*], foi ele, em muitas ocasiões, o único homem a fugir da infecção"[5] – o que obviamente é um exagero, embora um grande número de habitantes tenha perecido e embora tenha sido a peste a tirar a vida de Péricles. De qualquer forma, Sócrates se orgulhava de viver de maneira modesta, "afirmando muitas vezes preferir o alimento menos necessitado de temperos e a bebida que menos o levasse a desejar outra bebida; e também que encontrava-se mais próximo dos deuses quando menos desejos possuía".[6]

Algum tempo depois de ter assumido os deveres de um cidadão adulto, Sócrates começou a se comportar estranhamente. Ignorando os costumes, ele se recusava a seguir a profissão de seu pai. Em vez de aprender como ganhar a vida cinzelando rochas, Sócrates passou a se preocupar com a melhor forma de viver a vida. Ele se espantava com o fato de "escultores de estátuas marmóreas se esforçarem ao máximo para transformar blocos de mármore em imagens humanas perfeitas, ao mesmo tempo em que não se esforçavam para não virarem eles mesmos meros blocos, não homens".[7]

As autoridades da Antiguidade divergem sobre o motivo e a data em que Sócrates passou a se dedicar à sua nova e estranha vocação. A associação da palavra *filosofia* a Sócrates[8] e ao seu estilo de vida foi em grande medida fruto do trabalho de um único homem, Platão, o mais famoso de seus seguidores. Junção da palavra grega *philo* (amante) com *sophos* (sabedoria), *philosophos*, ou filósofo, como Platão definiu o termo, descrevia alguém que ansiava pela sabedoria, que buscava a verdade – um homem como Sócrates, a quem Platão nitidamente distinguia dos outros sábios, os sofistas. (Segundo Platão, nada imparcial, os sofistas não eram nem verdadeiros sábios, nem buscadores sinceros da verdade. Eles eram charlatães particularmente especializados em formas sorrateiras de discussão. Antes de Platão, porém, os sofistas foram amplamente admirados por especialistas e sábios – Sólon, o lendário legislador ático, era um sofista no sentido original e honorífico do termo, assim como Tales de Mileto, outro dos chamados Sete Sábios.)

Quando Sócrates chegava à idade adulta, Atenas pululava de professores advindos de todo o mundo grego. Péricles, o líder democrático mais influente da cidade, defendia a nova ciência e, segundo dizem, se juntara aos professores de sabedoria mais proeminentes de seu tempo, incluindo Anaxágoras. Teórico da natureza, Anaxágoras, que cobrava uma taxa para discursar, especializou-se na apresentação de teorias sobre os princípios organizativos do cosmos. Ele surpreendeu alguns atenienses ao declarar que o Sol era uma pedra enorme e cintilante. Outros professores, como o orador Górgias (c. 485-380 a.C.), ganhavam dinheiro para mostrar aos seus alunos como moldar a opinião popular através de discursos astuciosos, realizados quando da reunião mensal do populacho ao ar livre, marca distintiva da democracia ateniense.

Segundo Platão, foi o descontentamento de Sócrates[9] com professores como Anaxágoras e Górgias que o fizera seguir seu próprio caminho e questionar qual seria a melhor forma de se viver. Aristóteles, no entanto, afirma[10] que Sócrates se inspirara, em primeiro lugar, no mote "Conhece-te a ti mesmo", inscrito no templo de Apolo, em Delfos.

A injunção "Conhece-te a ti mesmo", talvez a mais famosa máxima associada ao templo de Delfos ("Nada em excesso" é outra), aparece pela primeira vez na literatura grega no século V, de forma especial na peça *Prometeu acorrentado*, de Ésquilo. Desafiando os desejos de Zeus, Prometeu rouba o fogo dos deuses e o entrega à humanidade. Embora seja punido por sua arrogância, ele não abandona a rebeldia teimosa e leva Oceanus, deus do mar, a aconselhá-lo a "conhecer a si mesmo e apaziguar suas condutas juvenis"[11] – ou seja, a obedecer a vontade de Zeus. Em outras palavras, ele precisa conhecer os próprios limites.

Independentemente do que tenha motivado Sócrates e da forma como foi interpretada a máxima délfica "Conhece-te a ti mesmo", ele obviamente começou a elaborar na prática uma forma nova de investigação, notável por seu estilo público e implicitamente igualitário. Menosprezando os ambientes mais formais preferidos por outros professores de sabedoria, que geralmente eram bajulados em residências ricas o suficiente para receberem suas aulas, Sócrates caminhava pela cidade. Ele visitava o mercado quando estava cheio de fregueses e conversava com quem estivesse interessado, fossem eles jovens ou idosos, ricos ou pobres. Quando alguns observadores se reuniam, eram chamados a participar da discussão que Sócrates travava, consigo mesmo e com os outros, sobre o melhor modo de vida concebível.

Depois de Sócrates ter dado início à sua nova e excêntrica carreira, Querefonte, seu amigo de juventude e leal defensor da democracia, viajou até o templo de Apolo, ao qual, na época, indivíduos e cidades inteiras seguiam para receber orientações divinas sobre regras de pureza, observâncias religiosas e, às vezes, sobre o direito. Em Delfos, segundo Platão, Querefonte consultou (como normalmente se fazia) a pítia, sacerdotisa pela qual Apolo falava.

Era possível consultar um oráculo délfico de duas formas.[12] Uma resposta escrita exigia o sacrifício de um animal. Porém, um simples "sim" ou "não" não custava nada. O "sim" ou o "não" eram determinados pela sorte: a resposta dependia da cor branca ou preta do feijão que a pítia retirava, aleatoriamente, de uma urna. Como Querefonte provavelmente era pobre demais para oferecer um animal em sacrifício, é provável também que ele tenha formulado uma simples pergunta e que a pítia tenha retirado um feijão para respondê-la.

Existiria alguém mais sábio do que Sócrates?

Não.

Segundo Platão, em sua *Apologia*, Sócrates reagiu à notícia do oráculo como qualquer grego piedoso reagiria. Os deuses nunca mentiam. Ao mesmo tempo, porém, Sócrates não se considerava sábio. O que, então, o oráculo queria dizer?

Daí em diante, a vida de Sócrates tornou-se uma consagrada procura, uma investigação épica que tencionava decifrar a mensagem divina. Sua busca pela sabedoria transformou-se numa obsessão. De acordo com Platão, ele deixou de se envolver "em qualquer assunto público"[13] – uma decisão notável, dada a crença predominante de que o repúdio às questões públicas tornava um cidadão "inútil".

Quanto mais Sócrates se esforçava para conhecer a si mesmo, mais confuso ficava. O que significava, por exemplo, sua voz interior? Haveria algo por trás das interdições que ele ouvia e julgava irresistíveis? Será que Sócrates de fato incorporava uma boa forma de levar a vida? E, fosse esse o caso, como ele poderia ter adquirido essa capacidade?

Fosse ou não fosse útil sua vida para a cidade – e aqui seus amigos e inimigos discordam –, sobre Sócrates foram registrados os estados de abstração que o arrebatavam. "Ele por vezes hesita e permanece parado onde quer que esteja",[14] afirma um amigo seu no *Banquete* de Platão. Em seguida, no mesmo diálogo, Platão descreve outro amigo rememorando um episódio ainda mais impressionante, ocorrido quando ambos serviam juntos na campanha de Potideia:

> Certa feita, ao amanhecer, ele começou a pensar em algo, permanecendo no mesmo local para ponderar; então, incapaz de encontrar soluções, não partiu, mas ficou lá, indagando-se. Chegamos então ao meio-dia, quando as pessoas começaram a notá-lo e a se espantarem, dizendo que Sócrates estivera ali desde o amanhecer, pensando em algo. Por fim, ao cair da noite,

alguns dos jônios, após se alimentarem – estávamos no verão –, levaram para fora suas camas, a fim de dormir sob o ar frio e ver ser ele também ficaria por lá durante toda a noite. Ele permaneceu até o amanhecer e o nascer do sol; então, ofereceu uma oração ao Sol e partiu.[15]

Notoriamente reservado, Sócrates também podia ser, segundo a metáfora de Platão, um "moscardo" – uma fonte crônica de irritação. Sereno e cheio de si, talvez por ser abençoado com um divino sentimento missionário, ele ainda era pomposamente inseguro, professando sem parar sua ausência de sabedoria. Aos críticos, sua confessa humildade[16] soava ofensiva e até dissimulada: não seria Sócrates como aqueles aristocratas atenienses que, no intuito de mostrar sua superioridade sobre a marcha ordinária dos homens vulgares, ostentavam uma postura espartana de autocontrole?

Talvez fosse esse o aspecto mais inquietante do personagem de Sócrates.[17] Quanto mais esforço fazia para provar que o deus estava certo, expondo a ignorância dos supostos especialistas ao mesmo tempo em que declarava sua falta de conhecimento, mais admirável ele parecia aos olhos de seguidores como Querefonte, que o venerava como o mais sábio dos vivos.

Renunciando às armadilhas materiais de sua classe, Sócrates notabilizou-se por desdenhar dos bens mundanos. "Muitas vezes, ao olhar para a grande quantidade de mercadorias expostas para venda, dizia ele a si mesmo: 'Quantas coisas não me são necessárias para viver!'"[18] Ele se esforçava para exercitar-se regularmente, mas sua aparência era prosaica. Sócrates não demonstrava interesse em ver o mundo como um todo, deixando a cidade apenas para satisfazer suas obrigações militares. Ele aprendia o que fosse possível através do questionamento das crenças sustentadas por outros habitantes de Atenas, escrutinando suas convicções em vez de refletir sobre os céus ou sobre escritos:

> Dizem que Eurípedes lhe entregou o tratado de Heráclito e solicitou-lhe uma opinião, obtendo como resposta: "A parte que compreendi é excelente, assim como, atrevo-me a dizer, a parte que não compreendi; no entanto, é preciso um mergulhador delíaco para alcançar sua profundidade."[19]

Ainda na expectativa de aprender como viver a melhor vida concebível, Sócrates, segundo relata Platão, começou a questionar quem quer que tivesse renome em qualquer campo do conhecimento. Artesãos sabiam uma coisa ou outra sobre seu ofício e eram até capazes de treinar seus filhos para seguirem seus passos. Porém, a maioria deles não dizia nada de coerente sobre a justiça, a piedade ou a coragem – os tipos de virtude que Sócrates, tal qual a maior parte dos atenienses, julgava cruciais para uma boa vida. À medida que continuava investigando, Sócrates consolidou uma certeza: os artesãos não eram mais sábios do que ele próprio, assim como os poetas, os políticos, os oradores e todos os outros professores famosos que interrogara.

Na verdade, todas essas pessoas pareciam ainda *mais* ignorantes do que ele. Ao contrário de Sócrates, a maioria era complacente, não inquieta; vangloriosa, não humilde; e, exceto quando irritadas pelo moscardo, arrogantemente alheia ao quão limitado seu conhecimento de fato era.

O primeiro obstáculo para a verdadeira sabedoria era a falsa convicção. Por isso, Sócrates agora destinava-se a acabar com ela, mas não escrevendo (ele evidentemente não escreveu nada) ou fundando escolas formais (pois de fato não fez nada disso); ele o fazia interrogando, de maneira implacável, a si mesmo e aos outros, independentemente de seu escalão ou posição social.

Esse comportamento não tornava Sócrates popular. "Muitas vezes, por sua veemência nas discussões, homens o agrediam com os punhos e arrancavam seus cabelos; [...] em geral, ele era menosprezado e ridicularizado, mas suportava os abusos com paciência."[20]

Ao mesmo tempo, seu destemido hábito de interrogar homens poderosos em público valeu-lhe um crescente círculo de seguidores, ajudando-o também a se tornar uma das figuras mais reconhecíveis da Atenas de seu tempo. Em bustos erguidos logo após a sua morte[21] – Sócrates foi o primeiro sábio grego a receber tal honra –, ele é representado como um homem de idade avançada que começa a perder os cabelos, apresentando também uma grande barriga, olhos salientes e lábios grossos e protuberantes. Segundo Platão, seus amigos o comparavam a Sileno,[22] sátiro feio e idoso tradicionalmente vinculado a uma sabedoria inquietante. Séculos depois, pormenorizando a crença em torno da feiura física do filósofo, Nietzsche jubilantemente relembra como, segundo relatos, o fisionomista Zópiro o avaliara: "Certa vez, um estrangeiro especialista em rostos passou por Atenas e disse a Sócrates que ele era um *monstrum*. [...] Sócrates simplesmente respondeu: 'Então me conheces bem, senhor!'"[23]

Anedotas como essa começaram a circular, e Diógenes Laércio relata uma série de episódios emblemáticos, como os que se seguem: certo dia, um jovem se aproximou de Sócrates para desculpar-se, dizendo: "'Sou um homem pobre, sem nada a oferecer senão a mim mesmo.' Ao que Sócrates respondeu: 'Ah, mas não percebes que estás a me oferecer o maior de todos os dons?'"[24] Da mesma forma, Sócrates caminhava por uma estreita via no centro de Atenas quando conheceu Xenofonte, o qual se tornaria, ao lado de Platão, seu seguidor mais influente. Atravancando o caminho com seu cajado, Sócrates perguntou ao jovem "onde era vendido todo tipo de comida. Ao receber sua resposta, formulou então outra questão: 'E onde os homens se tornam bons e justos?' Xenofonte ficou pasmo. 'Siga-me', disse Sócrates, 'e descobrirás.'"[25]

Há outra história, ainda mais reveladora, num ensaio de Plutarco (c. 46-119 d.C.):

> Ao encontrar Iscômaco em Olímpia, Aristipo quis saber com que forma de colóquio Sócrates conseguia influenciar os jovens. Então, após ter recolhido algumas inspirações e amostras estranhas da fala socrática, comoveu-se tanto que veio a sofrer um colapso nervoso, assumindo um aspecto bem pálido e magro. Por fim, velejou até Atenas e satisfez sua ardente sede com goles da própria fonte, envolvendo-se no estudo do homem, de suas palavras e de sua filosofia, cujo fim e objetivo eram reconhecer os próprios vícios e se livrar deles.[26]

Em 423, Sócrates era conhecido o suficiente para ser caricaturado por Aristófanes, um dos mais famosos dramaturgos de Atenas, em seu *As nuvens*. Valendo-se de sua licença poética, o dramaturgo condensou no personagem de nome Sócrates as características de uma série de professores de sabedoria de seu tempo.

Embora Sócrates não tenha de fato organizado uma escola, Aristófanes o retratou como o guru responsável por um isolado grupo de pensadores. Na peça, um fazendeiro desonesto chamado Estrepsíades envia seu filho Fidípides para ter aulas com "o sumo sacerdote da mais sutil conversa fiada",[27] esperando que ele adquira artimanhas retóricas que possam ajudar o pai a se esquivar de seus credores. Quando o filho deixa os cuidados de Sócrates e usa o talento de sua fala contra o pai, Estrepsíades incendeia a escola.

No palco, Sócrates aparece pela primeira vez no interior de uma cesta, olhando para o céu e tratando seus interlocutores terrestres da forma como um deus do Olímpio poderia tratar um tipo de vida evidentemente inferior: com um grande desdém. Ele é um provedor de segredos sagrados, de argumentos minuciosos e de uma espécie particular de introspecção contemplativa que, ao que parece, não promete resultados práticos. A modéstia não é um dos traços mais salientes de Sócrates, que se comporta de maneira esquisita: "O senhor desfila como um grande ganso, olha impacientemente ao redor, caminha descalço, tolera tudo e é muito estimado."[28] Sócrates bombardeia seus discípulos com perguntas incisivas, cujo objetivo é investigar e testar seu caráter pessoal. Quando sua escola sucumbe ao fogo,[29] uma dura justiça parece ser feita contra aquele parasita tagarela.

Em 423, data em que *As nuvens* foi representada pela primeira vez, Atenas e seus aliados entravam no oitavo ano da Guerra do Peloponeso (431-404), enfrentando Esparta e seus aliados. Naquele mesmo ano, parece que Sócrates novamente foi a combate como soldado de infantaria, dessa vez numa expedição para Délio, onde o exército ateniense sofreu uma extraordinária derrota. Conta-se que ele agiu com uma coragem exemplar durante a retirada, ajudando a manter acuada a cavalaria inimiga.

A derrota em Délio, ocorrida imediatamente após a peste que devastara a cidade nos primeiros anos de guerra, acabou com o moral ateniense. Dúvidas acerca da estratégia e das táticas militares da cidade transbordavam nas assembleias populares (as quais costumavam ser reuniões públicas agendadas, conduzidas por generais eleitos e dominadas por oradores populares de talentos variados e de integridade incerta).

Embora Platão tenha dito que Sócrates negava seu talento para o ensino – da mesma forma como evidentemente se recusava a aceitar taxas de possíveis alunos –, jovens abastados se aglomeravam ao seu lado. Eles lhe ofereciam amizade e patrocínio, esperando que, à semelhança de outros professores proeminentes, ele pudesse ajudá-los a obter influência pública e a exercer poderes políticos. Com o apoio deles, Sócrates via-se livre para praticar sua vocação sem ter preocupações materiais.

Parte representativa da elite ateniense, seus companheiros mais famosos se dividiam em esferas políticas distintas. Entre seus discípulos estavam Nícias e Laques, generais fiéis à democracia, mas também Cármides e Crítias, oligarcas pró-espartanos. Porém, de todos os seus seguidores, o mais famoso era Alcibíades, homem perspicaz demais para ser politicamente categorizado.

As autoridades antigas enfatizam a delicada beleza de Alcibíades quando jovem. Ele descendia de uma família rica o suficiente para equipar uma trirreme, embarcação de guerra impulsionada por uma equipe de remadores que sustentava a frota imperial da cidade. Segundo dizem, foi o próprio Péricles que, após a morte do pai de Alcibíades, se tornou um de seus guardiões. "Logo, um grande número de nobres começou a se juntar ao seu redor e a segui-lo por toda parte."[30] Uma carreira na política se desenhava; afinal, ele era o tipo de aristocrata feito sob medida para o papel de líder democrático (ou demagogo): era enérgico, elegante, inteligente e engenhoso.

Sócrates conhecia Alcibíades pelo menos desde a época em que ambos participaram, juntos, da campanha de Potideia, quando Alcibíades devia ter 18 anos; e Sócrates, cerca de 40. Segundo os costumes da época, isso transformava o jovem num natural objeto de interesse erótico para aquele homem mais velho. (Não existe qualquer palavra grega ou latina que corresponda à palavra moderna *homossexualidade*, e as relações eróticas eram determinadas pela idade, pela posição social, pelo gênero e pelo papel ativo ou passivo dos participantes.[31]) Segundo Plutarco (que credita o relato a Platão), "o fato de Sócrates estar apaixonado por ele sugere com veemência que o garoto se mostrava dotado de uma aptidão natural para a virtude".[32]

O filósofo agora encarava um desafio intimidante, quiçá impossível: afastar aquele que poderia ser seu discípulo mais importante de sua cobiça pelo poder, conduzindo-o ao amor à sabedoria.

O aliado de Sócrates nesse empreendimento mostrou-se ser o desejo que Alcibíades nutria por ele. Para o espanto dos outros, o belo garoto não se cansava daquele velho disforme. Ainda assim, quando Sócrates com ele se deitava, Alcibíades se decepcionava diante do autocontrole sobre-humano de seu mestre: "Quando, após ter dormido com Sócrates, eu me levantava, mais parecia que eu dormira com meu pai ou com um irmão mais velho."[33]

Esse trecho do *Banquete* permanece como a imagem clássica do amor platônico, uma forma de desejo carnal não satisfeito que Sócrates, de modo característico, procurava controlar e direcionar a objetos espirituais, segundo afirmam Platão e diversas fontes contemporâneas. A maneira como Sócrates tentou realizar essa transformação[34] é o assunto de *Alcibíades*, diálogo socrático elaborado por um desconhecido autor antigo e incluído no *corpus* platônico. Até o século XIX, foi estudado como uma introdução ao pensamento de Platão.

Como a maioria dos outros diálogos platônicos existentes, *Alcibíades* consiste majoritariamente numa série de pequenas perguntas e respostas iniciada quando Sócrates expressa uma dúvida – nesse caso, sobre a capacidade que o jovem tinha de realizar sua declarada ambição: "Queres construir tua reputação e tua influência e impregnar toda a humanidade."[35]

No diálogo, Sócrates põe-se a questionar Alcibíades acerca da habilidade que poderia permiti-lo concretizar seus planos. Tinha ele certeza de que era "melhor" do que os outros homens? De que maneira compreendia sua superioridade? Comportar-se-ia de forma mais justa que os outros? Seria mais inteligente?

Com a continuação do colóquio, o jovem arrogante torna-se mais e mais confuso: "Devo encontrar-me em um estado absolutamente excêntrico! Quando me questionas, penso inicialmente em algo, mas logo em seguida penso em outra coisa."[36]

Se Alcibíades se encontrava assim, tão confuso, como poderia julgar-se capaz de ver sua influência "impregnar toda a humanidade"? "Não percebes que os deslizes de nossas condutas são causados por esse tipo de ignorância, o de pensar que sabemos quando, na verdade, não sabemos?"[37] Ao ver Alcibíades resistindo às implicações de sua linha de raciocínio, Sócrates pede que "confie em mim e na inscrição délfica 'Conhece-te a ti mesmo'".[38]

Ainda desconfiado, Alcibíades pergunta a Sócrates o que de fato deveria saber sobre si mesmo. "A ordem de conhecermos a nós mesmos indica que devemos conhecer nossas almas."[39]

O que se segue é tão abstrato e desajeitadamente didático que a maioria dos estudiosos modernos duvida que Platão o tenha escrito (não está em questão se Sócrates era ou não capaz de dizer algo do gênero). De acordo com o texto, o ponto crucial da busca do filósofo é obter o verdadeiro conhecimento da *psyche*, palavra grega geralmente traduzida como "alma" (e que também se encontra na raiz do termo "psicologia"). Em Homero, psique é o que abandona o corpo quando de sua morte – talvez o seu sopro, talvez a vida mesmo. No *Alcibíades*, Sócrates vai além, afirmando que a psique é imaterial e imortal, e também que a alma do homem é como um deus interior. O que Alcibíades precisa desenvolver[40] é aquilo que Sócrates já exemplifica: como veio a conhecer sua verdadeira alma, ele agora é capaz de levar uma vida de perfeita justiça, moderação e investigação racional.

Mais para o fim do *Alcibíades*, Sócrates jura a seu valoroso pupilo "que nunca, jamais!, o abandonarei". Porém, em tom de ameaça, acrescenta em seguida: "[...] exceto se os homens de Atenas fizerem de ti uma pessoa corrupta e repulsiva."[41] As últimas linhas do diálogo prenunciam o verdadeiro destino de Alcibíades e seu mestre: "Gostaria de crer que perseverarás, mas receio – não por desconfiar de tua natureza, mas por saber quão poderosa é a cidade – que Atenas triunfará sobre nós dois."[42]

Segundo conta Plutarco, Sócrates constrangeu Alcibíades a obedecê-lo.

"Ele se acocorou com medo, tal como um galo derrotado cuja asa se enviesa", acreditando que a missão de Sócrates era de fato uma forma de realizar a vontade dos deuses, cuidando dos jovens e mantendo-os afastados da corrupção. Ele passou a desprezar a si mesmo e a admirar Sócrates; começou a apreciar sua gentileza e a se humilhar diante de sua bondade.[43]

Encantado com a filosofia, Alcibíades tornou-se "cruel e recalcitrante aos olhos de seus outros amantes", incluindo Ânito, o filho de Antêmion que muitos anos depois acusaria Sócrates de impiedade e de corromper a juventude.

A batalha pela alma de Alcibíades agora começava para valer.

Segundo o relato que Plutarco incluiu em suas *Vidas paralelas*, Sócrates perseverou bravamente "contra todas as dificuldades e apesar do número e da importância de seus rivais".[44] Porém, à medida que o tempo passava, Alcibíades também oscilava em sua devoção à filosofia. Por vezes, o rapaz se descuidava e agia "como um escravo em fuga", no intuito de saciar sua ânsia por prazer. Ainda assim, segundo Plutarco,

> Sócrates repetidas vezes o tirava de um estado de completa promiscuidade e arrogância, recuperando-o pela força de seu raciocínio e ensinando-lhe a humildade e a moderação, assim como mostrando-lhe como eram enormes suas falhas e o quão longe estava da virtude.[45]

Sócrates, porém, acabou não sendo páreo para a possível glória prometida a Alcibíades por seus consultores políticos: "Foi recorrendo ao seu ambicioso desejo de reconhecimento que seus corruptores o colocaram, prematuramente, no caminho de seu grande desafio."[46] Então, segundo a versão admoestatória de Plutarco, Alcibíades, ao libertar-se de Sócrates e de sua influência, torna-se o perfeito antifilósofo, um modelo de devassidão sem princípios: cruel, traiçoeiro, pronto para dizer o que fosse do agrado de seu público e para simular qualquer personalidade capaz de valer-lhe a aprovação popular. "Ele era capaz de mudar mais bruscamente do que um camaleão."[47]

Com um aluno assim, não é de surpreender que Platão às vezes mostre um Sócrates cético quanto a sua capacidade de ensinar. E, embora tanto Platão quanto Plutarco coloquem a culpa dos vícios de Alcibíades nas instituições da democracia ateniense e no incontrolável anseio por poder do jovem, é preciso refletir sobre o julgamento de Sócrates, que primeiro cortejou um pupilo aparentemente promissor e depois foi incapaz de convertê-lo à busca pela verdadeira sabedoria.

Nos anos seguintes, Alcibíades ingressou na política com violência. Valendo-se de suas amizades na alta hierarquia e também de seu talento para a bajulação, ele rapidamente progrediu e se tornou um dos líderes mais poderosos da cidade. Enquanto isso, a guerra contra Esparta se estendia incessantemente. (Foi nesse mesmo período que Aristófanes zombou de Sócrates no palco.) Eleito comandante das forças de Atenas em 419 (mesmo cargo em que Péricles efetivamente governara a cidade), Alcibíades usou seu talento para semear o caos por todo o Peloponeso. Ele era um estrategista militar arguto, e sua coragem física veio a aumentar ainda mais sua reputação e influência.

Alcibíades era observado cuidadosamente pelos "homens notáveis de Atenas", os quais (segundo diz Plutarco) "associavam sentimentos de aversão e repulsa ao medo de sua atitude presunçosa e irreprimível, a qual parecia-lhes tirânica em seu excesso". Porém, as pessoas comuns ficavam impressionadas com "as doações que ele fazia, com os coros que financiava, com as enormes extravagâncias que acrescentava à cidade, com a fama de seus ancestrais, com sua eloquência, com sua beleza e condição física, e também com sua experiência e façanhas na guerra".[48]

Em 415, sabendo que os atenienses há muito cobiçavam o controle da Sicília, Alcibíades superou os receios de seus rivais e persuadiu a assembleia ateniense a enviar uma grande frota para conquistar a ilha. O que aconteceu em seguida, segundo testemunhado por Tucídides e relatado por Plutarco, permanece incomparável nos anais da impiedosa *realpolitik*.

Após partir para a Sicília com a frota ateniense,[49] Alcibíades foi chamado de volta a Atenas para ser julgado por impiedade – seus oponentes alegavam que ele e seus aliados haviam mutilado as hermas da cidade, estátuas sagradas de Hermes que protegiam Atenas e seus habitantes. Desafiando as intimações, Alcibíades desertou para Esparta, onde denunciou a estratégia ateniense na Sicília. Compreensivelmente incapaz de convencer seus anfitriões espartanos de sua fidedignidade, e após descobrir que planejavam condená-lo à morte, ele fugiu para a Pérsia no ano de 412. De longe, tentou conseguir apoio para uma revolução oligárquica em Atenas, a qual prometia servir aos interesses políticos da Pérsia e aos dele mesmo. Incapaz de realizar algo assim à distância, ofereceu então seus serviços para a frota ateniense em Samos. Desesperados em busca de uma liderança militar, os marujos o elegeram comandante, e após obter vitória com a frota em 410, Alcibíades ganhou permissão para voltar a Atenas, onde viu retiradas as velhas acusações de impiedade – embora dúvidas profundas acerca de sua lealdade ainda pululassem. Após receber a culpa por uma série de contratempos militares, ele fugiu novamente, dessa vez para a Ásia Menor. Lá, morreu em 404, depois de inimigos em Esparta e Atenas terem tramado seu assassinato, cometido por um sátrapa persa.

Nessa altura, os atenienses haviam se rendido aos espartanos e a Tirania dos Trinta chegara ao poder. Liderados por Crítias, antigo aliado de Alcibíades, outro destacado companheiro de Sócrates e defensor das instituições políticas de estilo espartano, os Trinta logo se puseram a abolir a democracia e a matar uma série de cidadãos que o grupo encarava como inimigos políticos.

De acordo com Xenofonte, Sócrates procurava não se envolver nas rixas, dizendo aos amigos que era "extraordinário que alguém designado líder político, e que tornava mais escassos e piores os cidadãos, não se envergonhasse nem visse a si mesmo como um líder político ruim".[50] Então, os Trinta proibiram Sócrates de falar em público. Não obstante, tentaram envolvê-lo nas políticas do regime, pedindo sua ajuda para prender um cidadão que fora condenado à morte. De acordo com Platão,[51] Sócrates se recusou.

Embora Sócrates tenha sobrevivido ao reino de terror que se seguiu – talvez devido à sua amizade com Crítias –, seus companheiros tiveram destinos diferentes. Cármides, por exemplo, juntou-se aos Trinta, mas Querefonte, que consultara o oráculo délfico anos antes, foi forçado a exilar-se em virtude de suas inclinações democráticas. Ao fim do ano de 404, uma guerra civil estourou em Atenas. Na primavera de 403, Crítias morreu em combate. Seis meses depois, a democracia foi restaurada, decretou-se anistia política e o palco foi preparado para o último ato da vida de Sócrates.

No ano de 399 a.C., um poeta de nome Meleto, apoiado por outros dois habitantes, Lícon e Ânito (o amante que Alcibíades rejeitara quando encantado pela filosofia), formulou contra ele uma acusação formal. Ela dizia que "Sócrates pratica injustiça ao não acreditar nos deuses em que a cidade crê e ao apresentar novas divindades. Ele também pratica injustiça ao corromper os jovens. Exige-se como pena a morte".[52]

Apesar da anistia, pululavam oposições profundas aos cidadãos que simpatizavam com os espartanos. Todos sabiam que Sócrates tivera relações com Alcibíades e Crítias. Além disso, qualquer um que se lembrasse do personagem de *As nuvens* que fora inspirado nele concluiria que Sócrates era um herege, quiçá um traidor. Sua forma de vida radicalmente diferente ameaçava a sociedade, que em sua maioria ainda se organizava ao redor de ritos religiosos.

Dois relatos do julgamento subsequente sobreviveram, um de autoria de Xenofonte e o outro de Platão. Embora os oradores profissionais muitas vezes preparassem textos para seus clientes, Platão e Xenofonte concordam que Sócrates improvisou seu discurso. Eles também dizem que ele assumira uma atitude provocadora e que por vezes falara num "tom arrogante".

A acusação de impiedade – e, na Atenas daquela época, acusações como essa eram rotineiramente formuladas contra inimigos políticos – foi censurada por Sócrates com base no oráculo de Delfos. Ele explicou como seu modo de viver nascera de sua sincera tentativa de levar a sério a mensagem do deus: "O que quer dizer o deus? Qual é seu enigma? Tenho plena certeza de que estou longe de ser sábio; o que, então, ele quer dizer ao afirmar que de todos sou o mais sábio? Sem dúvida, não mente; não é legítimo que assim o faça."[53] Da forma como Sócrates a vê, sua busca pela sabedoria é prova de seu piedoso respeito às ordens de Apolo.

Contestar a acusação seguinte, de que teria apresentado novas divindades, era mais difícil. Sócrates teve de admitir que se relacionava com uma espécie única de espírito tutelar, ao qual se referiu como seu *daimon*: "O início se deu quando de minha infância. É uma voz que, ao se expressar, me afasta de algo que estou prestes a fazer; porém, ela nunca me obriga a realizar nada."⁵⁴ A maioria dos gregos acreditava que todo ser humano era assombrado por um *daimon* específico, uma imagem imaterial, e geralmente muda, de um destino único (feliz era o homem com um bom *daimon* – e daí vem a palavra grega para felicidade, *eudaimonia*). Referindo-se a essa voz interior como um *daimon*, Sócrates tentava rechaçar a acusação de que venerava um deus novo, literalmente egocêntrico.

Na hora de responder a acusação de que corromperia os jovens – e seria impossível não lembrar de Alcibíades e Crítias –, Sócrates deixou de lado seu tom conciliatório e se voltou contra seu principal acusador, o poeta Meleto. Xenofonte relata uma série de provocações:

> Conheces alguém menos escravo do corpo que eu? Conheces alguém mais livre? [...] Consegues considerar, de maneira plausível, alguém mais justo? [...] Não parece sensato descrever-me como sábio, uma vez que, tendo eu começado a compreender as palavras, nunca deixei de investigar e assimilar tudo de bom que me fosse capaz?⁵⁵

A inferência equivale a uma contra-acusação. Ao obedecer à ordem do deus em Delfos e ao viver uma vida filosófica completamente diversa do modo de vida convencional levado a cabo por Meleto, Ânito ou qualquer um dos jurados ali reunidos – ou ainda, de maneira implícita, por seus antigos e execrados companheiros, incluindo Alcibíades e Crítias –, era ele, Sócrates, que se tornava um modelo de perfeita virtude. Aqueles que o haviam acusado de praticar injustiças é que eram os verdadeiros injustos. Eram eles quem deveriam ser julgados.⁵⁶

Na democracia ateniense, o corpo de jurados consistia num grande número de habitantes; no caso de Sócrates, provavelmente havia 501 no total (números ímpares eram adotados para evitar empates na votação). Os acusadores e o acusado falavam alternadamente. Quando os discursos cessavam, os jurados emitiam um veredicto após uma votação realizada com pedras.

Por uma pequena margem, o júri considerou Sócrates culpado.

Fazia parte da tradição ateniense pedir ao réu condenado que propusesse uma pena que considerasse justa. Nesse momento, de acordo com Platão, a arrogância de Sócrates alcançou seu sublime ápice. Rejeitando toda e qualquer pena, ele sugeriu que Atenas deveria abrigá-lo e alimentá-lo às custas do povo. Ele desejava ver a si mesmo devidamente honrado por ser aquilo que, de maneira audaciosa, ainda dizia ser: o melhor dos homens.

Compreensivelmente exasperado por um comportamento tão insolente, o júri, dessa vez por uma margem mais ampla, decidiu condenar o filósofo à morte.

Sócrates foi escoltado até a prisão. À medida que o dia de sua morte se aproximava, seus companheiros sobreviventes mais próximos se agrupavam ao seu redor: Fédon, Ésquines, Antístenes, Apolodoro, Críton, Critóbulo, Platão. Embora alguns deles tivessem lhe oferecido ajuda para fugir – exilar-se temporariamente era uma prática comum em Atenas, a qual muitas vezes conduzia à reabilitação e ao retorno à cidade –, o inflexível Sócrates se recusava a considerar esse costumeiro recurso. Em vez disso, ele insistia em cumprir à risca a lei ateniense, aceitando a pena de morte imposta pelo júri e afirmando (de acordo com o relato de Platão) que todos devem obedecer à legislação de seu país e "suportar, em silêncio, tudo o que ela lhe solicitar".[57]

Alguns afirmam que, em seus últimos dias de vida, Sócrates escreveu poemas para tentar recordar alguns de seus sonhos. Platão registra que ele mantinha uma calma sobrenatural, em parte obtida a partir de conversas sobre a natureza da alma, sobre a certeza de sua imortalidade e sobre a melhor forma de assisti-la. Tanto Xenofonte quanto Platão se mostram estupefatos com a postura de Sócrates. Ele parecia acolher a morte.

Aos olhos dos companheiros que viram o filósofo beber a cicuta, o martírio de Sócrates tornava-se a coroação de sua vida. A serenidade que demonstrava diante da morte parecia confirmar a perfeição de sua bondade: em suas últimas horas de vida, ele era um homem completamente em paz consigo mesmo. Então, nos meses e anos que se seguiram, um grupo informal de admiradores deu duro para manter viva a sua memória.

Alguns desses socráticos declarados começaram a usar vestimentas surradas e a discursar em público. Eles se dedicaram excessivamente a analisar compatriotas e a questionar suas crenças acerca da melhor forma de se viver. Como zombou uma de suas testemunhas, alguns deles "macaqueavam os costumes de Esparta, deixavam seus cabelos crescerem, passavam fome, recusavam-se a se banhar, 'socratizavam' e carregavam bengalas".[58]

Outros discípulos – em especial Platão – se afastavam do exemplo do mestre, dedicando-se à palavra escrita. Em seus diálogos socráticos, os quais constituem o maior *corpus* do gênero, Platão inaugurou duas grandes tradições que sobrevivem até os dias de hoje.

A primeira é a da teorização sistemática que ele vinculava à figura de Sócrates e à prática da "filosofia". Nessa disciplina, tal como desde então se desenvolveu, as reivindicações da razão, desenvolvidas através de análises imparciais e de argumentos lógicos, são geralmente consideradas supremas, enquanto um olhar desconfiado é lançado sobre as invenções poéticas e os trabalhos da imaginação não verificada: as imagens se tornam estritamente subordinadas a ideias claramente definidas.

A outra tradição é a da biografia exemplar – o relato seletivo e, muitas vezes, criativamente embelezado de uma vida arquetípica, comunicada através de imagens, anedotas e aforismos para servir de inspiração ou de alerta. Numa carta há muito atribuída a Platão, os leitores recordam que seus diálogos socráticos não representam nem suas visões pessoais, nem as visões que o próprio Sócrates poderia ter nutrido, assim como não representam com precisão a vida de uma pessoa real, mas "um Sócrates novo e idealizado".[59] Gênero de escrita venerável, mas frequentemente negligenciado, a biografia exemplar comunica o ideal através do imaginário, no intuito de dramatizar um personagem ilustre. No caso do Sócrates de Platão, os leitores contemplam a imagem idealizada de uma vida digna de ser imitada – a mítica vida de alguém inabalavelmente comprometido com a medida certa e com o raciocínio correto.

Platão foi um mestre incomparável da teorização impessoal e da biografia exemplar, mas não estava sozinho. Após a morte de Sócrates, uma série de seus companheiros e discípulos – Antístenes, Fédon, Aristipo, Ésquines e Xenofonte, entre outros – passou a relatar várias máximas do mestre, assim como anedotas e episódios de sua vida. Assim, elaboraram um novo gênero, ao qual Aristóteles chamou de *Sokratikoi logoi* (ou "diálogos socráticos"). Embora apenas os trabalhos de Platão e Xenofonte permaneçam intactos, fragmentos de outros autores descrevem o primeiro filósofo numa série de situações corriqueiras: num jantar, oferecendo conselhos a Alcibíades, demonstrando seu autocontrole erótico, discutindo a melhor forma de levar a vida, defendendo a si mesmo durante seu julgamento e preparando-se para morrer.

No Ocidente, os colóquios socráticos marcam uma das primeiras experiências importantes com a biografia.[60] Ainda assim, enquanto os diálogos de Platão trazem o retrato atraente de um intelecto vivo e engajado em argumentações, o gênero em si, segundo observou Aristóteles,[61] era uma espécie de poesia, uma forma de ficção dramática, e não uma crônica de incidentes confirmados. Na realidade, a vida de Sócrates foi transformada num mito, o que se tornou norma na biografia de todos os filósofos da Antiguidade – até o momento em que o advento dos estudos filológicos modernos e a criação de arquivos documentais na Renascença e depois tornaram muito mais difícil essa mitificação. (Montaigne é comprovadamente o primeiro filósofo "moderno", pois compreendeu que as vidas exemplares do mundo antigo convidavam a um cético escrutínio – ainda que só tenha chegado a essa conclusão depois que seu sincero esforço para imitá-las sugeriu que, na verdade, essa emulação poderia ser impossível.)

De qualquer forma, os primeiros socráticos descreviam seu herói de maneira inconsistente. Ele é um personagem diferente em cada um dos diferentes escritos dos diferentes autores. O "Sócrates" de Xenofonte é sábio e bom, mas também um pouco valentão e convencido. O "Sócrates" de Platão é mais modesto e mais inquisitivo, perguntando-se, de forma quase obsessiva, por que alguém preferiria uma forma de vida e um código de conduta em detrimento de outros. Ainda assim, sua abordagem às investigações varia dramaticamente de um diálogo platônico para outro. Em alguns dos colóquios de Platão, "Sócrates" reivindica definições claras sem definir qualquer doutrina positiva. Em outros (incluindo a famosa *República*), ele parece formular com confiança proposições abrangentes sobre a realidade, a natureza humana e a justiça política (embora o contexto dramático não deixe claro se Platão, ou "Sócrates", de fato tinha tal confiança ou se a estava simulando para apaziguar interlocutores impacientes).

Após dedicar-se à comparação dos colóquios socráticos de Platão e de todos os outros, um pesquisador moderno descobriu ser possível enumerar apenas um punhado de características comuns ao "Sócrates" desses autores. Entre as características presentes em todos se encontram a rigidez moral, o vigor físico, o amor pela teorização – a capacidade de produzir justificativas para aquilo em que se crê –, o interesse em distinguir o conhecimento da opinião e o apreço pelo eros e pela amizade passional como forças motrizes da busca partilhada pela sabedoria.

Infelizmente, os autores dos colóquios socráticos discordam de quase tudo o mais a respeito ao filósofo.

O "Sócrates" de Antístenes[62] é hostil ao prazer, enquanto nos fragmentos de Aristipo ele se mostra indulgente. O "Sócrates" de Euclides acredita haver vários nomes para a mesma coisa, enquanto, nas páginas de Antístenes, ele afirma haver apenas um logos para cada elemento. O "Sócrates" de Platão não cansa de utilizar casos paralelos para esclarecer seus pontos de vista, enquanto o personagem de Euclides critica o uso de analogias. Existe um pouco de ironia no fato de evidências tão exageradamente conflitantes transformarem as investigações modernas acerca do primeiro filósofo num "paraíso de conjecturas inconclusivas".[63]

Sob circunstâncias como essa, procurar pelo "Sócrates histórico" em Platão seria como procurar pelo Napoleão histórico em *Guerra e paz*, de Tolstói. Ainda assim, se o desafio for encarado – e é impressionante como muitos pesquisadores modernos não conseguiram resistir a ele –, não há ponto de partida melhor do que a *Apologia*, de Platão.

Ela talvez seja o primeiro colóquio socrático de Platão, e certamente é o único instigado pela necessidade de dramatizar um acontecimento que fora testemunhado por mais de quinhentas pessoas. Em certo sentido, quase não importa se essa é ou não uma representação precisa do que de fato ocorreu: a *Apologia* de Platão é o mito socrático mais sedutor e influente que temos.

O Sócrates da *Apologia* é um *philosophos* no sentido mais puro do termo: carente de sabedoria, é um investigador que busca o autoconhecimento. Ao descobrir a resposta de Apolo à pergunta de Querefonte, ele se vê obrigado a analisar seu significado. Sócrates se abate ao reconhecer que nada sabe sobre as "grandes questões" – como viver bem, como ser feliz, o que a morte nos reserva. Verdadeiramente ignorante, não possui soluções para apresentar. Ainda assim, por saber que nada sabe, ele paradoxalmente é – como proclamado por Apolo – o homem mais sábio de Atenas. E, embora não tenha doutrinas sistemáticas para comunicar ou dogmas para ensinar, ele *de fato* viveu uma boa vida, guiado pelo incansável exame de si mesmo e dos outros. Cético acerca das convicções geralmente sustentadas pelos cidadãos, ele se afastará dos assuntos públicos. Em vez disso, no interior de um círculo de amigos com ideias afins, esforçar-se-á para "cuidar de si mesmo" de forma adequada. E, por mais cético que possa ser[64] sobre a compreensão que tem das grandes questões, ele recusar-se-á sistematicamente a fazer tudo o que julgar injusto ou errado, ainda que fosse tentado a vingar a injustiça de outrem, como pediam os costumes.

Os inimigos de Sócrates desconfiavam de que ele falasse com *eirôneia*[65] – "ironia", no original –, sentido primariamente pejorativo atribuído ao dolo deliberado. Porém, o Sócrates da *Apologia* de Platão está longe de ser um ironista: "Por toda a minha vida, em todas as atividades públicas em que posso ter me envolvido, sou o mesmo homem de minha vida privada."[66] Sócrates é o oposto do camaleão que era Alcibíades: ele se recusa a bajular o júri, a usar máscaras ou mentir sobre suas crenças. "De mim, cavalheiros, escutareis toda a verdade, embora, por Zeus!, ela não seja exposta através de expressões adornadas ou estilizadas."[67] Se Sócrates negligenciou "tudo aquilo de que se ocupa a maioria das pessoas: riquezas, afazeres domésticos, os cargos de general ou de orador político, assim como outros ofícios", isso se deu porque "considerei-me honesto demais para sobreviver".[68] Sócrates expressa sistematicamente apenas o que acredita ser verdade e faz apenas o que julga correto, demonstrando suas convicções "não através de palavras, mas na prática".[69]

Aqui, tal como em outros textos de autores socráticos, somos encorajados a apreciar o personagem de Sócrates por sua integridade, e isso exige que julguemos de que maneira sua vida se harmoniza, ou não, com suas convicções. Tal como seu cognato clássico, a palavra *integridade* possui uma variedade de conotações, indicando desde totalidade e inteireza a racionalidade e indefectibilidade. Em alguns contextos, a palavra ostenta um significado físico, como quando um engenheiro afirma que uma forte estrutura tem integridade; em ainda outras circunstâncias, a palavra evoca a noção, mais simples, de retidão moral.

O Sócrates da *Apologia* de Platão traz consigo todos os sentidos da palavra. Ele tem um físico forte e uma moral imaculada, além de ser capaz de alinhar, com consistência, suas ações às crenças que, após terem sido racionalmente examinadas, provisoriamente sustenta. No tribunal, Sócrates representa a si mesmo não como um simples modelo de perfeição moral, mas também como um exemplo de unidade racional.

Esse aspecto do personagem de Sócrates é importante porque nos ajuda a distingui-lo de outros modelos de perfeição moral. Karl Jaspers inicia seu memorável *Os grandes filósofos*[70] com "quatro indivíduos paradigmáticos": Sócrates, Buda, Confúcio e Jesus. A vida de todos eles exemplificava ensinamentos morais que depois puderam ser codificados e expressos em sistemas de crença racionais, estimulando, assim, diferentes tradições filosóficas. Porém, apenas Sócrates ensinava que "o pior mal que alguém pode sofrer é odiar o discurso razoável",[71] assim como apenas ele exigia que seus seguidores alijassem certezas tradicionais e aspirassem a uma unidade racional entre atos e palavras.

Implícita nesse objetivo encontra-se a necessidade de compreendermos com precisão a nós mesmos; de defendermos um conjunto de crenças consistente e sensato acerca da melhor maneira de vivermos a vida; e também a necessidade de que nossa própria conduta se alinhe a tais crenças. Satisfazer essas exigências é especialmente difícil para todos aqueles que, como o Sócrates da *Apologia*, se mostram decididos a levar uma vida baseada num contínuo exame das próprias crenças.

Afinal, para estar preparado para questionar tudo o que se pensa,[72] é necessário que se esteja pronto para falar francamente sobre as próprias crenças e para – a partir de análises – revisá-las. Como as crenças em questão dizem respeito à condução da própria vida, para revê-las é preciso estar disposto também a mudar a própria forma de viver. Além disso, para deixar de fazer tudo o que é considerado (ainda que provisoriamente) errado ou injusto, é necessário um grau de autocontrole – uma constante vigilância dos próprios hábitos de pensamento e dos próprios padrões de conduta – difícil, se não impossível, de ser consistentemente mantido. Para organizar e integrar num modo de vida consistente seus impulsos e impressões, seus hábitos e crenças, o filósofo deve aprimorar sua capacidade de raciocinar sistematicamente e de agir de maneira decidida, em parte purificando sua alma de paixões corporais indesejadas e de apetites que julga insalubres.

Ainda assim, apesar de sua declarada ignorância e de suas inconclusivas tentativas de se tornar sábio, o Sócrates da *Apologia* personifica o tipo mais sublime de convicção: ele prefere morrer a renunciar às próprias crenças. Sereno em sua disposição a sacrificar a si mesmo, ele desistirá da própria vida para mostrar seu inabalável comprometimento com um projeto transcendental, com sua infindável busca pela sabedoria.

A partir do número de colóquios socráticos que foram publicados após a sua morte, podemos ter certeza de que Sócrates era uma figura moral impressionante e até mesmo imponente. No entanto, nunca seremos capazes de saber se ele, em sua verdadeira existência, foi sempre tão bom quanto o personagem retratado na *Apologia*. De qualquer forma, o herói ascético do diálogo platônico acabou por purificar incontáveis leitores, inspirando-os a se esforçarem mais, a ambicionarem mais e, ao escolherem imitar a vida de Sócrates, a se empenharem para encarnar a filosofia como a melhor forma concebível de viver a vida, ainda que ela exija a disposição para morrer pelas próprias convicções.

Seria possível viver de acordo com esse personagem idealizado? Ou seria boa demais para ser verdade a imagem que Platão, em sua *Apologia*, traça do primeiro filósofo?

Essa pergunta não é simplesmente teórica; é impossível saber sua resposta se não tentarmos. E nós somos intimados a *tentar* (como Alcibíades não o fez), ainda que nossos esforços não deem em nada e ainda que, ao de fato tentarmos, descubramos tão somente que a unidade racional personificada pelo Sócrates da *Apologia* platônica não é realizável na prática.

É esse, na verdade, o peculiar desafio proposto pelo retrato platônico do primeiro filósofo, uma ambição excessiva e provavelmente autodestrutiva ratificada por Friedrich Nietzsche mais de dois milênios depois: "Desconheço ambição melhor para a vida do que perecer em busca do que é grandioso e impossível, *animae magnae prodigus*."[73]

PLATÃO

Busto de mármore de Platão esculpido por autor desconhecido. Cópia romana de um original grego. Os atenienses da Antiguidade homenageavam Platão com monumentos públicos e, a cada ano, celebravam seu nascimento cantando os versos: "No dia de hoje, os deuses deram Platão à humanidade."
(Museus e Galerias do Vaticano, Cidade do Vaticano, Itália/Alinari/The Bridgeman Art Library International)

Um homem elaborou, praticamente sozinho, as imagens e os ideais que definem o modo de vida que ainda hoje chamamos de "filosofia". Platão conseguiu isso, em primeiro lugar, através da redação de uma série de diálogos, dos quais muitos dramatizavam a vida de Sócrates e o caráter paradoxal de sua característica empreitada. A vida do filósofo, segundo indica Platão, tem início com a transgressão sistemática das opiniões recebidas (aquilo que Cícero chamou de *paradoxa*, traduzindo para a língua latina o cognato grego). A incerteza que daí se segue gera uma busca árdua, e por vezes infecunda, na companhia de outros, a fim de que seja alcançado um conhecimento mais confiável sobre a justiça, as leis, a alma, o cosmos e a natureza do próprio conhecimento. O talento de Platão transformou essa recôndita vocação num novo tipo de aventura épica, transmitido à posteridade numa série de textos que, de maneira mais ou menos contínua desde a sua primeira transcrição, no século IV a.C., tem sido ardentemente lida e cuidadosamente analisada.

Platão nasceu na cidade de Atenas em cerca do ano de 424, falecendo no mesmo local quase oitenta anos depois. Ao contrário de Sócrates, seu alter ego literário, ele veio ao mundo no seio de uma das principais famílias da cidade. Seu pai descendia do mais importante magistrado de Atenas, Arístocles, e sua mãe, segundo dizem, era filha de Sólon, o grande legislador ateniense.

Certa noite, de acordo com as primeiras fontes sobre a vida de Platão, o jovem e elegante Aristão tentou impor-se a Perictíone, que não cedeu. Aristão recuperou seu autocontrole e Perictíone preservou sua honra. Naquela mesma noite, sozinha, Perictíone recebeu em sonho a visita do deus Apolo, que dessa forma diziam ter gerado o sábio Pitágoras. Nove meses depois, a virgem deu à luz um menino.

Ele foi inicialmente chamado de Arístocles, em homenagem ao avô paterno, mas logo seu nome tornou-se Platão, tanto em virtude de seu amplo tórax e da largura de sua testa [*a palavra grega platus significa "amplo" ou "largo"*] quanto (o verdadeiro motivo) em virtude da "amplitude", isto é, do caráter expansivo de seu estilo.[1]

Segundo alguns relatos tradicionais, esse milagre teria ocorrido no mesmo dia do nascimento de Apolo e da morte de Péricles – uma coincidência que vinculava o recém-nascido aos deuses do Olimpo e aos maiores estadistas da época de ouro ateniense. Uma biografia de Platão escrita na segunda metade do século VI d.C. condensa as informações de sua vida: "Platão era um homem divino, um homem apolíneo. Seu caráter divino emerge de suas próprias palavras e de alguns sonhos que lhe dizem respeito: de suas palavras, porque considerava a si mesmo 'companheiro de servidão dos cisnes'."[2]

Na mesma biografia, o autor afirma que, logo após o nascimento de seu filho, a mãe de Platão levou a criança

> ao monte Himeto, onde desejava sacrificá-lo a Apolo, deus dos rebanhos, e às ninfas. Enquanto isso, deitou-o ali, apenas para, ao seu retorno, descobrir que ele tinha a boca repleta de mel: abelhas haviam realizado aquilo, anunciando que as palavras que fluiriam de sua boca seriam, como afirmou o poeta, "mais doces que o mel".[3]

Platão fora criado com rigidez – "os alimentos com que crescia não tinham origem animal, mas eram vegetarianos".[4] Quando criança, era "tão modesto e metódico que jamais o viram rir sem reservas".[5]

Ele praticava ginástica[6] e, segundo dizem, lutou nos Jogos Ístmicos, um dos quatro maiores eventos de competição atlética do mundo grego. Platão aprendeu a escrever na escola de Dionísio,[7] orador ateniense que, no ano de 443 a.C., chefiara uma expedição pan-helênica que tinha como líder Atenas e que almejava colonizar Túrios, na península italiana. Ele pintava, escrevia poemas[8] e, por fim, acabou afeiçoando-se ao teatro.

Platão, tal como importantes membros de sua grande família, ficava fascinado com os professores e os ensinamentos do chamado Iluminismo ático do século V a.C. Segundo Diógenes Laércio, o jovem foi primeiro atraído aos textos de Heráclito de Éfeso (c. 540-480 a.C.), cujo estilo era oracular: "Não podes adentrar o mesmo rio duas vezes, pois águas novas sempre fluem sobre ti." "O tempo é uma criança que joga damas; o poder real é o da criança." "O *daimon* do homem é o seu destino." "Perguntei por mim mesmo."[9] A obscuridade de tais aforismos valeu a Heráclito a alcunha de "Obscuro".

Porém, dados os seus laços familiares, foi apenas questão de tempo até Platão conhecer Sócrates, o professor idealizado por seu tio, Cármides, e por um dos primos de sua mãe, Crítias.

Afirma-se que, certa vez, em sonho, Sócrates viu sobre seus joelhos um cisne que, de uma só vez, abriu sua plumagem e alçou voo, tendo antes produzido um doce som. Então, no dia seguinte, Platão foi-lhe apresentado como pupilo e ele o reconheceu como o cisne de seu sonho.[10]

Como relata Diógenes Laércio, o encontro de Sócrates com o cisne de seu sonho ocorreu no mesmo dia em que Platão planejava participar de uma competição de dramaturgia. Preparando-se para ingressar no teatro em que se daria a disputa, ele viu Sócrates debatendo, tal como costumava fazer, sobre aquilo que ele e seus interlocutores sabiam e não sabiam. Platão parou então para escutá-lo, e não mais saiu. Fascinado pelo que via e ouvia, decidiu queimar sua peça, dizendo: "Aproxime-se, ó deus-fogo, Platão agora necessita de ti." Desse momento em diante, ele tornou-se pupilo de Sócrates, consumido por sua "ânsia pela sabedoria divina",[11] a qual foi evidentemente o primeiro a definir como filosofia.

Em sua *Carta VII*, a mais informativa de todas as atribuídas a Platão, e comprovadamente a biografia mais antiga que temos hoje no Ocidente, Platão relata como descobriu a filosofia e descreve outra intensa paixão de sua juventude: a política. "Quando jovem", escreve ele, "ambicionava o mesmo que muitos outros: cogitava entrar na vida pública assim que chegasse à maturidade."[12] No que diz respeito aos seus objetivos de juventude, Platão não poderia ser mais diferente de Sócrates, que tentava permanecer fora dos embates políticos.

Aqueles eram anos terríveis para Atenas. A contínua Guerra do Peloponeso dividira os cidadãos atenienses e o mundo grego como um todo. Após uma série de vitórias militares, Esparta ocupara Decélia, visível da Acrópole de Atenas, e todo cidadão era obrigado a permanecer de guarda.

A nobreza e a riqueza de sua família[13] indicam que Platão provavelmente pertencia à classe de cavaleiros capazes de estabular um equino e servir na cavalaria. Era essa a unidade do exército popular responsável por afastar de Decélia os invasores espartanos. Nas Arginusas, em 406, e novamente em Egospótamos, em 405, Atenas reuniu forças para encarar suas últimas e desesperadas batalhas, quando enfim os espartanos sitiaram e bloquearam a cidade, gerando uma fome que levou muitos habitantes à morte.

A rendição da cidade a Esparta, em 404, abriu caminho para o breve reinado dos Trinta Tiranos. Sob os termos de paz impostos pelos espartanos, 3 mil atenienses abastados foram levados a escolher trinta homens para conduzir o governo e escrever novas leis, em conformidade com uma "constituição ancestral" que se supunha oligárquica, e não democrática. Entre as lideranças dos Trinta encontravam-se Crítias e Cármides, ambos simpáticos a Esparta e à sua autoritária constituição política.

Em sua *Carta VII*, Platão descreve em retrospectiva de que maneira "certos acontecimentos da vida pública me favoreceram, como descrevo a seguir. A constituição da qual então desfrutávamos [*uma democracia*],

> anátema para muitos [*como para Crítias e Cármides*], sucumbiu. Um novo governo foi organizado, consistindo em 51 homens: dois grupos – um de 11, outro de 10 – para fiscalizar o mercado e executar outras tarefas necessárias na cidade e no [*porto de*] Pireu, respectivamente, e, acima deles, trinta outros administradores com poder absoluto. Desses homens, alguns por acaso me eram familiares e conhecidos, e convidaram-me de imediato a me juntar a eles, no que parecia um empreendimento conveniente. [...] Julgava eu que conduziriam a cidade da vida injusta que levava ao caminho da justiça.[14]

Suas esperanças foram logo retificadas. Um reino de terror se instaurava à medida que, liderados por Crítias, os oligarcas mais radicais tentavam expurgar o regime dos moderados e também livrar a cidade dos democratas. Um grande número de cidadãos foi assassinado. Quando, em revolta, um grupo deles pegou em armas, os Trinta convidaram as forças espartanas a ocupar a Acrópole – um passo em falso fatal, que fez a junta parecer antipatriota. Em maio de 403, no ponto culminante do confronto entre os rebeldes e os membros do regime no Pireu, os democratas derrotaram os oligarcas e mataram Crítias. Seis meses depois, a democracia – e a estabilidade – foi restaurada em Atenas.

Relatando em sua epístola esses acontecimentos, Platão não fornece detalhes sobre o terror ou a guerra civil, referindo-se somente a "feitos impiedosos". Ele enfatiza sua relativa juventude, como se desejando desculpar-se por seu entusiasmo inicial; diz que logo percebeu que "a constituição anterior fora algo precioso". Acima de tudo, Platão se mostra enraivecido por ter a junta envolvido Sócrates em suas atitudes. "Fiquei horrorizado e me retirei daquele reino de injustiça",[15] escreve, sem fazer qualquer menção ao derramamento de sangue.

Depois de seu flerte juvenil com a tirania, Platão afirma que ainda "sentia o desejo, embora então com menos força, de tomar parte nos assuntos públicos e políticos".[16] Com a derrota de Crítias, a democracia restaurada declarou anistia aos responsáveis por crimes cometidos durante a guerra civil. Em 399, contudo, cinco anos depois do reino de terror dos Trinta, Platão foi forçado a testemunhar o que julgou ser um tipo de injustiça ainda pior: a condenação à morte, por parte de um júri democrático, de Sócrates, seu herói filosófico.

Como resultado, Platão ingressou numa espécie de exílio interior. Apesar de seu contínuo interesse pela política e ainda sob a expectativa de formar um regime político melhor, ele absteve-se "de qualquer ação, esperando pelo momento adequado" e avaliando os acontecimentos atenienses em função de duas conclusões radicais: (1) "Todos os Estados existentes são precariamente governados, sendo a condição de suas leis praticamente incurável sem algum remédio milagroso e o auxílio da sorte"; e (2) "As mazelas da raça humana jamais cessarão até que os verdadeiros amantes da sabedoria ingressem no poder político, ou então até que os governantes de nossas cidades, pela graça de Deus, assimilem a verdadeira filosofia."[17]

Pouco tempo depois, talvez em 397, Platão deixou Atenas. Como afirmou o grande pesquisador alemão Paul Friedländer, "ele deu início à sua busca pelo melhor Estado e, com ela, descobriu o mundo das Formas".[18]

Sua primeira parada se deu em Mégara,[19] cidade não muito distante de Ática e localizada no istmo que a ligava ao Peloponeso. Mégara era a casa do sábio Euclides, amigo de Sócrates e defensor das teorias de Parmênides (n. c. 515 a.C.). Tal como Sócrates, Euclides conduzia dialeticamente seus debates, formulando uma série de perguntas. Tal como Parmênides, ele também afirmava que "tudo é um" e que a multiplicidade de seres existentes – suas formas e movimentos cambiantes – não é senão a aparência de uma única realidade eterna ("o ser"), tese que Platão abraçaria em seus últimos diálogos, incluindo o *Parmênides*, o *Sofista* e o *Teeteto* (no qual o próprio Euclides aparece).

Os biógrafos antigos representam Platão como o Ulisses de seu tempo. Dando continuidade à sua jornada, ele navegou até Cirene, maior colônia grega na África, a fim de estudar com o matemático Teodoro; até o Egito, no intuito de aprender geometria e de estudar com "aqueles que interpretavam a vontade dos deuses"; até a Fenícia, para se encontrar com persas e para descobrir os ensinamentos de Zaratustra; e, finalmente, até o monte Etna, na Sicília, onde "desejava contemplar as crateras".[20]

Na *Carta VII*, o autor não menciona qualquer viagem a Cirene, ao Egito ou à Fenícia, mas relata com detalhes o tempo que passara na "Magna Grécia", visitando algumas das colônias formadas pelos gregos ao longo da costa meridional da Itália. Naqueles anos, a colônia de Crotona[21] abrigava uma das seitas mais antigas e misteriosas da Grécia, uma comunidade fechada que tinha Pitágoras como fundador. Ativos na segunda metade do século VI a.C., Pitágoras e seus seguidores declaravam que apenas os números existem de fato e que todos os fenômenos naturais estão suscetíveis a explicações matemáticas. Os membros da seita não encontravam-se unidos apenas pela adesão à primazia dos números e a um punhado de outras doutrinas importantes – a imortalidade da alma, a reencarnação delas em todos os tipos de animais, o eterno retorno do mesmo –, mas também por complexos rituais religiosos e por um regime alimentar comum (alguns dizem que eles eram vegetarianos rigorosos). Apesar de constituírem uma comunidade restrita, os pitagóricos assumiram o controle do governo de Crotona no ano de 510. Seus espectadores contemporâneos normalmente creditavam ao austero código de conduta da seita o sucesso militar da cidade nos anos que se seguiram.

Alguns aspectos do *ethos* pitagórico reforçavam lições que Platão já aprendera com Sócrates, tal como o conselho registrado nos *Versos de ouro de Pitágoras*: "Seja a razão, o dom divino, teu maior guia."[22] No mesmo texto, os pitagóricos exortam os novatos a examinarem a si próprios ao fim de cada dia, perguntando: "No que errei? O que fiz? Que dever negligenciei?" – um exercício espiritual coerente com a busca socrática pelo autoconhecimento. (Em seu diálogo *Fedro*, Platão mostra Sócrates preocupado em interrogar a si mesmo acerca da natureza de sua própria alma, perguntando, por exemplo: "Tomo alguma parte no divino? Ou seria eu uma forma bestial mais selvagem?"[23])

Outros aspectos do modo de vida pitagórico provavelmente se mostraram estranhos a Platão. A comunidade era conhecida por praticar sacrifícios ritualísticos em santuários e por seus rigorosos ritos de sepultamento. Antes de tornar-se um membro credenciado, o iniciante deveria disponibilizar a todos sua propriedade e passar vários anos ouvindo em silêncio os dizeres de um mestre, que se escondia por trás de uma cortina em "audições" públicas. Após cinco anos, se passasse no teste, o iniciante estava habilitado se tornar um "esotérico", membro do círculo interno que finalmente poderia conhecer seu guia.

Embora os ensinamentos pitagóricos devessem permanecer em segredo, fontes clássicas preservaram alguns de seus dizeres característicos, dos quais um era especialmente apreciado por Platão: "Os amigos têm tudo em comum."[24] No entanto, outros ditados e máximas que ainda restam são mais emblemáticos: Não coma feijões. Não exceda o equilíbrio. Não recolha as migalhas que caem da mesa. A mais justa de todas as coisas é o sacrifício, a mais sábia é o número. Não coma galos brancos. O trovão existe para amedrontar os que se encontram no Tártaro. Não coma peixes sagrados. O mar são as lágrimas de Crono. Não parta o pão, pois o pão reúne os amigos. As figuras mais belas são o círculo e a esfera. Não coloque a vela contra a parede. Não ameace as estrelas.

Naturalmente, o modo de vida do grupo deixava desconfiados os estrangeiros, em especial quando os pitagóricos no poder passaram a adotar políticas aristocráticas numa série de cidades ao sul da Itália. Durante o século V, os pontos de encontro da seita foram atacados e incendiados, levando alguns de seus adeptos a se refugiarem na Grécia propriamente dita. Apesar das perseguições, os pitagóricos continuaram a ser figuras proeminentes em diversas cidades da Itália meridional, incluindo Tarento, visitada por Platão mais ou menos no ano de 388 a.C.

Lá, ele talvez tenha conhecido Filolau, primeiro pitagórico a escrever sobre a seita. Sem dúvidas, conheceu Arquitas (fl. c. 400-350 a.C.), figura central na história do pitagorismo que, naqueles anos, também desempenhava um vigoroso papel na política da Magna Grécia.

Segundo Diógenes Laércio, Arquitas "foi o primeiro a elaborar um sistema para a mecânica, aplicando-lhe princípios matemáticos".[25] Além de ser um extraordinário cientista, ele também cresceu politicamente em Tarento. Eleito sete vezes general da cidade, Arquitas desempenhou um papel crucial na condução dos negócios da Sicília e do sul da Itália.

A imagem de Arquitas difere nitidamente da de Sócrates. Arquitas não se declarava ignorante nem se afastava de assuntos políticos. Ele não era um professor itinerante, transformando uma comunidade fechada de discípulos numa base política e intelectual. Assim, parece possível que as visões políticas e teóricas de Platão tenham adotado aí um matiz pitagórico.

Em alguns de seus diálogos tardios,[26] Platão faz Sócrates acatar doutrinas típicas dos seguidores de Pitágoras, como as da reencarnação, da metempsicose, da imaterialidade e imortalidade da alma e, também, do comunismo praticado entre companheiros filosóficos. Tanto para Arquitas quanto para o Sócrates platônico e ficcional da *República*, o estudo da matemática transforma-se em elemento-chave para o treinamento filosófico, afastando a mente do reino visível da mutabilidade e levando-a ao reino invisível das Formas imutáveis. Através desse treinamento matemático, a alma pode vir a conhecer a Forma (ou Ideia – a palavra grega é *eidos*) da justiça, tornando-se, assim, capaz de governar justamente.

Após passar algum tempo em Tarento, Platão partiu para a Sicília no intuito de visitar a cidade de Siracusa, que estava então sob o controle de Dionísio (fl. 406-367 a.C.), soberano cujo poder não aceitava limites. Provavelmente o estrategista militar mais hábil de seu tempo, e sem dúvida um dos generais gregos mais corajosos, Dionísio governou um império que incluía grande parte da Sicília e regiões do sul da Itália. De sua base política, em Siracusa, e também valendo-se de uma frequente aliança com Esparta, ele enviara uma série de expedições para o oeste da Sicília, com o objetivo de tirar o controle da região das mãos de Cartago, poderosa colônia fenícia localizada no litoral do que hoje chamamos de Tunísia. Siracusa prosperara sob a tirania de Dionísio, e sua influência sobre o mundo de língua grega, nesse período, rivalizava apenas com a influência exercida por Atenas e Esparta sobre o leste da região.

Em uma de suas cartas, Platão relata seu desprezo pela luxúria e pela licenciosidade que encontrou em Siracusa, onde os homens "se fartavam duas vezes ao dia e nunca dormiam sozinhos à noite". Ele também relembra seu primeiro encontro com Díon (c. 408-353 a.C.), jovem cujo destino se entrelaçaria com o do próprio Platão.

Díon era herdeiro de uma das maiores fortunas do mundo de língua grega, sendo sua família uma das mais abastadas da Sicília. Embora ostentasse apenas 22 anos, ele nutria uma relação amistosa com Dionísio, governante de Siracusa que se casara com Aristomaca, sua irmã, e que estimava a inteligência do cunhado. É provável que Díon também tenha demonstrado seu vigor militar atuando em várias das investidas de Dionísio contra Cartago. Além disso, algumas fontes antigas afirmam[27] que ele já havia estreitado laços com a irmandade pitagórica.

Conhecer Platão mudou a vida de Díon. Segundo o relato que encontramos na *Carta VII*, Platão divulgou-lhe:

> minhas ideias sobre o que era melhor para o homem, incitando-o a colocá-las em prática. [...] Sob todos os pontos de vista, Díon aprendia rápido, em especial os assuntos sobre os quais conversávamos; assim também, ouvia ele com um zelo e uma atenção que eu jamais vira em jovem algum. Decidiu então conduzir o resto de sua vida de maneira diferente da que conduz a maioria dos italianos e sicilianos, uma vez que passara a amar a virtude mais do que o prazer e a luxúria.[28]

Estouvadamente, e com o entusiasmo de um recém-convertido, Díon persuadiu Dionísio a também conhecer Platão. Plutarco recorda como

> o tema geral do colóquio foi a virtude humana. Nesse momento, Platão afirmou que, de toda a humanidade, o tirano desfrutava da menor parcela

dessa qualidade. Então, voltando-se para o tema da justiça, declarou que é feliz a vida do justo, ao mesmo tempo em que a vida do injusto é repleta de misérias.[29]

Assim provocado, Dionísio perdeu o controle.
– Falas como um parvo – disse.
– E tu, como um tirano – replicou Platão.[30]
E por que Platão fora à Sicília?
– A fim de encontrar um homem virtuoso – respondeu.
– Muito bem, então – afirmou o tirano. – Tua busca foi em vão.[31]
Diz a lenda que Dionísio ordenou a prisão de Platão, tendo então vendido-o como escravo. As fontes antigas diferem acerca do que aconteceu em seguida. Algumas afirmam que apenas um pedido pessoal feito por Arquitas de Tarento garantiu a liberdade do filósofo.[32] Outras declaram que Platão foi resgatado quando Aniceris, discípulo do filósofo socrático Aristipo, concordou em comprar sua liberdade.

No entanto, relatos contraditórios sobre Dionísio, Díon e Platão também são encontrados nas fontes helênicas. Segundo Diógenes Laércio, por exemplo,[33] Dionísio teria doado uma quantidade considerável de dinheiro a Platão, permitindo-lhe comprar três escritos pitagóricos raros. Essa história também foi registrada num trabalho (hoje perdido) de Onetor, sob o tema "Se o sábio pode enriquecer". Em outra ocasião, Diógenes Laércio afirma[34] que naqueles anos também Díon dividira parte de sua grande fortuna com Platão, que a usara para adquirir o terreno da Academia. Essas anedotas dizem respeito a uma escola filosófica que se abstinha de posses materiais por considerá-las bens ilusórios e que denunciava o amor ao dinheiro como vício cardeal. Além disso, elas sugerem que Platão, diferentemente de seu mestre Sócrates, temia ser visto como inconsistente.

Platão retornou a Atenas em 387, dando um claro fim a seus anos de errância. Logo em seguida, fundou sua escola e passou a lecionar na Academia, santuário e ginásio público. Platão também comprou uma propriedade nos arredores, onde podia ensinar grupos menores com privacidade.

Ao mesmo tempo em que Platão abria a Academia, muitos outros socráticos declarados – incluindo Euclides de Mégara, Aristipo de Cirene e, o mais importante, Isócrates de Atenas – também fundavam suas escolas, nas quais mestres e pupilos podiam conversar e viver, juntos, uma vida filosófica. Isócrates, reconhecido autor de discursos, cobrava taxas de seus alunos para ensinar-lhes a arte da oratória. Tal como Euclides e Aristipo, Isócrates também tentou institucionalizar a prática socrática da incessante inquirição. No caso de todas essas escolas, os possíveis adeptos precisavam ter bastante tempo livre – assim como recursos materiais – para conseguirem se dedicar com seriedade a uma vida de investigações e estudos.

Desde o início, a Academia de Platão se mostrava diferente. Seguindo o exemplo de Sócrates, Platão se recusava a cobrar taxas de seus alunos, solicitando, em vez disso, doações voluntárias. (Caso Díon ou outros curadores ricos tenham de fato auxiliado financeiramente a Academia, eles também podem ter doado recursos suficientes para permitir que até estudantes pobres estudassem de graça.) Certas fontes antigas indicam que a escola admitia algumas alunas, o que estaria de acordo com a abordagem radicalmente igualitária à educação das mulheres que Platão descreve numa famosa passagem da *República*. Embora a Academia não fosse uma associação secreta ou fechada, ela era, tal como as escolas pitagóricas, uma sociedade – uma comunidade de amigos que colocavam "tudo em comum" e que partilhavam, sobretudo, do amor pela sabedoria.

A *Carta VII* descreve com alguns detalhes a maneira como a Academia avaliava um possível aluno. O "verdadeiro amante da sabedoria" ostenta "um traço divino que o torna semelhante à sabedoria e digno de buscá-la". A inteligência natural não basta: "Independentemente de sua ocupação, ele sempre, e acima de tudo, se agarra à filosofia e à disciplina diária que melhor o qualifica ao aprendizado e às recordações, assim como o capacita a raciocinar sobriamente consigo mesmo."[35]

Com exceção de Platão, que era o escolarca (ou líder da escola), os membros da Academia aparentemente se dividiam em duas categorias: mestres e pupilos. Entre os mestres encontravam-se Eudoxo, Hélicon, Teeteto e outros matemáticos e astrônomos importantes. Tendo os pesquisadores modernos já confirmado que na Academia nasciam muitos axiomas matemáticos, é possível que os assuntos abordados equivalessem ao currículo prescrito para os governantes da *República*: aritmética, geometria plana, geometria sólida, astronomia e harmonia.

Os alunos que almejavam descobrir como fazer amigos e influenciar pessoas estavam fadados à frustração. Segundo Aristóxeno, seguidor tardio de Aristóteles,

> Era isto o que ocorria, segundo relatava Aristóteles, com a maior parte dos que acompanhavam a lição de Platão "Sobre o bem". Todos chegavam, veja bem, acreditando que extrairiam dali alguns dos elementos que os homens julgavam bons: riquezas, saúde, poder – em poucas palavras, alguma fonte notável de felicidade. Contudo, quando a fala se mostrava sobre matemáti-

ca, números, geometria, astronomia e, por fim, sobre a unidade como bem, aquilo parecia-lhes, acredito, algo completamente imperscrutável. Ao final, alguns expressavam menosprezo por tudo; outros, uma rigorosa crítica.[36]

Segundo explica Platão em sua *República*, o estudo da matemática ajudava a eliminar da alma seus apegos ao mundo visível. Isso se dava através do domínio da representação abstrata e imaterial de aspectos importantes da realidade, os quais poderiam ser conceitualizados ainda em meio ao fluxo cambiante da experiência sensitiva. Ao dominar essa forma pura de investigação, a alma se elevava e era impelida a buscar as verdades imateriais e adequadamente abstratas por trás de temas como a justiça e o bem. O cerne do currículo era a dialética,[37] a arte de usar a razão em harmonia com outras pessoas, testando as próprias convicções através de um debate permanente e de um esforço conjunto para chegar ao conhecimento da verdade – uma concepção de mundo que independe ao máximo das perspectivas locais ou das idiossincrasias dos inquisidores. Segundo Platão, a aquisição de tal conhecimento exigia o desejo de conhecer a Forma, ou tipo, de algo (a tradução latina para a palavra grega *eidos* é *species*). Detalhando a ascensão à verdadeira sabedoria[38] na *República*, Platão descreve como chegar ao seu ponto mais alto através da célebre imagem do filósofo que escapa de uma caverna sombria para contemplar o sol, assim como da revelação correspondente, de que a justiça existe independentemente de sua instanciação numa alma ou numa cidade particular.

Ainda assim, o significado dessa imagem é ambíguo, uma vez que o Sócrates de Platão deixa claro que, sobre essas coisas, possui apenas opiniões, e não conhecimento. Então, numa passagem posterior em que se refere à imagem da caverna, ele faz seu Sócrates fictício afirmar, mais uma vez, que "há algo do gênero a ser visto", mas que é impossível demonstrar, somente pela argumentação lógica, "se é de fato assim que acontece".[39]

Segundo a *Carta VII* de Platão, as condições necessárias para garantir um conhecimento verdadeiro acerca dessas questões são intimidadoras, e talvez seja impossível satisfazê-las: "Em primeiro lugar, o nome [*de algo*]; em segundo, sua definição; em terceiro, sua imagem; o conhecimento vem em quarto lugar; e, no quinto, devemos colocar o objeto em si, o ser apreensível e verdadeiramente real."[40] A revelação do "ser verdadeiramente real" acaba por se tornar algo particularmente árduo: ela só se dá depois de uma comunidade de amigos ter testado a alma de cada um de seus membros através de contínuos diálogos entre mestres e pupilos. Aqueles que acabariam vendo o verdadeiro ser deveriam antes demonstrar um bom caráter, tanto através de seu modo de vida quanto através do espírito com que argumentavam.

Apenas quando tais fatores – nomes, definições, percepções visuais e outras – forem testados e confrontados entre si, com o pupilo e o mestre formulando e respondendo perguntas sem inveja e sob uma boa disposição, só então, quando a razão e o conhecimento estiverem na extremidade do esforço humano, é que eles podem iluminar a natureza de qualquer objeto.[41]

Segundo a *Carta VII*, o tipo de iluminação almejada por Platão não poderia ser adequadamente expressa em palavras. Para além da dialética do pensamento conceitual, havia uma espécie de revelação que só poderia ser atingida através de uma mudança, ou conversão, da alma:

Não há qualquer escrito meu sobre o tema, nem mesmo haverá. Pois, ao contrário das outras ciências, esse conhecimento não é algo que possa ser colocado em palavras; no entanto, repentinamente, após um longo intercâmbio entre mestre e pupilo, numa busca conjunta pelo objeto, ele nasce na alma e logo se nutre, tal qual a luz que faísca quando do alumiar do fogo.[42]

O ápice do currículo platônico provavelmente se resumia a esse momento de visão – seus textos influenciaram profundamente uma série de místicos futuros –, mas a maior parte do tempo dos estudantes era destinada ao aprendizado de como definir as coisas, muitas vezes diante de curiosos espectadores. Neste fragmento de uma comédia de Epícrates, podemos vislumbrar a vida no interior da Academia:

Nas Panateneias, notei um grupo de meninos no ginásio da Academia. Ouvi, lá, coisas estranhas e indescritíveis. Eles definiam e dividiam o mundo natural, distinguindo também os hábitos dos animais, a natureza das árvores e as espécies vegetais. Em seu centro havia uma abóbora, cuja espécie investigavam. [...] No início, todos permaneciam em silêncio, inclinando-se sobre ela por alguns instantes e ponderando. Então, repentinamente, um dos meninos afirmou ser ela um legume redondo; outro, grama; e um terceiro, que era uma árvore. Ouvindo isso, um médico siciliano explodiu em ira. [...] Contudo, Platão, que lá se encontrava, pediu-lhes com serenidade, sem mostrar-se minimamente perturbado, que retomassem a busca desde o início, a fim de definir qual seria aquela espécie. Eles então continuaram com suas definições.[43]

De qualquer forma, o currículo da Academia não era um fim em si. A investigação dialética era um meio de tornar-se tão perfeitamente bom quanto fosse possível. Esse objetivo, Platão não ensinava apenas na teoria,[44] mas (tal qual Sócrates) também na prática, com seu exemplo. Relatos contemporâneos sugerem[45] que os companheiros mais experientes de Platão adotavam um código de vestimenta socrático, trajando austeramente uma capa e carregando uma bengala. Eles conversavam e se moviam com alguma solenidade, por vezes imitando a leve inclinação da postura de Platão, por vezes imitando as sobrancelhas arqueadas e a carranca do mestre que, absorto, meditava.

Antes de mais nada, porém, eles discutiam sobre ideias, uma vez que a Platão era agradável a busca declarada pela sabedoria realizada ao lado dos amigos. Aristóteles, produto mais famoso da escola platônica, lembra-se de testemunhar agudas discórdias entre Platão e alguns de seus companheiros de investigação mais importantes. Nesse aspecto, a Academia era um tipo de comunidade radicalmente diferente das sociedades pitagóricas, tão somente porque Platão defendia na prática a máxima socrática de que "o pior mal que alguém pode sofrer é odiar o discurso razoável".[46]

Além de se apresentar a seus companheiros como um exemplo a ser seguido, naqueles anos Platão produziu uma série de trabalhos escritos, dos quais quase todos descreviam colóquios filosóficos exemplares. Tais textos certamente faziam parte do currículo, pois Platão os parece ter lido em voz alta para seus amigos e seguidores. Pergaminhos também eram depositados e preservados na biblioteca da Academia. De acordo com o cânone dos escritos de Platão determinado no século I d.C. por Trásilo, astrólogo platônico que habitou em Alexandria, o *corpus* das obras de Platão consistia em 13 cartas e 35 diálogos. De todos os trabalhos presentes no cânone, a maioria – vinte, ao todo – é de *Sokratikoi logoi*, diálogos dramáticos construídos em torno do herói mais importante de Platão.

Em nenhum de seus escritos, com exceção das cartas, Platão oferece sua própria voz ou propõe qualquer opinião como sendo sua. Em alguns dos diálogos, os personagens, incluindo sobretudo Sócrates, apresentam e defendem com veemência visões específicas sobre a ética, a natureza da realidade e o caráter do verdadeiro conhecimento. Porém, na maioria desses colóquios, uma leitura mais atenta sugere que nenhum resultado conclusivo é alcançado. Essas sutilezas do *corpus* platônico levaram os leitores antigos a debaterem rispidamente sobre se Platão desejava provocar um ceticismo global ou se ele desejava transmitir algumas doutrinas confiáveis (por exemplo, a da realidade das Formas, da imortalidade da alma e do regime político ideal, com seu filósofo-rei). Eles também discordavam sobre se a melhor vida possível resultava da busca infindável pela sabedoria ou de atitudes que se conformassem às verdades reconhecidas.

Os trabalhos escritos de Platão parecem ter alcançado um público relativamente amplo, mesmo durante a vida do filósofo. Num fragmento sobrevivente de um de seus diálogos perdidos, Aristóteles descreve um fazendeiro de Corinto que lera o *Górgias*, de Platão. Estupefato, ele "imediatamente desistiu de sua fazenda e vinhas, hipotecou sua alma a Platão e semeou lá suas visões".[47]

Górgias nos fornece um bom exemplo do estilo literário de Platão, assim como dos interesses políticos que nunca deixaram de estar no centro de suas preocupações. Embora os pesquisadores não estejam de acordo[48] sobre a data de composição de vários diálogos, não é improvável que o *Górgias* tenha sido escrito logo após a viagem de Platão à Itália e a fundação da Academia.

Como todos os outros diálogos, o *Górgias* possui uma unidade dramática própria, ainda quando aborda temas, discussões e ideias desenvolvidos com maiores detalhes em outros escritos. Ele gira em torno da representação fictícia[49] de cinco personagens mais ou menos históricos: Sócrates; Querefonte, o discípulo que perguntara ao oráculo de Delfos se havia alguém mais sábio do que Sócrates; Cálicles de Acarnas, jovem aristocrata descrito como sócio dos oligarcas e como demagogo disposto a crescer na carreira bajulando um populacho que desprezava; Polo de Agrigento (n. c. 440), perito siciliano em retórica; e Górgias de Leontini (c. 485–c. 380), que também nascera na Sicília e se tornara o orador mais influente de sua geração (ele visitara Atenas em 427, aparentemente adotara como aluno Diógenes, o Cínico, e vivera, segundo dizem, mais de cem anos).

Em alguns de seus diálogos, Platão faz questão de estabelecer uma data dramática, mas isso não ocorre no *Górgias*. O cenário em geral é vago, embora o contexto ateniense não o seja. Somos lembrados de que Atenas é uma democracia ostensivamente governada por seu povo na Assembleia e que oradores como Górgias se julgam capazes de ajudar aristocratas, como Cálicles, a conquistarem poderes políticos, aperfeiçoando sua habilidade de persuadir as pessoas reunidas nos encontros regulares do populacho. Também somos lembrados do destino que esse regime reserva para Sócrates. "Nesta cidade", coloca Platão na boca de seu herói, "qualquer coisa pode acontecer a qualquer um".[50]

Górgias acabara[51] de demonstrar publicamente sua maestria retórica, improvisando uma série de discursos em resposta ao que o público lhe perguntava. Em seguida, Sócrates e Querefonte se aproximam. Um colóquio se segue[52] diante de uma multidão que, em determinado momento, explode em aplausos. Nós, como leitores, aderimos ao aglomerado de espectadores. Implicitamente, somos solicitados a julgar uma competição acerca da melhor forma de apreciar a racionalidade das ideias.

Em discussão encontra-se uma série de temas: seria obrigação do orador saber a diferença entre o certo e o errado, o justo e o injusto? Seria melhor fazer o mal ou sofrê-lo? Deter o poder e desfrutar de prazeres ilimitados ou viver uma vida regulada e refreada pela compreensão do que é certo e do que é errado? O que temos de saber sobre um ser humano para podermos compreender "quem ele é"?[53] O que um homem deve saber para tornar-se bom, justo e bem-sucedido?

Ao longo do colóquio, Sócrates interroga Górgias, Polo e Cálicles, cuja veemente defesa da imoralidade viria a impressionar Nietzsche séculos depois.

O que testemunhamos não é apenas uma competição de palavras. Ao questionar Górgias, Polo e Cálicles, Sócrates coloca em xeque o caráter de cada orador. Ao verificar se a conduta de cada um está de acordo com suas crenças, o espectador é convidado a julgar quem aquela pessoa é. Sob interrogatório, Górgias, Polo e Cálicles são forçados a entrar em contradição.

A vida e as crenças dos três oradores descritos no *Górgias* não estão unidas, o que é uma incoerência existencial ainda mais importante do que qualquer inconsistência em suas opiniões. Sócrates, ao contrário, aparece aqui como na *Apologia*: um modelo de integridade. "Acredito ser melhor que minha lira esteja desafinada [...] e que a maioria dos homens de mim discorde e a mim contradiga do que eu estar em contradição e fora de sintonia comigo mesmo."[54]

Por estar determinado a nutrir somente crenças razoáveis, um verdadeiro amante da sabedoria, como Sócrates, terá maior capacidade de governar a si mesmo com consistência. E, como sua vida e suas crenças encontrar-se-ão unidas, ele também estará mais apto a ajudar sua cidade, liderando os outros com justiça: "Penso ser eu um dos poucos atenienses, e aqui digo poucos para não dizer somente, que procuram praticar a verdadeira arte da política."[55]

O *Górgias* é um dos trabalhos mais importantes de Platão, assim como um dos mais longos. Os únicos que o vencem em extensão, a *República* e as *Leis*, também dizem respeito sobretudo à política. Mesmo nos anos em que ensinou e escreveu em Atenas, tentando decifrar a natureza incorpórea da alma e a maneira adequada de compreender as Formas, o destino da pólis grega continuou a ser uma obsessão para Platão: "A todos ele dava a impressão de serem os assuntos cívicos os que mais lhe despertavam interesse", afirma uma *Vida de Platão* atribuída a Olimpiodoro.[56]

Na *República*, Platão insinua que a alma deve ser compreendida através de sua analogia com a cidade. A justiça de uma cidade depende de seu regime, e assim acontece com cada alma. Platão acredita que, na melhor das cidades, os melhores homens – aqueles que *sabem*, os filósofos-reis familiarizados com o mundo das Formas – governarão os soldados e trabalhadores que constituem o restante do povo. Da mesma forma, na melhor das almas, seu melhor elemento – a razão – regulará suas paixões e suas necessidades corporais. Além disso, sugere Platão, a melhor alma florescerá com mais facilidade na melhor cidade, onde o governo dos melhores homens reforçará o melhor elemento anímico de cada habitante. Tal como um inteligente monarca, a melhor alma será clara, consistente, corajosa e inabalável em sua dedicação ao bem. Ela se esforçará para conhecer com clareza sua verdadeira propensão, seus talentos especiais, sua vivacidade – procurando, portanto, reconhecer como ela pode se encaixar adequadamente na ordem política das coisas.

Em contraste, Platão afirma que, numa democracia, as paixões e as necessidades corporais se descontrolam. Em tais circunstâncias, a fim de garantir a própria sobrevivência, aqueles que amam a verdade devem criar uma comunidade sua, um grupo de filósofos como o que Platão reunira na Academia. Ao levar uma vida reclusa de contemplação e aprendizado, um círculo de amigos seria capaz de buscar em conjunto a verdade, tendo como guia o exemplo do próprio filósofo: se os alunos de Platão "eram incapazes de governar uma cidade, ele desejava ao menos que se mostrassem capazes de governar a si mesmos".[57]

O próprio Platão permanecia amplamente desligado da vida política de sua cidade natal, como se participar diretamente da sociedade mais livre e aberta de seu tempo estivesse abaixo da dignidade de um verdadeiro filósofo. No ano de 366, segundo nos relata Diógenes Laércio, Platão saiu em defesa de Cabrias, general ateniense conduzido à Assembleia após ter sido derrotado pelas forças tebanas em Oropos.

> Em tal ocasião, enquanto subia à Acrópole ao lado de Cabrias, o informante Crobilo o encontrou e disse: "Mas quê! Estás aqui para apresentar uma defesa? Não sabes que a cicuta de Sócrates o aguarda?" Ao que Platão respondeu: "Do mesmo modo em que perigos enfrentei por minha pátria, enfrentá-los-ei como obrigação para com meu amigo."[58]

Apesar da pouca participação direta de Platão nos assuntos públicos de Atenas, a Academia platônica, tal como as sociedades pitagóricas pelas quais se pautara, acabou por exercer uma influência política grande e indireta sobre todo o mundo de língua grega. Com a circulação de trabalhos escritos como o *Górgias*, Platão ganhou fama de estadista – versado em como governar com justiça uma cidade – e, em alguma medida, de legislador. Chegavam à Academia convites para a elaboração de novas leis, os quais vinham de Cirene, na África; Megalópolis e Elis, no Peloponeso; Atarneu e Assos, na Ásia Menor; e da Macedônia, ao norte da Grécia. Como resposta, Platão enviava vários companheiros: Aristônimo, Fórmion, Eufraio, Corisco e Erasto. Em alguns casos, segundo lemos hoje, os discípulos de Platão[59] conseguiram encorajar tiranos a abrandarem seu governo e a instituírem um regime mais respeitoso às leis; em outros, Platão instava seus discípulos a suplementarem o "conhecimento das Formas", aprendendo, com os tiranos, a arte de exercer o poder. No contexto da Macedônia, dizem que o emissário de Platão induziu o rei a "estudar geometria e filosofar".[60]

Na cidade de Atenas, o pupilo de Platão mais destacado no campo político era Fócion (402-318), que ingressara na Academia quando jovem, tornara-se protegido de Cabrias e continuara seus estudos sob a orientação de Xenócrates, discípulo de Platão.

Exemplo de verdadeira retidão, Fócion era, segundo Plutarco, um prodígio na arte de controlar as emoções: "[...] praticamente ateniense algum o vira às risadas ou com lágrimas nos olhos."[61] Tal como Sócrates, ele era indiferente às intempéries, rejeitando mantos ou sandálias quando em serviço militar,

> exceto nas ocasiões em que o frio se mostrava insuportavelmente penoso. [...] Certo tempo depois, seus soldados costumavam zombar de tal hábito, afirmando que, toda vez que Fócion vestia um manto, um duro inverno os acometeria.[62]

Oficial hábil e corajoso, ele era um político cauteloso e, por vezes, pusilânime. Diante do crescente poder da Macedônia sob o governo de Filipe e Alexandre, travou negociações com Filipe, anuiu às exigências macedônias, que desejavam a rendição de determinados atenienses, e acabou por permitir que uma de suas guarnições controlasse o acesso ao porto de Pireu.

Embora o populacho da Assembleia[63] o elegesse comandante-chefe 45 vezes – um número recorde –, Fócion era hostil à democracia, julgando-a uma forma inferior de governo. Em 322, ele iniciou uma mudança na constituição de Atenas e limitou os direitos políticos aos cidadãos mais abastados. A classe alta o chamava de "o Bom". Porém, quando, em 318, a democracia na cidade foi brevemente restaurada, o povo exigiu uma sangrenta vingança. Eles colocaram Fócion numa carroça e o levaram à Assembleia em meio a uma multidão motejadora, que o condenou a beber a cicuta e, depois, ordenou que seu cadáver fosse arremessado para além dos limites da cidade.

Ainda assim, o destino de Fócion se apequena diante do mais famoso protegido de Platão: Díon de Siracusa, inigualável em sua devoção ao que, segundo ele, eram os ideais políticos platônicos.

Depois da visita de Platão a Siracusa, no ano de 387 a.C., Díon casou-se com uma das filhas de Dionísio, rei da cidade, e tornou-se ao mesmo tempo cunhado e genro do tirano. Sob as ordens de Dionísio,[64] ele serviu como almirante de Siracusa, e é provável que também o tenha feito como embaixador da cidade em Esparta, o que lhe conferia a rara honra da cidadania. Durante mais de duas décadas, ele se mostrou leal a Dionísio, seu mestre na política.

Naqueles anos, Díon também visitava Atenas com frequência e se orgulhava do fato de que "passara muito tempo na Academia, estudando como sobrepujar a ira, a inveja e o espírito de rivalidade".[65] Da mesma forma, provavelmente absorvera a ideia anti-intuitiva, expressa no *Górgias*, de que somente o filósofo era um verdadeiro estadista. Dessa forma, tal como Fócion, ele sem dúvida praticava a filosofia como um modo de vida, abstendo-se dos vícios comuns de sua classe de modo faustosamente honrado. O comportamento de Díon irritava seus rivais,[66] mas como Dionísio lhe dava ouvidos, não havia nada que seus inimigos de Siracusa pudessem fazer.

Então, em 367 a.C., após um reinado de quase quarenta anos que deixara Siracusa próspera e poderosa, Dionísio faleceu. O poder foi herdado por seu filho, Dionísio, o Moço. O jovem, que mal chegara à casa dos vinte anos, naturalmente recorreu aos conselheiros mais confiáveis de seu pai, sobretudo a Díon.

Era esse o momento pelo qual Díon, sob a tutela de Platão, sempre esperara. Ele escreveu de imediato ao filósofo, instando-o a navegar até a Sicília para treinar o novo governante de Siracusa.

"Que outra oportunidade poderíamos esperar", perguntou Díon, "além dessa com que a Providência nos presenteou?"[67]

Segundo recorda Platão na *Carta VII*, seu velho amigo e discípulo também

> mencionou o império na Itália e na Sicília, o próprio poder que nele detinha, a juventude de Dionísio e o ávido interesse que este demonstrava pela filosofia e pela cultura; os sobrinhos e outros parentes de Díon, afirmou, poderiam ser facilmente persuadidos a aceitar a vida e doutrina que sempre preguei, e da mesma forma se tornariam influências fortes e suplementares sobre Dionísio; de modo que, agora, talvez nós possamos estar confiantes em lograr aquela união, nas mesmas pessoas, de filósofos e governantes de grandes cidades.[68]

Na *República*, Platão concebe a possibilidade de uma cidade governada por "filósofos-reis". Ao mesmo tempo, porém, também acredita que um verdadeiro filósofo,[69] mais feliz ao contemplar as Formas, deveria ser *forçado* a governar os outros e a descer até a "caverna" dos assuntos humanos – um reino pérfido em que a aparência do bem e do mal, do justo e do injusto, lutam pela supremacia. Porém, como acabamos por descobrir, Platão não precisou ser obrigado a nada (embora afirme, sem qualquer entusiasmo, que Díon, "de certa forma, me forçara"[70]).

Na *Carta VII*, Platão confessa ter se envergonhado diante da possibilidade de deixar passar essa chance, "receando parecer, a mim mesmo, um teórico puro, indisposto a envolver-me em qualquer tarefa prática". Porém, explica ele, o que enfim lhe "inclinou a balança" foi "constatar que, se um dia devesse alguém praticar tais princípios do direito e do governo, a hora havia chegado, visto ser apenas necessário convencer um único homem para que todo o bem com que sempre sonhei fosse conquistado".[71] As apostas não poderiam ser mais altas: "Se, no império [*de Dionísio*], tivesse sido alcançada uma verdadeira união entre a filosofia e o poder, um ilustre exemplo teriam os gregos e os bárbaros."[72]

E assim Platão partiu para Siracusa.

Ao chegar, encontrou uma corte em que as intrigas pululavam. Inimigos desconfiavam das motivações de Díon e invejavam seu poder sobre o jovem e impressionável monarca. Esforçando-se para refrear a influência de Díon sobre a corte, seus rivais trouxeram do exílio Filisto, soldado e político experiente. Uma facção que almejava preservar os poderes e as prerrogativas da tirania acusava Díon de maquinar a tomada do poder, no intuito de instituir uma constituição mista nova e mais branda.

Platão começou a trabalhar como de costume: estimulando os jovens a estudarem geometria. Por um breve tempo, o séquito do palácio[73] seguiu seus passos, enchendo o ar com a poeira levantada por seus inúmeros bajuladores, que traçavam figuras geométricas no chão de barro.

Enquanto isso, a possibilidade de assistir a uma absorta criança desperdiçando os bens do império com o estudo da geometria levou Filisto a tomar uma atitude. Conquistando a atenção do jovem soberano, o cortesão semeou dúvidas sobre as verdadeiras intenções de Díon, sugerindo que ele usava Platão para manipular e controlar Dionísio, o Moço. Então, quando da interceptação de uma indiscreta carta que Díon enviara aos antigos inimigos de Cartago, seu destino foi traçado em definitivo. Acusado de traição, Díon foi banido de Siracusa. A única concessão dada por Dionísio, o Moço, foi permitir-lhe conservar seus bens e propriedades, os quais lhe garantiram um exílio confortável.

Nesse ínterim, o jovem tirano continuava a ter em Platão seu tutor. Ele o colocava sob vigilância, mas também o cobria de elogios.

Num episódio instrutivo que se assemelha ao encontro entre Sócrates e Alcibíades, a batalha pela alma do governante agora começava para valer. Platão prosseguia com seus métodos pedagógicos, não apenas ensinando ao jovem a matemática, mas também tentando convencê-lo de sua própria ignorância. Filisto e seus aliados encorajaram Dionísio, o Moço, a encarar os incansáveis interrogatórios de Platão como um insulto ao poderoso chefe do império.

Por desejar ser visto como um amante da sabedoria, Dionísio parece ter levado seus estudos adiante, mas apenas intermitentemente. Ele se recusava a viver com a disciplina prescrita por Platão. Ainda assim, o filósofo não desistiu de converter o tirano, "na esperança de que viesse a desejar, de alguma forma, a vida filosófica".[74]

O grande professor não tinha muitas opções, uma vez que Dionísio, o Moço, não permitia sua partida. Somente alguns meses depois – após Platão ter acordado com o tirano que retornaria a Siracusa caso solicitado, contanto que Díon também pudesse voltar – é que Dionísio lhe permitiu partir de volta para Atenas.

Quatro são as cartas enviadas a Dionísio, o Moço, que Trásilo incluiu no *corpus* platônico, e em todas elas a questão do dinheiro se impõe. Numa das cartas, o autor recusa um presente de ouro ofertado por Dionísio ("tal oferta causou-te grande desonra"). Em outra, teme que as pessoas pensem que ele agiu "tendo em vista o dinheiro".[75] Ainda numa terceira carta, o autor relata pormenorizadamente como planeja usar uma parte do dinheiro que lhe foi dado por Dionísio, afirmando que construiria uma tumba para sua mãe quando de sua morte e que forneceria dotes às quatro filhas de suas sobrinhas.

Numa das cartas, Platão implora a Dionísio, o Moço, que atente para o julgamento da posteridade. "É lei da natureza", assevera o autor, "que a sabedoria e um grande poder caminhem lado a lado; eles exercem uma atração mútua e estão sempre buscando a união." Imagine só, continua ele, se as próximas gerações vierem a colocar Platão e Dionísio, o Moço, no mesmo patamar de Péricles e Anaxágoras, Creso e Sólon, exemplos lendários do casamento entre o poder e a sabedoria. "Declaro tudo isso para demonstrar-lhe que, ao morrermos, os homens ainda falarão de nós, e assim devemos ter cuidado com o que dizem."[76] Ainda que essas e todas as outras cartas de Dionísio, o Moço, sejam falsas (como provavelmente são), o fato de terem sido preservadas no cânone sugere que os platônicos sentiram a necessidade de explicar – e talvez de desculpar – a natureza da relação que Platão nutria com o tirano.

Em algum momento próximo ao ano de 362 a.C., Dionísio pediu que Platão honrasse a promessa de que, caso solicitado, retornaria a Siracusa.

Díon ainda se encontrava exilado. Entretanto, segundo o autor da *Carta VII*, o velho amigo de Platão "com teimosia me instigava a não desobedecer ao apelo", pois Díon implicitamente esperava que Platão conseguisse convencer o tirano a livrá-lo do exílio. Platão, que tinha agora 65 anos de idade, não se via ansioso por enfrentar a severidade da viagem, mas, segundo afirma, ainda esperava ajudar Díon. Além disso, ele também se mostrava irritado por Dionísio dizer aos outros que "ele era o mestre de todo o meu pensamento".[77]

Ainda quando decidia de que maneira responder, chegaram notícias da Sicília. Dionísio, o Moço, enviara uma trirreme para facilitar a viagem de Platão. Com ela, mandara também uma delegação de pitagóricos, a qual trazia consigo uma carta de seu velho amigo Arquitas de Tarento. Arquitas e os outros pitagóricos reconheciam que Dionísio, o Moço, estava fazendo um esplêndido progresso em seus estudos. Além disso, em outra de suas cartas, entregue a Platão em mãos, o próprio Dionísio prometera que "todas as questões que dizem respeito a Díon" seriam resolvidas, desde que o filósofo retornasse a Siracusa.

Em seu próprio relato, Platão contemporiza. Ainda não convencido, ele recebia mais e mais cartas de seus amigos da irmandade pitagórica de Tarento, os quais imploravam pelo seu retorno. "Ademais, pensei, não é incomum que um jovem naturalmente inteligente, tendo ouvido comentários sobre elevadas condutas, seja tomado pelo amor a um ideal de vida."[78] A possibilidade de unir poder e conhecimento continuava tão sedutora quanto antes.

Apesar de seus receios, Platão acabou por aceder em seu retorno à Sicília. Lá chegando, descobriu por fim que Dionísio mentira.

Em vez de procurar dar termo ao exílio de Díon, o tirano ordenara que a cidade confiscasse seus bens. Da mesma forma, ele não estava nada disposto a se submeter ao austero plano de estudos do filósofo.

Nesse momento da *Carta VII*, o autor se dedica a uma longa digressão. Esse é o famoso segmento em que Platão (caso seja ele o verdadeiro autor) alerta para suas doutrinas "não escritas" e se queixa de que Dionísio era um aluno indigno, incapaz de compreender a inefável essência de seus ensinamentos sobre as Formas. Ele também afirma que Dionísio tentava espalhar equívocos sobre sua verdadeira doutrina.

Mais uma vez, o tirano manteve Platão sob prisão domiciliar. Ao perceber que o filósofo se irritara com a apreensão dos bens de Díon, Dionísio ofereceu-lhe uma procuração para manejá-los. O governante também prometeu que colocaria o dinheiro de Díon no Peloponeso ou em Atenas e que seguiria o conselho de Platão, permitindo que o exilado "desfrutasse de seus rendimentos, mas não tivesse o poder de manejar a quantia principal sem a sua anuência".

Por que Platão ainda acreditaria em Dionísio continua sendo um mistério. Porém, seu desespero era tão grande que nem o conhecimento das Formas seria capaz de lhe fornecer uma ajuda prática. O autor da *Carta VII* anuncia que desejava fazer o que fosse possível para proteger Díon e seus interesses: "Avisei a Dionísio [...] que decidira permanecer" (como se ele de fato tivesse alguma escolha). Platão também insistiu para que ele e Dionísio escrevessem uma carta conjunta a Díon, a fim de "explicar-lhe o acordo que acabamos por selar"[79] (como se as palavras do tirano significassem alguma coisa).

Não fica claro se Díon chegou a receber tal carta. No final das contas – e de maneira previsível –, Dionísio, o Moço, violou seu acordo. Sem nada dizer a Platão, ele vendeu todas as propriedades de Díon.

Enquanto isso, apesar de ver seu amigo traído e de se encontrar sob uma verdadeira prisão domiciliar, Platão fingia que tudo estava em ordem. "Diante de toda a Sicília", ele e Dionísio "afirmávamos nossa amizade".[80] Não era à toa que Platão se preocupava com o que os outros poderiam pensar: segundo nos afirma o próprio autor na *Carta VII*, ele estava se comportando com hipocrisia.

Após alguns meses e outros contratempos, Platão finalmente conseguiu se livrar das garras do tirano, escapando através da embaixada de Arquitas e de seus aliados na cidade de Tarento. Na primavera de 360, viajando de Siracusa até o Peloponeso, Platão apressadamente organizou um encontro com Díon em Olímpia. Como os jogos quadrienais se encontravam em andamento, aquela foi uma reunião apical extremamente visível entre dois homens há muito unidos aos olhos do público.[81]

Díon estava organizando um exército para libertar Siracusa. Assim, convidou Platão para ser seu aliado. Dessa vez, porém, o filósofo recusou. Na *Carta VII*, ele explica que Dionísio já havia, afinal, poupado sua vida; ele também expressa sua fundamentada oposição à violência política e aos atos de vingança (embora tais escrúpulos não o tivessem impedido de ir a Siracusa). Por fim, Platão se coloca como um improvável observador neutro, como se antes desejasse ser, tanto para Díon quanto para Dionísio, um honesto intermediário, refreando os piores impulsos de cada um.

Se haviam sido essas as suas esperanças, o filósofo fracassara completamente.

Em 357, após conduzir um exército da parte ocidental da Sicília até Siracusa, Díon tomou o controle da cidade e se elegeu general plenipotenciário.

Ele logo entrou em conflito com Heráclides, populista rival que acabou por forçar Díon a recuar até a cidade de Leontini. Então, no ano de 355, após mais intrigas e mais promessas de restaurar a liberdade na cidade, Díon e seu exército foram chamados de volta a Siracusa, a fim de expulsar as forças leais a Dionísio, o Moço. Triunfante, Díon não tolerava qualquer oposição, quebrando as próprias promessas da mesma forma como o fizera o tirano que expulsara de seu posto. Temendo a opinião popular e esperando consolidar um regime platônico governado por almas magnânimas como a sua própria, ele se declarou rei e ordenou o assassinato de Heráclides. (Como resumiu o pesquisador vitoriano George Grote, ele "se julgava no direito de tratar os cidadãos de Siracusa como um rebanho obediente e passivo, de instituir-lhes a medida de liberdade que julgava adequada e de exigir-lhes que se satisfizessem com isso".[82])

Em 353, após pouco mais de um ano exercendo seus poderes ditatoriais, Díon foi assassinado. Sua inábil tentativa de estabelecer uma república platônica levara à sua cidade um banho de sangue orgíaco, cujo abrandamento exigiria ainda muitos anos.

Na *Carta VII*, uma das duas que, no *corpus*, tem como destino os amigos e parentes de Díon, o autor se esforça para evitar qualquer suspeita de que teria sido Platão a trair, em suas negociações com Dionísio, o Moço, a confiança de seu velho amigo. Ele também se recusa a responsabilizar-se pelo comportamento de ambos os tiranos, queixando-se de que, "a mim, não escutavam; e, negando-se a considerar minhas tentativas de reconciliação, são eles mesmos os responsáveis pelos reveses que os acometeram".[83]

Essa defesa tão peculiar torna difícil que não apliquemos ao próprio Platão o julgamento expresso por Cálicles no *Górgias*:

> Os filósofos, na verdade, são inexperientes nas leis de suas cidades, inexperientes na linguagem a ser usada nos contratos comerciais, tanto os públicos quanto privados, inexperientes nos prazeres e desejos humanos, completamente inexperientes, para colocar em uma só palavra, na natureza humana. Assim, quando partem para a ação, seja ela pública ou privada, fazem papel de bobos.[84]

Compreensivelmente reprovado por sua experiência, Platão fala, na *Carta VII*, do "desgosto" sentido em sua "aventura siciliana". Em princípio, porém, o filósofo acreditava que a visão das Formas, a ânsia pelo conhecimento que orientara sua frustrada tentativa de instituir o melhor estado possível na prática, permanecia intacta com o seu fracasso, imaculada pelas inevitáveis vicissitudes da experiência. Segundo os termos propostos por sua própria teoria, a aventura de Siracusa não pode refutar a visão da perfeita justiça representada em alguns dos trechos mais vívidos de seus diálogos. De fato, uma fé inflexível na força de sua visão norteadora pode explicar a afirmação, surpreendente em outro contexto, que Platão coloca em seu último trabalho, as *Leis*, em que diz que "o ponto de partida ideal"[85] para a criação de uma legislação justa é... a tirania!

Abraçando suas ideias fixas, o convencido idealista tem dificuldades para aprender com a própria experiência.

Uma presunçosa fé no ideal também ajuda a explicar o teimoso orgulho que Platão parece ter partilhado com alguns de seus discípulos. Sem dúvida, tanto Díon quanto Fócion parecem ter se inflado com o treinamento filosófico e a autointerrogação, repletos de uma injustificável confiança na retidão de sua personalidade e de seu programa político. Na prática, mostrou-se fácil demais tomar literalmente a analogia platônica entre a alma e a sociedade: "Eu encarno o bem; *l'État, c'est moi.*"

Esse problema não passou despercebido por Platão, tal como indica o contínuo autoexame que permeia todos os seus trabalhos escritos. Nas *Leis*, ele nos adverte[86] contra a tentação do "amor-próprio", que talvez seja um subproduto inevitável da tentativa de dominar a si mesmo honrando – e se identificando com – o que se tem de melhor.

Ainda assim, se entendida da maneira adequada, a busca pelo autoconhecimento e pelo autocontrole não tem fim. Não há limites para a nossa ignorância, incluindo a de nós mesmos. O homem que ilude a si próprio, julgando ter alcançado o verdadeiro conhecimento da verdade, da justiça e do bem, muito provavelmente julga de maneira bastante medíocre o que de fato é a verdade, a justiça e o bem, uma vez que as Formas existem independentemente de qualquer materialização, e talvez até além de qualquer entendimento mortal.

Da mesma forma, vale a pena lembrar que a *Carta VII* contém aquela que pode muito bem ser a primeira passagem verdadeiramente confessória da literatura do Ocidente. Ao tentar explicar sua decisão de retornar à corte de Dionísio, o Moço, Platão escreve: "Devo dizer a verdade e suportar, pacientemente, caso alguém desprezeminha filosofia após ouvir o que aconteceu."[87] Esse é um momento aviltoso em meio ao que parece uma apologia autoconfiante.

Em seus últimos anos, uma vida de contemplação enclausurada afastou Platão da política. A maior parte de sua energia intelectual foi claramente destinada à teorização da natureza das Formas. No entanto, o incansável comprometimento do filósofo com a investigação contínua realizada no seio de uma comunidade de almas afins ajudou-o a criar uma das instituições públicas mais duradouras de Atenas: a Academia, que sobreviveu por mais de três séculos, até o ano 87 a.C., quando seus membros fugiram durante o saque da cidade realizado pelo general romano Sula.

Além da Academia, é na obra escrita de Platão que sua filosofia melhor se reflete – na representação poética, às vezes cômica, às vezes trágica, da dialética em ação. Através desses diálogos, os leitores são arrastados para o drama de uma vida introspectiva e interrogativa, dedicada ao questionamento de si e dos outros. Afinal, o que Platão sobretudo admirava era o modo de vida exemplificado pelas palavras e atos que o autor atribui não a si mesmo, mas muitas vezes a Sócrates: um modelo austero de unidade racional e integridade moral, uma imagem, primorosamente fabricada, de um indivíduo melhor.

Platão morreu no ano de 347. Dizem que, pouco antes de sua morte, ele

> em sonho vira a si mesmo como um cisne, voando de uma árvore a outra e causando grandes transtornos aos caçadores, que se mostravam incapazes de capturá-lo. Quando Símias, o socrático, tomou conhecimento desse sonho, explicou que todos os homens se esforçariam, sem sucesso, para compreender o significado de Platão, cada qual interpretando-o segundo as próprias visões, seja em sentido metafísico, físico ou qualquer outro.[88]

O corpo de Platão foi colocado na Academia,[89] local onde ele passara os últimos anos de sua vida mortal estudando em reclusão, ponderando sobre a imortalidade da alma e praticando uma vida tão puramente contemplativa e tão descuidada das preocupações corporais que, segundo relatam as fofocas, ele falecera em virtude de uma intratada infestação de piolhos.

De acordo com Diógenes Laércio, "seu desejo sempre foi o de deixar para trás um registro de si mesmo, fosse no coração de seus amigos, fosse através de seus escritos".[90] Esse desejo foi realizado. Atenas honrou com bustos a memória de Platão, ao mesmo tempo em que seus discípulos preservavam uma série de diálogos e cartas que julgavam autêntica. Transmitido fielmente durante mais de 2 mil anos, o *corpus* de textos platônicos se tornou seu último testamento, assim como um testemunho da bondade prática de Sócrates e de uma determinada visão da alma, purificada através da contemplação das Formas do Bem e da Justiça e levada a agir de acordo com a possibilidade prometeica de que uma filosofia assim refinada, ao lado do exercício inteligente de um irrestrito poder político, pudesse finalmente dar fim aos "problemas" não apenas "de nossos estados", mas também "de toda a raça humana".[91]

Segundo o que nos sugerem as fontes clássicas, era esse um ideal sublime. Afinal, segundo concluiu um dos biógrafos platônicos da Antiguidade Tardia, é possível

> inferir a divindade de sua natureza a partir do que se deu após sua morte. Certa mulher perguntou ao oráculo se o monumento a Platão deveria ser elencado ao lado das imagens dos deuses. Assim lhe respondeu a divindade: "Bem fazes em honrar Platão, mestre da sabedoria divina. Tua recompensa será a proteção dos sagrados deuses, entre os quais figura aquele homem." Outro oráculo afirmara que duas crianças viriam ao mundo: Asclépio, filho de Apolo, e Platão, filho de Aristo, dos quais o primeiro seria curador de corpos; e o segundo, de almas. Assim, quando a cidade de Atenas celebra seu aniversário, esta canção é entoada: "No dia de hoje, os deuses deram Platão à humanidade."[92]

DIÓGENES

Nu de Diógenes com sua lamparina ("Estou em busca de um homem"), óleo sobre tela. Estudo elaborado para o Salão de 1873 pelo pintor francês Jules Bastien-Lepage (1848-1884). Diógenes, um "Sócrates enlouquecido", tornou-se tema popular na literatura e na arte que se seguiram.
(Musée Marmottan, Paris, França/Giraudon/The Bridgeman Art Library International)

Dos primeiros seguidores de Sócrates, o mais controverso e, sem dúvida, o mais impressionante foi Diógenes, o Cínico, homem que, segundo dizem, carregava uma lamparina acesa em plena luz do dia enquanto dizia estar "em busca de um homem".[1] Entre os gregos, romanos e árabes da Antiguidade, ele era conhecido por seu comportamento excêntrico, por suas mortificações e por seu destemido exercício da liberdade. Com palavras e atos, ele levou ao extremo a vida de filósofo, no intuito de, segundo relatou, seguir "o exemplo dos instrutores corálicos, que estabelecem um tom levemente alto para garantir que o resto alcance a nota certa".[2]

Se possuímos poucas certezas acerca de Sócrates, sabemos ainda menos sobre Diógenes. Sua vida e seu trabalho se resumem a uma série de lendas, a um inverossímil palimpsesto de anedotas e máximas, muitas delas obscuras, repetidas e adornadas por filósofos e satiristas posteriores – alguns simpáticos a ele; outros, hostis.

Certas fontes dizem que Diógenes morreu, aos oitenta ou noventa anos, no mesmo dia em que faleceu Alexandre, o Grande: 13 de junho de 323 a.C. – uma coincidência adequada, mas improvável, que situaria seu nascimento na cidade grega de Sínope, entre os anos 412 e 403 a.C. Seu pai, Hicésias,[3] ocupava um lugar de destaque na vida pública de Sínope: mestre da casa da moeda, era ele o encarregado de emitir a moeda da cidade e de garantir seu valor. Dessa forma, Diógenes veio ao mundo desfrutando de uma vida relativamente privilegiada.

De acordo com seus biógrafos antigos, sua conversão à filosofia se deu a partir de um escândalo. Naqueles dias, a cidade-estado de Sínope funcionava como um agitado porto na costa meridional do Euxino (nome que os gregos da Antiguidade davam ao Mar Negro). Entreposto situado entre a Crimeia, ao norte, e a Alta Mesopotâmia, ao sul, Sínope, povoada em parte pelos colonos que Péricles enviara de Atenas, era um centro regional de cultura grega. Seu dinheiro era a moeda escolhida pelo comércio da região e sua prosperidade transformou a cidade num alvo das ambições imperiais da Pérsia.

O historiador Diocles registra que Diógenes teve de se exilar com seu pai depois que Hicésias foi acusado de deturpar a moeda da cidade. Eubulides, porém, contemporâneo de Aristóteles,[4] afirma ter sido o próprio Diógenes a causar o dano trabalhando na casa da moeda, sendo então forçado a fugir. Outra fonte ainda declara que ambos os homens foram condenados, tendo Hicésias morrido na prisão enquanto Diógenes conseguira escapar.

No século XX, os pesquisadores conseguiram confirmar[5] que um homem de nome Hicésias realmente fora mestre da casa da moeda de Sínope em algum momento após o ano de 362 a.C. Eles também foram capazes de verificar que a moeda da cidade era amplamente falsificada. Especialistas em numismática antiga identificaram um grande depósito de moedas falsas – aparentemente de Sínope – desfiguradas por um grande cinzel, o que supostamente teria sido realizado para que perdessem seu valor legal. Eles também descobriram algumas moedas legítimas da cidade num estado de semelhante desfiguração. Por isso, certos historiadores modernos[6] especulam que rivais políticos (possivelmente a favor da Pérsia) teriam causado danos à moeda da cidade a fim de afastar Hicésias de sua função.

De qualquer forma, Diógenes perdeu seu lar, sua cidadania e todos os seus bens materiais. Algumas fontes afirmam que, ao fugir de Sínope, ele viajou até Delfos, desejando visitar o santuário de Apolo e consultar a pítia. O que ele poderia fazer, perguntou Diógenes, para recuperar sua boa reputação?

"Macule a moeda", respondeu ela.[7]

Diógenes reagiu ao oráculo com a mesma piedade que Sócrates demonstrara uma geração antes. Apolo nunca mentia. Porém, visto ser possível que Diógenes (ou seu pai) tivesse sido há pouco acusado de desfigurar a moeda de Sínope – crime que pode tê-lo levado a fugir –, o que o oráculo queria dizer?

Em busca de esclarecimentos, Diógenes partiu para Atenas. Talvez uma convicção rudimentar começasse a tomar forma; talvez seus contratempos marcassem o início de uma vocação agora consagrada pelos deuses. Exilado por "desfigurar a moeda" da cidade em que nascera, ele talvez devesse agora desfigurar os costumes da sociedade, tirando de circulação seus valores morais deturpados. Segundo Diógenes Laércio,

> [ele] sem dúvida alguma desfigurou os costumes, não atribuindo às questões convencionais o peso que, por sua vez, atribuía às questões conformes à natureza, assim como afirmando ser igual ao de Hércules o seu modo de vida, preferindo a liberdade em detrimento de todo o resto.[8]

Ao transformar a necessidade em virtude – um dos traços pelos quais o elogiariam os futuros estoicos –, Diógenes passou a se mostrar orgulhoso de sua condição de exilado apátrida, reivindicando a si mesmo, e com audácia, o título de "cidadão do mundo"[9] ou *cosmopolita* (palavra que ele pode muito bem ter cunhado). Estabelecendo-se temporariamente em Atenas, procurou orientação em Górgias, o famoso orador, que provavelmente o ajudou a refinar seu gosto por respostas inteligentes e declarações aforísticas. Os seguidores de Sócrates também prosperavam, e em breve Diógenes conheceria muitos deles: Platão, é claro, mas também Aristipo, Esquines, Euclides de Mégara e, sobretudo, Antístenes, a quem escolheu como mestre.

De todos os socráticos, Antístenes talvez fosse o que apresentasse maior determinação e o compromisso mais entusiasmado com um modo de vida radicalmente livre. "A virtude", declarou ele, "é uma questão de atitudes, não de discursos ou aprendizados."[10] Quando questionado sobre o que encontrava de útil na filosofia, Antístenes respondeu: "[...] a capacidade de conversar comigo mesmo."[11] Inspirado por seu exemplo, Diógenes passou a segui-lo. Certa feita, quando Antístenes brandiu seu cajado para afastá-lo, Diógenes afirmou: "Ataca, pois não encontrarás madeira dura o suficiente para manter-me à distância, ao menos enquanto eu julgar que tenho algo a dizer." Desse momento em diante, Diógenes passou a imitar a sagacidade de Antístenes, assim como seu rigoroso modo de vida.

Certa noite, logo após Diógenes ter penhorado a si próprio à filosofia, os atenienses comemoravam ruidosamente um de seus feriados, organizando banquetes públicos e folias de embriagar. Diógenes, enquanto isso, tentava dormir em seu canto. Segundo o relato de Plutarco,[12] o estrangeiro de Sínope "entregou-se a certas reflexões demasiadamente perturbadoras e desalentadoras", comparando os esforços que empregava para viver de maneira modesta com os sedutores prazeres que, segundo ouvia, aos outros atenienses agradavam. "Contudo, um momento depois, de acordo com relatos, um camundongo se insinuou e ocupou-se das migalhas de seu pão, ao que ele mais uma vez recuperou seu ânimo e disse, como se a repreender a si próprio por covardia: 'O que dizes, Diógenes? Enquanto teus restos são um banquete para esta criatura, tu, homem nascido em berço de ouro, tão somente por ser incapaz de se embebedar ali, reclinando-se sobre espreguiçadeiras macias e floridas, deploras e lamentas teu destino?'" Se um camundongo conseguia se contentar com tão pouco, pensou ele, por que não um homem?

Diógenes não era novo quando esses acontecimentos ocorreram: ele tinha ao menos trinta anos, quem sabe mais. Porém, acostumado como talvez estivesse a uma vida luxuriosa, ele agora levava os ideais socráticos a outro nível de pureza ascética.

Vadio por opção, Diógenes viajava com pouco, carregando apenas uma pequena trouxa e um manto dobrado em que dormia. Ao contrário de Sócrates, ele não tinha esposa, e qualquer vínculo familiar parece ter ficado para trás, em Sínope. Nômade livre de preocupações domésticas e sem qualquer vínculo amistoso, Diógenes viajava de um lugar a outro, permanecendo a maior parte do tempo em Atenas ou em Corinto, onde vivia não numa casa, mas numa tina de barro tão grande quanto um tonel, destinada ao armazenamento de vinhos. A fim de se habituar às dificuldades, ele se jogava sobre a areia quente no verão e, no inverno, abraçava estátuas cobertas de neve. Diógenes tentava viver da maneira mais natural possível. Após observar um menino bebendo água da cavidade das mãos, ele retirou de sua trouxa a xícara que trazia consigo e a quebrou, exclamando: "Quão tolo sou! Estive, por todo este tempo, carregando uma bagagem supérflua."[13]

Sua aparência era desgrenhada, sua insígnia era o seu cajado, e todos os chamavam de "o Cão" (*kuon*, em grego,[14] ou "cínico", em português). Certa vez, quando lhe perguntaram por que o chamavam de Cão, Diógenes respondeu que era por "adular os que me oferecem algo, uivar aos que se recusam e, nos patifes, enterrar os dentes".[15] Sem ter qualquer outra fonte de renda, ele vivia de esmolas. Os pedintes que copiavam seu modo de vida tinham o comportamento comparado ao dos cães, sendo chamados de "cínicos". Aqueles eram artistas moralizantes, moradores de rua que sobreviviam através da indulgência alheia, palhaços sérios sustentados por membros de uma ordem social ao mesmo tempo em que os ridicularizavam através de atos e palavras.

O número de obras escritas por Diógenes – isto é, se ele de fato escreveu algo – foi objeto de discussão na Antiguidade. Certo autor atribuiu-lhe 13 diálogos,[16] incluindo um chamado *República*, outro intitulado *Pordalos* (com seu título derivando da palavra grega para "peido") e sete tragédias, entre elas um *Édipo* que, como muitos outros, pode ter sido uma paródia (alhures, encontramos Diógenes sugerindo que Édipo fora um ignorante presunçoso, o qual deveria simplesmente ter legalizado o incesto em Tebas).

De acordo com Filodemo[17] (c. 110-35 a.C.), Diógenes propunha uma série de ideias ímpias em seus trabalhos. Afirmando que nada é bom, belo ou justo por natureza, ele defendia práticas como o canibalismo; o incesto; a promiscuidade, inclusive com escravos; e o parricídio. Filodemo dizia que o conteúdo desse *corpus* era tão escandaloso, que os trabalhos eram deliberadamente suprimidos e seus resumos muitas vezes expurgados, em especial pelos respeitáveis estoicos, que desejavam colocar Diógenes ao lado de Sócrates como predecessor e modelo.

Consequentemente, Diógenes se tornou tema de lendas conflitantes, e à medida que crescia o debate acerca de suas virtudes e vícios, seu mito se espalhava. Ele se tornou uma figura de predileção para os satiristas e para os artistas gregos e romanos, e uma série dessas representações sobreviveu – em mármore, bronze e terracota, como desenhos de parede e estatuetas, mosaicos, moedas e medalhões. A riqueza desse material deixa claro que, por mais mítica que fosse sua figura, seu exemplo exerceu uma grande influência.

A maioria dos relatos antigos afirma que, ao contrário de Sócrates, Diógenes não ia atrás de oradores e sofistas para questionar suas crenças. Diferentemente de Platão, ele não reuniu um grupo de amigos filósofos para ministrar preleções públicas ou para treinar discípulos privadamente, assim como não demonstrou qualquer interesse pelos assuntos públicos ou pelo poder político. Em vez disso, Diógenes era um homem solitário, só deixando seu recanto nas raras ocasiões em que inspecionava os grandes eventos atléticos e se juntava às multidões que seguiam para os Jogos Olímpicos, Píticos, Nemeus e Ístmicos. "Era comum, nas grandes reuniões, vê-lo investigando as buscas e ambições dos homens, os motivos de estarem em terra estrangeira, assim como aquilo que lhes causava orgulho."[18] Quando observadores curiosos se juntavam ao seu redor, ele chamava a atenção para si mesmo, realizando discursos destemidos e excentricidades impudentes, prometendo que "todos os que seguissem sua terapia seriam libertados da tolice, da perversidade e da intemperança".[19]

Colocando a liberdade acima de tudo, ele dava exemplos de uma vida de primitiva independência, livre de desejos desnecessários e bens materiais. Ao mesmo tempo, e talvez com os mesmos objetivos, Diógenes desprezava inflexivelmente o que julgava serem regras e costumes supérfluos. Em ambos os casos, o Cão serviu como modelo de conduta para uma série de filósofos, de Zenão, na Grécia Antiga, a Jean-Jacques Rousseau, na França do século XVIII.

Seu comportamento talvez parecesse infundadamente repulsivo. Para ele, masturbar-se em público era algo perfeitamente natural:

> Era seu costume fazer tudo em público, inclusive os trabalhos de Deméter e de Afrodite. Diógenes costumava elaborar argumentos como: "Se não é absurdo o desjejum, então não será absurdo realizá-lo no mercado. Porém, o desjejum não é absurdo, e assim temos que não é absurdo realizá-lo no mercado." Comportando-se de modo indecente em público, ele desejava que fosse "igualmente fácil acabar com a fome esfregando a barriga".[20]

Quando alguns membros de sua plateia "jogaram-lhe todos os ossos, como o fariam com um cão", ele "imitou um truque de cachorro e os ensopou".[21] Em outra visita aos Jogos Ístmicos, Diógenes discursou sobre a virtude e sobre como enfrentar as tentações do prazer. Enquanto falava, uma grande multidão se reuniu. Ao fim do discurso, ele "parou de falar e, acocorando-se, praticou um ato indecente".[22] Escandalizada ao vê-lo defecando em público, a multidão o chamou de louco, logo dispersou-se e o deixou lá, completamente impassível.

Certa vez, quando um admirador levou Diógenes a uma suntuosa casa e o "admoestou a não cuspir", o Cão "limpou a garganta" e "descarregou o catarro sobre o rosto do homem".[23] Segundo disse, ele "não conseguiria encontrar um receptáculo menos medíocre".

Diógenes foi capturado por piratas durante uma viagem a Egina, provação que, segundo Fílon de Alexandria, foi suportada com admirável equilíbrio.

> Ao ser levado como prisioneiro [...], e ao ser parcamente alimentado, mal recebendo até os alimentos de necessidade, ele não se mostrou abatido pelas circunstâncias em que se encontrava, assim como não temeu a crueldade dos senhores em cujo poder caíra. Ao contrário, afirmou "ser um absurdo que porcos e ovelhas, estando prestes a serem vendidos, recebam uma cuidadosa e abundante alimentação, a fim de se tornarem gordos e corpulentos, ao mesmo tempo em que o mais excelente dos animais é reduzido a ossos pela má qualidade de sua comida e pela contínua escassez, no intuito de ter o seu valor reduzido". Então, quando enfim obteve uma quantidade suficiente de alimento, e estando próximo de ser vendido com o resto dos cativos, ele se sentou e encarou o desjejum com grande alegria e coragem, dando a alguns de seus vizinhos parte de seu café da manhã. Vendo em seguida que um deles se encontrava não apenas pesaroso, mas em estado de extremo abatimento, disse: "Não abandonarás tua miséria? Pega o que puder."[24]

Quando os piratas o colocaram à venda como escravo em Creta, o leiloeiro perguntou-lhe no que era bom. Diógenes respondeu: "'Em governar os homens.' Em seguida, de imediato, adotou um discurso chistoso, com sua serenidade e indiferença naturais",[25] transformando o leilão numa paródia.

Em seus *Discursos*, o filósofo estoico Epiteto (c. 55-c. 135 d.C.) descreve Diógenes como o tipo mais verdadeiro de rei, uma vez que exerce uma perfeita soberania sobre si mesmo. A vida do cínico é apresentada como uma repreenda e um desafio: "Em tudo o que te disser respeito, deves mudar completamente, deixando de culpar Deus ou o homem; deves extinguir completamente o desejo e deves orientar tua aversão às coisas que se encontram na esfera da finalidade moral, e tão somente a elas; não deves sentir raiva, ira, inveja, pena."[26]

Diógenes não era apenas autossuficiente, moderado e desavergonhado em sua vida; ele também era destemido em seus discursos, tal como testemunham seus colóquios com Alexandre, o Grande.[27]

Diz a lenda que os caminhos dos dois se cruzaram no outono de 336 a.C. Na época, Diógenes tinha no mínimo setenta anos de idade, enquanto Alexandre ostentava vinte. Alguns meses antes, o rei Filipe da Macedônia, pai de Alexandre, fora assassinado, deixando o trono para o filho. Logo em seguida, o exército macedônio escoltou o jovem rei até Corinto, onde ele, sucedendo seu pai na liderança (ou como chefe hegemônico) da Liga de Corinto, realizou um congresso com as cidades-estados gregas. Ignorando as objeções levantadas por uma delegação ateniense liderada pelo orador Demóstenes, o congresso ratificou o clamor de Alexandre por uma cruzada aliada contra os persas. Após o fim do congresso, segundo relata Plutarco, "muitos estadistas e filósofos se dirigiram a [Alexandre] no intuito de parabenizá-lo".[28] Porém, havia um ausente: avesso como era a bajulações, Diógenes não foi visto em lugar algum.

Cuidando da própria vida e sem dar a mínima para o jovem soberano, Diógenes permanecia no subúrbio da cidade, enfurnado na tina que era sua marca registrada. Com a curiosidade instigada, Alexandre decidiu fazer uma viagem especial para conhecer pessoalmente o velho que se recusara a lhe prestar reverência.

Quando chegaram o rei e seu séquito, Diógenes estava prostrado ao sol, vestindo apenas uma tanga.

> Percebendo que muitas pessoas se aproximavam, Diógenes se ergueu sobre os ombros e fixou o olhar em Alexandre. O rei o saudou e perguntou-lhe se havia algo que poderia fazer por ele. "Sim", respondeu o filósofo. "Afaste-se um pouco. O senhor está na frente do sol."[29]

Tendo concluído a entrevista, Alexandre se retirou, quando então seu séquito começou a fazer piadas com o Cínico. "Digam o que lhes aprouver", declarou o rei, "mas, se eu não fosse eu Alexandre, seria Diógenes."[30]

Segundo observa um biógrafo moderno de Alexandre,

> isso demonstra uma arguta percepção. Ambos os homens tinham em comum (e certamente reconheciam um no outro) uma intransigência teimosa e alie-

nada. Contudo, enquanto Diógenes se afastara do mundo, Alexandre tendia a subjugá-lo. Eles representavam as formas ativa e passiva do mesmo fenômeno. Não é de surpreender, portanto, que o encontro dos dois tivesse sido tão abrasivo[31] [*ou então se tornado tema de tantas lendas posteriores*].

Segundo as anedotas da tradição árabe que foram preservadas, ambos os homens iniciaram uma espécie de relação duradoura. "Alexandre [*certa feita*] o visitou enquanto ele se encontrava adormecido e, em seguida, o chutou, dizendo: 'Levanta, acabei de conquistar tua cidade.' Diógenes respondeu: 'Conquistar cidades nada diz contra os reis, mas chutar é agir como primatas.'"[32]

Noutra ocasião, um mensageiro de Alexandre convidou Diógenes a uma visita ao rei, mas o filósofo recusou, solicitando que o oficial dissesse ao monarca: "Aquilo que o impede de vir até nós é o mesmo que nos impede de ir ao senhor." O mensageiro previu a resposta do rei: "E o que impede a mim e ao senhor?" A isso, disse Diógenes: "O senhor é por demais poderoso para necessitar de mim, e eu sou autossuficiente o bastante para não necessitar do senhor."[33]

Se na literatura Alexandre funciona como o contraste político de Diógenes, Platão é sua nêmesis filosófica. Dizem que ele considerava as preleções de Platão uma perda de tempo e que ridicularizava a forma dialética de ensino, a qual exigia que os alunos definissem, cautelosamente, termos-chave. Certa vez, depois de "Platão ter definido o Homem como um animal bípede e desprovido de penas, sendo por isso aplaudido, Diógenes depenou uma galinha e a levou até a sala da lição, dizendo: 'Eis o homem de Platão.' Por isso foi adicionado à definição: 'e que possui unhas largas'."[34]

Noutra ocasião, Platão estava conversando sobre as Formas e valendo-se dos substantivos *mesidade* e *xicaridade*. "A mesa e a xícara consigo ver", disse Diógenes, "mas tal mesidade e xicaridade, Platão, não vejo em lugar algum."[35]

Certa vez, Platão viu Diógenes lavando um pé de alface e disse-lhe: "Tivesses tu cortejado Dionísio" – o tirano siciliano que, mais de uma vez, Platão supostamente tentara instruir e aconselhar –, "não estarias aqui lavando alfaces."[36] Respondeu Diógenes: "Se estivesses lavando alfaces, não terias cortejado Dionísio."

É evidente o que aqui se dá: é Diógenes, e não Platão, quem representa a vida filosófica em sua forma mais pura. Ao contrário do Cínico, Platão encontra-se seduzido pela própria inteligência, vangloriando-se em sua busca por conhecimentos científicos supérfluos e devendo favores a amigos ricos. Em outras palavras, a Platão falta integridade, e por isso é Diógenes quem segue verdadeiramente os passos de Sócrates.

Enquanto Diógenes considerava Platão um hipócrita, Platão via Diógenes como um "Sócrates enlouquecido" – e, se levarmos em consideração os padrões platônicos, era isso mesmo o que acontecia. Em alguns aspectos, o Cínico parece não Sócrates, mas Cálicles, figura que Platão retrata como um egoísta amoral no *Górgias*, diálogo que tem como centro o primeiro professor de Diógenes. Diógenes, tal como o Cálicles platônico, declara que deve fazer todas as coisas de acordo com a natureza, por mais vergonhosas que pareçam. Defensor da liberdade em tudo, o amoralista é silenciado não pela força do argumento dialético – o que ele, como Diógenes, considera uma excessiva logomaquia –, mas pelo senso de vergonha que Sócrates enfim evoca quando desafia Cálicles a tolerar as práticas de um menino que, ao ter um caso com um homem mais velho, assume o papel ativo de uma relação homossexual. O orador de pensamento livre não recuara diante de uma possível crueldade ou de um possível assassinato, mas mostrou-se incapaz de não recuar diante dessa ideia: "Não te sentes envergonhado, Sócrates, ao conduzir uma discussão que versa sobre um tema como este?"[37] Até mesmo para o defensor da liberdade em todas as coisas, que é como Platão o descreve, parece que algumas atitudes estão além do aceitável – se por questões naturais ou convencionais, pouco importa.

Não fica claro em momento algum se Diógenes seria capaz de se sentir envergonhado dessa forma. Os indícios que as anedotas nos fornecem são contraditórios. Por um lado, o Cínico aparece explorando a retórica da vergonha numa série de máximas preservadas pelos historiadores gregos:

> Ao ver um homem se comportar de forma afeminada, disse Diógenes: "Não te envergonhas [...] por, diante de ti mesmo, ter uma intenção contrária à da natureza? Pois a natureza te fez homem, enquanto tu forças a ti mesmo a desempenhar o papel da mulher." Encontrando um tolo que afinava um saltério, disse-lhe: "Não te envergonhas por dar a este pedaço de madeira um som harmonioso, ao mesmo tempo em que fracassas a alinhar tua alma com tua vida?" Àquele que afirmou, em protesto, que ele não se qualificava ao estudo da filosofia, declarou-lhe: "Por que, então, vives, se não procuras viver bem?"[38]

Essa forma um tanto recatada de admoestação – traço característico do estoicismo posterior – mostra-se completamente contrária, inclusive contraditória em relação à desenfreada falta de vergonha que Diógenes parece ostentar. Quando lemos que se masturbava em público e defendia práticas como o incesto e o canibalismo, acabamos por questionar o que o filósofo julgaria – se fosse capaz disso – repugnante, anormal ou maléfico.

Se devemos levar a sério suas repreensões e façanhas mais incômodas – e quem há de apontá-las? –, então Diógenes representa o desafio mais radical que poderíamos imaginar às normas da decência, ainda que fiquemos pensando como ele regulava de maneira tão bem-sucedida sua simples vida. Ele incorpora um ideal radical, uma existência nua, a qual não era sobrecarregada pelos bens materiais, não era oprimida por qualquer laço de afeto, amor ou amizade, não se espantava com tabus, não se intimidava diante da ameaça de punição eterna. Assim, Diógenes estava livre para ser perfeitamente independente, um soberano que não devia nada a ninguém.

O sábio romano Cícero achava pavorosa essa possibilidade, "pois é inimiga de qualquer comportamento ponderado, sem a qual nada de correto ou honesto pode existir".[39] Agostinho de Hipona, embora claramente fascinado, também se horrorizava, lutando para explicar por que a vida do cínico era inadequada.

Afinal, Agostinho tinha de admitir que Diógenes era um símbolo espiritual, um homem como os santos do deserto, alguém que, em busca de um ideal transcendente, vivia a vida corporal em seu mais alto nível de abnegação. Sem dúvida, Diógenes exemplificava um tipo perfeito de ascese. Ao mesmo tempo, porém, ele adotara o costume de violar os limites da decência. Assim, quando escreve na *Cidade de Deus* sobre a suposta prática de masturbação pública do Cínico, Agostinho, tal como alguns estoicos do século anterior, acaba questionando por que Diógenes de fato fazia algo assim.

"Tendo a pensar", escreve Agostinho,

> que até mesmo o próprio Diógenes, a exemplo dos outros a que tais relatos se referem, tão somente o faziam por fazer, [...] diante de homens incapazes de saber o que de fato se ocultava sob o manto. Questiono se o prazer de tal ato poderia ter se consumado sob o olhar dos espectadores que ali se reuniam. [...] Ainda em nosso tempo vemos filósofos cínicos. [...] Contudo, não vemos nenhum a agir como Diógenes. Se um somente se atrevesse a fazê-lo, desonrado ficaria, quiçá sob uma chuva de pedras, sem dúvidas sob o escarro de um enojado público. Sem qualquer dúvida, vemos a natureza humana envergonhada diante da luxúria, e com razão.[40]

Para Agostinho, tal como para o Platão do *Górgias*, tudo retorna à vergonha, à luxúria, à vergonha diante da luxúria, como se o desejo sexual fosse o mais perigoso e desordenado desejo animal, algo que os homens devem aprender a refrear e suprimir a todo custo.

No entanto, para a maioria dos gregos comuns, a moral da história parece ter sido bem mais ambígua. Diógenes se tornara objeto de adoração em Corinto e Atenas muito antes do nascimento de Cristo, sendo toleradas sua extraordinária indecência e sua espalhafatosa recusa à conformidade – como se o desejo sexual cruamente satisfeito fosse o admirável emblema de uma vida levada com liberdade. O povo o banhava com amor, não com pedras ou escarros. Certa vez, após um menino ter destruído a tina de barro de Diógenes, deixando-o desabrigado,[41] os atenienses, furiosos com o estrago, deram ao garoto um bom açoite e presentearam o sábio com uma nova tina.

A popularidade do filósofo é paradoxal. Ao contrário de Sócrates, Diógenes nunca foi levado a julgamento, e, ao contrário de Aristóteles, jamais foi forçado a fugir, amedrontado, de Atenas. Ele não era visto como uma espécie de ameaça, talvez porque a maioria das pessoas não o levasse a sério. Em vez disso, Diógenes era louvado como um alegre brincalhão, como se fosse um palhaço ou um louco sagrado.

Diógenes viveu em paz até a maturidade. Segundo um dos relatos pesquisados, ele teria morrido depois de comer um polvo cru. Outro afirma que sua morte foi causada por uma mordida que recebera ao tentar dividir um polvo com cães. Um terceiro relato diz ainda que ele simplesmente prendeu a respiração, falecendo por vontade própria.

Em Sínope, Corinto e Atenas, os cidadãos erguiam estátuas em sua memória. "Até mesmo o bronze envelhece com o tempo", lê-se no epitáfio inscrito em Sínope, "mas tua fama, Diógenes, nem toda a Eternidade apagará. Pois sozinho deste aos mortais lições de autossuficiência, tal como o caminho para a melhor e mais cômoda vida."[42]

Muito depois de sua morte, as histórias sobre Diógenes exerceram merecidas influências, como demonstra um episódio da vida de Díon Crisóstomo. Tendo ganhado fama de bom homem e de orador com uma ascética inclinação cínica, Díon foi convidado a proferir uma série de quatro discursos diante de Trajano, o imperador romano. No último deles,[43] Díon representou um diálogo relativamente longo entre Diógenes e Alexandre, o Grande, a fim de mostrar a Trajano que uma vida perfeitamente moderada pode ser suficiente para que um homem governe os outros com justiça. Esse é um perfeito exemplo da vida imitando a arte. Diógenes talvez nunca tenha conhecido Alexandre, o Grande, mas Díon Crisóstomo era de fato amigo e confidente de Trajano, um governante amplamente aclamado por sua sabedoria, sua moderação e sua estima pela justiça.

Dessa forma, a lenda de Diógenes se manteve viva. Apesar – ou por causa – de seu teor cômico, de seus detalhes improváveis e dos frêmitos escandalizados, o mito nunca perdeu sua capacidade de incitar e até transformar a conduta de quem estiver disposto a levá-lo a sério – de Díon Crisóstomo a Michel Foucault, quase dois mil anos depois.

ARISTÓTELES

Aristóteles instruindo Alexandre, o Grande, artista desconhecido.
Ilustração em papel velino encontrada em *Manafi al-Hayawan* [Os usos dos animais],
de Ibn Bakhtishu, Pérsia, século XIII. Médico famoso e um dos principais zoólogos islâmicos
do século VIII, Ibn Bakhtishu também era uma autoridade nas obras de Aristóteles.
(British Library, Londres, UK/British Library Board. Todos os direitos reservados/The Bridgeman Art Library International)

Sobre a reputação de Aristóteles – que, do fim da Antiguidade ao início do Renascimento, foi reverenciado como "o Mestre daqueles que sabem", "o limite e modelo da inteligência humana" ou simplesmente "*o* filósofo"[1] (*Ille Philosophus*) –, é curioso que, nos dois primeiros séculos que se seguiram à sua morte, poucos filósofos o tenham visto como alguém digno de interlocução.

O problema parece ter sido o caráter e a conduta que ele supostamente ostentara. Para um filósofo como Epicuro, quase um contemporâneo, Aristóteles não era nem "um ideal de excelência humana",[2] nem um exemplo de pesquisador "desafetado pelas paixões e livre de enormes imperfeições morais"[3] – para citarmos duas autoridades modernas –, mas sim um pedante e um político astuto, indigno de ser atribuído à filosofia como modo de vida. Nos primeiros séculos após a morte de Aristóteles, em 322 a.C., pululavam em Atenas e em todo o mundo de língua grega dúvidas sobre seu caráter e sua conduta. Elas eram persistentes e difundidas. De fato, essas dúvidas nos ajudam a explicar o desprezo praticamente consensual, se não inquietante, que foi dado à sua obra escrita até o século I a.C., quando, tardiamente, os pesquisadores estabeleceram o *corpus* textual sobre o qual se fundamentaria a fama póstuma do filósofo.

Além de um testamento aparentemente verdadeiro e de fragmentos de possíveis cartas, os textos aristotélicos que restaram pouco nos dizem sobre sua vida. Todos os seus trabalhos originalmente publicados, incluindo uma série de diálogos primitivos, desapareceram, com exceção de alguns trechos citados por escritores subsequentes. São tão escassos nossos indícios biográficos confiáveis, que quase nos sentimos tentados a abandonar a questão no mesmo ponto em que o filósofo alemão Martin Heidegger a deixou, num famoso curso sobre Aristóteles ministrado em 1924: "Este homem nasceu, trabalhou e faleceu."[4]

Tradicionalmente, a criação do *corpus* aristotélico clássico tem sido atribuída a Andrônico de Rodes, pesquisador que organizou os escritos de Aristóteles que restaram através do registro mais ou menos coerente de assuntos abordados, extraindo passagens de um grande número de manuscritos e rascunhos e, provavelmente, incluindo notas tomadas em suas lições. O texto resultante preenche duas mil páginas modernas, quase duas vezes mais do que o *corpus* platônico sobrevivente. A amplitude desse material é enciclopédica, com mais de quarenta trabalhos independentemente elaborados sobre (entre outros tópicos) metafísica, teologia, astronomia, meteorologia, zoologia, botânica, psicologia, ética, política, retórica e poética.

É impossível reconhecer alguém de carne e osso por trás desses tratados, cujo estilo é simples, muitas vezes opaco e inflexivelmente impessoal. Como afirmou o poeta inglês Thomas Gray, no século XVIII, ler Aristóteles "é como comer feno".[5]

Isso não impediu que o próprio Andrônico fizesse por Aristóteles o que qualquer editor justo da Antiguidade faria por alguém que reivindicasse a si mesmo o título de verdadeiro filósofo: ele prefaciou sua edição com uma edificante biografia, preocupando-se em reimprimir o conteúdo do testamento de Aristóteles. Embora a biografia redigida por Andrônico tenha sumido, editores subsequentes do *corpus* aristotélico seguiram seu exemplo, e assim os pesquisadores modernos conseguiram remontar[6] uma série de idealizações medievais de Aristóteles a uma fonte comum: uma biografia simpatizante que, mais ou menos no ano 500 d.C., servia como prefácio a uma edição padrão das obras aristotélicas adotada pela escola aristotélica de Atenas.

Aristóteles nasceu na cidade grega de Estagira, provavelmente em 384 a.C. Cidade autônoma e de pouca importância, Estagira fora povoada por colonos que vinham da Jônia, permanecendo aliada de Atenas durante grande parte do século V. As autoridades antigas estão de acordo quando afirmam que Aristóteles vinha de uma linhagem distinta: sua mãe, Festide, possuía uma riqueza considerável e descendia dos primeiros colonos, enquanto seu pai, Nicômaco, era um médico de sucesso que pertencia à família sacerdotal dos Asclepíades, antiga ordem que controlava os segredos sagrados da cura, passados de pai para filho. Entre suas artes encontravam-se o treinamento na observação física e a dissecação de corpos – técnicas que Aristóteles pode ter aprendido com seu pai.

Estagira localizava-se próxima à fronteira com a Macedônia, antigo reino no interior do país composto de tribos bárbaras ao norte e de cidades de língua grega ao sul, as quais faziam fronteira com a costa mais setentrional da

Grécia Antiga. O pai de Aristóteles trabalhou como médico e confidente do rei Amintas III da Macedônia (r. 393-370/369), monarca de língua grega que consolidara o controle dos planaltos e das planícies da região, preparando o terreno para que seu sucessor, Filipe II (r. 360-336), estendesse o reino até o litoral. No entanto, tanto o pai quanto a mãe de Aristóteles morreram quando o filósofo ainda era jovem, e algumas fontes registram[7] que ele foi então criado em Estagira por um tio, Próxeno, cidadão original de Atarneu, na Ásia Menor.

Se a tradição biográfica medieval tendia a glorificar Aristóteles, relatos mais antigos costumavam difamá-lo. Alguns biógrafos da Antiguidade acusaram Aristóteles de ser um "pervertido, um glutão",[8] assim como "vendedor de drogas". Outros disseram[9] que, no início, a busca pelo poder político lhe interessou mais do que a busca pelo conhecimento, interesse que justificava com as alegações de que "tudo é hostil àquele que nenhuma experiência tem nos acontecimentos políticos" e de que ele "indignava-se com a maior parte dos políticos contemporâneos que, constantemente, se envolviam em rixas partidárias". Outras fontes primitivas[10] dizem ainda que, após uma juventude desperdiçada, Aristóteles foi obrigado a voltar para Estagira, a fim de assumir o consultório médico de seu pai (e, presumivelmente, sua farmácia), chegando a Atenas quando tinha já uns trinta anos e após se mostrar incapaz de ganhar a vida como político ou médico.

Porém, uma história radicalmente diferente é relatada por Hermipo de Esmirna[11] (fl. c. 200 a.C.), cuja biografia é o primeiro registro favorável a Aristóteles a ter sobrevivido (ainda que em fragmentos). Segundo Hermipo, Aristóteles viajara para Delfos (tal como Sócrates e Diógenes o haviam feito) e seguira os conselhos do oráculo, partindo para Atenas com 17 anos no intuito de se tornar um filósofo.

De acordo com Hermipo, Aristóteles primeiro seguiu Platão. Outras hagiografias da Antiguidade Tardia colocam o próprio Sócrates iniciando-o na busca pela sabedoria – o que seria cronologicamente impossível,[12] mas talvez explicável pela confusão do homem martirizado em 399 com seu discípulo Isócrates (436-338 a.C.), que ainda estava vivo e ativo na Atenas do século IV.

Na época, a escola de Isócrates[13] só era comparável à Academia de Platão. Ambos os homens haviam sido companheiros de Sócrates e ambos declaravam ter escolhido a "filosofia" como modo de vida, fazendo do cultivo de um bom caráter o objetivo comum de sua busca pela sabedoria. Em seus trabalhos escritos, se desdobra um debate tácito sobre a melhor forma de exemplificar e ensinar o que os dois autores chamam de "filosofia". Enquanto Platão preferia um currículo elaborado em torno da matemática, da geometria e da dialética, Isócrates treinava seus alunos para "falar bem e pensar corretamente", em parte através do estudo da retórica, em parte através do exemplo de reta conduta oferecido pelo próprio mestre.

O que parece claro é: se, como afirma Hermipo, Aristóteles chegou a Atenas pelo ano de 367, seria impossível que recebesse uma instrução contínua de Platão, que na época estava preocupado em transformar Dionísio, O Moço, no filósofo-rei de Siracusa.

Como imigrante, Aristóteles se tornava, por lei, um meteco, ou residente estrangeiro, de Atenas. Ele nunca se tornou um cidadão. Como resultado, não podia participar da vida política da cidade ou ser dono de propriedades que estivessem dentro dos limites atenienses.

Praticamente todos os indícios anedóticos e circunstanciais sugerem que Aristóteles fora abastado sem depender de ninguém. Graças às posses de sua família, ele pôde comprar uma enorme quantidade de manuscritos em papiro, formando uma das primeiras e melhores bibliotecas privadas do mundo de língua grega.[14]

É provável que, na época em que Aristóteles passou a desempenhar um papel ativo na Academia, Platão já tivesse concluído suas aventuras sicilianas. Após seu fiasco, e talvez em resposta a isso, Platão modificou o retrato da vida filosófica que apresentara em seus diálogos anteriores. Em vez do provocador mártir ao centro da primitiva *Apologia* de Sócrates, o Sócrates fictício passou a ser descrito, em obras como o *Teeteto*, como uma espécie de matemático eremita,[15] metodologicamente autoconsciente e comprometido com a concepção nova, e relativamente austera, de que a teorização era a melhor forma de vida possível.

Embora Aristóteles pudesse ter aderido à Academia[16] por causa do modo de vida intensamente ético representado em vários dos *Sokratikoi logoi* elaborados por Platão, não foi apenas a uma empreitada ética que ele aderiu quando os dois homens ficaram cara a cara. Comunidade isolada de pesquisadores que se vinculavam pela amizade, a Academia estava inicialmente comprometida com a condução de pesquisas nos campos da matemática, da astronomia, da medicina e das relações lógicas entre diversas ideias e conceitos.

Ainda que esperasse dominar esse plano de pesquisas como qualquer outro aspirante a filósofo, Aristóteles se distanciava de seus outros colegas por uma enormidade de motivos. Numa sociedade em que a escrita e a leitura não eram hábitos difundidos, Aristóteles mostrava-se um ávido bibliófilo. Numa escola em que era estimada a pesquisa matemática, ele nutria críticas ao pressuposto pitagórico de que os números são tudo o que existe na realidade.[17] E, numa comunidade em que a retórica era muitas vezes ridicularizada, Aristóteles demonstrava um erudito interesse nas artes da persuasão.

Segundo uma série de fontes antigas, Platão apelidou Aristóteles de *nous*[18] (palavra grega para "intelecto"), por vezes também chamando-o de "o Leitor", em alusão ao seu insaciável apetite por livros. Algumas sugerem que os apelidos lhe foram dados carinhosamente. Outras insinuam que, para Platão, Aristóteles era um pouco medíocre, um leitor indiscriminado que devorava mais livros do que deveria.

Nos fragmentos que restaram de seus primeiros diálogos, Aristóteles comunica fielmente a visão platônica de que apenas um filósofo com o olhar fixo nas verdades eternas seria capaz de promulgar leis justas e boas:

> Cabe, entre os artesãos, apenas ao filósofo as leis que se mostram estáveis e as atitudes corretas e nobres. Pois é tão somente ele que vive a olhar para a natureza e para o divino. Como um bom timoneiro, atraca sua vida ao que é eterno e imutável, lança ali sua âncora, vivendo como seu próprio mestre.[19]

É interessante que, na analogia náutica empregada por Aristóteles, o filósofo tenha encontrado um porto seguro – não muito diferente de Platão na Academia, após o término de suas incursões por Siracusa.

Aristóteles permaneceu ao lado de Platão na Academia durante quase duas décadas. As fontes antigas afirmam que, ao longo desses anos, ele ofereceu lições públicas sobre retórica, a qual avaliava de maneira mais positiva do que seu mestre,[20] mas com menos generosidade do que Isócrates.

Enquanto a maioria de seus mentores e colegas da Academia se especializava numa única área, como a astronomia e o estudo das Formas, Aristóteles era um polímata. Ele desejava assimilar tudo o que fora pensado anteriormente[21] e utilizá-lo como material para a criação de um sistema de pensamento novo e abrangente. Essa criação se tornou o foco de sua vida.

Seu outro grande objetivo como filósofo, e que se tornou evidente apenas com o passar do tempo, era o de aprimorar, na prática, os esforços platônicos de unir poder e conhecimento, em parte abrandando o idealismo radical de seu mentor com um ardiloso senso de realismo. A estima com que Aristóteles via a retórica era um dos aspectos desse projeto, mas ainda mais importante era a estima, evidente em sua teoria política, pelas particularidades envolvidas no verdadeiro exercício de qualquer poder político eficaz (uma forma de pragmatismo que Aristóteles associava à virtude capital que chamava de *phro-*

nesis,²² palavra grega traduzida, de modo variável, como "prudência", "bom senso", "julgamento político" ou, às vezes, apenas como "sabedoria").

Em virtude de seus talentos e do escopo de seus interesses filosóficos, não surpreende que Aristóteles tenha crescido em importância na Academia de Platão. Embora fosse um residente estrangeiro, ele pode até mesmo ter nutrido a esperança de se tornar o sucessor de seu mestre. Porém, com a morte de Platão, em 347, não foi Aristóteles quem se tornou o novo escolarca, mas Espeusipo, sobrinho de Platão.

Um pouco antes ou um pouco depois, Aristóteles zarpou com Xenócrates (396/95-314/13 a.C.), companheiro de Platão igualmente importante. Os dois seguiram para a Mísia, na Ásia Menor, onde, após serem convidados, ofereceram auxílio e reconforto filosófico a Hérmias, que detinha absoluta autoridade sobre a cidade litorânea de Atarneu (onde nascera Próxeno, tio de Aristóteles).

Alguns historiadores da Antiguidade dizem que Hérmias fora um escravo; outros, que era eunuco. Homem de origem humilde, ele havia servido Eubulides, tirano de Atarneu, e lutado vigorosamente para repelir os recorrentes ataques persas. Algumas fontes também dizem que Hérmias viajara a Atenas para ficar na Academia, onde talvez tenha ouvido Platão e feito amizade com Aristóteles.

Com a morte de Eubulides,²³ Hérmias se tornou seu indiscutível sucessor (não está claro como ou quando isso se deu). Nos anos que se seguiram, ele anexou territórios ao seu reino, construindo um império de língua grega ao longo da costa asiática. Inspirado pelos ideais políticos de Platão, ele apreciava a ideia de se tornar algo parecido com um filósofo-rei e passou a trocar cartas com o próprio fundador da Academia.

Numa carta que Platão teria supostamente enviado a Hérmias e a dois de seus antigos alunos,²⁴ Erasto e Córsico, ele instava os três a unirem seus dons. O tirano, indicou ele, possuía dinheiro e armas à disposição, enquanto os antigos estudantes tinham em abundância aquele "nobre amor pelas ideias". Hérmias buscava a sabedoria, enquanto Erasto e Córsico precisavam de experiência política para serem capazes de aprender as sombrias técnicas de "autodefesa contra os vis e iníquos".²⁵ Ao criarem um estreito laço, consolidando assim "um único vínculo de amizade",²⁶ os três homens, segundo Platão, puderam "praticar a filosofia" em conjunto, cada um da forma mais completa possível.

Esse triunvirato filosófico cresceu com a chegada de Xenócrates e Aristóteles. Segundo Dídimo, autor alexandrino de um comentário sobre a quarta das *Filípicas* de Demóstenes – que sobreviveu em fragmentos preservados em papiro –, Hérmias tornou-se amigo de Córsico, Erasto, Aristóteles e Xenócrates. [...] Ele os ouvia, [...] dava-lhes regalos, [...] e de fato fez da tirania um governo de maior moderação; por conseguinte, veio a governar todas as regiões vizinhas até a cidade de Assos, quando então, demasiadamente satisfeito com os filósofos citados, alocou-os lá. Hérmias confiava mais em Aristóteles do que em todos os outros, e ambos nutriam uma relação muito íntima.[27]

Se esse relato for verdadeiro, Aristóteles e seus companheiros platônicos teriam conseguido formar uma aliança relativamente durável com Hérmias, ao contrário de Platão, que fracassara de maneira impressionante ao tentar ganhar a confiança de Dionísio, o Moço.

Tudo isso acontecia em meio a uma crescente inquietação política em todo o mundo de língua grega. A causa mais recente tinha sido a queda de Olinto, de longe o centro helênico autônomo de maior extensão e importância da Calcídica. A cidade de Olinto era há muito cobiçada por Filipe da Macedônia, que, nos anos seguintes à saída de Aristóteles da região, expandia incansavelmente as fronteiras de seu império.

Assustado com a contínua campanha militar de Filipe na Calcídica, os cidadãos de Olinto procuraram os cidadãos de Atenas em busca de ajuda. Embora Demóstenes, o orador mais influente da cidade, tentasse obter apoio à causa dos residentes de Olinto, Atenas enviou-lhes apenas um insignificante auxílio militar. Após um longo cerco, a cidade se rendeu a Filipe no ano de 347.

Como de costume – o rei se comportara da mesma forma ao conquistar Estagira, cidade natal de Aristóteles, em 350 –, Filipe foi impiedoso,[28] destruindo toda a cidade e vendendo seus habitantes como escravos. Antes de dar fim à sua campanha na Calcídica, ele havia devastado um total de 32 cidades-estados de língua grega.

Atrocidades em tão grande escala não acometiam o mundo helênico desde a invasão dos persas, um século antes. Quando os outros gregos ficaram sabendo dos massacres de Filipe, um surto de ira se espalhou. Em Atenas, o desesperado Demóstenes tentava conseguir apoio a uma aliança contra Macedônia; ele sentia, com toda a razão, que a sobrevivência das cidades-estados independentes estava em xeque, pois a Macedônia era agora a força política dominante no mundo de língua grega.

Enquanto isso, sob a proteção do tirano Hérmias, seu benfeitor e amigo filosófico, Aristóteles levava sua pesquisa adiante sem qualquer perturbação. Em determinado momento, casou-se com uma mulher próxima à corte de Atarneu. Seus críticos afirmavam que ele se apaixonara tolamente "por uma concubina de Hérmias, casando-se com o seu consentimento e, demasiadamente encantado, sujeitando-se a uma mulher fraca".[29] Outras fontes, porém, explicam[30] que a mulher com quem Aristóteles se casara era Pítias, sobrinha e filha adotiva de Hérmias – que abençoou a união na expectativa de, assim, aproximar-se ainda mais do filósofo, valendo-se do parentesco e dos laços de amizade.

Em cerca de 345, Teofrasto (372-287 a.C.), outro dos antigos colegas de Aristóteles na Academia, convenceu-o a deixar a corte de Hérmias e se juntar a uma nova colônia de filósofos localizada em Mitilene, na ilha de Lesbos, ao largo da costa da Ásia Menor. A julgar pelo número de animais nativos do norte do Egeu que Aristóteles menciona[31] em seus vários tratados sobre a fauna, em Mitilene ele continuou envolvido em longas pesquisas na área da zoologia, tal como fizera em Assos.

Menos de três anos depois, Aristóteles, sua mulher e sua filha se mudaram novamente, dessa vez para a Macedônia. Os biógrafos da Antiguidade dizem que o rei Filipe convidara Aristóteles para tutelar seu filho Alexandre, então com treze anos de idade. Na época, claro, nem Aristóteles, nem Alexandre eram importantes para as relações públicas. Ainda assim, para qualquer interessado na união entre conhecimento e poder – como Aristóteles realmente era –, aquela era uma oportunidade extraordinária, embora também trouxesse alguns riscos.

Nunca um filósofo havia sido convidado por um rei para moldar a personalidade de um jovem em preparação para governar o reino mais poderoso de seu tempo. E nunca um filósofo de ancestrais gregos fora chamado para servir a um império estrangeiro. Segundo afirmou, corretamente, o moderno pesquisador alemão Werner Jaeger, "o fato de [*Aristóteles*] ter aceitado a tarefa diz mais sobre o seu caráter do que todas as suas teorias políticas".[32]

Durante séculos, o relato mais lido do encontro entre Aristóteles e Alexandre encontra-se nas *Vidas paralelas*, de Plutarco:

> Filipe então percebia que, embora Alexandre fosse obstinado na resistência às compulsões, as justificativas racionais facilmente o levavam a realizar de maneira apropriada suas ações, de modo que Filipe não somente buscou a persuasão para orientá-lo, mas também, por não confiar inteiramente nos professores [...] que adotavam o currículo para dele cuidar e a ele educar (uma vez que, na opinião do rei, a educação era consideravelmente importante e, como afirma Sófocles, "tarefa para muitas rédeas e lemes"), enviou-o ao mais célebre e instruído dos filósofos: Aristóteles.[33]

A maioria dos pesquisadores modernos duvida que Aristóteles já fosse tão famoso. Porém, Filipe provavelmente sabia que o pai de Aristóteles fora médico e confidente de seu próprio pai. Além disso, se necessitasse de alguma referência adicional, poderia ter procurado Hérmias, que, por coincidência, estabelecera uma parceria secreta com Filipe, oferecendo à Macedônia um aliado importante e poderoso na Ásia Menor e recebendo, em troca, auxílio militar caso a Pérsia atacasse Atarneu.

Com a aprovação de Hérmias e uma generosa remuneração de Filipe, Aristóteles aceitou o desafio de transformar o teimoso jovem num bom rei, detendo seus impulsos através da argumentação racional. Plutarco afirma que

> Alexandre não somente recebia de Aristóteles suas doutrinas éticas e políticas, mas também assimilava seus ensinamentos mais profundos e secretos, os quais costumavam ser chamados, pelos sucessores de Aristóteles, de ensinamentos "orais" e "esotéricos", aqueles que não eram oferecidos ao público.[34]

Como retribuição, segundo Plutarco, Filipe prometeu que deixaria Aristóteles reconstruir e repovoar Estagira. Ao mesmo tempo, "Filipe deu a Aristóteles e Alexandre, como local de refúgio em que poderiam estudar, o santuário das Ninfas, em Mieza, onde até hoje a população atenta para os assentos de pedra e as aleias que Aristóteles costumava visitar".[35]

Logo depois de Aristóteles responsabilizar-se por Alexandre, um desastre acometeu seu velho amigo Hérmias. Em 341, os persas o chamaram para uma negociação, alegando falsos pretextos. Preso e sob tortura, o governante grego foi interrogado acerca do tratado firmado com os macedônios. Seu inflexível silêncio valeu-lhe uma crucificação. Diz a lenda[36] que seu último desejo foi informar a seus colegas que "nada fiz de fraco ou de indigno da filosofia". Aristóteles, por sua vez, celebrou seu amigo filosófico num apaixonado panegírico:

> Virtude, a que tanto aspira a humanidade,
> das presas a mais nobre da vida,
> para que se exprima, donzela,
> morrer é um invejável fado na Grécia...[37]

Em outros lugares da Grécia, porém, as notícias sobre Hérmias geraram reações diferentes. Em Atenas, Demóstenes revelara, denunciando em seguida, a aliança secreta entre o rei da Macedônia e o tirano de Atarneu. Sob uma crescente preocupação, a Macedônia era encarada como bárbara usurpadora das tradicionais liberdades gregas; a morte de seu aliado grego mais importante na Ásia Menor era motivo de comemorações. Assim, de tão longe, Aristóteles devia saber que, ao permanecer na Macedônia e ao elogiar em público Hérmias, de certa forma ele assegurara por completo o seu futuro no mundo de língua grega, tornando-se fadado a seguir o destino de seus benfeitores imperiais.

Naqueles meses, Aristóteles supostamente elaborou uma série de diálogos que deveriam edificar Alexandre, incluindo um sobre a monarquia e outro sobre as colônias. Plutarco afirma que Alexandre herdou de seu tutor a paixão pelos livros, mencionando como prova uma história relatada por um tal de Onesícrito, historiador da corte que registrou as últimas campanhas do rei na Ásia: "Ele considerava e se referia à *Ilíada* como um manual de guerra, levando consigo uma resenha do texto elaborada por Aristóteles, a qual [...] sempre mantinha sob o travesseiro, ao lado de uma adaga."[38] Segundo Plutarco, Alexandre passou muitos anos

> nutrindo uma admiração por Aristóteles e sentindo, pelo tutor, o mesmo afeto que sentia por seu pai, o que ele próprio assumia ao afirmar que, enquanto seu pai lhe dera a vida, Aristóteles lhe dava o dom de usar da melhor maneira possível essa mesma vida.[39]

Em 340, antes que Filipe deixasse seu império para lutar contra Bizâncio, ele nomeou Alexandre, então com 16 anos, regente da Macedônia, a fim de que o jovem governasse em sua ausência. Desnecessário agora como tutor, Aristóteles aparentemente dirigiu-se à Calcídica, onde, de acordo com algumas fontes da Antiguidade,[40] supervisionou a reconstrução e o repovoamento de Estagira, para a qual também esboçou uma nova constituição.

Uma coisa é clara: pelo resto de sua vida, aonde quer que fosse, Aristóteles permanecia em contato com seus benfeitores macedônios. Numa de suas antigas biografias, lemos que Aristóteles

> era tão estimado por Filipe e [*sua esposa*] Olímpia que ambos ergueram uma estátua do filósofo em um local bem próximo deles. O filósofo, tornando-se parte importante do reino, valia-se do poder que sua própria filosofia lhe concedera como instrumento de caridade, fazendo o bem tanto a indivíduos como a cidades inteiras e a todos os homens, tudo de uma só vez e ao mesmo

tempo. Os benefícios que conferiu aos indivíduos são revelados nas cartas que, sobre vários assuntos, escreveu ao casal real.[41]

Naqueles anos, Aristóteles também desenvolveu uma amizade, ainda mais próxima, com Antípatro, que, como um dos sócios mais confiáveis de Filipe, desenvolvera um interesse pessoal pela educação de Alexandre. Antípatro servira como embaixador da Macedônia em Atenas nos anos de 346 e 338. Depois que Alexandre veio a suceder Filipe no trono, acabou então por ocupar a posição de vice-rei imperial para a Europa. Os laços que uniam Aristóteles a Antípatro se estreitaram com o passar do tempo, e ambos parecem ter se correspondido com regularidade (embora ninguém consiga garantir que as cartas que restaram sejam genuínas). Que os dois eram de fato amigos íntimos é confirmado pelas minúcias do testamento de Aristóteles, que nomeia Antípatro seu testamenteiro.

Filipe mostrou-se incansável em seus esforços para ampliar o império macedônio. Ao sitiar Bizâncio (onde hoje encontra-se Istambul), ele desejava assumir o controle do Bósforo e do Helesponto. Uma vez que Atenas alimentava sua população com os grãos advindos das águas que ligavam o Euxino (hoje chamado de Mar Negro) ao Egeu, as atitudes de Filipe ameaçavam diretamente a cidade. Atenas respondeu enviando uma de suas forças militares a Bizâncio, o que ajudou a cidade a violar o cerco macedônio.

Voltando sua atenção aos trechos de terra firme grega, Filipe então marchou para o sul. Em 338, tendo Alexandre ao seu lado, suas forças derrotaram, em Queroneia, a união dos exércitos de Tebas e Atenas. Moderando suas antigas táticas em terras conquistadas, Filipe apenas guarneceu Tebas e exigiu que Atenas se rendesse, afirmando formalmente que o rei liderava o que agora chamava de uma campanha pan-helênica contra Dario da Pérsia. Um congresso de cidades-estados gregas foi devidamente realizado em Corinto, no intuito de criar a chamada Liga de Corinto e de colocar à disposição do rei as forças militares de diversas cidades-estados.

Dois anos depois, o monarca faleceu, morto por um de seus guarda-costas. Alexandre, com vinte anos de idade, tornou-se o rei.

Vislumbrando a oportunidade de se livrar do jugo macedônio, Atenas e Tebas se revoltaram. Alexandre e seus soldados marcharam rapidamente até Tebas,[42] onde acabaram com o exército que defendia a cidade, estupraram as mulheres, saquearam propriedades e colocaram abaixo toda e qualquer construção, vendendo como escrava a maioria dos antigos habitantes. Foi um lembrete cruel da rude justiça que recebiam os inimigos do império.

Assim que a notícia dessas catástrofes chegou a Atenas, a cidade se rendeu. Alexandre, porém, exibindo uma misericórdia soberana tão arbitrária quanto o massacre que a precedera, demonstrou clemência. Logo em seguida, todas as outras cidades-estados da Grécia voltaram a se reunir em Corinto, a fim de jurar lealdade ao monarca.

Em 335, sob a tácita proteção de Alexandre e Antípatro, Aristóteles retornou triunfantemente a Atenas – ainda a capital cultural do mundo de língua grega – e logo organizou uma nova escola. Desde a época de Péricles, a cidade fora sede de uma variedade de instituições administradas por sofistas e por oradores inclinados à filosofia, como Isócrates. Aristóteles optara por criar uma comunidade de amigos filósofos parecida com a Academia de Platão, competindo assim, diretamente, com seu antigo amigo Xenócrates, que se tornara escolarca da Academia após a morte de Espeusipo. Talvez como resultado de sua decisão, começaram a correr rumores sobre a "vaidade e a imensa ingratidão"[43] de Aristóteles para com Platão e a escola que fomentara seus interesses filosóficos ao longo de duas décadas.

Como a nova escola de Aristóteles estava localizada num ginásio adjacente ao templo de Apolo Liceano, ela passou a ser conhecida como o Liceu. E, uma vez que o local abrigava um *peripatos*, jardim com colunata "em que ele, até o momento de se lavarem, vagueava ao filosofar com seus alunos",[44] seus seguidores foram chamados de peripatéticos.

Aristóteles tornou-se o escolarca formal da escola, "o primeiro entre iguais". No entanto, como também acontecia na Academia, não era exigido que os membros da comunidade de Aristóteles repetissem servilmente as visões teóricas de seu fundador. Alguns de seus companheiros, como Teofrasto, eram velhos amigos e pesquisadores experientes, dando aulas e conduzindo investigações particulares; outros eram jovens que se reuniam para estudar em sua companhia. Aquela era uma instituição aberta ao público,[45] embora a maioria dos ouvintes, claro, fosse composta de cavalheiros abastados, que não precisavam trabalhar para viver. Aristóteles começou a contar com uma série de homens importantes entre seus pupilos,[46] embora a grande maioria dos membros conhecidos da escola fosse, como o próprio Aristóteles, de residentes estrangeiros e atenienses.

Não está claro como a escola custeava seu ambicioso programa de formação e suas pesquisas. O Liceu, tal como a Academia sob a administração de Platão, não cobrava taxas de seus alunos. Sendo estrangeiro, Aristóteles não podia ter propriedades em Atenas, e por isso sua escola possuía apenas um frágil direito a suas terras. Porém, como encontrava-se mais rico do que nunca, é possível que o próprio Aristóteles tenha financiado alguns dos gastos. Plínio, o Velho (23-79 d.C.), afirma[47] que Alexandre deu a Aristóteles um grande presente em dinheiro para que o filósofo pudesse montar sua biblioteca e ter "milhares de homens" à disposição, no intuito de reunir informações sobre a flora e a fauna. Isso pode ser um grande exagero. Porém, sob aquelas circunstâncias, quase não restam dúvidas de que o Liceu dependia de apoio macedônio, tanto financeiro quanto político. (Num contundente contraste, Xenócrates recusava os presentes enviados à Academia pelos macedônios,[48] em protesto contra o que ele, ao lado de muitos atenienses, via como uma ocupação ilegítima.)

Aristóteles acumulara uma vasta biblioteca de livros, mapas e documentos eruditos, colocando-a à disposição de seus colegas e alunos. Esse arquivo tornou-se modelo para a famosa e antiga biblioteca de Alexandria (supostamente organizada, décadas depois, por um dos alunos de Aristóteles, Demétrio de Faleros). Os pesquisadores do Liceu começaram a reunir e catalogar materiais retirados do arquivo, no intuito de publicar coleções de documentos relacionados entre si (como exemplo, temos uma compilação da constituição de diferentes cidades-estados gregas). Pela primeira vez, informações como essas eram sistematicamente reunidas e organizadas.

Os manuscritos eruditos de Aristóteles e as notas tomadas em suas preleções também foram arquivados, e são os documentos sobreviventes que formam a base do *corpus* aristotélico que temos hoje. A ampla gama de tópicos discutidos nesse *corpus* sugere que Aristóteles servia como modelo de investigação disciplinada, com um apetite aparentemente insaciável por informações sobre o mundo dos fenômenos e com uma contínua curiosidade acerca da retórica e dos critérios adequados para a avaliação de argumentos concorrentes. Nesse momento, ele já desenvolvera uma abordagem própria a muitas das questões que desconcertavam Platão e Sócrates. Aristóteles foi o primeiro a fazer da lógica um campo de investigação por si só. Ele foi o primeiro a classificar e categorizar a flora e a fauna de maneira organizada, assim como um dos primeiros a elaborar explicações causais para uma variedade de fenômenos físicos. Ao contrário de Platão, ele se recusava a defender a teoria de que a realidade consistia nas Formas incorpóreas. Em vez disso, Aristóteles optou por examinar objetos perceptíveis e corpos naturais – plantas, animais, seres humanos, cidades, o Sol, as estrelas –, esforçando-se para adquirir um conhecimento concreto acerca das particularidades daquilo que realmente existe. Essa realidade, segundo ele acreditava, era abençoada pelos deuses: "Há algo de divino em todas as coisas da natureza", afirmou;[49] e também: "Deus e a natureza nada criaram que não satisfaça a um propósito."[50]

A instrução na esfera da pesquisa empírica e da lógica constituía uma parte importante do currículo. Dizem que Aristóteles lecionava à noite[51] para os alunos do Liceu e, de manhã, para o público em geral. Enquanto Platão estimava o debate e a "dialética", Aristóteles (ou os seus editores da Antiguidade) preferia apresentar os resultados das investigações de sua escola na forma de resumos sistemáticos. Ao contrário dos diálogos de Platão, que estão abertos a múltiplas interpretações e que muitas vezes fornecem resultados inconclusivos, os tratados de Aristóteles em geral consistem em declarações autoritárias que refletem um conhecimento aparentemente especializado acerca de coisas que de fato existem. Como afirmou Leo Strauss, filósofo político do século XX, Aristóteles acreditava que "a sabedoria, e não somente a filosofia, encontra-se disponível. Essa [...] [é] a diferença entre Platão e Aristóteles".[52]

Aparentemente, Aristóteles de fato nos julgou capazes de desenvolver informações confiáveis sobre uma grande variedade de assuntos. Ao mesmo tempo em que Platão sugere, em diversos contextos, que devemos separar nitidamente o verdadeiro conhecimento, que é o das Formas imutáveis, do mundo transitório da experiência sensível, Aristóteles defende uma abordagem ao entendimento que, em princípio, permite que o filósofo *aprenda* a partir da experiência. Isso nos ajuda a explicar a quantidade de pesquisas que Aristóteles desenvolveu sobre inúmeros tópicos concretos, assim como talvez nos ajude a explicar sua relativa aptidão para os assuntos práticos: ao contrário de Platão, cujo intransigente idealismo se mostrou autodestrutivo em Siracusa, Aristóteles era um pragmático, dono de uma experiência política que lhe ensinara, entre outras coisas, como estabelecer alianças estratégicas com poderosos benfeitores.

Em 330, aparentemente com o apoio das autoridades macedônias que agora controlavam Delfos, Aristóteles foi honrado com uma inscrição oficial.[53] Independentemente do que seus inimigos pudessem dizer, ele agora era um herói grego consagrado, tão renomado quanto atenienses contemporâneos como Isócrates, Diógenes e Demóstenes. Um antigo busto de Aristóteles,[54] encontrado em Atenas no ano de 2007, representa um homem "de nariz aquilino, com uma testa saliente e cabelos pendentes, assim como boca e olhos diminutos".

Tal como acontecera com Sócrates, Platão e Diógenes, histórias sobre o famoso filósofo começaram a circular. Nossas fontes antigas informam que Aristóteles ceceava, que suas panturrilhas eram finas, que seus olhos eram pequenos e também que "eram extravagantes seus trajes, seus anéis e seu corte de cabelo".[55] Elas afirmam que, quando figos secos lhe foram oferecidos por Diógenes, Aristóteles percebeu que o cínico preparara um gracejo cáustico em caso de sua negação; então ele os aceitou e afirmou que Diógenes perdera tanto os seus figos quanto sua piada. Noutra ocasião, ele aceitou os figos quando ofertados, ergueu-os [...] e devolveu-os com uma exclamação: "Grande é Diógenes."[56]

Anedotas como essa são praticamente os únicos indícios de que Aristóteles tinha algum senso de humor.

Durante os primeiros anos do Liceu, Alexandre, o Grande, ao lado de seu exército, devastava de maneira triunfante, se não sangrenta, regiões inteiras da Ásia, sendo acompanhado de um pequeno séquito de filósofos que incluía Calístenes (c. 360-328 a.C.), sobrinho de Aristóteles que também se graduara pelo Liceu. Segundo relata Plutarco, os piores impulsos de Alexandre eram contidos pelo amor à filosofia que, nele, Aristóteles inicialmente infundira. Com coragem, Calístenes se esforçava para fortalecê-lo através de sua integridade pessoal: exemplificando uma espécie de unidade racional, seu modo de vida era "tão ordenado, digno e autossuficiente" que irritava "todos os outros sofistas e bajuladores"[57] da comitiva real.

Infelizmente, à medida que conquistava mais reinos para seu crescente império, Alexandre tornava-se cada vez mais inconstante e cruel, assim como mais ingênuo diante de várias crenças supersticiosas incompatíveis com sua instruída formação. Fontes antigas indicam que Alexandre começou a se vestir e a agir como um déspota oriental, exigindo que seus vassalos se prostrassem à sua frente e o cultuassem como se fosse um deus – conduta que Calístenes, com coragem (ou imprudência), repreendeu diretamente.

Em 330, Alexandre conseguiu reprimir o motim de algumas tropas que haviam deixado de confiar em seu comando. Porém, à medida que seu exército adentrava ainda mais a Ásia, cresciam o receio dos soldados e a paranoia do rei. Alexandre aos poucos se convencia de que Calístenes estava lá para pegá-lo e de que a conduta "insolente" do filósofo – ou talvez sua contínua disposição a criticar o comportamento cada vez mais arbitrário do monarca – "dissimulava a intenção de dar fim à monarquia". Dessa maneira, Alexandre ordenou que o sobrinho de Aristóteles fosse preso, acusando-o de fazer parte de uma conspiração que almejava matá-lo.

Poderíamos supor que Aristóteles ficaria consternado ao ouvir o que acontecera com seu sobrinho, jovem que, afinal, tentara viver de acordo com o modelo socrático original de perfeição moral. Porém, segundo seus biógrafos clássicos, Aristóteles não criticou Alexandre nem se apressou em defender Calístenes. Pelo contrário, Plutarco relata como ele repreendeu a falta de prudência, ou de "bom senso", de seu sobrinho.⁵⁸ Em tal contexto, é notável que, em Aristóteles, a virtude capital da *fronesis* pareça equivaler a conveniência, como se o bom senso sugerisse que Calístenes devesse, de alguma forma, concordar com o comportamento errático e cada vez mais destrutivo de seu soberano. (Se Sócrates tivesse exercido a "prudência" nesse sentido, provavelmente teria se exilado, e não bebido a cicuta.)

Alguns dizem que Alexandre planejava manter Calístenes na prisão até que fosse capaz de levá-lo de volta à Grécia para um julgamento público. Dessa forma, Aristóteles poderia testemunhar a humilhação ritual de seu protegido, até mesmo participando dela. Porém, no ano de 327, antes que isso pudesse acontecer, "Calístenes morreu como homem gordo e tomado por piolhos", segundo nos relata Plutarco⁵⁹ (que, de maneira semelhante a Aristóteles, aparentemente acha que esse destino foi apenas um castigo justo para a franca repreminda à conduta imperiosa de Alexandre).

Menos de quatro anos depois, enquanto planejava uma viagem marítima pela Arábia, Alexandre faleceu repentinamente. Ele tinha 33 anos de idade. Sua morte foi provavelmente ocasionada por uma febre. Porém, Plutarco também registra o rumor (de cuja veracidade duvida) de que "Aristóteles encarregou Antípatro do feito, sendo a peçonha fruto da coleta de Aristóteles".⁶⁰

Esse tipo de rumor mostra como a biografia se tornara um futebol político no mundo antigo. Em questões de vida ou morte, calúnias eram retribuídas na mesma moeda. Alguns pesquisadores especulam que os aristotélicos futuros, na esperança de dissociar Aristóteles das acusações mais surpreendentes de seus biógrafos antigos e das atitudes infames de alguns de seus alunos mais famosos, espalharam o boato de que Aristóteles e seu melhor amigo na corte macedônia haviam se revoltado e matado o tirano. No entanto, isso parece improvável, pois, após a morte de seu sobrinho, Aristóteles continuou dependendo do apoio e da proteção oferecidos por Alexandre e pelo regime macedônio.

De qualquer forma, a morte de Alexandre deixou Aristóteles exposto. Chegando a Atenas, as notícias sobre o rei desencadearam uma revolta popular e demonstrações violentas contra o governo macedônio. Aristóteles fizera uma série de inimigos na cidade, de seus antigos e afastados amigos da Academia a políticos patriotas como Demóstenes, que nunca deixara de protestar contra o usurpador da Macedônia. Os inimigos do filósofo em Atenas protelaram a formulação de uma acusação contra ele. Aristóteles, claro, era suspeito de traição,⁶¹ devido aos seus laços com Alexandre e Antípatro. Porém, a principal acusação (como era de costume na antiga Atenas) era de "impiedade".

As provas que fundamentavam essa denúncia incluíam o panegírico de Aristóteles a Hérmias e, talvez, um trecho em que ele supostamente dizia que as orações e os sacrifícios oferecidos aos deuses não tinham qualquer utilidade. O problema com seu panegírico[62] estava no fato de que Aristóteles elogiava o tirano ao lado de Héracles, Aquiles e Ájax – uma insultuosa justaposição, ao menos para os pios democratas.

Segundo os biógrafos da Antiguidade, a inscrição honorífica de Aristóteles em Delfos foi destruída e atirada num poço. (No século XX, arqueólogos de fato encontraram fragmentos de uma tábua em honra de Aristóteles no fundo de um poço em Delfos.) "Quanto à honra que foi a mim oferecida em Delfos, e da qual agora fui privado", escreveu Aristóteles a Antípatro num fragmento epistolar sobrevivente[63] (e que talvez seja autêntico), "não fico nem muito preocupado nem muito despreocupado."

Ele estava, no entanto, preocupado com sua segurança física. Assim, fez aquilo que Sócrates, sob as mesmas circunstâncias, audaciosamente se recusara a fazer: exilou-se. Julgado por um júri democrático, ele fugiu de Atenas para Cálcis, cidade seguramente guarnecida de tropas macedônias sob o controle de Antípatro. "Não permitirei que, mais uma vez, os atenienses ofendam a filosofia", escreveu ele a Antípatro em outro fragmento epistolar.[64] Ainda que o trecho seja falso, ele é bem-sucedido em antecipar, e tentar evitar, uma comparação desfavorável entre Aristóteles e Sócrates.

Em 322, menos de um ano após ter chegado a Cálcis, Aristóteles morreu, provavelmente vítima de causas naturais (embora alguns escritores do início do cristianismo tenham espalhado o rumor[65] de que ele se sentira tão humilhado por não conseguir explicar a vazante e o fluxo de um rio que se atirou nas águas e se afogou).

Em seu testamento,[66] Aristóteles indicou Antípatro como testamenteiro, "responsável por todas as questões e para sempre". A Hérpilis, mulher que tomou informalmente como esposa após a morte de Pítias, ele deixou uma casa à sua escolha, diversos escravos, uma grande quantidade de prataria e um dote, caso ela desejasse casar novamente. Aristóteles deixou dinheiro para que fossem erguidas duas estátuas – uma de Zeus e outra de Atenas – em Estagira, cidade em que nascera. Ele explicou cuidadosamente como os dois filhos adolescentes que tivera com Pítias deveriam ser cuidados, arcando generosamente, também, com o bem-estar de seus amigos e de seus familiares mais distantes. Como observa um pesquisador moderno, "Aristóteles revela, em seu testamento, possuir as virtudes que seriam esperadas de um cavalheiro com amplas posses, capaz de reconhecer as responsabilidades que acompanham a riqueza".[67]

Teofrasto, discípulo de Aristóteles, tornou-se o escolarca do Liceu, e durante muitos anos os peripatéticos se fizeram presentes em Atenas. Porém, na geração que se seguiu à morte de Teofrasto, ocorrida no ano de 287, os peripatéticos foram ofuscados pelas escolas de Epicuro, Zenão e Pirro, assim como pela Academia de Platão e pelas descaradas travessuras dos cínicos. Passou a ser difícil encontrar cópias das obras publicadas por Aristóteles (com poucas exceções). Seus trabalhos pessoais permaneceram sem publicação.

Isso deixou o caminho livre para os críticos de Aristóteles, dos quais o mais famoso talvez seja Epicuro. Em 306, Epicuro fundou o Jardim, instituição que logo competiria com a Academia e o Liceu ao posto de principal escola para os aspirantes a filósofos – o que se dava, em parte, por propagandear sua capacidade de "curar em quatro etapas" as preocupações humanas ("Não temas a deus, não te preocupes com a morte; o que é bom é facilmente alcançado e o que é terrível é suportável com facilidade"[68]). Epicuro atacava[69] o indecoro do pródigo modo de vida de Aristóteles, acusando-o também de ser um versado "bisbilhoteiro" e um "exibicionista", ou seja, um inútil rato de biblioteca. Com suas condutas, Aristóteles contradizia os fundamentos básicos da ética epicurista e tornava perversamente difícil alcançar o que Epicuro via como o verdadeiro objetivo da filosofia: uma vida tranquila, sem as perturbações geradas por prazeres supérfluos e por uma curiosidade desproposidada. Como consequência, Epicuro acusava Aristóteles de expor a verdadeira filosofia a um perigo maior do que aquele causado "por quem possui, como atividade, preparar jovens para o ingresso na política".

Escrevendo a partir de um ponto de vista completamente diferente, Teócrito de Quios (310-250 a.C.), ateniense pertencente à escola de Isócrates, concordava enfaticamente com Epicuro, compondo um cruel epitáfio: "Para Hérmias, o eunuco, escravo que pertencia a Eubulo, um monumento vazio foi erguido pelo desmiolado Aristóteles, que, ao ceder à pressão de seu anárquico apetite, optou por residir na foz de um riacho enlameado, não na Academia."[70]

E assim aconteceu de o homem que seria posteriormente conhecido como "o filósofo" ter sido desabonado por muitos dos filósofos mais importantes de Atenas. Apenas com a publicação do *corpus* estabelecido por Andrônico é que sua reputação começou a ser restaurada, mas ainda assim sua valorização se deu de maneira lenta e ao longo de muitos séculos.

Contudo, diante da veemência de seus críticos, não podemos deixar de nos perguntar: Aristóteles teria mesmo dado termo à filosofia como modo de vida, tal como afirmou Epicuro? Teria sido ele um hipócrita que não conseguira exemplificar, na prática, a moralidade que professava?

À segunda pergunta, nossa resposta só pode ser não. Epicuro mostrava-se caracteristicamente dogmático ao supor que a filosofia só poderia ter um objetivo adequado, passível de ser alcançado somente através de um único modo de vida. Segundo Aristóteles, a condução de uma boa vida não tinha como objetivo alcançar a tranquilidade, mas exercitar a razão ou o intelecto, que era para ele o elemento divino presente no ser humano. Ao contrário de Epicuro, Aristóteles via a busca do conhecimento como um fim em si, e não como meio de atingir a serenidade. Além disso, alguns dos fatos mais proeminentes da conduta aristotélica – sua extraordinária diligência como pesquisador, sua vasta gama de interesses, o rigor de seu raciocínio, sua incansável insistência em obter definições claras e argumentos lógicos – exemplificam o que muitos filósofos de hoje consideram virtudes capitais.

Que Aristóteles não era nenhum asceta como Sócrates parece óbvio diante dos indícios que hoje temos sobre sua vida. Contudo, também é verdade que ele nunca endossou tal ascetismo. Em determinada ocasião, Aristóteles declara que, no que diz respeito às boas coisas da vida, "aquilo que é imprescindível talvez seja, em linhas gerais, mais desejável, mas o que é supérfluo é melhor".[71] De maneira análoga, ele escreve, em *Ética a Eudemo*, que

> toda escolha ou posse de bens naturais – bens para o corpo, riquezas, amigos, ou qualquer outro – que melhor produza a contemplação [...] será a melhor, sendo também o mais adequado critério; e qualquer uma que, tanto por falta quanto por excesso, nos impeça de cultivar [a mente] e alcançar a contemplação é maléfica.[72]

Em outras palavras, se uma enorme riqueza ou a benfeitoria de um tirano forem úteis para a manutenção de uma vida de irrestrita pesquisa empírica e de sossegadas reflexões, elas podem ser consideradas justamente boas, e não más.

A princípio, então, parece não haver qualquer contradição flagrante entre a conduta defendida pelas teorias éticas de Aristóteles e a vida que ele aparentemente levou. A situação de suas teorias políticas, porém, não é tão simples.

No tratado sobre a *Política*, Aristóteles deixa de lado o argumento platônico em prol de um filósofo-rei e adota o que, superficialmente, parece ser uma avaliação mais ponderada e realista de diferentes formas de governo. Em determinada passagem, Aristóteles sustenta que o tamanho ideal de uma cidade independente é aquele de uma pólis grega. Segundo a interpretação que certo tradutor moderno deu a uma das afirmações mais famosas de Aristóteles, o "homem é, por natureza, um animal nascido para viver numa pólis".[73] Em outro momento de seu tratado acerca da política, o filósofo sugere que a melhor forma assumível pela pólis é a *politeia*,[74] um governo constitucional formado pela mescla de elementos oligárquicos e democráticos, capaz de permitir que cidadãos comuns elejam, através de votações periódicas, um governo composto apenas de cavalheiros abastados.

Na realidade, porém, as cidades-estados gregas no tempo de Aristóteles eram títeres nas mãos da monarquia macedônia. Na prática, o filósofo ignorou sua declarada preferência por uma pólis reduzida e de constituição mista, aliando-se a uma monarquia imperial cujo tamanho era inédito e cuja agressividade era brutal. Além disso, essa foi uma decisão que Aristóteles tomou estando plenamente ciente da crueldade do regime: afinal, alguns anos antes de Filipe se dirigir para a Macedônia, ele arrasara a cidade de seu nascimento e vendera seus habitantes como escravos.

De acordo com o que Aristóteles ensina em sua *Ética*, quando atos e palavras entram em conflito, são os atos, e não as palavras, que dão o veredito:

> Por conseguinte, devemos examinar o que foi dito aplicando-o ao que fazemos e à maneira como vivemos. Então, se o que foi dito encontra-se de acordo com o que fazemos, devemos aceitá-lo; se assim não ocorrer, nós [*devemos*] encará-lo como nada mais do que uma série de palavras.[75]

De acordo com esse critério, não passa de uma série de palavras quase tudo o que Aristóteles afirma em sua *Política* sobre a melhor pólis possível.

Quando Aristóteles retornou a Atenas, em 335, a permuta que se seguiu parece ter sido simples: ao mesmo tempo em que o Liceu serviria como monumento cultural para os edificantes objetivos do colonizador, Aristóteles poderia consolidar seu programa extremamente ambicioso, realizando suas investigações empíricas e teóricas.

Durante muitos anos, enquanto ao Leste Alexandre marchava de uma vitória a outra, Aristóteles viveu uma vida pacífica no Liceu. Contudo, ao menos um pesquisador moderno[76] cogita que ele não morreu como um homem feliz, sozinho como estava em seu exílio e distante de seu círculo de amigos e de sua comunidade de eruditos.

Quis o destino que a morte de Alexandre deixasse Aristóteles vulnerável a seus inimigos em Atenas. Azar ainda maior foi o fato de o filósofo ter adoecido e morrido assim que isso aconteceu. Na época, Antípatro, seu aliado mais poderoso,[77] se preocupava na Macedônia com uma desordenada luta pela sucessão dinástica e, na Grécia, com a necessidade de reprimir mais uma revolta ateniense contra o governo macedônio. Se tivesse vivido um pouco mais, Aristóteles poderia ter conseguido, com a ajuda de Antípatro, retornar triunfantemente a Atenas, retomando suas aulas no Liceu sob a proteção do amigo.

De qualquer forma, nunca saberemos se Aristóteles pensou duas vezes antes de tomar as decisões a que chegou enquanto caminhava para seu infeliz exílio. Como observa um compreensivo biógrafo moderno, provavelmente é verdade que "a maneira absolutamente objetiva com que Aristóteles se apresentava ao mundo já estivesse fundamentada em uma consciente separação entre atividades pessoais e atividades externadas".[78] Ainda assim, surpreende-nos o fato de não existir qualquer evidência de que Aristóteles, tal como Platão em sua *Carta VII*, tenha elaborado um relato introspectivo a fim de justificar as principais decisões morais e políticas que ajudaram a definir o curso de sua vida.

Em vez disso, Aristóteles externou tacitamente a unidade racional que Sócrates procurou consolidar ao harmonizar sua conduta com suas crenças fundamentais. Ele diferia nitidamente de Diógenes, pois, aos olhos do público, sua principal realização não era o modo como conduzia a própria vida, mas a maneira sistemática e isenta com que procurava entender a realidade empírica, descrevendo, em suas lições públicas e em seus escritos, um mundo visível que era representado como uma unidade racional digna de admiração.

Essa visão distintivamente naturalista talvez receba sua mais bela descrição num trecho retirado de um de seus primeiros escritos:

> Imaginemos que houvesse dez homens que sempre viveram sob o solo, em moradias boas e iluminadas, adornadas com estátuas e gravuras, mobiliadas com tudo o que quem é feliz supostamente ostenta em abundância. Imaginemos, todavia, que tais homens não conhecessem o que há acima do solo, mas descobrissem por notícias e boatos a existência de um espírito e uma força divinos. Imaginemos, então, que, em certo momento, as mandíbulas da terra se abrissem e, enfim, eles pudessem escapar e se afastar de seus domínios ocultos, chegando às regiões que nós habitamos. Assim que vissem o solo, os mares e os céus, assim que descobrissem a grandeza das nuvens e a força dos ventos, assim que vissem o sol e notassem não apenas sua grandeza, mas sua beleza e também sua força, pela qual ele preenche o céu e faz o dia; assim que, mais uma vez, escurecido o solo pela noite, eles vissem todo o céu salpicado de estrelas e com elas adornado, a variação luminosa da lua à medida que ela se enche e míngua, a ascensão e queda de todos esses cor-

pos, seus cursos estabelecidos e imutáveis por toda a eternidade; assim que vissem tudo isso, muito provavelmente julgariam que há deuses e que esses magnânimos trabalhos são trabalhos divinos.[79]

Essa é uma cativante visão da ordem divina – não é difícil entender por que Cícero citou as palavras acima –, e excertos como esse facilitaram a redescoberta de Aristóteles e a recuperação de sua fama em séculos posteriores.

Um momento decisivo se deu quando o filósofo pagão Porfírio (c. 232-c. 304 d.C.) elaborou um sistema filosófico que conciliava e sintetizava aquilo que ele via como os principais ensinamentos morais e metafísicos de Platão e Aristóteles. Na Idade Média, a soberania de Platão e Aristóteles sobre o pensamento dos teólogos, cientistas e poetas judeus, cristãos e muçulmanos só tinha como rival a autoridade da palavra de Deus na Torá, na Bíblia e no Corão. Tratado como se fosse um suplemento indispensável e enciclopédico às escrituras sagradas e aos diálogos platônicos, o *corpus* aristotélico foi examinado ao longo de vários séculos por aqueles que buscavam informações confiáveis sobre fenômenos naturais e sociais, assim como respostas a questões filosóficas clássicas.

Disso resultou a escolástica, na qual a busca pela sabedoria foi substituída por uma leitura atenta dos textos consagrados de Aristóteles e pela elaboração de comentários minuciosos, e muitas vezes apáticos, sobre eles.

Outro resultado, ainda mais importante, foi o estabelecimento de um duradouro vínculo entre filosofia e ciência (*episteme*). Quando Aristóteles, em seus *Analíticos posteriores*, afirma[80] que uma pessoa conhece (*epistatai*) incondicionalmente algo quando conhece sua explicação adequada, sabendo assim que esse algo não pode ser outra coisa, ele representa o conhecimento científico como resultado de uma investigação analítica do mundo natural, composto de fatos empíricos. Dessa forma, sugere – com o devido respeito a Platão – que a aquisição de tal conhecimento[81] não exige nem a conversão da alma, nem um momento supremo de revelação divina.

"Todos os homens, por natureza, desejam saber", afirma a primeira frase da *Metafísica* de Aristóteles.[82] "Em tudo o que há na natureza existe algo de maravilhoso", lemos no tratado *Das partes dos animais*.[83]

No voraz desejo aristotélico de compreender as particularidades do mundo visível – em especial como expresso no mais belo de seus textos sobreviventes – existe de fato algo de maravilhoso. Porém, em sua dominante paixão pelo conhecimento científico, revelada em suas convenientes alianças com tiranos, também parece existir algo de faustiano.

O próprio Aristóteles insistia em que às vezes é "difícil distinguir se alguém sabe ou não".[84] Porém, no que diz respeito à sua vida e caráter, isso não é tão árduo.

"Tal como se dá com a maioria das personalidades da Antiguidade", observa certo pesquisador, "sabemos o suficiente sobre Aristóteles para perceber que, na realidade, não temos como saber nada sobre ele."[85] Dados os indícios conflitantes que sobrevivem, nunca saberemos ao certo se Aristóteles de fato encarnava "um ideal de excelência humana" ou se, segundo insinuavam seus primeiros detratores através das anedotas que optaram por preservar, ele encarnava algo completamente diferente.

SÊNECA

A morte de Sêneca, 1663. Óleo sobre tela de Claude Vignon (1593-1670), pintor francês influenciado por Caravaggio. Condenado à morte por Nero em 65, o filósofo retalhou os próprios pulsos. Seu séquito inclui um escriba preparado para registrar cada um de seus pensamentos agonizantes.
(Louvre, Paris, França/Peter Willi/The Bridgeman Art Library International)

O que é a integridade pessoal? De que maneira é possível cultivar e manter uma vontade consistentemente boa? Essas eram questões prementes para Lúcio Aneu Sêneca, o mais importante dos filósofos pagãos a pensar, e escrever, em língua latina. Ainda assim, as inconsistências pessoais de Sêneca são tão bem documentadas que seu principal biógrafo moderno[1] simplesmente aceita como verdadeira a sua hipocrisia, no intuito de analisar a extensão do vácuo entre suas palavras – como moralista, dramaturgo e filósofo – e seus atos, em especial nos anos em que atuou como principal conselheiro do imperador romano Nero (37–68 d.C.).

Algumas contradições parecem óbvias. Em muitas passagens de sua autoria, Sêneca elogiava a pobreza, mas ao mesmo tempo possuía uma riqueza enorme. Ele defendia uma vida de contemplação, mas passou muitos anos sendo o conselheiro mais poderoso de Nero. Seus textos mais pessoais descrevem o autor como um homem de aparente humildade e enfatizam que a experiência cotidiana dos homens comuns é uma preciosa fonte de descobertas filosóficas; porém, declarações mais públicas, incluindo um ensaio sobre a clemência dedicado a Nero, revelam um mestre da retórica extremamente hábil em fazer um soberano incontrolável parecer a encarnação perfeitamente adequada do bem comum.

Não surpreende que aqueles que estudaram sua vida e sua obra tenham discordado acentuadamente acerca do valor que elas têm. Tácito, o mais meticuloso de todos os historiadores romanos, não era antipático aos objetivos de Sêneca como ministro mais poderoso de Nero. No século IV, começou a circular a lenda[2] de que Sêneca conhecera e se correspondera com Paulo – essas cartas falsas sobrevivem –, e ele acabou sendo um dos poucos pensadores pagãos a serem considerados, pelos primeiros teóricos do cristianismo, pertinentes à sua busca pela sabedoria, tal como atesta Jerônimo. Historiadores modernos, trabalhando com muito mais evidências do que as disponíveis aos pais da patrística, já afirmaram minuciosamente que Sêneca era "a consciência de um império",³ um homem cuja integridade moral esteve por muito tempo nas mãos de Nero e que poupou Roma de atrocidades ainda maiores.

Porém, desde o início Sêneca teve inimigos que duvidaram de seu verdadeiro caráter. Em 58, Públio Rutílio Rufo, administrador venal que trabalhara sob o poder de Cláudio – predecessor de Nero –, ridicularizou Sêneca em público: "Com que sabedoria, com que preceitos filosóficos, adquiriu ele trezentos milhões de sestércios" – uma quantidade extraordinária de dinheiro – "ao longo de uma amizade real de quatro anos?"⁴ O historiador romano Dião Cássio concordou, dizendo que "embora censurasse a extravagância dos outros, tinha ele quinhentas mesas de cipestre com pernas de marfim, todas idênticas umas às outras, e sobre as quais oferecia banquetes".⁵ (Essa acusação é ao mesmo tempo improvável e fascinante, uma vez que, se verdadeira, faria de um famoso estoico um *showman* glutão, inclinado a espetáculos opulentos.)

Embora sejam muito mais abundantes as fontes sobre a vida de Sêneca do que as fontes sobre a vida de Sócrates, Platão, Diógenes ou Aristóteles, os indícios são desiguais. Os vestígios de sua carreira política foram registrados por três historiadores romanos diferentes: Tácito, Dião Cássio e Suetônio. Ainda assim, sabemos muito menos sobre seu comportamento público – como orador, senador, tutor de Nero e, durante anos, principal mentor do império – do que sobre sua vida íntima. Isso se dá porque, por mais vívidas que algumas sejam, as fontes históricas são superadas em quantidade pelos vários e eloquentes textos do próprio Sêneca, que descreve em detalhes ainda mais vívidos sua trajetória em busca da perfeita sabedoria.

Aqui há ainda outro paradoxo. Embora esses textos às vezes assumam a aparência de cartas dirigidas a amigos, eles não podem ser prontamente considerados autobiográficos: esses trabalhos também são exortatórios e altamente estilizados, redigidos como admoestações ainda quando comunicam ostensivamente alguns acontecimentos da vida do autor.

Deste modo, numa série de 124 *Epístolas morais* escritas ao fim de sua vida, Sêneca nos fornece o relato idealizado de uma odisseia moral, cujo intuito era expor seus pensamentos para ao menos três plateias distintas: ele mesmo; Lucílio, destinatário explícito e amigo filosófico; e a posteridade.

Embora diversos detalhes pessoais sugiram que tal odisseia era a do próprio autor, o leitor deve ter em mente⁶ os aspectos idealizantes e fictícios da biografia e da autobiografia no mundo antigo. Da mesma forma, ele deve ter em mente também as duas vidas paralelas de Sêneca: a externa, conduzida aos olhos do público; e a interna, julgada diariamente pelo júri de sua consciência.

Os aspectos externos da vida do autor raramente tomam parte nas exortações escritas a si mesmo. Isso talvez se dê porque um dos principais objetivos das *Epístolas morais*[7] era eliminar do autor suas preocupações acerca desses mesmos aspectos externos e cultivar, assim, uma sensação de liberdade interior, serenamente independente dos caprichos do destino e indiferente aos altos e baixos da fama, do poder político e da propriedade privada – bens externos que um sábio deveria ter ou não ter de acordo com a própria vontade.

Jamais dei confiança à Fortuna, ainda quando parecia ela oferecer-me paz; os bens que com maior afeto me concedeu – dinheiro, cargo e influência – foram por mim guardados em local de onde ela poderia retomá-los sem me inquietar. Entre eles e mim, mantive eu grande distância.[8]

Dinheiro, cargo e influência eram coisas que Lúcio Aneu Sêneca aprendera a estimar. Ele nasceu por volta do ano 1 a.C. em Córdoba, na Hispânia, então maior província do Império Romano. Segundo dos três filhos de dois colonizadores que haviam emigrado da Itália, Sêneca cresceu falando latim. Seu pai, Lúcio Aneu Sêneca, o Velho, era um homem de letras rico o suficiente para pertencer à "ordem dos cavaleiros" de cidadãos romanos, posição que permitia sua participação no gerenciamento do império. Apesar de sua fama como escritor e de suas repetidas estadas na capital, o velho Sêneca, frustrado em sua ambição de tornar-se senador romano, dedicou-se a criar seus dois filhos mais velhos para a política, levando-os ainda cedo a Roma para que fossem treinados na arte da declamação e do debate. Foi nesse contexto – como jovem sendo educado para ingressar na política, não muito diferente do Platão que ainda não encontrara Sócrates – que Sêneca conheceu a filosofia em geral e o estoicismo em particular.

Naquela época, durante o reinado de Augusto (31 a.C.-14 d.C.) e Tibério (14-37 d.C.), era fácil encontrar filósofos em Roma. A proeminência da filosofia na vida pública da cidade data da metade do século II a.C., mais ou menos o mesmo período em que as cidades da península grega, incluindo Atenas, se tornaram protetorados romanos. Em 155 a.C., Atenas enviara uma embaixada de filósofos a Roma, no intuito de solicitar – com sucesso – a redução de uma multa imposta pelos romanos à cidade. "Aqueles homens argumentam tão bem que seriam capazes de receber tudo o que solicitam", observou Catão, o Velho, que convenceu seus companheiros senadores a decidirem a questão da multa, "de modo que aqueles homens possam retornar a suas escolas e lecionar aos filhos da Grécia, ao mesmo tempo em que a juventude de Roma ouvidos dá às suas leis e magistrados, tal como no passado".[9]

Nos primeiros séculos após a fundação da Academia por Platão, Atenas continuou a ser o principal ponto de estudo da filosofia como modo de vida. Além dos treinamentos informais oferecidos pelos cínicos que desejavam seguir os passos de Diógenes, quatro grandes escolas floresciam na cidade, cada uma delas associada a uma localidade e a uma figura exemplar: além das escolas de Platão e de Aristóteles (que ressurgira no século I a.C., depois que seus tratados se tornaram amplamente conhecidos), havia o jardim em que Epicuro fundou a primeira seita de filósofos declaradamente materialista e a *stoa*, ou pórtico, onde Zenão de Cítio (c. 334-262 a.C.) estabeleceu a organização filosófica conhecida como estoicismo.

Zenão iniciara sua carreira na filosofia levando uma vida ascética aos moldes das de Sócrates, Diógenes e Crates, cínico declarado e primeiro professor de Zenão. Tal qual Sócrates, Zenão defendia uma inflexível ética da integridade e desejava estabelecer, na prática, um consistente exemplo de boa conduta, a fim de fornecer aos outros um modelo existencial "perfeitamente coerente com sua doutrina".[10] Como Platão, Zenão escreveu tratados, incluindo um sobre as instituições políticas; como Aristóteles, defendeu uma fascinante visão da ordem divina, afirmando que o mundo natural visível dava provas de um cosmos providencialmente disposto e governado por leis inteligíveis, as quais ofereciam um modelo tanto para as instituições políticas justas quanto para o modo mais adequado de se conduzir a vida.

Nos séculos seguintes, sob a liderança de Crisipo de Solis (c. 280-207 a.C.) e Panécio de Rodes (185-109 a.C.), o estoicismo se tornou um abrangente sistema filosófico.[11] Os estoicos, por exemplo, afirmavam que as percepções individuais só seriam confiáveis se satisfizessem certas condições, incluindo a clareza, a probabilidade e a coerência com a percepção dos outros. A cosmologia estoica descrevia um universo determinista que funcionava em círculos ao mesmo tempo repetitivos e predeterminados (ideia que certamente inspirou o "eterno retorno" de Nietzsche). Por aderirem a uma série de doutrinas características, os estoicos, durante todo o período helenístico, se tornaram oponentes particularmente ferozes da velha Academia de Platão, que na época estava vinculada não a uma teoria positiva das Formas, mas a um profundo ceticismo.

Embora os alunos da *stoa* devessem preservar os ensinamentos fundamentais da escola e dominar os princípios de sua lógica distinta – que dizia respeito tanto à estrutura da linguagem quanto à validade de vários tipos de raciocínio –, o cerne do estoicismo permanecia assertivamente na esfera prática, tal como poderíamos esperar de uma escola que fosse fundada por Sócrates e Diógenes. Segundo afirma certo pesquisador moderno, a energia intelectual dos estoicos mais importantes se destinava a elaborar ao indivíduo "um plano de vida sistemático capaz de garantir, idealmente, objetivos, serenidade, dignidade e utilidade social em cada momento de sua vigília, independentemente das circunstâncias externas".[12] O objetivo de uma boa vida era a tranquilidade ou a paz de espírito, vista pelos estoicos como sinônimo de verdadeira felicidade. Para alcançar esse objetivo, era necessário compreender a ordem divina (e inevitável) do universo e reconciliar-se com ela. Além disso, era preciso praticar exercícios espirituais e físicos no intuito de habituar-se às dores físicas e de tornar-se indiferente às inúmeras emoções potencialmente opressoras e inquietantes, como a raiva, a luxúria, a inveja, a tristeza e – sobretudo – o medo da morte. Os seguidores comprometidos usavam um curto manto feito de tecido áspero (o chamado manto do filósofo) e dormiam sobre uma cama dura – abnegação que até mesmo os estoicos ricos eram obrigados a praticar de tempos em tempos.

Durante dois séculos, mais ou menos de 155 a.C. a 65 d.C., a formação de um verdadeiro cavalheiro romano chegava ao seu apogeu com o estudo da filosofia. Cícero (106-43 a.C.) foi apenas um dos muitos romanos nobres e ambiciosos a viajar para Atenas no século I a. C., a fim de completar sua preparação para a vida pública visitando as escolas filosóficas mais famosas da cidade. No tempo de Sêneca, por sua vez, a Grécia não era mais o centro do mundo filosófico, e ele, apesar de bilíngue como qualquer outro nobre romano, nunca chegou a peregrinar até Atenas. Naquele período, algumas das escolas tradicionais da cidade já haviam fechado suas portas, levando filósofos de língua grega a migrarem por todo o império.

Essa diáspora filosófica modificou a natureza da filosofia praticada em Atenas. Já eram passado os pequenos círculos de amigos que se reuniam ao redor de um mestre espiritual, um escolarca vivo cujo modo de vida tinha como norte o exemplo do mestre fundador. A tendência, apresentada por alguns filósofos acadêmicos ou peripatéticos, de valorizar a vida contemplativa sobre todas as outras coisas era reforçada pela ascensão de comunidades dispersas formadas por aspirantes a filósofos, os quais, na falta de um escolarca vivo,[13] se dedicavam ao que as gerações futuras chamaram de "escolástica": a leitura atenta de textos consagrados e a redação de comentários sobre eles, formando assim o centro da prática filosófica.

Essa tendência teórica e livresca teve de competir com o pragmático modelo da cultura política de Roma, que desdenhava do idealismo abstrato e enfatizava os deveres cívicos. Os cínicos, assim como muitos epicuristas e estoicos, também resistiram vigorosamente à escolástica. Como resultado, nasceu entre os filósofos romanos um vívido debate sobre os méritos de uma vida dedicada à *res publica* e de uma vida de ócio (*otium*, em latim) essencialmente dedicada à filosofia.[14] Além disso, uma versão caracteristicamente romana do estoicismo surgiu, fundindo, ainda que em doses instáveis, uma cosmologia contemplativa e um rígido código de conduta pessoal, assim como um renovado fascínio pela ideia, primeiramente sugerida por Platão, de produzir um filósofo-rei – o que não era um fenômeno surpreendente, dada a evolução das instituições políticas romanas no tempo de Sêneca.

Aqueles eram dias turbulentos para o Império. Edward Gibbon comentou a "peculiar miséria do povo romano sob os tiranos"[15] e declarou que população alguma sofrera tanto quanto os romanos sob o jugo de Tibério, Calígula, Cláudio e Nero. Todos esses imperadores eram objetos de devoção cultual: Calígula era um louco; Nero, um sádico infantilizado; e nenhum deles se mostrou capaz de resistir à tentação de eliminar seus inimigos através de meios grosseiros. "Oscilará a Fortuna entre eles", escreveu Sêneca na tragédia de *Tiestes*,[16] sua principal peça, ao falar da Grécia Antiga em termos que evocam perfeitamente a dinastia Júlio-Claudiana: "[...] o poder dá lugar à miséria, a miséria, ao poder, e ondas desastrosas golpeiam o império." Naquelas décadas, a consolidação de um poder arbitrário nas mãos do imperador romano certamente nos ajuda a explicar o renovado encanto produzido pela ideia platônica de treinar um filósofo-rei, cujo bom caráter poderia reprimir sua vontade soberana.

Antes, porém, Sêneca esteve muito mais concentrado em buscar a sabedoria do que em conquistar poderes políticos. Um de seus primeiros professores importantes, o estoico Átalo[17] (fl. 14-37 d.C.), filósofo de língua grega oriundo de Alexandria, valorizava o cultivo de apenas poucos desejos e endossava o paradoxo (já difundido desde Diógenes, o Cínico) de que o homem sábio, ainda que carente de poder político e de bens materiais, continuava sendo um verdadeiro rei. "Ao ouvir, como de costume, as denúncias de Átalo contra o pecado, o erro e os males da vida", relembra Sêneca anos depois,

> muitas vezes lamentava pela humanidade e julgava Átalo um ser nobre e majestoso, acima de nossas estaturas mortais. [...] A cada vez que ele censurava nossas vidas voltadas ao prazer e enaltecia a pureza pessoal, a moderação alimentar e a mente livre de deleites desnecessários, sem falar naqueles ilícitos, crescia em mim o desejo de limitar meu comer e meu beber. [...] Posteriormente, então, quando retomei meus deveres cívicos, de fato mantive algumas dessas boas resoluções.[18]

Ao mesmo tempo, Sêneca lia os trabalhos de Quintus Sextius, que um século antes se tornara o primeiro romano a fundar uma escola filosófica: "Meu Deus, que força e que espírito nele encontramos! Não é isso o que se dá com todos os filósofos. [...] Eles ordenam, discutem, tergiversam"[19] – são pedantes insensíveis, incapazes de inspirar ou de converter uma alma a um modo de vida superior. Ao aclamar Sextius como modelo de virtude – ele posteriormente afirmaria que, no fundo, era um estoico –, Sêneca adotava o autoexame introspectivo e diário de seu mestre:

> Sextius cultivava tal hábito, e assim que o dia chegava ao seu termo e ele se retirava para seu descanso noturno, propunha estas questões à própria alma: 'De que vício te curaste hoje? A que falhas deste resistência? Em que aspecto és melhor?' [...] E o quão agradável não é o sono que se segue a esta revista – o quão tranquilo, o quão profundo e despreocupado, não se torna ele quando a alma elogiou ou censurou a si mesma!²⁰

Por fim, Sêneca se rendeu aos encantos do principal seguidor vivo de Sextius: Papírio Fabiano, professor romano que aparentemente se comprometera com ainda mais veemência ao ideal socrático e estoico da integridade: "[...] aquele homem comunicava uma disposição, não apenas palavras; ele falava à alma, e não somente ao ouvido."[21] Longe de ser apenas um palpiteiro, Fabiano era, segundo afirma Sêneca em outra ocasião, um filósofo "no sentido antigo e verdadeiro da palavra",[22] um homem que desprezava as artimanhas do debate dialético e preferia ensinar pelo exemplo, mostrando aos alunos, na prática, como conseguira dominar suas paixões.

Ao seguir os passos de Fabiano, Sextius e Átalo, Sêneca, que também dominava a arte da retórica, se tornou um tipo de filósofo pragmático caracteristicamente romano, hábil tanto na introspecção quanto na oratória. "A filosofia é a uma só vez contemplativa e ativa", declara ele em uma de suas *Epístolas morais*.[23] Sêneca encara toda forma de experiência – se devidamente investigada – como uma possível fonte de sabedoria.

Em cerca de 25 d.C., Sêneca partiu para o Egito, onde levou adiante seus estudos de filosofia e também passou a investigar uma crescente gama de fenômenos naturais, de cometas às cheias anuais do Nilo – ambos os tópicos abordados num tratado sobrevivente, o *Naturales quaestiones*. Não fica claro se ele se ausentou por alguns meses ou alguns anos. Porém, em 31, Sêneca retornou a Roma e, em 35 ou 36, ingressou no Senado e iniciou uma tardia carreira política. Ele pode ter postergado seu início na política em virtude de um surpreendente interesse pela busca da sabedoria e pelo estudo da natureza, ou então pode ter esperado até que seus talentos retóricos amadurecessem. Sêneca assumiu para si uma abordagem inovadora à composição de discursos em latim, refinando um estilo que era distintivamente direto, conciso e extremamente atrativo ao público.

Em 39, Sêneca já se tornara aquele que talvez fosse o orador mais famoso do império. Diz a lenda que Caio, imperador que veio a ser conhecido como Calígula, ficou com inveja de sua reputação. Após ouvir um discurso especialmente eloquente feito ao Senado naquele ano,[24] ele teria ordenado a execução de Sêneca, sendo então dissuadido da ideia por uma aliada, a qual declarou que, por sofrer de tuberculose, Sêneca morreria logo de qualquer forma.

Sêneca de fato tinha uma saúde débil. "Seu corpo era feio, fraco e sujeito a variados tipos de doenças", diz o biógrafo renascentista Giannozzo Manetti.[25] "Ele também era um inválido, embora tolerasse suas enfermidades com um espírito resoluto." Então, após Calígula ter poupado sua vida, parece que Sêneca passou a subestimar dramaticamente seu perfil público: em uma de suas cartas a Lucílio, ele comenta, evocando a ligeira passagem do tempo, que "faz tão pouco" que "comecei a pleitear em público, e agora esvaiu-se o desejo, esvaiu-se o talento".[26]

Dois anos depois, Calígula morreu e a carreira política de Sêneca foi abruptamente interrompida. Cláudio, o novo imperador, acusou-o de praticar atos imorais com a irmã de Calígula, Júlia Livila – acusação claramente forjada por ordens da então esposa do novo imperador, Valéria Messalina, que temia que a língua afiada de Sêneca ameaçasse suas ambições e as de seu marido. (Além de ser a suposta amante de Sêneca, rumores dizem que Júlia Livila se deitara[27] não apenas com o próprio Calígula, mas também com os catamitas favoritos do imperador. Porém, uma vez que os políticos romanos com frequência usavam acusações e rumores de depravação moral para derrotar seus inimigos, não podemos presumir que Júlia, de 24 anos, tenha feito qualquer uma dessas coisas.) Considerado culpado, Sêneca escapou mais uma vez da pena de morte numa demonstração de misericórdia por parte do novo imperador. Em seguida, exilou-se na ilha de Córsega.

Durante os oito anos seguintes, Sêneca levou uma vida de ócio bem distante de um ideal espartano, recebendo uma pensão financeira e tendo uma biblioteca à disposição. (Tal como Aristóteles, ele era um bibliófilo que lia com bastante voracidade.) Embora confinado à ilha, Sêneca estava livre para escrever e para retomar, com tranquilidade, sua busca pela sabedoria.

Ainda que não exista consenso acerca da cronologia dos escritos de Sêneca, parece que cinco dos seus chamados *Dialogi* – os quais nada mais são do que ensaios morais – datam dessa época: três ensaios sobre a cólera, considerada por Sêneca a pior das paixões, por ser tão difícil de controlar; um ensaio consolador dedicado à sua mãe, Hélvia, e que inclui uma série de passagens que alinham Sêneca com os senadores que se opunham à tirania imperial; e uma súplica delicadamente velada por perdão,[28] disfarçada em mais um ensaio consolador e, dessa vez, destinado a Políbio, ministro da corte de Cláudio.

Em 48, após ter revelado que praticara a bigamia com Caio Sílio – com quem também planejara depor o imperador –, a nêmesis de Sêneca, Valéria Messalina, foi sumariamente executada. Um ano depois, Cláudio casou com sua sobrinha Agripina – outra irmã de Calígula –, mulher de anseios igualmente grandes, em especial por poder. Nesse momento, aparentemente sob as ordens de Agripina, o imperador convocou Sêneca novamente.

Por que Cláudio mudaria tão repentinamente sua opinião sobre Sêneca? Em seus *Anais*, Tácito fornece,[29] além da morte de Messalina, três outros motivos: Agripina desejava adular o público, tirando do esquecimento um conhecido homem das letras; desejava que Sêneca treinasse Domício, obstinado filho que tivera em casamento anterior e que viria a ser o futuro imperador Nero; e, por fim, aparentemente esperava elencar Sêneca como um aliado capaz de ajudá-la a dar cabo de suas próprias ambições políticas.

Essa explicação sugere que Sêneca desenvolvera não apenas uma reputação como orador e escritor, mas também como engenhoso instrumento político. Porém, além de tutorar Nero, não sabemos o que Sêneca *de fato* fez ao longo dos cinco anos que se seguiram. Não existe nenhum indício convincente de que ele tenha encorajado e auxiliado Agripina em seus diversos planos sanguinários – assim como não existem evidências de que não o tenha feito. Aparentemente, Agripina via os estudos filosóficos como uma completa perda de tempo, suprimindo-os então do currículo de Nero. Dizem que Sêneca "escondeu as obras dos primeiros retóricos" de Nero, "no intuito de ser ele mesmo admirado pelo mais longo período possível".[30] (Se verdadeiras, essas histórias indicariam que Sêneca não instruiu Nero nos dois assuntos que mais apto estava a fazê-lo: retórica e filosofia.)

Alguns pesquisadores especulam que teria sido nesses anos que Sêneca redigiu a maior parte de suas peças. Oito tragédias de sua autoria sobrevivem. São as únicas tragédias em língua latina que restaram, o que reflete a insignificância que tinha essa forma teatral no seio da cultura política romana. Ao contrário do que se dava em Atenas, a encenação de novas tragédias em Roma não era um evento tipicamente cívico. Em vez disso, as peças eram declamadas ou encenadas em particular, nas vilas ou nos palácios dos ricos e poderosos. Alguns pesquisadores modernos sugerem, assim, que as peças de

Sêneca foram originalmente elaboradas para, em parte, edificar o jovem Nero e outros espectadores da corte imperial.

Como um todo, as peças de Sêneca contrastam completamente com seus ensaios morais. Sêneca, em geral, não encena a virtude, assim como não retrata heróis estoicos. Obviamente, aquilo que os personagens dizem não precisa necessariamente refletir as visões pessoais do dramaturgo, mas as posições representadas por Sêneca desafiam tanto os pontos de vista do estoicismo que ele mesmo expressara alhures, que os registros modernos de sua filosofia[31] muitas vezes as ignoram por completo.

Ao recitar sagas da mitologia grega previamente narradas por poetas e dramaturgos da Grécia, Sêneca dramatiza, em suas peças, um mundo que cedera lugar à loucura e que tinha como principal obsessão o acúmulo arbitrário de poder. Embora um coro interrompa as ações para emitir estímulos morais à dominação de paixões destrutivas, os personagens centrais não têm limites em seus exageros, como se fosse inevitável o colapso da razão e como se nós, do público, devêssemos testemunhar seu fatal resultado: um mundo de caos e infinita crueldade.[32]

O jovem Nero aspirava à carreira de ator e cantor[33] e nutria uma paixão pela poesia e pelo teatro, assim como por corridas de bigas, disputas gladiatórias e festas opulentas. Talvez Sêneca esperasse que sua peça chamasse a atenção do jovem e complementasse sua formação moral, embora só nos reste imaginar qual seria a moral das sanguinárias peças de Sêneca para um jovem de inclinações artísticas como Nero.

É bem verdade que os tiranos invariavelmente acabam por fracassar. A cólera desencadeada conduz à miséria, como poderíamos predizer ao ler os ensaios morais de Sêneca. Nessa medida, as peças podem ser compreendidas como histórias de advertência, destinadas a alertar um soberano onipotente acerca da desventura que se abate sobre aqueles que exercem um poder que não é limitado nem pela lei, nem pela própria consciência.

No entanto, numa tragédia como *Tiestes*, encontramos um estranho desequilíbrio entre os fracos e às vezes incoerentes ensinamentos morais do coro e os atordoantes atos de crueldade que são representados. Quando o rei se vinga de seu detestável irmão Tiestes, alimentando-o com os órgãos e as entranhas de seus filhos, a perversidade poucas vezes se mostra tão radical... ou tão divertida.

O governo de Cláudio, inicialmente brando, tornou-se um reino de terror tão apavorante quanto o de Calígula ou de Tibério, com possíveis inimigos sendo julgados a portas fechadas ou simplesmente assassinados. Enquanto isso, Agripina convencia Cláudio – cujo jovem filho, fruto do casamento com Messalina, se chamava Britânico – a adotar Domício como seu próprio rebento. Em seguida, ela persuadiu Cláudio a dar Otávia, filha que tivera também com Messalina, em casamento a Domício. A cerimônia, realizada em 52 ou 53, fortaleceu as alegações de que Domício, e não Britânico, sucederia Cláudio como imperador.

Naqueles anos, Sêneca consolidou sua reputação como escritor mais famoso de Roma, tanto em verso quanto em prosa. Seus ensaios morais, que instruíam os leitores sobre como buscar a sabedoria e alcançar a tranquilidade, eram amplamente difundidos e lidos, assim como eram bem conhecidas as suas tragédias. Segundo observa um historiador moderno, "Roma enfim tinha um pensador cuja abrangência poderia rivalizar com a dos pensadores da Grécia".[34]

> Às vezes, a fim de mitigar o complexo de inferioridade romano, Sêneca lançava mão de alguma expressão xenofóbica, garantindo que os gregos não eram perfeitos e que poderiam, inclusive, ser infantis; assim, ele reivindicava a independência intelectual dos fundadores de sua própria seita.[35] [*Zenão e Crisipo*]

Em outubro de 54, alguém deu a Cláudio cogumelos venenosos – obra de Agripina, segundo rumores. Agripina imediatamente fez com que Nero, de 17 anos, fosse nomeado imperador, em meio à expectativa geral de que um reino de terror estivesse chegando ao fim e em meio à esperança renovada de que o jovem se mostraria mais sábio do que seu não pranteado predecessor.

Sêneca ascendeu ao lado de seu pupilo, tornando-se uma das três pessoas mais importantes do Império Romano. Oficialmente apontado como *amicus principis*,[36] ou "amigo do imperador", ele era ao mesmo tempo um confidente, um escritor de discursos e um intelectual doméstico. No início, trabalhou estreitamente com outro importante *amicus*, Burro, comandante da guarda pretoriana, a unidade de guarda-costas armados do imperador. Juntos, Sêneca e Burro promulgaram pelos anos seguintes as políticas do imperador e protegeram – o que talvez fosse mais importante – sua imagem pública. Segundo Tácito, Sêneca tinha predileção por conversas francas e desgostava de bajulações, o que significa que Nero "recebia um colóquio aberto de Sêneca com muito mais frequência do que recebia servidão".[37] Ninguém sabe se Nero de fato o escutava, mas sem dúvida é verdade que, nos primeiros anos de seu reinado, o imperador implementou medidas públicas relativamente prudentes.

A crescente influência de Sêneca e Burro sobre Nero não agradava a Agripina. Em busca de outro alicerce de poder, ela passou a destinar sua lealdade a Britânico, começando a anunciá-lo como advindo de "uma digna e verdadeira estirpe", alguém que, ao contrário de Nero, descendia diretamente da linhagem claudiana – sendo, portanto, um imperador mais legítimo (e também mais facilmente manipulável). Ciente dos planos de Agripina para Britânico, e claramente incapaz de seguir os preceitos estoicos e de manter sob controle sua raiva e medo, Nero secretamente fez com que, durante um banquete realizado no ano de 55, alguns ajudantes dessem veneno ao seu concorrente.

Tácito registra que Nero testemunhou impassivelmente[38] o estertor do rapaz, afirmando que não havia motivo para desespero e que aquilo deveria ser apenas um ataque epilético. De uma só vez, aquele assassinato eliminava seu principal rival e frustrava as ambições de Agripina.

Sêneca e Burro continuaram agindo como se nada tivesse acontecido: "[...] iniciar um reinado com o assassinato de um possível rival tornara-se uma tradição dinástica."[39] Assim, alguns meses depois,[40] nem Sêneca, nem seus leitores romanos julgaram estranho que ele dedicasse ao imperador Nero um ensaio sobre a misericórdia.

Esse não era um tema novo para o filósofo. Era altamente desejável que o imperador parecesse clemente, e Sêneca já havia redigido diversos discursos para serem proferidos por Nero ao Senado, a fim de que o novo imperador se distinguisse daquele que o precedera. Os discursos também ajudaram Sêneca a "atestar a honorabilidade de seus preceitos (ou ostentar os próprios dons)", segundo afirma o mordaz Tácito.[41]

O ensaio de Sêneca tem início com a imagem de um espelho – artimanha retórica que lhe era familiar, uma vez que, de acordo com o que escreve alhures, "os espelhos foram inventados para que o homem possa conhecer a si mesmo, conseguindo diversos benefícios com isso: em primeiro lugar, o conhecimento de si; depois, seguindo determinadas direções, a sabedoria".[42] Tal como um espelho adulante, seu ensaio sobre a clemência representará o soberano sob uma luz edificante, descrevendo como um bom governante pode utilizar com sabedoria seus poderes irrestritos (tropo que inspirou os "espelhos dos príncipes", gênero da literatura cortesã renascentista).

O bom governante é "escolhido para atuar, na terra, como vigário dos deuses",[43] sendo juiz absoluto da vida e da morte e tendo tudo à sua disposição. Porém, ele ainda assim deveria ser um modelo de grande temperança, "poupando ao máximo até o mais perverso dos sangues". "É a mais rara das honras", escreve Sêneca, "até hoje negada a todos os outros príncipes, essa que cobiças para ti mesmo: a inocência da injustiça."[44]

Seguindo-se ao infame assassinato do meio-irmão mais novo de Nero, essa adulatória reprimenda é uma mistura estonteante de *realpolitik* e exortação moral – um apelo para que o jovem soberano continuasse a adotar uma política misericordiosa, exatamente devido à sua autoridade arbitrária: "Detendo um ilimitado poder, este é o mais verdadeiro sentido do autocontrole, do amor abrangente e, até mesmo, do amor a si próprio."[45]

Por todo o ensaio, Sêneca aprova implicitamente uma forma de governo isenta de qualquer responsabilização, e o faz dirigindo suas observações a um *rex*, ou rei – o que era um tabu em Roma desde que a República fizera da monarquia, que dirá da tirania, algo supostamente duvidoso. De fato, Sêneca imaginava a possibilidade de Nero se tornar um "verdadeiro" rei, um exemplo de moderação filosófica, alguém limitado não pelas leis, mas pela própria e manifesta bondade.

Durante o reinado de Nero, Sêneca e Burro reprimiram temporariamente, de acordo com Tácito, "a tendência geral ao massacre".[46] Dizem, inclusive, que Trajano, o segundo dos "cinco bons imperadores" de Roma, afirmava que nenhum dos romanos mais importantes jamais se igualara a Nero em seus "cinco bons anos".[47]

Porém, a assistência de Sêneca ao imperador o deixou exposto à acusação de hipocrisia, oportunidade prontamente aproveitada por Públio Rutílio Rufo, réu acusado de corrupção sob o governo de Cláudio. Testemunhando em seu julgamento, Rutílio atacou o *amicus principis*, acusando-o de relacionar-se perigosamente com *ambas* as irmãs de Calígula – não somente com Júlia Livila, mas também com a própria Agripina. Então, um por um, ele enumerou as aparentes contradições entre as palavras e a conduta de Sêneca, começando com a mais imperdoável delas: "Pois, ao mesmo tempo em que denunciava a tirania, fazia de si mesmo o professor de um tirano."[48]

A fim de responder o ataque de Rutílio[49] contra a sua reputação, Sêneca provavelmente elaborou uma velada apologia, a qual tomou a forma do ensaio *De vita beata*. Na redação de sua réplica, alguns fatos deviam ser reconhecidos com antecedência: como recompensa aos serviços que prestava ao imperador, Sêneca recebera propriedades, terras e vilas em abundância. Por ser um importante amigo do monarca, também encontrava-se em posição de conceder empréstimos a vários membros do império, incluindo os chefes da Grã-Bretanha, há pouco submetida ao domínio romano. Ele trabalhava assiduamente, segundo afirma Tácito, para "fazer crescer sua gigantesca riqueza",[50] emprestando dinheiro com juros, investindo em terras e, assim, acumulando uma das maiores fortunas de seu tempo.[51]

Reconhecendo implicitamente esses fatos, a réplica de Sêneca era desconcertante: "Sábio eu não sou [...] nem jamais serei. Não exijas que me assemelhe aos melhores, mas que supere os piores. Satisfeito fico se, a cada dia, eu reduzo meus vícios e censuro meus erros."[52]

Além disso, o que o moralista diz em seus ensaios "não se aplica a mim mesmo – tão imerso estou em todas as espécies de vício –, mas tem como destino alguém que de fato possa alcançar algo grandioso".[53]

Aparentemente incapaz de defender de maneira objetiva a integridade de suas palavras e ações, Sêneca procura modificar os termos da argumentação. É fácil demais, sugere ele, "insultar Platão por ter buscado dinheiro e Aristóteles por tê-lo aceitado"; ainda mais fácil é "apresentar Alcibíades como censura".[54] Seria tolo, segundo indica Sêneca, culpar Sócrates ou qualquer outro grande filósofo – que dirá o próprio Sêneca – por tentarem transformar em bons governantes Alcibíades, Dionísio, o Moço, e Alexandre, o Grande. Seria melhor, para os críticos que repreendiam as falhas dos importantes filósofos que tentaram refrear soberanos absolutos, que examinassem a própria consciência e atentassem para a advertência do autor, "que, do alto, prevê as tempestades" que ameaçam virar as almas que povoam a Roma imperial de ponta-cabeça, "turbilhonando e girando como se dominadas por um furacão".[55] Em outras palavras, se um filósofo tiver acesso a um poderoso governante, é melhor falhar tentando amansá-lo do que jamais tentar fazê-lo.

Sêneca certamente estava preocupado. Apesar da morte de Britânico, Agripina continuava tão intencionada a exercer o poder através de seu filho que, "no meio do dia, enquanto o vinho e o banquete ainda avivavam o embriagado Nero, ela com muita frequência se lhe oferecia, astutamente maquiada e preparada para o incesto".[56]

Lutando para que o imperador não se tornasse um "príncipe pervertido" e irremediavelmente comprometido, incapaz de garantir a lealdade de suas tropas, Sêneca, segundo Tácito, "procurou em certa mulher uma defesa contra essas seduções femininas",[57] solicitando que uma concubina distraísse Nero das investidas amorosas da própria mãe.

Por fim, em 59, o soberano de 22 anos de idade decidiu dar um fim àquilo, concluindo que a única forma garantida de interromper as investidas desagradáveis de sua mãe era, de acordo com as palavras de Tácito, "matando-a, questionando apenas se o faria através do veneno, da espada ou de outra forma de violência".[58] Nero planejou deixá-la à deriva num bote preparado para afundar. A embarcação de fato submergiu, mas Agripina conseguiu se salvar a nado – e assim, Nero, em pânico, convocou Burro e Sêneca para pedir-lhes conselhos acerca do que fazer em seguida. Segundo afirma Tácito, um longo silêncio se seguiu,[59] quando então Sêneca se juntou a Burro e Nero em suas reflexões sobre a melhor maneira de terminar o assassinato fracassado. O imperador decidiu então forjar uma situação em que teria frustrado os planos de Agripina de *matá-lo* com a ajuda de um único assaltante. Seria plausível, então, que ela tirasse a própria vida ao saber que sua traição fora descoberta, e dessa forma o imperador enviou um trio de assaltantes para garantir que uma espada fosse cravada na barriga da própria mãe.

Como especialista em relações públicas de Nero, Sêneca ficou encarregado de tecer da melhor forma possível essa nova sequência de acontecimentos. No discurso ao Senado redigido por Sêneca, o imperador acusava Agripina de muitos atos de traição, responsabilizando-a pela tirania de Cláudio e também explicando como ele frustrara uma trama que visava a usurpação de sua legítima autoridade. Da mesma forma, foram relatadas a história do naufrágio de Agripina e sua subsequente tentativa de matar o imperador.

Infelizmente, segundo exprime Tácito, "quem seria tão estúpido a ponto de acreditar que [*o naufrágio*] fora um acontecimento casual? Ou que uma náufraga enviara um único homem armado" para matar o imperador? "Portanto, não era mais Nero, mas Sêneca, quem se expunha a rumores adversos, pois em um discurso como aquele inscrevera uma confissão"[60] – na verdade, ele parecia confirmar um matricídio.

Os "cinco bons anos" de Nero chegavam então ao fim. O imperador continuou a simular um caráter generoso, chegando ao ponto de, em 62, forjar uma acusação de traição no intuito de comutar a sentença de morte, parodiando os princípios morais defendidos por Sêneca.[61] Na primavera daquele mesmo ano, Burro, o velho aliado de Sêneca, faleceu em circunstâncias obscuras – alguns dizem que o motivo fora a sua saúde frágil; outros, que um veneno fora colocado em sua comida sob as ordens de Nero.

A morte de Burro deixou Sêneca perigosamente isolado. Mais vulnerável do que nunca às críticas públicas, ele tinha de lutar contra as alegações,[62] feitas por alguns companheiros de Nero, de que sua riqueza ainda aumentava numa quantidade que ultrapassava os limites adequados a um único cidadão; de que vivia de maneira indecorosamente luxuosa em vilas e propriedades mais apropriadas a um imperador; e de que recebia injustamente os créditos por tudo de brilhante e honroso que o imperador dizia ou fazia.

Foi sob essas circunstâncias que Sêneca suplicou a Nero que o deixasse se afastar da vida pública. Aquele foi um discurso extraordinário, ao menos de acordo com o que lemos nas páginas de Tácito: "Tu me cercaste de incomensurável benevolência, de dinheiro incontável", reconhece o filósofo, exprimindo ao mesmo tempo gratidão por seu destino e uma angústia pessoal. "Onde se encontra aquele espírito que se satisfazia com a modéstia?"[63] Por que comprometera ele os seus ideais estoicos?

"Vejo-me diante de apenas uma justificativa", continua Sêneca: "a de que encontrava-me obrigado a não resistir a teus presentes."[64] Essa era uma preocupação real para um *amicus principis*, a quem a posse de riquezas era um símbolo convencional de autoridade, uma consequência concomitante à sorte desfrutada pelos homens verdadeiramente grandes – representando, assim, também uma espécie de dever.

Sêneca pede formalmente a Nero que o dispense de seus afazeres. "Todo excedente gera ressentimentos", indica,[65] e a suntuosidade de sua vida se tornara um fardo "que paira sobre mim", repleto como estava de posses que "me deslumbram com seu brilho". O filósofo corre o risco de se corromper pelos prazeres de sua posição. Ainda assim, Sêneca admite que Nero detém um poder absoluto sobre ele, podendo realizar o que bem entender. Dessa forma, implora para que o soberano o ajude e pede que, por favor, "ordene que minhas propriedades passem a ser administradas por teus procuradores e que elas sejam aceitas como parte de tua fortuna", deixando implícito que um gesto assim aumentaria a glória do imperador.

Nero não se deixa comover. Orgulhosamente, ele afirma que não está mais suscetível à retórica sedutora de seu velho tutor. Da mesma forma, declara que Sêneca não recebera muito dele e que a verdade é exatamente o contrário: "Mais tem sido ostentado por homens que estão longe de apresentar tuas habilidades artísticas."[66] Acima de tudo, Nero contesta rispidamente a afirmação de que, ao permitir que Sêneca dê continuidade à sua vida filosófica, sua reputação como governante melhoraria:

> Não será nem tua moderação, caso devolvas o dinheiro, nem tua aposentadoria, caso abandones tua condição, a estar nos lábios de todos, mas minha ganância e o temor de minha crueldade; e, por mais louvável que tua abnegação venha a ser, certamente não será apropriado para um sábio aceitar a glória que vem das mesmas circunstâncias que levam à infâmia seu amigo.[67]

Essa não seria a última vez em que Sêneca tentaria se distanciar dos atos cada vez mais odiosos de seu antigo protegido. Em 64, depois de Nero ter saqueado objetos preciosos de templos de todo o império, no intuito de encher os cofres imperiais após o Grande Incêndio de Roma, Sêneca, desejando evitar que fosse vinculado ao sacrilégio, mais uma vez "implorou para que pudesse se retirar à distante zona rural. Ao não ter sua súplica atendida, forjou uma indisposição e, como se acometido por uma enfermidade muscular, não deixou seu quarto".⁶⁸ Mais uma vez, Nero negava o pedido de aposentadoria feito pelo filósofo (embora tivesse aceitado a oferta financeira⁶⁹).

Durante os três anos que se seguiram à morte de Burro, o imperador insistiu, com determinação, para que Sêneca fingisse ainda ser um *amicus principis*, por mais que estivesse longe dos olhos do público e não mais fosse consultado acerca de assuntos políticos e de nomeações. Impossibilitado de se aposentar formalmente, naqueles meses Sêneca se recolheu numa espécie de exílio interior,⁷⁰ dedicando seu tempo à redação de um tratado sobre questões naturais e, simultaneamente, reinventando a si mesmo através de uma série de *Epístolas morais*, as quais representam sua principal façanha filosófica.

Essas cartas são aparentemente destinadas a Lucílio, um dos amigos mais antigos de Sêneca. Homem que chegara à ordem de cavaleiros por méritos próprios, Lucílio tornou-se ainda procurador na Sicília antes de se aposentar, o que se deu mais ou menos na época em que Sêneca começou a simular enfermidades para dar prosseguimento a seus estudos. Muito mais novo do que Sêneca,⁷¹ Lucílio, além de sua carreira política, também escrevia poemas e se dedicava à filosofia. Seus interesses em comum faziam dele um interlocutor natural para o filósofo, uma vez que Sêneca direcionava toda a sua energia para a escrita e pedira para Lucílio o ajudar na elaboração de suas *Questões naturais*, assim como (talvez) no esboço de algumas das *Epístolas morais*.

Inicialmente, Sêneca desejava publicar essas cartas. Forma de recuperar sua boa fama e de garantir a estima da posteridade, a compilação das epístolas representava seu último desejo e seu testamento filosófico.⁷² As particularidades de sua amizade com Lucílio lhe proporcionavam um pretexto ideal para que pudesse representar, num épico epistolar que é unidirecional do início ao fim (não encontramos uma única carta do próprio Lucílio), um diálogo consigo mesmo.

Nas primeiras cartas, Lucílio ainda é procurador, e Sêneca o adverte acerca das lisonjas da vida pública. Lucílio é descrito como se desafiasse as próprias inconsistências de Sêneca como seguidor do estoicismo e também tentasse decidir se deveria se comprometer com o programa estoico que visava a paz de espírito. Nas cartas seguintes, Sêneca torna-se mais duro ao falar dos efeitos corrosivos da política na busca pela sabedoria e no cultivo da boa vontade – e assim elogia a decisão final de seu amigo, que opta por se retirar gradualmente da política e adotar a filosofia como novo modo de vida.

O restante das epístolas⁷³ diz respeito à forma de filosofia que deveria ser almejada e à melhor maneira de fazer isso.

Pesquisadores modernos atentam para a inconsistente personalidade que Sêneca adota, às vezes censurando Lucílio de maneira condescendente e, às vezes, apresentando a si mesmo como um aluno tão imperfeito quanto seu destinatário. O progresso moral atribuído a Lucílio[74] também é improvavelmente rápido. Na verdade, Sêneca parece descrever uma série de episódios de sua própria busca pela sabedoria, organizando-os numa coleção de ensaios engenhosamente dispostos. Escritas de improviso, e abordando inicialmente experiências cotidianas, as cartas aos poucos passam do particular ao universal, por fim ecoando argumentos estoicos fundamentais acerca do poder da razão, da arte do autocontrole e da força que tem a vontade do sábio.

Ao longo de suas considerações, Sêneca recomenda o *otium*, ou "retiro": um refúgio na paz e na tranquilidade que é adequado ao autoexame e que, ao mesmo tempo, insta o filósofo a não demonstrar de maneira calamitosa censuras arrogantes ou uma ostentosa humildade, capazes de provocar inveja em seu soberano. Ao mesmo tempo, as cartas fervilham de críticas pouco veladas a alguns vícios e tendências culturais que o leitor contemporâneo poderia naturalmente associar a Nero. Em determinado trecho, por exemplo, Sêneca descreve como, a caminho de um salão quase vazio onde um punhado de pessoas discutiriam "como ser um homem bom", ele passara por um teatro napolitano lotado de pessoas que desejavam assistir a uma apresentação musical. (Seu antigo aluno agora via a si mesmo como cantor, e Nero de fato marcara presença num teatro napolitano.) "Envergonho-me da humanidade", escreve Sêneca.[75]

Assumindo como pretexto sua débil saúde – o que não era inteiramente falso –, ele afirma ser "um homem doente".[76] Sêneca apostara em que poderia usar a filosofia na prática para ensinar ao soberano como refrear seus impulsos ao mau comportamento. Porém, essa aposta estava perdida. Seu rei era um tirano – e um tirano tolo. Seu tutor fora um tolo também. O educador deve ser educado. A alma doente pode, e deve, curar a si mesma, refletindo diariamente sobre como tornar-se melhor, mais saudável, mais honesta e firme, mais livre e justa. O tempo que Sêneca, sob as objeções de Nero, agora dedicava a si próprio era um tempo de avaliação, e as *Epístolas morais* são o registro desse autoexame.

Como de costume na época, Sêneca provavelmente ditou suas cartas a um secretário, e é provável também que tenha publicado ao menos algumas delas ainda durante a composição da série. "Seus últimos anos", observa um historiador moderno,

> foram os de um escritor inteiramente dedicado à escrita, de alguém que medita preocupado inteiramente com sua vida interior, de um súdito de

Nero ciente de que seus dias estavam contados e de um cidadão confrontado por um drama político que exigia seu posicionamento.⁷⁷

Volta e meia, ao longo de suas cartas, Sêneca retorna ao tema da integridade: "A natureza não ata nenhum de nós a vício algum", escreve em determinada epístola. "Ela nos gerou íntegros e livres [*integros ac liberos*]."⁷⁸ Porém, ainda lutando para se livrar de hábitos vis produzidos por suas equivocadas opiniões acerca da boa vida, o próprio Sêneca mostra-se claramente incapaz de perceber a verdadeira intenção da natureza: ele ainda não é livre e íntegro. (Ainda) incapaz de alcançar a integridade, procura compreender o que os vários contratempos pelos quais passou podem significar.

"Apressa-te em encontrar-me", escreve Sêneca no início da correspondência,

> mas apressa-te em encontrar, antes, a ti mesmo. Faça progressos e, antes de tudo o mais, esforça-te para ser consistente contigo. Então, quando descobrires que algo foi alcançado, examinas se desejas [*voles*] hoje o que desejavas [*veils*] ontem. A mudança da vontade [*voluntatis*] indica que a alma está ao mar, empurrada pelo vento.⁷⁹

Nesse relato, a firmeza e a determinação são traços da integridade: para que o bom caráter seja consistentemente eficaz na prática, ele depende do cultivo de uma vontade suficientemente forte e decidida.

"Que seja este o cerne de minha filosofia", escreve Sêneca numa correspondência posterior:⁸⁰ "dizer o que sentimos e sentir o que dizemos; alinhar os atos à vida." Que isso é mais fácil na teoria do que na prática é provado pelo próprio exame diário do filósofo: "Vigiar-me-ei continuamente – atitude extremamente útil – e recapitularei cada dia."⁸¹ Uma motivação crucial para o progresso moral é a vergonha da própria inconsistência: "É magnânimo desempenhar o papel de um homem. Apenas o sábio pode fazê-lo; o restante de nós passa de um personagem a outro."⁸²

Se lidas por uma mente aberta e em seu conjunto, as *Epístolas morais* causam uma impressão admirável: embora pouco vislumbremos Sêneca como uma figura pública, de fato encontramos uma pessoa tridimensional, um eu cambiante, um indivíduo que podemos reconhecer humano – demasiadamente humano – por ser imperfeito, inconstante, entrando em conflito e contradição consigo mesmo; alguém, em suma, que é completamente diferente da simples representação da integridade moral encontrada na *Apologia* de Platão.

Isso é algo novo. O retrato da vida interior traçado por Sêneca em suas *Epístolas morais* ocupa uma posição crucial na história da autobiografia e do autoexame.[83] Como observa Michel Foucault:

> A tarefa de testar, examinar e monitorar a si mesmo com uma série de exercícios claramente definidos coloca a questão da verdade – a verdade relacionada àquilo que somos, fazemos e somos capazes de fazer – no centro da formação do sujeito ético.[84]

Como o estoico está em busca da perfeita integridade e muitas vezes fracassa, ele é constantemente lembrado dos próprios fracassos. Disso resulta um eu intransigentemente conflituoso, alguém que deve lutar para ser uma pessoa melhor, alguém digno de ser comparado a Sócrates.

E isso não é tudo. Ao optar por escrever um trabalho de filosofia sério em latim e ao optar, ao contrário de Cícero, por *pensar* em latim, Sêneca elabora um novo vocabulário para examinar esse eu polimorfo. É o latim que lhe permite associar *voluntas* (substantivo para "vontade", "desejo" e "inclinação") e *voluntarium* (substantivo que indica aquilo que é feito por livre escolha) a *volo* (verbo para "ambicionar", "querer" e "desejar"),[85] assim como associar todos esses termos à busca filosófica pela unidade racional e pela perfeição moral. De maneira semelhante, o caráter consistente, o cultivo de uma conduta logicamente coesa está associado à *constantia*, que é a perseverança (ou constância) no desejo de algo – ou, lançando sobre ela um olhar diferente, uma adesão resoluta aos seus princípios, ainda que a consequência seja a morte.

Pela primeira vez no pensamento do Ocidente, o conceito de uma *vontade* naturalmente *livre* ocupa uma posição central na filosofia. Na ação voluntária, corpo e alma se unem, ao mesmo tempo em que, na boa vontade, os impulsos corporais se subordinam ao objetivo conscientemente adotado, no intuito de gerar (ou evitar) algum movimento físico. Dessa forma, a vontade é aquela parte do ser humano que devemos procurar dominar com mais afinco, eliminando do corpo impulsos irracionais, desejos desnecessários, paixões e emoções, de modo que possamos agir motivados apenas por impulsos racionais. "A conduta jamais estará correta se não estiver correta a vontade, pois é a vontade a fonte da ação" – isto é, o que queremos determina o que fazemos. "A vontade jamais estará correta se não estiver correta a alma",[86] pois a alma (*animus*) é o que anima nosso ser e o que se manifesta naquilo que desejamos.

Uma vida conduzida de acordo com os ditames da razão pode ser virtuosa. Além disso, a virtude se torna sinônimo de uma vontade forte, saudável e decididamente eficaz – ou seja, da boa vontade.

Uma tal vontade, de acordo com as *Epístolas morais*, deve ser boa o suficiente para ser aplicada em toda e qualquer circunstância. "Assim, o sábio desenvolverá a virtude em meio à riqueza, se for o caso, ou em meio à pobreza, se não for. [...] Diante de tudo o que o destino lhe preparar, fará ele algo de memorável."[87]

Eis um bom exemplo de como Sêneca aplica um regra de moralidade geral a circunstâncias específicas. As particularidades de cada situação modificarão os desafios que um homem de virtude encontrará ao longo de sua vida: quem é pobre deve endurecer sua vontade para suportar com serenidade suas provações; quem tem a sorte de ser rico deve ter forças para resistir às tentações da luxúria. De fato, não importa se ele é deploravelmente pobre ou, como Sêneca, invejavelmente rico, pois um homem que tenha uma vontade boa e forte pode ser virtuoso sob *quaisquer* circunstâncias. Portanto, ser rico aparentemente não é incompatível com a filosofia encarada como modo de vida. É assim que um bom casuísta encontra coerência onde os outros veem apenas contradições.

Qualquer um que esteja inclinado a culpar Sêneca provavelmente verá nessas passagens uma súplica singular ou – para usar outro termo pejorativo, popularizado no século XX pela psicanálise freudiana – uma racionalização.

Complicando ainda mais as coisas, Sêneca frequentemente confessa que, embora elogie a virtude e possa descrever o tipo de vida que um sábio deve levar, ele *não é*, como Sócrates, alguém cujo discurso está alinhado à sua vida. Segundo ele mesmo relata, Sêneca ainda não é coerente; suas ações e suas palavras não estão de acordo: "Escuta-me como escutarias se eu falasse comigo mesmo. Declaro a ti meus pensamentos mais íntimos e, tendo-te como convidado, critico-me."[88] Enquanto o leitor da *Apologia* de Platão pode encarar Sócrates como modelo de perfeita integridade, o leitor das *Epístolas morais* de Sêneca é convidado a avaliar o caráter moral do autor de acordo com sua luta consciente para forjar um eu racionalmente uno, em parte escrevendo cartas que expõem seus vários reveses.[89]

Paradoxalmente, porém, isso significa que qualquer um que esteja inclinado a acreditar em Sêneca também estará sujeito a vê-lo como um exemplo de verdadeiro filósofo, um homem de *aspirações* autenticamente socráticas que está ciente de que nada sabe e que reconhece, inúmeras vezes, que é *imperfectus* – incompleto, inacabado, imperfeito.

Independentemente de como é julgado o caráter de Sêneca descrito em suas *Epístolas morais*, somos capazes de nos surpreender diante da lisura e da serenidade de seu tom, o qual sugere que um ânimo calmo e tranquilo tomou conta daquele que busca a verdade. E enquanto Sêneca reconhece os intransponíveis obstáculos que o destino às vezes coloca no caminho do filósofo – da mesma forma como às vezes reconhece sua frustração por não ter realizado progressos morais –, ele tem como último recurso Sócrates e o exemplo que deu ao fim de sua vida: "Se gostas, vive. Se não, retorna para o local de onde veio."[90] A capacidade de tirar a própria vida dava mostras do poder da vontade. O suicídio era uma garantia de independência – se viver bem se mostrasse impossível, "morrer bem"[91] era sempre uma opção.

Até o fim, Sêneca tentou tornar a filosofia compatível com a política imperial. Nero, porém, tendo-o marginalizado, via Sêneca com uma desconfiança cada vez maior. Recordamos aqui como Alexandre, o Grande, acabara por se voltar contra o filósofo Calístenes, sobrinho e protegido de Aristóteles.

Filósofos eminentes haviam conquistado a confiança de Alexandre e de Nero quando ambos ainda eram jovens. Porém, ao degustarem os prazeres do poder, ambos os reis perderam seu apetite pela filosofia e passaram a desconfiar dos moralistas que circulavam em seu meio. Enquanto Alexandre simplesmente mandava Calístenes para a prisão, Nero cada vez mais tratava *todos* os filósofos de Roma como possíveis inimigos.

"É um erro", escreve Sêneca em suas *Epístolas morais*, "crer que todos aqueles que lealmente se dedicaram à filosofia são teimosos, rebeldes e resistentes aos magistrados, aos reis ou aos outros que administram as questões públicas."[92] Embora essa missiva nada mais fosse do que uma carta aberta ao imperador,[93] no intuito de convencê-lo a mudar de ideia, Nero claramente não se deixou convencer. Ele decidira fazer de Sêneca uma vítima inicial de sua campanha contra os filósofos de Roma.

Segundo Tácito, Nero primeiro tentara envenenar Sêneca,[94] mas a conspiração foi frustrada quando o filósofo recusou uma bebida oferecida por um visitante, com o objetivo de manter-se firme em seu modesto regime de frutas silvestres e água de nascente. No entanto, em 65, Nero descobriu um plano para assassiná-lo, parcialmente organizado por Calpúrnio Pisão, popular descendente da nobreza republicana que não estava tão envolvido com as intrigas que, a partir de Calígula, tomaram conta da dinastia Júlio-Claudiana. Seus cúmplices incluíam senadores, administradores imperiais, oficiais da guarda pretoriana e um dos prefeitos do império. O conluio sucumbiu quando a conspiração foi revelada. A paranoia de Nero,[95] então já manifesta, agora florescia, e assim ele condenou à morte uma grande quantidade de homens inocentes, dos quais Sêneca era o mais destacado.

O relato mais completo das últimas horas de Sêneca encontra-se nos *Anais* de Tácito. Assim que os emissários de Nero lhe comunicaram as acusações, perguntando se o filósofo planejava uma morte voluntária, ele não demonstrou "qualquer sinal de pânico; tristeza alguma era visível em sua linguagem ou semblante".[96] Quando um soldado se recusou a deixá-lo redigir um testamento, Sêneca

> voltou-se para seus amigos e declarou-lhes que, uma vez impedido de agradecer pelos serviços que prestaram, ele lhes deixava a imagem de sua vida, a única coisa – mas ainda a melhor delas – que tinha; se atentos a ela, homens tão firmes na amizade carregariam consigo fama por suas boas qualidades.[97]

Quando alguns dos presentes começaram a chorar, ele lembrou-lhes de alguns dos preceitos estoicos e "instou-os à fortaleza".

Sêneca abraçou sua esposa, Pompeia Paulina. Ao vê-la implorando para que pudesse acabar com a própria vida simultaneamente, falou-lhe: "'Neste corajoso desenlace, façamos com que a mesma firmeza esteja ao alcance de nós dois, mas que o maior esplendor encontre-se em teu fim.' Em seguida, eles retalharam seus braços com o mesmo golpe de espada."[98]

O filósofo estava debilitado,[99] com o sangue escorrendo lentamente das veias que se revelavam em seus braços, suas pernas e na parte de trás de seus joelhos. Quando Nero descobriu que também Paulina estava acabando com a própria vida, ele ordenou que seus servos a impedissem de morrer, receando que sua crueldade criasse ressentimentos. Enquanto escravos e soldados colocavam ataduras nas feridas de Paulina e estancavam sua hemorragia, Sêneca implorava para que seus amigos trouxessem o veneno que ele previamente preparara, e "pelo qual os condenados pela corte pública de Atenas tinham suas vidas extintas".[100]

Sêneca garantiu sua liberdade. Ele bebeu a cicuta, deu graças a Júpiter, o Libertador – deus dos estoicos –, e pediu para ser carregado até uma banheira de água quente.

Lá, então, conforme nos diz Tácito, Sêneca morreu "asfixiado pelo vapor".[101]

Nos anos que se seguiram,[102] a prática da filosofia, em geral, e do estoicismo, em particular, passou a ser duramente atacada em Roma. Em 65, Nero exilou o estoico Musônio Rufo e, em 66, baniu do território romano também Demétrio, o Cínico. Durante os trinta anos seguintes, a filosofia foi praticamente proscrita em Roma. A proibição só foi cancelada quando os imperadores Nerva (r. 96-98) e Trajano tornaram-se amigos de Dio Crisóstomo. Essa aproximação preparou o terreno para o retorno do estoicismo à capital e para a apoteose do primeiro e único filósofo-rei a constar nos anais da história antiga: Marco Aurélio (r. 161-180), último dos "cinco bons imperadores" de Roma e autor das *Meditações*, expressão mais importante do estoicismo romano depois dos *Discursos* de Epiteto (55-135) e das *Epístolas morais*, de Sêneca.

Ao longo dos séculos subsequentes, e dadas as óbvias semelhanças na forma como os dois morreram, pesquisadores e escritores naturalmente associaram Sêneca a Sócrates. "Ambos foram homens demasiadamente zelosos pela sabedoria, os filósofos mais extraordinários de seus tempos", escreve Giannozzo Manetti na biografia casada de Sócrates e Sêneca que dedicou ao rei Alfonso de Aragão. "Ambos eram por demais comedidos e justos, e ambos acabaram por sofrer mortes extremamente iníquas devido à inveja e à hostilidade de alguns homens demasiadamente poderosos." [103]

A filosofia havia produzido outro mártir – e talvez seu cortesão mais ardiloso.

AGOSTINHO

A conversão de santo Agostinho (detalhe), têmpera sobre painel de Fra Angelico (1387-1455) representando Agostinho em 386, logo após ter lido Romanos 13, 14 ("Revesti-vos do Senhor Jesus Cristo e não satisfaçais os desejos da carne"): "Tendo apenas lido essas últimas frases, uma espécie de luz confortante adentrou meu coração e dissipou todas as trevas da dúvida."[1]
(Musée d'Art Thomas Henry, Cherbourg, França/Giraudon/The Bridgeman Art Library International)

A busca pela sabedoria pode ser caprichosa e um sábio é incapaz de viver apenas às custas da razão: essas são duas das morais que podem ser obtidas a partir do relato da primeira metade de sua vida que Agostinho incluiu nas *Confissões*. Ele começou a escrever o texto em 397, logo após ser nomeado líder da Igreja Católica de Hipona, cidade costeira localizada na Numídia (hoje Argélia), província ao norte da África onde ele mesmo crescera. Seus trechos narrativos recordam sua juventude errante e a maneira como se deixara levar – à medida que se afastava das fronteiras do Império Romano e chegava aos centros de poder em Roma e Milão – pela eloquência de Cícero, pelo gnosticismo maniqueu, pelo ceticismo esquemático e pelo neoplatonismo pagão.

Segundo o relato das *Confissões*, Agostinho esteve sempre em busca da verdade, sendo essa a única forma de vida capaz de tornar um homem perfeitamente feliz. Contudo, sua odisseia espiritual só poderia mesmo ter lugar numa cultura contenciosamente pluralista, incluindo, como de costume na Antiguidade Tardia, uma variedade tão grande e concorrente de programas de felicidade que os peregrinos acabavam livres para abandonar comunidades rivais e para buscar esclarecimentos e transformações de maneira independente.

Ao fim de sua jornada, Agostinho converte-se dramaticamente ao cristianismo, deixando para trás uma sequência de acontecimentos que une uma fé crescente na verdade transcendental das Escrituras cristãs ao tipo de arroubo místico prometido, segundo o neoplatônico pagão Plotino (c. 205-270), pela revelação do Bem.

No entanto, a síntese de cristianismo e platonismo que Agostinho descreve tão liricamente no primeiro de seus trabalhos preservados mostra-se inerentemente instável num mundo de seitas – tanto filosóficas quanto religiosas – conflitantes e, às vezes, mutuamente exclusivas.

"Há mais de um caminho para a sabedoria", declarou ele num diálogo primitivo.[2] Porém, Agostinho aos poucos desconfiava de "um desejo pela experimentação e pelo conhecimento",[3] convencendo-se de que uma boa vida não era mais bem conquistada através das contingências de uma busca individual pela sabedoria, mas a partir de uma comunidade fechada de crenças comuns que mesclava, com autoridade, discussão e ordem, razão e fé – assim excluindo, forçosamente, todas as alternativas.

Segundo observou Karl Jaspers, Agostinho pensou "através de perguntas".[4] No entanto, ele acabou por pregar a conformidade. O jovem herege dedicou sua vida adulta ao ataque às heresias. Aquele que, mais do que qualquer outro filósofo antigo, se esforçou para elaborar uma complexa visão do homem como criatura animada e divinamente dotada de intelecto e livre-arbítrio também fez mais do que qualquer outro filósofo clássico para justificar explicitamente o uso da coerção espiritual e política para refrear o intelecto e domesticar a vontade.

Agostinho foi um leitor voraz e um escritor prolífico. Nos anos que se seguiram ao seu batismo, em 387, ele elaborou como católico leigo um vasto número de diálogos filosóficos, todos sobreviventes. Primeiro como padre e, depois, após ser feito bispo de Hipona, em 396, ele proferiu incontáveis sermões e travou extensas correspondências – material que em sua maioria sobrevive (na verdade, os pesquisadores modernos continuam a encontrar manuscritos de homilias previamente desconhecidas). Após completar suas *Confissões*, Agostinho se concentrou na redação de dois longos tratados: um sobre a história da criação relatada no Gênesis e, o outro, sobre a Trindade. Em anos posteriores, ele escreveu *A cidade de Deus*, trabalho ainda maior em que defendia a superioridade do cristianismo com relação à filosofia pagã. Além disso, ele repetidas vezes se envolveu em disputas sectárias, estabelecendo, contra seus oponentes doutrinários, uma torrente volumosa e frequentemente vigorosa de excomunhões. Todos esses trabalhos formalmente cristãos sobrevivem, com suas datas específicas atribuídas pelo próprio Agostinho. O fato de Possídio, seu primeiro editor e biógrafo, ter escrito uma *vita* não maior do que uma das *Vidas* de Plutarco nos diz mais sobre os padrões da biografia clássica – que tinha como objetivo ser um breve e edificante sinopse – do que sobre a documentação sobrevivente,[5] que é mais do que o bastante para encher as páginas de uma vida moderna tipicamente espaçosa.

Além disso, nós aparentemente sabemos mais sobre a vida interior de Agostinho do que sobre a vida interior de qualquer outro pensador da Antiguidade. Embora suas *Confissões* não possam ser tratadas como um mero compêndio de fatos confiáveis – uma vez que a narrativa de sua vida, tal como qualquer biografia clássica de qualidade, deveria ser uma narrativa idealizante, assim como uma parábola da predestinação e uma alegoria da graça inescrutável de Deus, repleta de analogias bíblicas –, a obra dramatiza alguns momentos cruciais da vida do autor, abarcando de sua infância ao seu batismo cristão. Apesar dos adornos poéticos que apresentam, as *Confissões* permanecem como o primeiro grande exemplo de autobiografia do Ocidente.

Agostinho nasceu no ano de 354 em Tagaste (atual Souk Ahras), remota cidade no interior da Numídia. Patrício, seu pai, possuía propriedades o suficiente para se tornar um coletor de impostos e um oficial da cidade. Sua mãe, Mônica, era uma católica devota e observante, criando seu filho de acordo com as verdades fundamentais do cristianismo: "Ainda menino, ouvira eu sobre a vida eterna que nos fora prometida pela humildade do Senhor Nosso Deus, descido até nosso orgulho; já então era marcado com o sinal da cruz."[6]

Em 312, duas gerações antes do nascimento de Agostinho, o imperador Constantino havia se convertido à religião cristã e tornado oficial a tolerância religiosa em todo o Império Romano. Nas décadas seguintes – até que o imperador Teodósio decretasse que a forma de cristianismo professada pelo papa Dâmaso e por Pedro, bispo de Alexandria, representava a única fé verdadeira –, templos pagãos e várias escolas filosóficas heterodoxas continuaram a florescer ao lado das igrejas cristãs. Ainda assim, durante todo esse período, a educação clássica (isto é, pagã) continuou a ser o passaporte para a ascensão no interior do império.

O pai de Agostinho ofereceu ao filho a melhor educação que podia lhe dar, enviando-o para a escola quando tinha entre 12 e 16 anos de idade e preparando-o para uma carreira no serviço público. Como os talentos do menino eram evidentes e os recursos de seu pai limitados, ele apresentou Agostinho a Cornélio Romaniano, um dos mais eminentes habitantes de Tagaste. Nesse ínterim, o jovem passou um ano longe da escola, farreando com os amigos. Ele se envolveu com uma "concubina" – jovem advinda de classe inferior – e teve um filho, Adeodato, passando então a viver com os dois numa relação monogâmica e duradoura. Nas *Confissões*, ele também relata como furtou uma pera de um jardim pelo puro prazer de roubar – ato emblemático, cujo objetivo é recordar o fruto proibido do Jardim do Éden e o pecado original de Adão e Eva.

Em 371, auxiliado financeiramente por Romaniano, Agostinho foi estudar retórica em Cartago, na época a segunda maior cidade do Império do Ocidente. Embora tivesse dificuldades com o grego, destacava-se no latim e desejava se tornar um verdadeiro escritor, alguém que "ponderava o significado preciso de cada palavra".[7] Agostinho tinha 19 anos quando, ao dar prosseguimento ao seu plano de estudos, leu o *Hortensius*, de Cícero, obra exortatória hoje perdida. Da noite para o dia, tornou-se um filósofo no "antigo e verdadeiro" sentido da palavra, lutando para adaptar sua conduta à revelação de Cícero: "Subitamente, perderam o encanto todas as vãs esperanças de minha carreira, e com um incrível ardor no coração, passava então a aspirar à imortalidade da sabedoria."[8]

O próprio Cícero, assim como muitos alunos instruídos pela Academia de Platão na época, concluíra que um homem que busca a sabedoria pode saber pouco, quiçá nada, com certeza; cético prudente, o sábio se contentará em expor a opinião equivocada dos outros, ao mesmo tempo em que tentará encontrar as crenças mais plausíveis acerca de vários temas, analisados caso a caso. Embora inspirado pela busca da sabedoria relatada por Cícero, Agostinho se irritava com a tendência dos céticos à adoção de crenças apenas plausíveis. Ansiando por fontes de conhecimento mais seguras, o filósofo adolescente se debruçou primeiro sobre a Bíblia e, depois, sobre os ensinamentos esotéricos de Maniqueu.

Afirmando ser ele mesmo um "Apóstolo de Jesus Cristo", Maniqueu era um visionário gnóstico da Mesopotâmia.[9] Ao longo das quatro décadas que se seguiram à sua primeira visão profética, em 228, Maniqueu desenvolvera uma nova religião universal em suas viagens à Índia, no Oriente, e ao Egito, no Ocidente. Em 276, autoridades persas, alarmadas diante do desafio imposto à casta de sacerdotes zoroastrianos que dominava o país, denunciaram Maniqueu como um herético perigoso e o crucificaram.

Apesar de perseguidos, e com sua fé fortalecida após o martírio de seu mestre, os maniqueus sobreviveram e difundiram ainda mais o evangelho de Maniqueu, organizando uma facção de líderes preparados para a batalha, mas espiritualmente puros. Essa facção incluía tanto grupos de ascetas – os "Eleitos", que reuniam seguidores – quanto os "Auditores", que ensinavam as doutrinas de Maniqueu e selecionavam os livros do Novo Testamento. Segundo Maniqueu, o mundo estava dividido em dois domínios opostos: o do Bem e o do Mal. Habitante natural do Reino da Luz, a alma encontrava-se presa num Reino das Sombras carnal. A sabedoria exigia a compreensão racional das causas do Mal – o que poderia conduzir a uma iluminação divina do Bem – e também a valorização de algumas figuras exemplares, sobretudo Jesus Cristo: "Honrado seja o Homem Perfeito, o caminho de paz por onde passaste. Bendizemos tua Luz-familiar, Cristo, autor de nosso bem. Honrada seja tua Sabedoria, a qual derrotou o Erro das Seitas."[10]

Em 374, quando, aos vinte anos, retornou brevemente de Cartago para Tagaste, Agostinho era um dos missionários de sua nova crença. Sua mãe ficou magoada diante da heresia de seu filho e o rechaçou, até o momento em que uma visão lhe garantiu que ele acabaria por retornar à Igreja Católica. No entanto, dois de seus velhos amigos – Romaniano e Alípio, sobrinho de Agostinho – se converteram à fé gnóstica.

Logo em seguida, Agostinho se mudou para Cartago a fim de ensinar retórica. Estrela em ascensão no firmamento do maniqueísmo, em cerca de 380 ele publicou seu primeiro livro, o tratado Maniqueu (hoje perdido) *O belo e o apto*. Agostinho era "apaixonado pela sabedoria" e ambicionava progressos mundanos, sendo o tipo de homem que a elite do império ainda gostava de ter como amigo. Assim, seu brilhantismo intelectual começou a chamar a atenção de poderosos benfeitores. Em 383, com a ajuda de amigos maniqueus do alto escalão, ele se mudou para Roma e, depois, para Milão, conseguindo um emprego dos sonhos como orador público na corte de Valentiniano II, tecnicamente o governante da Itália e das regiões africanas do império. A tarefa de Agostinho em seu novo cargo era escrever e declamar panegíricos anuais a Valentiniano, assim como proferir discursos regulares para divulgar as políticas da corte. Também indicado a uma cadeira de retórica, ele ainda poderia esperar outras nomeações, talvez até a uma alta posição administrativa.

Naqueles anos, o estado crítico do império era constante, e Milão, localizado nas proximidades de sua tumultuada fronteira setentrional, acabara por crescer em importância. A corte imperial, que para lá se mudara em resposta à crise, ainda dominava um vasto território, mas os exércitos permanentes do imperador se viram obrigados a defender a região de ataques cada vez mais frequentes, realizados por grupos bárbaros ao norte, logo adiante dos Alpes, e, ao leste, pelo exército do império persa.

O líder espiritual mais poderoso naqueles anos era Ambrósio, bispo católico local e político astuto, outrora governador imperial da Ligúria. Apesar de preocupado com sua carreira e com seu crescente número de seguidores – entre os quais estavam sua esposa informal, seu filho, sua mãe e vários escravos e estenógrafos –, aquele novo orador público era político o bastante para fazer uma visita educada ao bispo e apresentar-se. Agostinho também acabou por ir à igreja. Nas *Confissões*, ele se recorda de ter visto o bispo proferir sermões que estimavam um enfoque radicalmente idealista, o qual parecia infundir no cristianismo um tipo de fervor abstrato que estava em voga em Milão:

> Nos sermões de nosso bispo, notei repetidas vezes [...] que, falando sobre Deus, [*ele declarava que*] nossos pensamentos não deveriam ter como foco realidades materiais; dizia-se o mesmo da alma, que, de todas as coisas, é a que se encontra mais próxima de Deus.[11]

Apesar de suas duradouras ligações maniqueias e de sua presença em cultos da Igreja Católica, nas *Confissões* o autor recorda como se afastara da ortodoxia gnóstica sem se tornar um cristão ortodoxo, adotando discretamente uma espécie de distanciamento cético. Assim, sob diversas circunstâncias, distribuía elogios insinceros a diferentes crenças, sem aceitar interiormente qualquer uma em virtude do fundamento absolutamente socrático de que as crenças morais mais importantes nunca poderiam ser conhecidas com a mesma segurança com que afirmamos que 2 + 2 = 4.

Tomada por um orador do império, tal atitude era compreensível e até mesmo conveniente. Porém, nas *Confissões* Agostinho também recorda que ficava descontente com suas dúvidas, sentindo-se infeliz por não nutrir certezas.

Dessa forma, ele decidiu reunir um grupo de companheiros filosóficos, comumente interessados em aprender como conduzir uma *beata vita*, isto é, uma vida perfeitamente feliz. O círculo contava apenas com velhos amigos de Tagaste,[12] incluindo Mônica, seu irmão mais velho Navígio, o adolescente Adeodato, seu benfeitor Romaniano, Alípio e Nebrídio. Ao mesmo tempo, sua mãe o instruía a mandar sua esposa informal de volta para a África, de modo que ela pudesse conseguir um casamento mais apropriado.

Nos meses que se seguiram, Agostinho e seu círculo de amigos se encontraram regularmente para discutir "a natureza definitiva do bem e do mal" e para estudar as perspectivas de diferentes escolas de pensamento. Nessas reuniões, Agostinho desempenhava o papel de preceptor. Cada vez mais desiludido com o ceticismo, ele passou a flertar brevemente com uma explicação materialista do cosmos – livre de todas as referências sobrenaturais a um reino espiritual, imaterial, invisível e independente –, "pois estava tão submerso e cego que não conseguia pensar na luz de bondade moral e na beleza a ser abraçada por si só: aquela vista não com os olhos da carne, mas tão somente com o discernimento interior".[13]

Agostinho tinha agora 32 anos de idade e havia dado início a uma bem-sucedida carreira imperial em Milão, centro do poder secular. De maneira semelhante a seus outros amigos filósofos, e apesar de seu duradouro interesse por vertentes pagãs da filosofia, também frequentava cultos da igreja sem ser um cristão engajado. Além disso, conseguira também criar uma comunidade vigorosa de filósofos afins, os quais desfrutavam juntos de debates arrazoados sobre a melhor maneira de conduzir a vida.

Ainda assim, Agostinho não estava satisfeito. Embora atendendo os desejos de Mônica e pedindo para que a mãe de seu filho retornasse à África,

Agostinho declara que chorou com sua partida e que, em sua ausência, "multiplicaram-se" seus pecados carnais.[14] Cristão casual dotado de uma consciência atormentada, ele ainda esquadrinhava programas pagãos que prometiam a conquista da felicidade, ainda buscava compreender as coisas humanas e divinas, ainda esperava descobrir a melhor forma de viver. Agostinho tentava se tornar sábio num contexto intelectual em que ninguém distinguia claramente a religião da filosofia e em que uma tentativa séria de harmonizar o perfeccionismo moral pagão com as Sagradas Escrituras era defendido pelo mais novo membro de seu círculo filosófico, Mânlio Teodoro, neoplatônico compromissado[15] que deixara uma série de cargos imperiais importantes para se dedicar exclusivamente ao estudo e à contemplação.

Em certo sentido, Agostinho parece ter encontrado um meio bastante tolerante, no qual coexistiam o mundo dos maniqueus, dos cristãos e do pensamento filosófico. Ao mesmo tempo, porém, Ambrósio[16] desencorajava firmemente qualquer conciliação fácil entre a sabedoria "do mundo" professada pelos filósofos pagãos e os ensinamentos espirituais de Cristo. Foi sob essas circunstâncias ao mesmo tempo ambíguas e carregadas que Agostinho finalmente se dedicou a um sério estudo da escola filosófica mais importante da Antiguidade Tardia,[17] fundada pelo neoplatônico Plotino em Roma, durante o reinado de Galiano (r. 253-268). Tendo Mânlio Teodoro como guia, Agostinho começou a ler com crescente entusiasmo uma recente tradução latina das *Enéadas* (do grego *ennea*, "nove", pois cada um dos seis livros do tratado contém nove seções), os consagrados escritos da escola.

"Era como se a chama que em nós lentamente ardia fosse a maior das chamas", escreve alguns meses depois a Romaniano, seu velho benfeitor:

> Mas então, quando certos livros *repletos* [...] exalaram a nós seu exótico odor, deixando cair na pequena chama gotas de seu perfume precioso, atearam elas um inacreditável incêndio – inacreditável, Romaniano, mais inacreditável até do que talvez possas acreditar. E que mais posso dizer? Era mais inacreditável até do que eu mesmo acredito.[18]

Conjunto de manuscritos e lições transcrito e editado em grego por Porfírio, um dos discípulos de Plotino, as *Enéadas* começam com uma edificante e curta biografia – também assinada por Porfírio – dirigida aos leitores que talvez desejassem perpetuar o modo de vida do mestre.

"Plotino", começa a *vita*, "parece envergonhar-se por estar preso a um corpo."[19] Ele nascera no Egito em 204 ou 205. A data correta nos é desconhecida, uma vez que Plotino desprezava qualquer celebração de si mesmo (embora comemorasse posteriormente o aniversário de Sócrates e de Platão com seus amigos filósofos). Como Agostinho, Plotino cresceu numa cultura espiritual repleta de seitas rivais – estoicos, céticos, órficos, cínicos, gnósticos, cristãos –, convertendo-se à filosofia aos 27 anos, na cidade de Alexandria. Seu mestre fora um pregador platônico chamado Amônio.

Após dominar os diálogos e as cartas de Platão, Plotino viajou para o exterior a fim de estudar diversas práticas contemplativas, incluindo "as técnicas persas [*de buscar a sabedoria*] e o sistema adotado entre os indianos".[20] Após vários anos no Oriente, ele se instalou em Roma, fundou sua própria escola e começou a oferecer lições e treinamentos a adeptos, apregoando uma renúncia radicalmente ascética aos prazeres corporais e elaborando uma doutrina original que combinava elementos platônicos, aristotélicos e estoicos, tudo com o objetivo de formar convertidos a uma vida dedicada exclusivamente à contemplação e a exercícios espirituais introspectivos.

"Plotino nascera com algo que não possuem os outros homens", declara Porfírio. Como Sócrates, ele era tomado por um *daimon* "do mais elevado grau divino", mas acabou desenvolvendo um conjunto de técnicas meditativas para manter "seu espírito divino continuamente atento àquela presença interior".[21]

Suas características sobrenaturais eram lendárias: Plotino era capaz de ler mentes e predizer o futuro; além disso, desdenhava de maneira memorável dos rituais pagãos e das cerimônias cristãs, dizendo: "São esses Seres que devem vir até mim, não o contrário."[22]

O objetivo da escola de Plotino se tornou a comunhão direta com Deus, uma experiência extracorporal alcançada através da contemplação e após a separação do elemento divino interior – a alma imaterial – de sua encarnação material e demasiadamente humana. Como resultado de sua própria experiência com o divino, Plotino convenceu-se de que os maniqueus se equivocavam ao descrever um cosmos dividido em dois, num perpétuo conflito entre Bem e Mal. A contemplação, por sua vez, revelava-lhe que o mundo era Uno e que apenas Deus – o Bem – existe, transbordando nas Formas. Essas Formas proporcionavam intuições divinas e inteligíveis aos adeptos, que, estudando cautelosamente os argumentos dialéticos de Platão e Plotino, poderiam se preparar para contemplar Deus num momento supremo de revelação introspectiva.

As *Enéadas*, texto que norteava a escola, misturam uma estonteante exegese – muitas vezes debruçando-se sobre passagens platônicas relacionadas à compreensão da essência imaterial das Formas divinas – com exortações diretas, que instavam o filósofo a se tornar "repleto de Deus" e a, "repousando completamente, transformar a si mesmo no próprio repouso".²³ O estilo de sua escrita também varia bastante, indo do esotérico ao eloquente:

> Volta-te para teu interior e vê: se ainda não vês a ti mesmo belo, faça então o que faz o escultor com a estátua que deseja tornar bela; ele cinzela uma parte, nivela outra. [...] Como ele, elimina o que é supérfluo, retifica o que está torto, limpa e pule o que é escuro. Jamais deixa de esculpir tua própria estátua, até que o esplendor divino da virtude brilhe para ti. [...] Se vires que isso é o que te tornaste, então em visão foi transformado. Confia em ti mesmo: já ascendeste neste momento, e não mais necessitas de alguém para mostrar-te o caminho. Abre teus olhos e vê.²⁴

Nas *Confissões*, Agostinho recorda vividamente o impacto causado pela leitura de Plotino. Ele relata como, ao seguir seu exemplo e buscar o divino no interior de si mesmo, encontrou Deus e sentiu-se momentaneamente Uno:

> Através dos livros dos platônicos, fui exortado a voltar-me a mim mesmo. [...] Adentrei minha cidadela mais remota [...]. Adentrei e, com os olhos de minha alma, vi acima destes mesmos olhos uma luz imutável. Não era essa luz comum, visível a todos, nem uma luz mais abrangente, irradiando um brilho mais intenso e enchendo tudo com sua grandeza. Não era essa a luz, mas outra diferente, completamente diferente de todas elas. Também não transcendia minha mente como o óleo flutua sobre a superfície da água ou como o céu encontra-se acima da terra. Ela era superior porque me fez, e eu era inferior porque feito por ela. Aquele que conhece a verdade a conhece, e aquele que a conhece também conhece a eternidade. O amor a conhece. Verdade eterna, amor verdadeiro, eternidade amada: tu és meu Deus. Por ti suspiro noite e dia. Quando te conheci, elevaste-me para que eu visse o que havia para ver e o que ainda não tinha condições de ver. Alcançaste minha vista fraca com o intenso brilho de teus raios, e assim tremi de amor e medo. Encontrei-me então longe de ti, na região da dessemelhança [...]. E tu, à distância, gritaste: "Na verdade, eu sou aquele que sou." Eu a ti ouvi como se ouve no interior do coração, e todas as minhas dúvidas se dissiparam.²⁵

Esse momento de revelação deixou Agostinho certo de que Deus existe e de que os maniqueus estavam equivocados: "Tudo o que existe é bom, e o mal cuja origem eu questionava não é uma substância."²⁶ O mal assim descrito não existe. Em vez disso, a aparente perversão da humanidade deve ser explicada em função da "perversidade da vontade", um obscurecimento da alma que "se afasta da mais alta substância"[27]: Deus, o radiante Ser interior.

O júbilo de Agostinho, porém, foi passageiro. Seu momento de revelação passou. "Meu Deus, fui arrebatado a ti por tua beleza, mas rapidamente arrastado para longe por meu próprio peso."[28] Ele retornou ao seu velho modo de vida e retomou seus hábitos de sempre, embora acreditasse que suas ambições mundanas e seus desejos sexuais fossem dignos de culpa. Contudo, a lembrança do que testemunhara não se dissipou, juntando-se a "um desejo por aquilo cujo aroma eu sentira, mas sem ter ainda condições de comer".[29]

Agostinho não possuía mais qualquer dúvida sobre a realidade de Deus. Porém, ele ainda tinha questões em aberto acerca da relação entre os ensinamentos de Plotino e a Palavra de Deus. Aparentemente, Deus poderia ser compreendido através do intelecto e experimentado diretamente a partir de um conjunto de exercícios espirituais que libertava a alma de suas armadilhas materiais. Porém, fosse esse o caso, que espaço esses exercícios deixariam para o exemplo de Jesus Cristo? E que papel o intelecto deveria estabelecer para as Sagradas Escrituras? Seria possível conciliar o neoplatonismo e o cristianismo – ou, segundo pregara Ambrósio, seria necessário que Agostinho optasse por um modo de vida em detrimento do outro?

Confuso sobre como poderia transformar seu extático momento de revelação em algo mais permanente e duradouro, Agostinho voltou-se "para a religião em nós arraigada quando meninos", segundo ele mesmo escreveu[30] a Romaniano. "Cambaleando, precipitando-me, hesitando, encontrei o apóstolo Paulo ao alcance de minhas mãos." Então, após a sugestão de Simpliciano, padre milanês e neoplatônico cristão que, como ele, era um ávido leitor das *Enéadas*, Agostinho leu novamente as cartas de Paulo,[31] em especial aquelas destinadas aos romanos e aos coríntios.

Inspirado pela ideia plotiniana de criar uma "Platonópolis"[32] povoada por aqueles que buscavam a Deus, a Verdade e o Belo e que viviam juntos sob "as leis de Platão"; e inspirado também pela vida contemplativa que então levava Mânlio Teodoro, Agostinho avivava agora seu próprio sonho de se afastar da vida pública e criar uma pequena comunidade de almas afins, mutuamente comprometidas com a busca introspectiva de Deus (só que não vivendo sob as leis de Platão, mas através do espírito de Cristo, tal como expresso pela fé, pela esperança, pela caridade, pela liturgia, pelos ritos e pelas atitudes aparentes de uma piedosa vida católica).

Terminando o verão de 386,[33] Agostinho deixou seu posto de orador público no império e se mudou com sua família estendida, seus velhos amigos e alguns jovens alunos para uma vila em Cassicíaco, próximo a Como e ao norte de Milão, com vista para os Alpes. Lá, a comunidade filosófica se ocupava com tarefas domésticas, com a leitura conjunta de Virgílio e com conversas que duravam horas a fio – às vezes nas termas, às vezes sob a árvore de uma campina –, estando sempre dispostos a discutir os limites da razão, a natureza da alma e a busca pela sabedoria. Tudo era realizado sob a tutela de Agostinho, que agia como um escolarca informal.

Dia após dia, Agostinho procurava persuadir seus companheiros da existência de "um sistema de filosofia realmente verdadeiro", aquele formulado por Plotino e Platão: "Sua filosofia não é a deste mundo, justamente abominada pelos mistérios nossos, mas a do outro mundo, do mundo inteligível."[34] Dessa forma, ele esperava alcançar um ideal de "amizade" como o definido por Cícero,[35] estabelecendo "um acordo entre questões humanas e divinas, com boa vontade e caridade". Agostinho reverenciava Cristo como um homem moralmente perfeito e excepcionalmente sábio, um modelo para a prática do neoplatonismo não muito diferente de Plotino (ou Sócrates).

Todos os primeiros trabalhos de Agostinho que conhecemos datam desses meses inebriantes. Preservados cuidadosamente na biblioteca pessoal do próprio autor, eles consistem em quatro diálogos: *Contra os acadêmicos*, dedicado a Romaniano; *A vida feliz*, dedicado a Mânlio Teodoro; *A ordem*; e, de todos o mais original, os *Solilóquios*, diálogo interior entre a alma de Agostinho e a voz interior que ele chamou de Razão.

Aparentemente, os três primeiros diálogos trazem uma transcrição mais ou menos literal de colóquios registrados por um estenógrafo,[36] cuja presença, segundo afirma Agostinho, deveria dar um certo ar de gravidade às discussões – ainda que presumamos que Agostinho tenha, por questões dramáticas, revisado e editado posteriormente os diálogos, tal como Sêneca engenhosamente organizado e adornara suas cartas a Lucílio.

Embora os quatro textos nos mostrem um Agostinho entusiasmado por sua recente conversão a uma forma cristã de platonismo, eles nos impressionam por praticamente não apresentarem referências às Escrituras (o que difere bastante do encantamento bíblico que Agostinho relata, nas *Confissões*, ao falar desses mesmos meses).

O primeiro desses diálogos nos deixa com a impressão de que o sábio pode chegar à união divina e à vida feliz por meio de uma "escolha racional".[37] Do ponto de vista dos trabalhos tardios e mais ortodoxos de Agostinho, essa é uma heresia contestável, que representa uma concepção presunçosa dos poderes do ser humano sem o auxílio da graça divina. É isso o que Agostinho sugere ao descrever tais acontecimentos nas *Confissões* e ao censurar o "monstruoso orgulho"[38] de um anônimo companheiro espiritual (talvez Mânlio Teodoro).

Um pouco de sua exaltação intelectual e de seu alvoroço interior naqueles meses cruciais pode ser vislumbrado no mais extraordinário desses trabalhos: os colóquios consigo mesmo que, ao cunhar uma nova palavra, Agostinho batizou de *Soliloquia* – os *Solilóquios*. Aqui, ele apresenta um eu literalmente dividido:

> Há muitos dias me dedicava à diligente investigação de vários e diversos problemas relativos ao meu ser, ao bem que devo buscar e aos males que devo evitar, quando então ouvi uma voz interior. Não sei se era a minha mesma ou de alguém mais.[39]

De qualquer forma, ele chama seu alter ego de "Razão".

A Razão o instrui a "rezar por força e auxílio", e Agostinho a obedece: "A Ti invoco, Deus, verdade, princípio, origem e fonte da verdade e de todas as coisas verdadeiras. Deus, Sabedoria, autor e fonte da sabedoria de todos os que sabem. Deus, verdadeira e suma vida [...]."

A Razão então lhe pergunta: "O que queres, pois, saber?" Agostinho: "Quero conhecer a Deus e a alma." O convertido ao platonismo cristão anseia pelo conhecimento de coisas que não é capaz de ver. Razão: "Começa então a investigar."[40]

Com o passar do tempo e com o desenrolar da busca realizada por sua alma dividida, o colóquio entre Agostinho e a Razão passa a se concentrar na natureza da alma, em especial no problema de sua imortalidade.

Agostinho fica compreensivelmente inquieto diante da laboriosidade de alguns dos argumentos propostos pela Razão. Ele afirma estar incomodado por terem ambos "tomado um caminho convoluto, seguindo", de um modo que parece quase "traiçoeiro", "uma desconhecida linha de raciocínio".[41]

A Razão responde recordando-lhe que "não é preciso desespero para encontrar aquilo que desejamos" nos livros que haviam sido recentemente lidos (talvez seguindo o convoluto caminho apresentado por Plotino, que, como afirma Agostinho em outro de seus diálogos primitivos, ressuscitou Platão, expressão "mais límpida e radiante" da filosofia): "Permitirá que fiquemos sem conhecer a natureza da vida aquele que, com seus escritos, nos ensinou a melhor forma de viver essa mesma vida?"[42]

A Razão termina exortando Agostinho a crer "nos teus raciocínios e na verdade, pois ela clama que habita em ti e é imortal, não podendo perder sua sede com a morte do corpo".[43]

Ainda assim, a oração inicial dos *Solilóquios* sugere que a Razão nada pode sem Deus. "Crê em Deus", ordena ela a Agostinho em determinado momento.⁴⁴ "Entrega-te a Ele o quanto puderes. Não desejes que tua própria vontade seja tua e esteja em teu poder, mas confessa que és servo de teu Senhor clementíssimo e generosíssimo." Poucas vezes "Razão" e "Deus" se uniram de maneira tão lírica e confusa, deixando-nos desorientados acerca da capacidade e dos limites da razão na elevação do homem a Deus.

Indo além dos exercícios espirituais e introspectivos de Plotino, nas *Confissões* vemos Agostinho dando uma série de passos simbólicos. Um dos mais significativos foi a leitura da hagiografia do famoso eremita Antônio⁴⁵ (c. 250-356), escrita pelo importante teólogo do cristianismo primitivo Atanásio (c. 295-373). Frequentemente visto como o fundador do monasticismo cristão, Antônio era, de acordo com Atanásio, um exemplo de perfeição espiritual, assim como um perfeito modelo a ser seguido por um cristão aspirante. Como nos mostrou Peter Brown, especialista moderno no período da Antiguidade Tardia,

> uma parte considerável da hagiografia da época não passava de uma tentativa de pôr em ordem um mundo sobrenatural repleto de ambiguidades, caracterizado pela incerteza diante das inúmeras manifestações do sagrado e, consequentemente, povoado por líderes religiosos de todos os tipos de crença.⁴⁶

Deixar-se inspirar pela vida de um cristão exemplar equivalia a recordar que esse modo de vida era uma possibilidade real – lembrete capaz de mudar a forma como eram julgados os programas concorrentes que prometiam tornar Deus manifesto.

Segundo nos revelam as *Confissões*, Agostinho, logo após ter lido sobre a bem-aventurada vida de Antônio, encontrava-se num jardim quando ouviu uma voz misteriosa, pegou a Bíblia e a abriu ao acaso, encontrando um trecho de uma das epístolas de Paulo aos Romanos: "Revesti-vos do Senhor Jesus Cristo e não satisfaçais os desejos da carne." Simbolicamente, Agostinho anula a expulsão adâmica do Éden⁴⁷ ao submeter-se a uma angústia semelhante à de Jesus no Getsêmani. "Morrendo para viver", ele agora se sujeita aos mandamentos de Deus, coloca a si mesmo sob a autoridade das Escrituras e experimenta o renovado compromisso de emular um modo de vida ascético exemplificado não pelo erudito Plotino, mas por Antônio do Egito, santo cristão que não recebera qualquer formação e que de fato se revestira de Nosso Senhor Jesus Cristo.

Agostinho tinha agora dois modelos dramaticamente diferentes: de um lado, Plotino; do outro, Antônio. Tal como Agostinho, Plotino era um homem de letras com formação clássica, um leitor atento de obras da filosofia, alguém imerso no método dialético de sua escola e rodeado de amigos filósofos capazes de auxiliá-lo, por meio do colóquio e do diálogo, na divinização do eu, alcançada através da rígida aplicação do intelecto e da razão em exercícios espirituais e meditativos. Embora Antônio também fosse um leitor, ele era relativamente inculto, focando-se exclusivamente nas Sagradas Escrituras. Porém, apesar de carecer da perícia dialética e da comunidade filosófica de Plotino, também ele deificara a si mesmo, e de forma aparentemente mais sólida do que o platônico. Ao viver a sós no interior de uma caverna no deserto, passando dias e mais dias sem comida e sem dormir, Antônio vencera suas necessidades corporais e os mais diferentes demônios que o diabo enviara para tentá-lo e enganá-lo.

Aquelas duas formas de vida pareciam incomensuráveis: para Agostinho, era tudo ou nada. Optando implicitamente por imitar Antônio e por renunciar de uma vez por todas às armadilhas mundanas, ele relata, em suas *Confissões*, como decidiu ser batizado no ano de 387. Esse era um passo radical, o qual simbolizava um momento de morte e renascimento, o fim de uma vida e o início de outra.

Nas *Confissões*, Agostinho recorda que, após o seu batismo, ele cogitou "fugir para a vida em solidão",[48] a fim de tornar-se um eremita como Antônio.

No entanto, indícios contemporâneos mostram que Agostinho não chegou a fazer nada do tipo. "Ele não vendeu tudo o que tinha para dar aos pobres e seguir Jesus", observa um mordaz biógrafo moderno.[49] "Ele deixou seu cargo, foi para casa e viveu de maneira deveras confortável. Muito pouco de fato mudara, exceção feita à disposição de seu sono e ao local de seu – bastante comum – afastamento."

Após um breve período em Óstia e em Roma,[50] o filósofo batizado decidiu retornar, com seu séquito filosófico, para a cidade natal de Tagaste, ao norte da África. Lá, Agostinho se dedicou à filosofia como se esta fosse um modo de vida cristão, na esperança de viver uma vida isolada e de perfeita bondade ao lado de seus companheiros espirituais. Em vez da ruptura completa com o passado descrita nas *Confissões*, Agostinho agora embarcava numa transformação intelectual mais árdua e demorada, a qual desdobrou-se lentamente ao longo de um período de vários anos.

Por questão de princípios, o filósofo inicialmente não quis se envolver diretamente com qualquer questão pública. Seu principal vínculo com o mundo exterior era sua escrita, e assim ele produziu uma série de cartas e textos que visava avivar "a voz de Cristo e os ensinamentos de Platão e Plotino".[51]

Com o passar do tempo, porém, a ênfase de sua escrita lentamente se desloca, tal como indica seu texto *De vera religione*, de 389: "No homem interior habita a verdade", escreve Agostinho,[52] repetindo um truísmo de Plotino. Ele, no entanto, acrescenta: "Se descobrires que és naturalmente mutável, transcende a ti mesmo. Todavia, ao fazê-lo, lembra-te de que *estás transcendendo tua alma racional*." Agostinho começou a instar seu círculo de companheiros a rejeitar tudo o que, no neoplatonismo, estivesse em contradição com os ensinamentos da Igreja Católica. Deixando de lado o pressuposto de que Jesus era um modelo de perfeição moral equivalente a Plotino ou Sócrates, Agostinho agora afirma a doutrina da encarnação e prega que Jesus era um Deus feito carne que dava corpo à Palavra de Deus.[53]

Em 391, quando Agostinho e seus amigos saíram de Tagaste e se mudaram para a cidade litorânea de Hipona, localizada oitenta quilômetros ao norte, já estava quase concluído o lento processo pelo qual ele se tornaria um cristão devoto, e não um cristão neoplatônico. Agostinho então cogitou a fundação de um mosteiro com a bênção formal das autoridades eclesiásticas, mas em vez disso, segundo relata Possídio, acabou por se ver mais ou menos forçado a tornar-se padre.

Naqueles dias, as autoridades da igreja eram sumariamente convocadas pelo clamor de sua comunidade, e ninguém, em sã consciência, resistiria ao chamado de uma congregação. Como leigo, Agostinho evitara frequentar igrejas que sabia vacantes, com medo de que seu retiro filosófico fosse ameaçado. De acordo com Possídio, porém, sua reputação já se espalhara, e Agostinho tomou ciência disso enquanto se encontrava numa igreja de Hipona: "E os católicos, que já conheciam a vida e a doutrina de Agostinho, o arrebataram; pois estava ele tranquilo no meio da multidão, sem pressagiar o que poderia acontecer."[54]

Assim como o filósofo que, no mito da caverna incluído por Platão em sua *República*, vira o sol da perfeita justiça apenas para levar sua imagem àqueles que se encontravam nas sombras, Agostinho agora tinha de renunciar à sua vida de contemplação cristã para descer até o obscuro mundo da política eclesiástica: "E então, enquanto exigiam isso com gritos ansiosos", escreve Possídio, "ele chorava copiosamente."[55]

O novo sacerdote foi autorizado a fundar um mosteiro no jardim da igreja de Hipona. Desse momento em diante, ele se tornava cada vez mais uma figura pública, vendo sua autoridade eclesiástica aumentar e seu talento retórico garantir sua posição como influente pensador do cristianismo.

Em 392, Agostinho desafiou o pregador maniqueu da cidade a um debate público e refutou seus argumentos de maneira tão convincente que o pobre homem foi forçado a fugir. Isso culminou no declínio da heresia gnóstica entre os cidadãos. Quatro anos depois, com a morte de Valério, bispo local, Agostinho foi feito bispo de Hipona, cargo em que permaneceu por toda a vida.

Logo após ocupar seu cargo mais importante, Agostinho começou a escrever o mais belo de todos os seus livros: as *Confissões*.

Para Agostinho, esse título significava "a acusação de si e o louvor a Deus"[56] – uma concepção que tornava o autoexame contínuo crucial para o ato de confessar-se. (Apenas em séculos posteriores é que a Igreja Católica formalizou a confissão como um sacramento que exigia a exposição dos próprios pecados a um padre.)

Na década subsequente ao seu batismo, Agostinho se afastou gradualmente do idealismo autoconfiante que, em 386, determinara sua conversão. Ele ainda se lembrava de suas arrebatadoras visões de Deus, mas, à medida que o tempo passava e sua memória esvaecia, também pôde avaliar melhor a transitoriedade daqueles momentos:

> Às vezes, permites-me adentrar um sentimento de estranha doçura. Se em mim alcançasse a perfeição, tal sentimento estaria além de tudo o que há nesta vida. Todavia, retorno, sob os meus desgraçados fardos, às práticas de sempre. Choro copiosamente, mas ainda me vejo tolhido. Quão pesado é o fardo do costume! Posso estar aqui, mas não desejo. Lá quero estar, mas não posso.[57]

O hábito agrilhoa a vontade e mutila a capacidade de raciocinar. Agostinho sabia disso muito bem. Até mesmo um sábio como ele retrocede – apesar de suas visões divinas e das vezes que renovara seus votos de pureza moral –, distraído por seus velhos costumes. Ao longo de vários anos após sua conversão, ele continuou acreditando que, "se fosse de sua vontade", todos aqueles que acreditassem e confiassem em Deus poderiam "se afastar do amor ao visível e às coisas temporais para satisfazer Seus mandamentos".[58] Porém, ele agora tinha certeza de que, embora livre, a vontade era "preparada por Deus".[59] Dessa forma, apenas pela graça divina, e não pela capacidade de um arbítrio largado à própria mercê, é que o homem poderia cumprir os mandamentos celestes.

Uma vontade pura continuou a ser o desejo mais fervoroso de Agostinho. No entanto, uma vida de perfeita integridade não é apenas excepcionalmente rara (e isso já haviam reconhecido estoicos como Sêneca); ela é impossível. Imperfeito por natureza, o homem é uma criatura de transgressões despropositadas, tal como simbolizado pelo menino que outrora roubara uma pera pelo puro prazer de roubar.

O homem não pode confiar em si mesmo, pois suas imperfeições interiores são tão variadas como os desejos e decisões fugazes que, vistos como um todo, constituem o passado de cada um, a singularidade de sua vida anterior. A intratabilidade do passado individualiza e distingue um homem do outro e também de Deus, mas tal individualização não é motivo de júbilo, uma vez que envolve uma vida de desordem, desagregação e inquietude:

> Dissipei-me nos tempos cuja ordem ignoro, e meus pensamentos, as entranhas mais íntimas de minha alma, são despedaçados por suas tumultuosas variedades, até o dia em que, purificado e liquefeito pelo calor do teu amor, seja fundido em ti.[60]

Um homem esclarecido e de boa-fé deve, como Agostinho, reconhecer que sequer conhece a si mesmo. "Sou incapaz de julgar corretamente", confessa ele,[61] "pois receio que o pecado tenha apenas se refugiado lá onde é visível a ti, mas não a mim." Somente através do contínuo esforço para alcançar um eu unificado é que Agostinho, através do tipo de narrativa que dedica a Deus em sua confissão, espera se tornar completo.

As *Confissões* também visavam amainar as suspeitas levantadas contra a personalidade de seu autor, homem que há muito era publicamente associado aos hereges, que mostrava-se à vontade com os escritos dos platônicos cristãos e que, segundo seus próprios relatos, experimentara mais de uma conversão dramática. Quem poderia afirmar que sua conversão ao catolicismo era legítima ou duradoura? (O velho bispo da Numídia se recusara momentaneamente a ordená-lo novo bispo de Hipona, acusando-o de ser um "maniqueu dissimulado".)

Ao relatar sua odisseia pessoal, Agostinho se esforça ao máximo para dramatizar sua conversão ao cristianismo, exagerando a influência de Ambrósio e descrevendo uma improvável ruptura com seu passado, simbolizada pelo batismo recebido em 387. Por razões semelhantes, ele subestima a errância filosófica de sua juventude, minimizando sua fase maniqueia, evocando seu débito a Plotino através de alusões líricas, e não de citações diretas, e omitindo qualquer referência ao nome de Mânlio Teodoro.

Durante toda a obra, Agostinho enfatiza o papel desempenhado pela Providência Divina, em parte dirigindo-se diretamente a Deus: "O que sou então, Deus meu?"[62]

Agostinho representa um eu que, por ser incompleto e inacabado, é proteico, dividido e duvidoso até mesmo após sua conversão. Apenas através da contemplação, do pensamento, é que ele consegue se recobrar.

> Raciocinando, colhemos as ideias que a memória retém de maneira dispersa e desordenada. [...] Elas precisam ser reunidas [*cogenda*, de *cogo*] novamente, de forma a ser possível conhecê-las; ou seja, é preciso recolhê-las [*colligenda*] em seu estado de dispersão. Daí a palavra cogitar [*cogitare*].[63]

É necessário voltar o olhar ao passado e cogitar para que seja elaborada uma *narratio*, isto é, uma narrativa que relata [*narro*] os episódios de uma vida ao transformá-los, pelo recolhimento, num conjunto ponderadamente unificado.

Temos aí a origem da forma reflexiva encontrada no autorretrato agostiniano incluído nas *Confissões*: à luz de seu resoluto amor a Deus e com uma surpreendente consciência do papel desempenhado pela graça divina nos acontecimentos aparentemente caóticos de seu passado, Agostinho interpreta com consistência os episódios de sua vida anterior e cria, dessa forma, uma unidade narrativa. Essa interpretação em retrospecto consegue forjar uma unidade a partir de elementos de outro modo discrepantes: para criar o retrato de um cristão que ainda luta para se tornar moralmente irrepreensível, Agostinho une lembranças – dolorosas e jubilosas – de atos pecaminosos e de arrebatados momentos de revelação.

Nos anos que se seguiram ao término das *Confissões*, Agostinho produziu uma torrente de textos em prosa, proferindo incontáveis homilias e publicando uma série de ensaios, além de dois longos trabalhos de teologia sistemática: *Comentário literal ao Gênesis* e *A trindade*. Nessas obras, as reivindicações da razão se mostram estritamente limitadas, pois as premissas de seus argumentos são asseguradas apenas pela fé.

Embora os argumentos detalhados de sua teologia muitas vezes se mostrassem complexos, a vida que Agostinho levava como bispo de Hipona era um exemplo de simplicidade. Segundo Possídio, "seus trajes e alimentos, tal como sua roupa de cama, eram simples e adequados, não sendo nem ostentosos, nem especialmente pobres".[64] Evitando aparentar um ascetismo radical, ele desfrutava de bons jantares com seus convidados, em especial pelo prazer que sentia ao conversar sobre assuntos sérios. A fofoca, por sua vez, era estritamente proibida. Para preservar sua castidade,[65] ele não recebia visitas de mulher alguma, inclusive sua irmã, que professara seus próprios votos a fim de se tornar prioresa.

Por mais humilde que fosse seu regimento pessoal, o bispo de Hipona, motivado por seus deveres públicos, agora se via forçado a lidar (segundo afirma um de seus biógrafos) com "emoções que o abalavam intimamente: uma grande ambição, o gosto pelo elogio, a necessidade de dominar os outros e uma imensa sensibilidade ao insulto".⁶⁶ Ao contrário dos bispos medievais, Agostinho não herdara encargos singelos. Ele precisou lutar para estabelecer sua autoridade contra seitas religiosas rivais e contra outras fontes locais de apadrinhamento. Segundo Possídio, o bispo tentou mostrar pacientemente aos heréticos, "valendo-se de argumentos racionais, que eles deveriam mudar suas opiniões perversas ou, então, confrontá-lo em debates". No entanto, certos hereges se recusavam a discutir, afirmando que o bispo de Hipona não passava de um "lobo a ser abatido".⁶⁷

Como líder de uma igreja preparada para o confronto, Agostinho foi obrigado a retornar para a caverna dos homens comuns,⁶⁸ onde se sentia cada vez mais impelido a infundir hábitos e crenças que se assemelhavam ao máximo às virtudes e ao conhecimento outrora acessíveis somente a poucos sábios. Se havia servido para algo, o período de ceticismo que vivenciara na juventude o convencera de que algumas questões importantes, relacionadas às "realidades que não posso ver", *não* poderiam ser respondidas pela argumentação racional. Nesses casos, era "mais modesto, e de modo algum falacioso, crer no que dizia a Igreja".⁶⁹

Segundo confidenciou em carta a um de seus colegas, Agostinho continuou desorientado acerca da "maneira como devemos viver entre os homens". Ele sentia-se acossado pelos "enormes perigos" encontrados em meio a "uma gigantesca variedade de hábitos e pensamentos, dotados de inclinações e enfermidades que nossos olhos não veem". Porém, não havia dúvidas quanto ao seu objetivo: "Procurar a recompensa dos cidadãos e vassalos não de Roma, que encontra-se na terra, mas da Jerusalém celeste", trabalhando "com o zelo do amor" pelo "bem do próximo, de modo que ele possa viver com justiça a vida presente e, assim, obter aquela eterna."⁷⁰

Na prática, "o zelo do amor" podia ser um aterrorizante flagelo.

Durante o episcopado de Agostinho, ele e os outros bispos ordenaram a destruição de templos pagãos e a supressão de seus ritos. Em 405, ele apoiou o chamado Edito da Unidade, uma proclamação orwelliana que, na prática, abolia a Igreja Cristã Donatista de Numídia. O velho membro de uma seita perseguida se tornara um perseguidor sectário.

Anos depois, ele assistiu impassivelmente à epidemia de suicídios religiosos que se seguiu à derrota de seus antigos inimigos:

Vendo que Deus, através de uma disposição misteriosa mas justa, predestinou alguns ao castigo definitivo [*no fogo do inferno*], sem dúvida é melhor que uma esmagadora maioria de donatistas seja reunida e reingresse [na comunidade católica], [...] enquanto alguns perecem em suas próprias chamas.[71]

Pastor ciumento, Agostinho se tornou aquele que talvez seja o primeiro pensador a transformar a perseguição numa arte intelectual, tão brutal em sua eficácia teórica quanto poderia ser na prática. Em seus textos mais belicosos, ele empunhava as palavras como uma foice, golpeando os inimigos da única igreja verdadeira: maniqueus, donatistas, pelagianos – hereges culpados por heresias que, paradoxalmente, acabaram imortalizadas em incontáveis páginas de críticas agressivas e doutrinais, tão desagradáveis e lúgubres como qualquer coisa encontrada nas obras reunidas de Lenin.

Nos últimos anos da vida de Agostinho, foram os seguidores de Pelágio, leigo e asceta britânico, que despertaram sua fúria, talvez pelo fato de o próprio Pelágio ter sido em parte inspirado pelo perfeccionismo moral de seus primeiros diálogos cristãos. Enquanto Agostinho aos poucos se afastava de seu otimismo juvenil acerca da vontade e da razão humanas, adotando uma visão obscurecida que colocava o homem como dependente da graça de Deus, Pelágio expunha com segurança suas "regras para o comportamento e a conduta de uma vida santa", afirmando que a imitação mais rigorosa de Cristo se encontrava ao alcance "da capacidade e das ações da natureza humana",[72] sendo por isso uma obrigação do verdadeiro cristão.

A discórdia entre Agostinho e Pelágio culminou numa prolongada disputa. Entre outras coisas, ela girava em torno da interpretação de determinada frase da Epístola de Paulo aos Romanos: "Assim como o pecado entrou no mundo através de um homem, e pelo pecado a morte, também a morte se espalhou a todos, pois todos pecaram."

Pelágio afirmava que o trecho de Paulo não poderia ser citado como prova de que as Sagradas Escrituras limitavam a busca cristã pela perfeição moral, pois o batismo remitia o pecado de Adão. Esforçando-se energicamente, um bom cristão poderia ambicionar uma vida de perfeita virtude, semelhante à dos pagãos adeptos do estoicismo e do platonismo. Agostinho (renunciando implicitamente ao pensamento exposto em obras como *A vida feliz*) discordava com veemência.

O cristão batizado, por mais serena que fosse sua vida ascética e contemplativa, permaneceria incapaz. Viver de acordo com a ordem divina não era apenas questão de renunciar a si mesmo e de pensar corretamente, mas também de fé, de submissão a uma autoridade, de subordinação às escrituras consagradas e aos ritos adotados por uma comunidade de justos.

> Por essa razão é que afirmam as Escrituras: "O justo vive da fé." Por ainda não vermos nosso bem, devemos buscar pela crença. Não está em nosso poder viver justamente, a não ser que acreditemos e que rezemos pelo auxílio daquele que nos deu a fé de que necessitávamos para desejar este mesmo auxílio.[73]

De certa forma, essa era uma boa notícia. Afinal, a vida de contemplação e discussões filosóficas que haviam prescrito Sócrates, Platão, Plotino e o jovem Agostinho cristão não estava ao alcance da maioria das pessoas. Poucos tinham tempo livre, e cada um diferia grandemente dos outros em sua capacidade de raciocinar bem. Ao mesmo tempo, a busca da sabedoria através da oração e de profissões rituais era um caminho aberto a todos.

No entanto, apesar de igualitária, tal visão acabou por vir acompanhada de uma cláusula inquietante.

A intratabilidade do pecado original indicava que a sede pela sabedoria cristã jamais poderia ser mitigada durante a vida da alma mortal. O autoexame do mais sincero filósofo cristão poderia revelar algo sobre a verdade e a beleza de Deus, mas apenas por espelho, em enigma:

> Pois ninguém conhece outro tão intimamente quanto a si mesmo; ainda assim, ele é incapaz de conhecer a própria conduta futura. [...] A mente dos homens é tão desconhecida e instável que a exortação do apóstolo se mostra da mais alta sabedoria: "Portanto, não julgueis antes do tempo devido; aguardai o Senhor, que lançará luz ao que hoje é escondido e manifestará as intenções dos corações."[74]

No ano de 410, os godos saquearam Roma. "Se Roma pode perecer, o que há de seguro?", escreveu Jerônimo,[75] doutor da Igreja Católica. Em meio à atmosfera de pânico que se seguiu, Agostinho cada vez mais concluía que a doutrina cristã, se firmemente inculcada, poderia regular justamente o bem-estar das almas individuais e as comunidades políticas a que elas pertenciam. "Com Deus, os crimes que a muitos unem não passam sem penas, ao contrário do que frequentemente ocorre com reis ou quaisquer outros magistrados, que nada mais são do que homens."[76]

Agostinho não se acovardou diante da disciplina espiritual coerciva que essas visões implicavam. Até mesmo o medo era um sentimento que ele conduzia sem temor, pregando que a ira de Deus "chegará sem que sejais avisados".[77]

Segundo comenta Peter Brown, seu biógrafo moderno mais importante: "Os homens caídos acabaram por necessitar de moderação. Até mesmo as maiores façanhas humanas só foram possíveis em virtude de uma 'camisa de força' de contínuo rigor."[78]

Embora a carreira eclesiástica de Agostinho se estendesse por mais duas décadas, e embora ele exercesse uma crescente influência nos concílios da Igreja Oriental – uma vez que seus trabalhos começavam a ser traduzidos do latim para o grego –, não fica claro se ele pode, ou deveria, ser considerado um filósofo nos últimos anos de sua vida. Como bispo, ele tentou refrear e controlar a busca pela sabedoria. Além disso, o próprio conceito de "filosofia" deixava-o ambivalente.

Por um lado, em sua *A cidade de Deus*, Agostinho define o "verdadeiro filósofo" como "aquele que ama a Deus", reafirmando sua admiração por Platão e por alguns ensinamentos platônicos.

No entanto, ele também ridiculariza o neoplatônico Porfírio,[79] que criticara o cristianismo e afirmara (na interpretação de Agostinho) "que, das doutrinas estabelecidas pelas seitas filosóficas, nenhuma é capaz de oferecer um modo universal para libertar a alma". Inflado por seu orgulho, o platônico é incapaz de reconhecer o Único Caminho Verdadeiro, ainda que ele esteja bem diante dos seus olhos, na fé cristã que ele explicitamente rejeita. Não impressiona que Agostinho agora compare, desfavoravelmente, as intermináveis discórdias dos filósofos pagãos à "harmonia das Escrituras".[80] Além disso, ao final de *A cidade de Deus*, ele vai ainda mais longe, falando, com característico sarcasmo, sobre "o impressionante pensamento dos sábios".[81] Em seguida, lança mão de um trecho do Antigo Testamento: "O SENHOR conhece os pensamentos dos homens, que são vaidade."

Mais para o fim de sua vida, Agostinho revisou cronologicamente os livros que ditara e distribuíra, alguns quando ainda era um cristão leigo, alguns quando padre e, outros, quando bispo.

Sempre que encontrava algo que parecia contradizer sua atual compreensão da doutrina católica, ele repreendia a si mesmo e oferecia uma revisão ou retratação – daí o título *Retractationes*. "No que diz respeito à natureza do homem", comenta Agostinho ao refletir sobre os diálogos que escrevera quando jovem cristão platônico, não existe nela nada melhor do que a mente e a razão. Contudo, não é de acordo com a mente e a razão que deve viver quem deseja desfrutar de uma vida feliz; pois, neste caso, ele vive de acordo com o homem, quando a vida feliz só é alcançada *vivendo de acordo com Deus*. Para alcançar a felicidade, nossa mente não deve contentar-se consigo mesma, mas subordinar-se a Deus.[82]

Na passagem acima, temos a sensação de que Agostinho protesta demais – como se lutasse para subordinar a si mesmo e para silenciar a parte de si que, décadas antes, nas páginas de seu platônico *Solilóquios*, identificara como a "Razão".

Em 427, Agostinho terminou de comentar suas obras autorizadas. Dois anos depois, "com a vontade e permissão de Deus" – nas palavras do biógrafo Possídio[83] –, "afluíram da Espanha à África navios repletos de inimigos selvagens, armados com todos os tipos de instrumentos e treinados na arte da guerra". Após devastarem a Numídia, os vândalos sitiaram Hipona. Em uma refeição realizada durante o cerco, Agostinho disse aos seus monges:

> Rezo a Deus para que Ele consinta em libertar esta cidade sitiada; para que, caso não seja esta a Sua vontade, dê aos seus servos força suficiente para que suportem o que Ele deseja; ou para que, no que me diz respeito, leve-me deste mundo.[84]

Agostinho vivera o suficiente para ver "cidades arruinadas e destruídas, com seus cidadãos, habitantes e propriedades varridos por inimigos assassinos"; ele testemunhara "igrejas sem padres e ministros; santas virgens e ascetas em fuga, alguns sucumbindo à tortura, outros morrendo pela espada".[85]

Em busca de consolo no meio de tamanha catástrofe, o bispo de Hipona não recorria apenas às Sagradas Escrituras, mas também, segundo Possídio, à "máxima de certo sábio" – Plotino –, que declarara que o verdadeiro filósofo não sucumbirá ao desespero se construções tombarem e homens morrerem, uma vez que, "segundo afirmamos, ele deve julgar a morte superior à vida no corpo".[86]

Alguns meses depois, em 430, Agostinho adoeceu. Ao perceber que estava morrendo, o bispo de 76 anos pediu para que lhe deixassem sozinho com uma cópia dos Salmos afixada numa parede próxima à sua cama.

Quando acordado, Agostinho erguia os olhos, "olhava para eles e os lia, chorando copiosa e continuamente ao fazê-lo".[87] Quando não lia, rezava.

Segundo Possídio, Agostinho "não deixou testamento algum, pois, como pobre de Deus, não havia nada que pudesse deixar". No entanto, ele acabou por "ordenar terminantemente que a biblioteca da igreja e todos os seus livros fossem preservados, com cautela, para a posteridade".[88] Agostinho há muito ostentava um pequeno exército de escribas e estenógrafos, no intuito de registrar seus sermões e fazer cópias de suas cartas; ele se certificara de que transcrições de seus principais trabalhos fossem mantidas na biblioteca da igreja. Dessa forma, Possídio herdou um *corpus* textual vastíssimo, muito mais extenso do que o *corpus* deixado por Platão ou Plotino, assim como codificado de maneira mais autoritária (Agostinho é um dos poucos autores clássicos cujas obras formais o pesquisador moderno pode datar com alguma precisão).

"Ninguém é capaz de ler seus escritos de teologia sem tirar daí algum proveito", conclui Possídio,[89] que ainda assim julgava altamente improvável que alguém conseguisse ler tudo o que Agostinho escrevera – 93 trabalhos formais ao todo, sem contar seus sermões e cartas.

> Penso, contudo, que ninguém foi capaz de tirar proveito maior do que aqueles que tiveram a oportunidade de ouvi-lo na igreja, de vê-lo com os próprios olhos e, sobretudo, de conhecê-lo enquanto vivia em meio a seus companheiros; pois [...] também ele era um daqueles em que se cumpria seu texto: "Falai de tal modo e deste modo procedei."[90]

Quando de sua morte, Agostinho exercia uma autoridade temporal sobre a vida espiritual de um número relativamente pequeno de católicos, moradores de uma remota província localizada num império que se fragmentava. No entanto, uma vez que, com a ajuda de Possídio, o bispo procurara preservar suas principais obras para a posteridade, sua influência póstuma sobre o cristianismo se mostrou profunda, tanto na teoria quanto na prática. Agostinho propôs uma parte dos fundamentos conceituais que ajudaram a formar aquela que talvez tenha sido a comunidade de uma só crença mais poderosa da história: a Igreja Católica da Idade Média, a qual dominou a Europa Ocidental como uma teocracia abrangente – quiçá bastante totalitária – que não teve rivais em qualquer outro Estado religioso ou em qualquer nação secular unipartidária, fosse ela muçulmana ou comunista.

Esse modo de vida foi propositadamente unificado através de uma força repressória que não estava de acordo com a tolerante Academia de Platão, formada por mentes investigativas, mas com a sociedade idealmente justa concebida pela *República* platônica, administrada por uma elite de filósofos-reis especialmente treinada.

"Foi trágico o destino do cristianismo, de afastar da quietude da vida individual as experiências mais elevadas do coração humano, evocando, no processo, uma moralidade mecânica e a hipocrisia hierárquica." Tal é a opinião do historiador alemão Wilhelm Dilthey,[91] que lamenta tudo o que foi perdido.

Foi esse, portanto, o destino de Agostinho, cujas *Confissões* representam aquele que talvez seja o relato mais belo da mais elevada experiência do coração humano: desempenhar um papel de destaque nesse lamentável processo, ajudando a justificar uma disciplina espiritual monolítica que, por quase mil anos, asfixiou no Ocidente católico[92] às formas mais antigas de vida filosófica – aquelas mesmas formas que tornaram possível a odisseia espiritual do próprio Agostinho.

MONTAIGNE

Esboço de Montaigne (lápis sobre papel, c. 1590) de autoria de François Quesnel (1543-1619). Numa época de implacáveis batalhas religiosas, Montaigne clamava por misericórdia: "Não há homem tão bom que, com suas ações e pensamentos colocados à luz das leis, não mereça ser enforcado dez vezes em vida – embora puni-lo e assolá-lo seja demasiadamente pernicioso e injusto."[1]
(Bibliothèque des Arts Décoratifs, Paris, França/Archives Charmet/The Bridgeman Art Library International)

Durante muito tempo no Ocidente, homens de boa-vontade e fé sólida, em parte inspirados pelo exemplo de cristãos sábios como Agostinho, elaboraram uma série de crenças e condutas preservadas de forma mais ou menos rigorosa em comunidades que tentavam eliminar quaisquer alternativas. Aqueles que aspiravam à perfeição espiritual eram encorajados a pensar grande, na esperança de experimentarem um momento de visão, uma fusão arrebatadora com Deus.

"Eles desejam sair de si mesmos e fugir do homem", afirmou Michel de Montaigne ao falar sobre esses santos em potencial. "Isso é loucura." Essa ácida declaração encontra-se no livro que chamou de *Ensaios*, um expansivo registro de suas leituras e reflexões que tencionava testar, ou "examinar", a qualidade de várias práticas e crenças: "Em vez de se tornarem anjos, tornaram-se bestas; em vez de se erguerem, rebaixaram-se."[2]

Montaigne sabia o que estava dizendo. Ele testemunhava as hecatombes provocadas na França pela Reforma. De um lado encontravam-se os católicos leais à autoridade eclesiástica de Roma e à liderança espiritual do papa; do outro, uma variedade de congregações cristãs "reformadas", as quais afirmavam ser corrupta a autoridade do papado romano e que, em vez disso, admitiam formas novas e purificadas de louvor, todas associadas a líderes cristãos dissidentes, como os protestantes Martinho Lutero e João Calvino. O morticínio sacrificial organizado pelos fiéis cristãos dessas comunidades rivais ultrajava Montaigne. Com sua impiedosa clareza, elas revelavam uma dura verdade: como, na busca pela perfeita virtude, o ser humano era capaz de se tornar uma perfeita besta – e "não há besta no mundo", escreve, "a ser tão temida quanto o próprio homem".[3]

O penetrante comentário de Montaigne, incluído no único trabalho que publicou – os *Ensaios*, elaborados entre 1572 e 1592 –, valeu-lhe a posição de filósofo francês mais importante de seu tempo. Consistindo em 107 capítulos agrupados em três livros, os primeiros *Ensaios* têm como modelo, em parte, os breves escritos morais de Plutarco; os *Discursos sobre a primeira década de Tito Lívio* (1531), de Nicolau Maquiavel, uma série de reflexões históricas que analisam as virtudes cívicas e marciais próprias dos povos livres; e, por fim, a *Adagiorum opus* (ou *Adágios*) de Erasmo de Roterdã, expansivo comentário sobre provérbios famosos (tais como o "Conhece-te a ti mesmo") que veio a público, em dez edições, entre 1500 e 1536, tornando-se o trabalho mais popular daquele que talvez tenha sido o humanista cristão mais famoso do Renascimento.[4]

À medida que começava a escrever a sério, e à medida que continuava a incrementar os *Ensaios* como Erasmo incrementara seus *Adágios*, Montaigne se afastou de seus antecedentes clássicos e modernos. Dessa maneira, sua obra foi aos poucos se transformando numa inédita busca pelo autoconhecimento, a qual não era realizada através da leitura atenta de textos canônicos (embora ele cite vários trabalhos diferentes) nem da adesão a um conjunto de virtudes tradicional – fosse ele pagão, cristão ou maquiavélico –, mas através de uma descrição e de uma análise cada vez mais francas de si mesmo e do mundo por ele diretamente vivenciado.

"Sou eu mesmo o tema de meu livro", declara Montaigne.[5] Contudo, seus *Ensaios* revelam pouco do percurso exterior de sua vida, que o levara de uma carreira vulgar na política provinciana ao centro do poder político e cultural, em Paris. Em vez disso, Montaigne se debruça sobre a famosa máxima socrática – "Não julgais que ações são provas mais confiáveis do que palavras?" – e, em determinado momento, a inverte de maneira característica: "Minhas ações", escreve, "revelam mais sobre minha sorte do que sobre mim. [...] Não são meus feitos o que escrevo; sou eu mesmo, minha essência"[6] – uma essência considerada equivalente a seus pensamentos, inclinações e intenções, para ele representáveis independentemente de sua conduta exterior.

Apenas no século XIX é que os pesquisadores finalmente começaram a organizar os indícios da vida de Montaigne existentes fora de seus *Ensaios*. Os documentos que restaram incluem um diário de viagem do filósofo, descoberto no século XVIII, e um punhado de cartas (são 39 no total). Embora nossas informações sejam incompletas, o perfil de sua vida, tanto a pública quanto a privada, é bastante claro.[7]

Michel de Montaigne nasceu em 1533 no Château de Montaigne, propriedade de sua família localizada 50 quilômetros ao leste da cidade portuária de Bordeaux. Seu bisavô paterno, mercador próspero que comprava e vendia vinhos, peixes e corante índigo, adquirira o castelo três gerações antes. A família floresceu nas décadas que se seguiram. Porém, o primeiro membro a alcançar as virtudes cívicas e marciais adequadas a um homem nobre foi o pai de Michel, Pierre Eyquem de Montaigne.

Pierre lutara com o exército francês na Itália. Em seguida, trabalhou como magistrado em Bordeaux e, durante dois anos, como prefeito da cidade. A mãe de Montaigne, Antoinette de Louppes de Villeneuve, pertencia a uma família igualmente próspera e proeminente. No entanto, ao contrário dos Eyquem, os Louppes eram marranos: judeus espanhóis que haviam sido forçados a se converter ao cristianismo e que, durante a Inquisição, fugiram para cidades europeias mais acolhedoras, como Bordeaux, na França, e Amsterdã, em Flandres.

Michel era o terceiro de dez filhos, mas o primeiro a sobreviver à infância. Aquela era uma família grande e de convicções religiosas variadas. Seu irmão Thomas, um ano mais novo, assim como sua irmã Jeanne, que nascera três anos antes, haviam se convertido ao protestantismo, enquanto Michel continuava católico praticante.

Seus irmãos faziam parte de um movimento mais amplo, ocorrido em Bordeaux e arredores. Críticas à corrupção da Igreja Romana estimularam o rápido crescimento de congregações calvinistas. Em 1561, segundo estima certo historiador, havia 7 mil protestantes numa cidade com cerca de 50 mil pessoas.

Nessa época, as congregações calvinistas haviam se espalhado por toda a França. Tentativas de conciliar diferenças doutrinárias fracassavam repetidamente, e esforços para reprimir a heresia apenas criavam mártires e mais violência. Católicos queimavam calvinistas na fogueira. Protestantes incendiavam igrejas católicas.

Assustados com a aparente incapacidade da corte francesa em controlar a desordem crescente, voluntários católicos liderados por François de Guise decidiram fazer justiça com as próprias mãos, assassinando, em 1562, vinte protestantes que haviam se reunido ilegalmente para realizar seu culto. Dessa forma, iniciou-se uma guerra civil entre católicos e huguenotes[8] (assim eram chamados os calvinistas franceses) que perduraria de maneira esporádica ao longo de toda a vida de Montaigne, terminando apenas com a chamada Paz de Alès, em 1629.

Embora os pais de Montaigne fossem católicos leais, eles concordavam que a religião era uma questão pessoal e que as pessoas deveriam ser livres para seguir o que a própria consciência mandava. Apesar das diferenças de crença, a família estendida permanecia amistosa entre si.

Como a boa-fé de um marrano como sua mãe era frequentemente questionada – e há provas de que outros membros de sua família materna abjuraram suas conversões ao cristianismo e retornaram à fé de seus ancestrais –, é possível que, segundo a lei matrilinear judaica, Montaigne fosse visto como judeu,[9] embora não haja evidências de que sua mãe fosse uma cristã dissimulada e embora o próprio Montaigne fosse católico romano por criação, costume e convicção.

Montaigne certamente sabia o básico sobre a linhagem de sua mãe. No entanto, ele não achava que isso tivesse implicações relevantes. Afinal, segundo ele mesmo afirma numa espinhosa passagem dos *Ensaios*, "os costumes e o passar do tempo são conselheiros muito mais fortes do que qualquer outra compulsão".[10]

O pai de Montaigne, que supervisionava pessoalmente a educação do filho, certificou-se de que o menino se embeberia nos clássicos da Antiguidade pagã. Quando Montaigne mostrou-se amadurecido o suficiente para começar a ler, seu pai contratou um tutor latino que dormia em sua casa, de modo a expor o jovem tão somente à literatura latina e a inculcar nele a língua "sem meios artificiais, sem livros, sem qualquer gramática ou preceito".[11]

Após submeter-se a esse regime por vários anos, Montaigne foi enviado para Bordeaux, a fim de estudar no Collège de Guyenne, escola recém-fundada em que ele absorveria sua erudição clássica e o combativo espírito introspectivo ("devemos travar guerras conosco"[12]) defendido por humanistas cristãos como Erasmo (c. 1469-1536). Uma vez que seu pai criava o filho mais velho para a carreira de magistrado e de soldado, Montaigne em seguida estudou direito,[13] provavelmente passando a maior parte de sua adolescência na Universidade de Toulouse.

Mais ou menos na época em que completou 21 anos de idade, Montaigne herdou do pai (ou talvez do tio) um cargo na Cour des Aides de Périgueux, recentemente fundada para ser o novo braço judicial do rei. Os advogados que ocupavam o posto recebiam um salário que era complementado pelos encargos cobrados de todos os envolvidos em disputas judiciais. No ano de 1557, a nova corte foi dissolvida e seus membros, incorporados ao Parlamento de Bordeaux, onde Montaigne trabalhou por mais de 13 anos como *conseiller* (ou magistrado).

O parlamento de Bordeaux era uma das oito instituições (localizadas em Paris, Toulouse, Grenoble, Dijon, Rouen, Aix e Rennes) que, juntas, constituíam a corte judicial mais importante da França. Como na época as discórdias religiosas cresciam e o poder do rei se abrandava, magistrados de vários parlamentos franceses desempenhavam um papel importante não apenas na administração da justiça, mas também na execução de editos reais e na formulação de políticas públicas.

Montaigne, quando jovem, parece ter sido um súdito leal. Na década de 1560, ele algumas vezes trabalhou como embaixador do Parlamento de Bordeaux na corte real em Paris. No retrato de si mesmo encontrado nos *Ensaios*, Montaigne descreve um homem de comportamento casual, nada meticuloso no que diz respeito ao vestuário e às normas de conduta. Inquieto por natureza, ele acha difícil ficar parado. "Tenho aversão à autoridade", escreve,[14] e sua aversão se estende à disciplina exigida pelo autocontrole perfeito. Montaigne às vezes é impulsivo. Além disso, a liberdade que tanto estima – a franqueza de seu discurso – às vezes o faz parecer indiscreto.

Magistrado com acesso à corte de Paris, Montaigne passou a conhecer por dentro como a administração legislativa funcionava – uma experiência que não lhe permitia ilusões. "Agora, não é por serem justas que as leis recebem crédito, mas por serem leis", observa sarcasticamente nos *Ensaios*.[15]

> Tal é a fundação mística de sua autoridade; não há qualquer outra. E isso lhes é algo positivo. Elas muitas vezes são elaboradas por tolos e, com ainda mais frequência, por pessoas que desejam a equidade ao odiar a igualdade; no entanto, são sempre elaboradas por homens, autores vãos e hesitantes.[16]

Ainda assim, nem todo magistrado era tolo. Foi isso o que Montaigne descobriu quando conheceu o jovem que se tornaria a figura mais importante de sua vida: Étienne de La Boétie (1530-1563). Dois anos e meio mais velho que Montaigne, La Boétie era um verdadeiro renascentista,[17] um erudito formado pela Universidade de Orléans, onde o estudo do direito era visto como faceta da ampla busca pela sabedoria (e onde, em 1559, seu primeiro professor seria queimado na fogueira, acusado de ser um herege huguenote).

Aos 18 anos, La Boétie escrevera o *Discurso da servidão voluntária*, dissertação contra a tirania então ensinada que demonstrava a familiaridade do autor com Platão, Aristóteles, Tácito, Dante, Thomas More, Erasmo e Maquiavel, entre outras autoridades do mundo antigo e moderno. Nos anos que se seguiram, o discurso de La Boétie circulou amplamente entre os magistrados de Bordeaux. O próprio Montaigne relata a admiração juvenil que sentia diante da impressionante retórica da obra.

Aquele era, para a época, um trabalho bastante radical, recheado com o tipo de discurso franco que Montaigne mesmo admirava. Embora La Boétie fosse explícito ao absolver a monarquia francesa de qualquer traço de tirania, seu depoimento contra os regimes despóticos era avassalador. Como percebemos pelo título, seu alvo não era apenas os tiranos, mas a servidão dos cidadãos comuns – o que Kant, posteriormente, chamaria de "imaturidade autoimposta".[18] Sem a cumplicidade de súditos inertes, a tirania não poderia sobreviver.

Em algum momento entre o final de 1557 e os primeiros meses de 1559, Montaigne encontrou La Boétie pela primeira vez. Os dois se tornaram almas gêmeas, unidos, de maneira semelhante a Sêneca e Lucílio, por um amor mútuo à sabedoria – assim como por um amor mútuo à alma do outro, tal como aquele amor platônico expresso por Sócrates em relação a Alcibíades.

"Em especial no que diz respeito aos dons naturais, desconheço alguém capaz de ser comparado a ele", comenta Montaigne em seus *Ensaios*. "Se me forçarem a dizer por que o amo, sinto que não há como expressá-lo, exceto com a resposta: porque era ele, porque era eu." [19]

Essas declarações foram incluídas no ensaio "Da amizade", no qual Montaigne não mede palavras para exprimir o que sente. O fervor de seu sentimento era correspondido por La Boétie, que dedicou vários poemas ao amigo. Num deles, ele compara o jovem a Alcibíades, sugerindo que, ao desempenhar o papel de Sócrates com o Alcibíades que era Montaigne, seu amigo poderia aprender como deixar a razão, e não os impulsos, orientar sua vida.

Dessa forma, La Boétie iniciava Montaigne numa "filosofia" compreendida como um modo de vida, e não como um catálogo de doutrinas.

Para alguns,[20] a filosofia da época de Montaigne permanecia igual à da Idade Média: uma vocação especializada geralmente restrita às universidades, praticada sob a direção do clero católico e organizada ao redor da leitura atenta de um pequeno conjunto de textos consagrados (sobretudo de Aristóteles) e de comentários autoritários sobre eles (sobretudo de Tomás de Aquino). Porém, para muitos outros, a "filosofia" agora estava ligada à rejeição dessa abordagem escolástica por parte de importantes figuras renascentistas do fim do século XV. Em Florença, Marsilio Ficino (1433-1499) apelava para as obras de Agostinho, Plotino e Platão, concebendo-as como representativas de uma tradição moral mais refinada do que a aristotélica, defendida por Tomás. Erasmo, um dos primeiros editores críticos do Novo Testamento, afirmara algo semelhante, dizendo que o verdadeiro filósofo não é o erudito em seu escritório, mas aquele que busca a sabedoria na prática, tentando imitar Sócrates... ou Jesus.[21]

O renascimento da leitura do grego entre humanistas como Ficino, Pico della Mirandola, Erasmo e Thomas More culminou na redescoberta, durante o período renascentista, de outras grandes seitas filosóficas da Antiguidade clássica: a escola estoica de Zenão e de Sêneca, Epiteto e Marco Aurélio, seus seguidores; a escola cética de Pirro, para a qual a tranquilidade da alma só seria alcançada se deixássemos de julgar a veracidade de crenças fundamentais e interminavelmente questionáveis; e a escola materialista de Epicuro, com seus discípulos que se reconfortavam ao contemplar a infinita variedade do cosmos criado e que pregavam uma ética que envolvia o desfrute moderado de prazeres corporais (evitando, assim, as formas mais radicais de renúncia estimadas pelas tradições cristãs e platônicas). Era a antiga concepção de vida filosófica defendida por essas seitas que La Boétie procurava emular – e também instilar em seu amigo Michel.

Porém, ao contrário do Sêneca tardio, nenhum daqueles dois homens tinha qualquer interesse em se afastar da vida pública e dos assuntos do mundo. Ao contrário, La Boétie e Montaigne, como membros ativos do Parlamento de Bordeaux, eram obrigados a estar no meio dos problemas políticos e religiosos que cada vez mais acometiam o reino. Um número crescente de franceses – incluindo muitos que ambos conheciam bem – abraçava a causa protestante. O rei oscilava entre a conciliação e a repressão. O resultado foi um

> confuso lamaçal de facções da corte; de inúmeros atores principais e secundários; de uma série aparentemente interminável de acordos de paz, seguidos por novas batalhas; e de intrigas diplomáticas grotescas em quase todos os Estados da Europa Ocidental.[22]

La Boétie, que já era um dos negociadores de maior sucesso no Parlamento de Bordeaux, mergulhou de cabeça nessa confusão. Como Montaigne, ele era moderado e legalista, apoiando a monarquia e a igreja oficial. A fim de impedir que algum huguenote alcançasse o poder em Bordeaux, La Boétie ajudou o Parlamento a convocar um exército de duzentos homens. Alguns meses depois de, em janeiro de 1562, o rei ter publicado mais um dos recorrentes decretos destinados a subjugar a violência protestante – garantindo aos huguenotes maior liberdade de culto –, ele elaborou um memorando criticando o edito. La Boétie declarava que uma nação com dois corpos religiosos diferentes acabaria por sucumbir à desordem e ao derramamento de sangue. A única solução, concluiu, seria uma Igreja Católica reformada não por líderes católicos ou por cristãos dissidentes, mas pelo rei, agindo de comum acordo com os parlamentos. (É frequentemente especulado que Montaigne concordava em grande parte com os argumentos pragmáticos de La Boétie a favor da monarquia parlamentar e da unidade religiosa.)

Em 1563, para reprimir um motim protestante, La Boétie acompanhou tropas enviadas de Bordeaux à cidade de Agen.[23] Ele convenceu os rebeldes locais a abandonarem as armas, evitando assim novos atos de violência. La Boétie também contraiu disenteria.

Quando Montaigne convidou o amigo para jantar em agosto de 1563, descobriu que sua saúde era frágil. Nos dias que se seguiram, fez-se presença constante à cabeceira de La Boétie, que, ao perceber que não sobreviveria, elaborou um testamento na frente de sua esposa, seu tio e Montaigne. Nele, cuidou da subsistência de sua família e deixou sua biblioteca para o amigo.

Numa carta enviada a seu pai logo após a morte de La Boétie, Montaigne relata várias de suas últimas conversas. Em determinada ocasião, Montaigne, maravilhado com a "grandeza da alma" de La Boétie em seus períodos de dificuldade, jurou que "aquilo me serviria de exemplo, sendo algo que eu, por minha vez, também realizaria".[24] La Boétie implorou para que Montaigne o imitasse apenas naquilo,

> a fim de mostrar com ações que os colóquios travados quando éramos saudáveis não foram apenas transmitidos por nossas bocas, mas profundamente gravados em nossos corações e almas, de modo a serem executados nas primeiras ocasiões possíveis; a isso acrescentou que era este o verdadeiro objetivo de nossos estudos e da filosofia.[25]

A morte de La Boétie deixou Montaigne devastado. Acometido pela dor, ele começou a preparar a publicação de tudo o que o amigo escrevera, ao mesmo tempo em que sucumbia à pressão de seu pai em dois pontos: concordando com um casamento arranjado e aceitando traduzir para o francês um longo tratado intitulado *Teologia natural*, de autoria de um esquecido monge do século XV chamado Raymond Sebond.

Sua vida exterior naqueles anos aparenta civilidade e decoro. Quando da morte de seu pai, em 1568, Michel, o filho mais velho, no alto de seus 34 anos, tornou-se o chefe da família e herdou a mansão familiar, passando o resto de sua vida com sua mãe viúva, no Château de Montaigne. Nos meses seguintes, publicou seus primeiros textos: uma dedicatória a seu pai incluída na *Teologia natural*, de Sebond, e seis prefácios escritos para meia dúzia de trabalhos de La Boétie – dois livros de poemas e quatro traduções.

Como nobre de recursos independentes, Montaigne agora se via livre para se dedicar exclusivamente à vida filosófica. Em 1570, ele renunciou ao Parlamento. Alguns meses depois, solenizou sua opção pela "aposentadoria" com uma inscrição latina na parede de sua biblioteca:

> No ano de Cristo de 1571, aos 38 anos, no último dia de fevereiro, seu aniversário natalício, Michel de Montaigne, há muito cansado da servidão da corte e dos ofícios públicos, mas ainda dotado de vigor, recolheu-se no seio das Musas, onde sereno e livre de toda preocupação passará o pouco que resta de sua vida já adiantada. Se assim permitir o destino, complete ele

esta residência e refúgio ancestral, consagrada à própria liberdade, à própria tranquilidade e ao ócio.²⁶

Foi nesse contexto – isolado de sua esposa e de sua família, sozinho numa biblioteca abarrotada com os livros de seu amigo La Boétie e talvez ainda de luto – que Montaigne deu início a seu novo projeto. "Um estado de espírito melancólico", afirmou posteriormente, "foi o que colocou em minha cabeça o devaneio de envolver-me com a escrita. Então, estando eu completamente desprovido de qualquer outra questão, apresentei-me a mim mesmo para análise e discussão."²⁷ Segundo esse relato, os *Ensaios* haviam sido concebidos para melhorar seu ânimo e dar continuidade à busca pela sabedoria que iniciara ao lado de La Boétie.

Recolhendo-se em sua biblioteca, uma das primeiras coisas que Montaigne fez foi inscrever nas paredes um texto em homenagem ao amigo:

[*À sombra de Étienne de La Boétie*], o companheiro mais tenro, doce e próximo que nosso tempo já viu, o mais erudito, encantador, até mesmo o mais perfeito, Michel de Montaigne, miseravelmente despojado de tão caro auxílio, recordando-se do mútuo amor e estima que a ambos unia, desejando erguer um singular monumento e incapaz de fazê-lo de maneira mais significativa, dedicou este excelente instrumento para a mente.²⁸

Sem ter um companheiro vivo com quem conversar, Montaigne deu início a uma espécie de solilóquio filosófico, isto é, um longo colóquio consigo mesmo. "Viver é meu trabalho e minha arte", declara.²⁹ E, tal como Sêneca aconselhara Lucílio através de uma série de cartas, Montaigne começou a elaborar uma gama de textos curtos, travando consigo mesmo um tipo de correspondência que poderia ajudá-lo a "conhecer a si próprio, assim como viver e morrer bem".³⁰ Um de seus motes era *Sapere aude* – ouse saber (frase que pertence a Horácio e que foi citada por Kant dois séculos depois, na famosa abertura de seu ensaio "O que é o iluminismo?").

Contudo, por mais que ousasse – e tudo o que Montaigne faz ao escrever é ousar –, o homem seria mesmo capaz de "conhecer a si próprio"? Caso sim, de que forma?

Se era preciso viver sob o governo da razão, que conjunto de crenças e práticas racionais deveria ser escolhido diante das várias opções filosóficas oferecidas? Que modelo deveria ser emulado? Sócrates? Sêneca? Um filósofo cristão como Agostinho? Ou, ainda mais próximo, um amigo querido como La Boétie? "Sua mente fora modelada segundo padrões de outros séculos", observa Montaigne[31] ao falar do antigo companheiro em seus *Ensaios*. Além disso, em carta enviada ao seu pai, ele descreve a vida do amigo como a de um estoico exemplar: "[...] majestosa, virtuosa e repleta de uma determinação demasiadamente segura."[32]

Ainda assim, quanto mais lia e escrevia, mais dúvidas surgiam na cabeça de Montaigne: dúvidas sobre a capacidade que a razão tinha de regular as paixões humanas, dúvidas sobre as virtudes do estoicismo, dúvidas sobre o porquê de examinar a si próprio sob os modelos do humanismo cristão,[33] para o qual a salvação seria alcançada através de uma fé firme nas Sagradas Escrituras e de uma aproximação cada vez maior de Deus, realizada por meio de exercícios espirituais neoplatônicos.

Ao mesmo tempo, o mundo trazia acontecimentos que o forçavam a ponderar as consequências do reavivado conflito religioso que se espalhava pela França. Durante o final do verão e o outono de 1572, um surto de violência varreu o país. No dia 22 de agosto, um punhado de assassinos se envolveu na malograda tentativa de matar o líder huguenote Gaspard de Coligny. Com medo de que as forças protestantes exigissem vingança, em especial no sul da França, Henri de Guise convenceu o rei Carlos IX e sua mãe, Catarina de Médici, a autorizar um segundo ataque dois dias depois, no dia de são Bartolomeu. Dessa vez, um grupo maior de homens armados conseguiu assassinar dezenas de líderes huguenotes que se reuniam em Paris para o casamento dinástico do protestante Henrique de Navarra com Margarida de Valois, irmã católica do rei.

Quanto mais a notícia do massacre se espalhava, mais protestantes eram assassinados espontaneamente por católicos, totalizando cerca de duas mil mortes apenas em Paris. Ao longo dos dois meses seguintes, massacres semelhantes se deram em Orléans, Lyon, Rouen, Toulouse e Bordeaux, custando a vida de mais três mil protestantes.

O único huguenote nobre a sobreviver foi Henrique de Navarra. Para resguardar sua vida, ele fora obrigado a abjurar publicamente o calvinismo, sendo então mantido em prisão domiciliar na corte do rei, ao lado de sua nova esposa.

Nas semanas e meses subsequentes, incontáveis huguenotes temerosos acorreram aos padres locais e pediram para serem batizados novamente como católicos. Contudo, essas conversões forçadas inevitavelmente suscitaram dúvidas, semelhantes àquelas que haviam molestado judeus – incluindo a própria mão de Montaigne – convertidos ao catolicismo. Num mundo em que a sobrevivência exigia a dissimulação, tornou-se impossível saber quem era amigo e quem era inimigo – e mais difícil ainda era a sensação elementar de confiança entre membros de comunidades religiosas rivais.

O Massacre do Dia de São Bartolomeu culminou no recomeço da guerra civil na França. Como membro titulado da nobreza, Montaigne tinha o direito – e o dever – de empunhar armas no exército do rei.[34] Ele sem dúvidas serviu como soldado naqueles anos, embora não saibamos precisamente onde e quando combateu.

Segundo Jacques-Auguste de Thou (1533-1617), o mais confiável historiador contemporâneo das guerras religiosas francesas, Montaigne também precisou atuar como negociador. Posteriormente, ele veio a se tornar amigo de De Thou e, certa feita, disse-lhe que tentara fazer a mediação entre Henrique de Navarra e Henri de Guise. Aparentemente, seus esforços diplomáticos se deram em Paris entre 1572 e 1576, quando Henrique se encontrava em prisão domiciliar.

Dadas as personalidades em questão, o mediador Montaigne tinha um desafio impossível à sua frente. Além de adotar o calvinismo, Henrique de Navarra era um primo distante do rei e o segundo na linha de sucessão; como governante de Navarra, também era nominalmente responsável por garantir a ordem e o cumprimento das leis no sudoeste da França. Guise, ao contrário, não tinha sangue real, tornando-se insubstituível na monarquia em virtude de seu militante antiprotestantismo e de sua liderança, após 1576, na Liga Santa, milícia de eficácia assustadora que se encontrava vagamente vinculada à Coroa (uma vez que Guise servia ao rei como seu principal general). Para complicar ainda mais as coisas, a noiva de Henrique, Margarida de Valois, era uma católica praticante que outrora estimara Henri de Guise. Seu casamento era um casamento de conveniência dinástica, marcado pela infidelidade de ambas as partes nos anos que se seguiram.

Montaigne possuía alguma experiência como diplomata. No entanto, em virtude do derramamento de sangue que se dera no dia de são Bartolomeu, era possível prever que nenhum dos lados confiaria no outro. Aqui, o que mais surpreende é a convicção de Montaigne relatada por De Thou:[35] para ele, tanto Henrique quanto Guise estavam usando sua crença religiosa como "pretexto ilusório", no intuito de promover suas agendas políticas concorrentes.

De todo modo, Henrique conseguiu escapar de Paris em 1576. Logo em seguida, retornou ao calvinismo e tomou o controle das forças huguenotes de seu baluarte, na Gasconha.

Nos anos subsequentes, manifestos e panfletos protestantes começaram a emanar das prensas. Huguenotes difundiam o texto de uma constituição antimonárquica, baseada na livre eleição de líderes protestantes em cada região controlada por seus membros. Um dos livros mais distribuídos do protestantismo naqueles anos era as *Mémoires de l'etat de France sous Charles neufièsme*, obra organizada por Simon Goulart (m. 1628) – huguenote francês exilado em Genebra – e que compilava documentos e histórias fantásticas sobre os vilões e os heróis martirizados no Massacre do Dia de São Bartolomeu.[36] O volume incluía uma versão francesa completa, e publicada sem atribuição, do vigoroso *Discurso da servidão voluntária* – aparentemente porque representava um argumento persuasivo em prol da resistência à soberania ditatorial, que reprimia tanto a liberdade de culto quanto a liberdade de consciência.

Montaigne há muito planejava incluir o texto completo do *Discurso* de La Boétie em seus *Ensaios*, mais especificamente no capítulo "Da amizade". Porém, depois que, em 1579, o Parlamento de Bordeaux queimou cópias das *Memóires de l'état de France*, seus planos foram alterados.[37] O capítulo sobre a amizade, assim como seus elogios a La Boétie, foram publicados sem revisão. E, em vez de imprimir novamente o *Discurso*, Montaigne formulou uma conclusão nova e délfica, declarando aos leitores que decidira omitir o texto no último minuto "para que a memória de seu autor não fosse prejudicada". Montaigne declara que "jamais houve cidadão melhor, mais dedicado à tranquilidade de seu país ou mais hostil à baderna e às inovações de seu tempo"[38] do que o autor do *Discurso*. No entanto, e de maneira gratuita, ele acrescenta que, se La Boétie pudesse ter escolhido onde nascer, certamente não optaria pela França, mas por Veneza – uma república, não uma monarquia.

Como o exemplo sugere, Montaigne era um mestre da crítica indireta[39] – nesse caso, censurava a incineração do tratado libertário de seu amigo. Aparentemente, ele sustenta devoções conservadoras, ao mesmo tempo em que semeia dúvidas acerca daquilo em que de fato acredita.

Esse estilo peculiarmente indireto – marcado por declarações contraditórias, por conclusões desconexas e por linhas paradoxais, repletas de discussões aparentes – alcança seu ponto máximo naquele que é, de longe, o texto mais longo dos *Ensaios* de Montaigne: a "Apologia de Raymond Sebond". Pesquisadores modernos estão de acordo[40] ao afirmar que esse capítulo foi escrito a pedido de Margarida de Valois, provavelmente depois de ela ter retornado para Henrique de Navarra, em 1578, e visto a si mesma rodeada por protestantes ansiosos para que renunciasse ao catolicismo.

Em quase todos os aspectos possíveis, o extenso ensaio de Montaigne representa a antítese das apologias mais famosas da tradição filosófica. Sócrates defendera a si mesmo reconhecendo sua integridade e afirmando sua aversão à retórica pura e simples; ele se comprometera a representar a si próprio como de fato era e a mostrar como suas crenças estavam em perfeita harmonia com suas atitudes, as quais eram ao mesmo tempo impecáveis e completamente consistentes.

Montaigne, por sua vez, se oferece como representante autonomeado de Sebond, defendendo-o por escrito. A defesa apresentada é, na melhor das hipóteses, irônica. Em sua torrente de palavras, encontramos praticamente todo recurso retórico concebível, às vezes usado sem qualquer motivo aparente. De tempos em tempos, não sabemos mais se a apologia deve ser levada a sério ou se ela tem como objetivo uma crítica velada. O texto se mostra intricado e muitas vezes confuso, destinado não a um júri de iguais, mas a leitores perspicazes o bastante para decifrar suas numerosas contradições e sofismas.

Como os pesquisadores modernos já indicaram,[41] é possível construir, a partir de versões esquematizadas com argumentos mais ou menos coerentes, uma série de traçados plausíveis para essa apologia de Sebond. A *Teologia natural*, vertida do latim para o francês por Montaigne, tinha como objetivo demonstrar a harmonia entre razão e fé, arregimentando fundamentos lógicos e indícios diretos obtidos no "livro da natureza", de modo a fazer com que até mesmo o desconhecedor da Bíblia reconhecesse a ordem divina do cosmos. Assim, a obra alardeava um caminho completamente racional em direção à verdade do cristianismo revelado.

Em sua própria "Apologia", Montaigne opta por responder duas objeções importantes levantadas pelo tratado de Sebond: primeiro, a de que o cristianismo não deveria se basear na razão ou em indícios empíricos, mas somente na fé; e, depois, a de que os argumentos e os indícios de Sebond são fracos e pouco convincentes.

Certo filósofo moderno exprimiu de maneira concisa a irônica natureza da resposta de Montaigne à primeira objeção:

> No intuito de "defender" a tese de Sebond que afirmava que as verdades de fé podem ser demonstradas racionalmente, Montaigne primeiro fez da fé pura a pedra angular da religião; em seguida, disse serem de segunda categoria os esforços de Sebond, úteis apenas depois, e não antes da aceitação de Deus.[42]

O raciocínio assim resumido é ao mesmo tempo coerente e perverso, uma vez que a premissa dessa defesa parece solapar por completo o projeto de Sebond.

Semelhantemente perversa é a resposta de Montaigne à segunda objeção do tratado. Ele começa por admitir as fraquezas de seus argumentos e de suas provas empíricas. Em seguida, defende essas debilidades, afirmando que ninguém possui argumentos ou provas melhores e que "ninguém pode alcançar certeza alguma por meio da razão".[43]

Apesar de alguns leitores atentos se mostrarem capazes de extrair raciocínios coerentes deste que parece ser um texto irremediavelmente confuso e desconexo, até hoje não há consenso algum acerca dos objetivos que Montaigne poderia ter ao se expressar de maneira tão singular.

Teria ele desejado defender de fato a fé cristã? Ou será que, a partir da natureza convoluta e do matiz cético de sua prosa, devemos compreender que Montaigne na verdade duvidava *de tudo*, até mesmo da ortodoxia católica (a qual, então, apenas fingia defender)?

Ao menos uma coisa é clara: o estilo da escrita de Montaigne gerou um texto radicalmente aberto, algo que poderia ser lido de variadas formas. Encontrada no meio da "Apologia de Raymond Sebond", uma passagem característica se mostra marcada por uma advertência paradoxal, no intuito de fazer com que um destinatário específico – pelo que parece, Margarida de Valois – ignorasse os extraordinários argumentos que o próprio Montaigne acabara de repetir:

> Nossa mente é um instrumento errático, perigoso e omisso; é difícil ordená-la e moderá-la. Em nossa época, aqueles que por rara excelência e extraordinária perspicácia excedem os outros desregraram-se na licenciosidade de suas opiniões e condutas. É milagre encontrar alguém ponderado e sociável. As pessoas estão certas quando impõem, à mente humana, os mais estanques obstáculos. Nos estudos, tal como em tudo o mais, os passos devem ser contados e regulados; os limites da busca devem ser artificialmente limitados. Eles são embridados e atados com a religião, as leis, os costumes, a ciência, os preceitos, as penas mortais e imortais; ainda assim, vemos que de todos os obstáculos ela escapa com sua falta de coesão e seus torvelinhos. É um corpo vazio, sem nada pelo qual possa ser capturada ou orientada; um corpo multiforme, sem ter por onde se pegar. De fato, são bem poucas as almas a que, tão ordenadas, fortes e nobres, pode ser confiado seu próprio governo, de modo que ainda sejam capazes de navegar com moderação e sem temeridades na liberdade de seus juízos, para além das ideias comumente professadas. É mais seguro colocá-las sob tutela. A mente é uma adaga perigosa, até mesmo para quem dela desfruta, quando não utilizada com ordem e discrição.[44]

O que Montaigne quer dizer com essa passagem? Por um lado, ele diz que "eles" (eles quem?) reprimem e atam a mente, sugerindo que "as pessoas estão certas" ao fazê-lo. Por outro, falando implicitamente sobre si mesmo, ele descreve a mente como vazia, desprovida de algo "pelo qual possa ser capturada ou orientada". Se essa última afirmação for verdadeira, é preciso questionar o porquê de reprimir e atar um "corpo multiforme".

Além disso, lemos que a mente é uma arma poderosa quando não utilizada "com ordem". No entanto, esse trecho é encontrado numa passagem que é, por si só, desordenada. Em vez de fornecer um conciso resumo de preceitos ou um conjunto de afirmações claras acerca de problemas fundamentais da fé – o que esperaríamos de alguém que se encontra sinceramente interessado em colocar o público "sob tutela" e em consolidar "os mais estanques obstáculos" à mente humana –, Montaigne oferece ao leitor uma miscelânea informe de contradições e de associações livres, uma passagem repleta de "falta de coesão e torvelinhos" cujo significado... ignoramos.

É possível recordar o lema pessoal de Montaigne: *Que sais-je?* (O que sei?), pergunta que paira sobre cada página de seus *Ensaios*. A fim de respondê-la, o autor lentamente rejeita sua antiga tentativa de imitar figuras exemplares da Antiguidade ou, até mesmo, a retidão estoica de La Boétie, seu amigo humanista.

Em vez disso, Montaigne volta-se para si mesmo e decide ser seu próprio objeto de estudo, descrevendo com franqueza a mutabilidade e as vicissitudes de seu juízo e comportamento. Para isso, mexe com diferentes formas de pensamento e conduz sua investigação através de uma escrita que não é um fim em si, mas um meio de testar suas crenças sem qualquer pressuposto ou qualquer propósito narrativo, construindo um novo eu, portanto, através de uma representação espontânea dos próprios pensamentos: "Dediquei todos os meus esforços à formação de minha vida. É este o meu trabalho e minha ocupação."[45]

Apesar da originalidade formal e estilística de sua obra, Montaigne não teve muito trabalho para encontrar uma editora. A prensa ainda era uma invenção relativamente nova, mas já criara um novo grupo social, uma comunidade de leitores unida pelo interesse em textos que agora poderiam ser difundidos com uma amplitude muito maior do que os manuscritos copiados à mão que haviam servido tanto a Tomás de Aquino quanto a Agostinho.

O sócio de Montaigne na produção dos *Ensaios* foi Simon Millanges,[46] impressor de Bordeaux que se especializara na criação de edições refinadas, destinadas principalmente a uma clientela de leitores nobres e ostentosos. Apesar de morar em Bordeaux, e não em Paris, Millanges foi o responsável pela publicação de três dos escritores franceses mais importantes de sua geração: além de Montaigne, ele cuidou das obras de Guillaume de Salluste Du Bartas (1544-1590), poeta épico (e huguenote) cuja influente obra *La Sepmaine* ou *Création du monde* (1578) serviu como um dos pilares para o *Paraíso perdido*, de Milton; e também, em 1582, do primeiro livro de Jacques-Auguste de Thou. Millanges sabia reconhecer com perspicácia a presença de qualidades literárias, e assim Montaigne firmou com ele uma parceria, provavelmente ajudando-o a financiar a primeira tiragem.

Montaigne afirmava ter escrito uma obra "dedicada [...] à conveniência particular de [...] parentes e amigos",[47] mas a maior parte de seus amigos, e muitos de seus parentes, ocupava cargos públicos. Seus primeiros leitores foram franceses que partilhavam de sua posição e prestígio: altos funcionários públicos, advogados instruídos, soldados refinados, diplomatas – homens que presumivelmente concordavam com algumas de suas preocupações políticas e morais a respeito da catastrófica crueldade das guerras religiosas que acometiam o país, das políticas públicas e das virtudes individuais que poderiam ajudar a estancar o derramamento de sangue.

Segundo apontou, competentemente, um pesquisador moderno,

> Montaigne reage a uma crítica guerra civil contemporânea propondo, nos *Ensaios*, uma ética nova, oposta ao modelo de virtude heroica que prevalecia em sua cultura e na nobreza de que fazia parte. Contra o linha-dura que não cede nem diante da morte – o estoico assíduo, o aristocrata confinado às honras, o entusiasta religioso –, ele propõe uma virtude flexível alcançada não a partir de um esforço heroico ou da disciplina filosófica, nem sequer da caridade ou humildade cristã, mas do sentimento de solidariedade comum.[48]

Em teoria – e se forem encaradas com seriedade as perspectivas céticas incluídas discreta e indiretamente ao longo do *Ensaios* –, Montaigne era um profundo pluralista, isto é, um homem que conhecia de modo aguçado a variedade, a transitoriedade e a completa contingência de todas as práticas e convenções morais e políticas. Ainda assim, na prática, o pluralista – com medo da sempre possível anarquia sanguinária – também se revelava absolutista: apelando para a prudência, ele estava sempre pronto a se submeter aos ditames de seu rei católico.

Na complexa lógica dos *Ensaios*, cria-se um abismo entre a crença interior e o comportamento exterior: "Em quem acreditaremos quando estiver falando de si mesmo nesta época tão corrupta, quando há poucos ou ninguém em quem podemos crer quando falam dos outros – situação em que há menos incentivos à mentira?"[49] Abstendo-se do tipo de sinceridade exemplificado por Sócrates na *Apologia* de Platão, Montaigne forja um estilo de escrita novo e oblíquo, adequado ao mundo de caça às bruxas e de perseguições religiosas em que ele de fato vivia. "Devemos parte do que somos à sociedade, mas a melhor parte, a nós mesmos", observa.[50]

Como os filósofos-reis retratados por Platão em sua *República*, Montaigne às vezes buscará a verdade empregando "mentiras nobres". Ele pode se valer de ilusões deliberadas e explicitamente contradizer a si mesmo; porém, Montaigne também tenta registrar com precisão "todos os pequenos pensamentos"[51] que surgem em sua mente, por mais inconsistentes que pareçam. Além disso, ao tomar nota de *tudo* o que pensa, ele reduzirá honestamente o abismo – as inconsistências – entre a "melhor parte" de si, suas crenças interiores, e aquela parte que deve à sociedade: seu comportamento exterior e suas várias profissões públicas de fé.

> Não retrato o ser, mas a passagem. [...] [*Estes* Ensaios *são*] um registro de acontecimentos variados e inconstantes, assim como de pensamentos hesitantes e até contraditórios. [...] Posso de fato contradizer a mim mesmo aqui ou ali, mas a verdade [...] não a contradigo."[52]

Em junho de 1580, tendo já lançado a primeira edição impressa de seus *Ensaios*, Montaigne deu início a uma grande excursão, levando consigo um pequeno séquito de familiares, amigos e servos. O grupo primeiro chegou a Paris, onde, segundo diz a tradição, Montaigne presenteou o rei Henrique III – que assumira o trono em 1574, após a morte de Carlos IX – com um volume especialmente encadernado da obra.

Na época, o monarca planejava sitiar uma cidade francesa então controlada pelas tropas huguenotes. Montaigne concordou em se juntar ao seu exército. Apesar de abominar a crueldade da guerra, ele não se importava por ter de cumprir suas obrigações marciais: "Não há ocupação tão agradável quanto a militar", declara num dos ensaios acrescentados posteriormente ao livro; ela é "uma ocupação nobre em sua execução (pois é a valentia a mais forte, generosa e altiva das virtudes) e nobre em sua causa: não há serviço mais justo e universal do que a proteção da paz e da grandeza de seu país".[53]

No início de setembro, quando o exército do rei estava prestes a violar a resistência dos rebeldes protestantes em La Fère, Montaigne e sua comitiva foram liberados para seguir viagem. Ele já tinha 47 anos. Como escritor recém-publicado e nobre aposentado, repleto de experiências com o direito, a política e as guerras, Montaigne era cada vez mais acometido pelas aflições da idade, em especial por ataques recorrentes de pedras nos rins, que lhe causavam uma dor excruciante.

Porém, isso não importava. Montaigne estava ávido por experimentar o que o vasto mundo tinha a lhe oferecer. Durante os 14 meses que se seguiram, seu grupo viajou da França para a Suíça e, então, para a Alemanha. No entanto, a maior parte de sua jornada foi dedicada à Itália. A turma permaneceu por semanas nas termas minerais de La Villa, onde Montaigne tentou se livrar de suas pedras renais e recuperar a saúde. Eles também pararam em Veneza, Verona, Florença, Siena, Pisa, Lucca e Roma, a fim de explorar, ao longo de mais de cinco meses, locais de interesse histórico.

Aonde quer que o grupo fosse, Montaigne explorava as formas locais de prática religiosa. Na Basileia, em Baden e em Augsburgo, ele visitou igrejas protestantes, frequentou cultos e conheceu pastores, no intuito de discutir seus pontos de vista e de tomar notas sobre as diferenças doutrinárias entre luteranos, calvinistas e zuinglianos. Da mesma forma, visitou igrejas católicas na Itália e registrou como os padres e cardeais conduziam seus ritos, concluindo que os italianos em geral pareciam mais relapsos do que os católicos franceses. Montaigne assistiu a um exorcista romano tentando expulsar um demônio de um homem possesso, descrevendo como o padre ameaçava o diabo "com a voz mais alta e autoritária que podia produzir".[54] Ele e seu grupo conseguiram uma audiência com o papa, que pode ter ajudado Montaigne a se tornar cidadão honorífico de Roma. Lá, o filósofo se encontrou repetidas vezes com o jesuíta Juan Maldonado, teólogo erudito que também ajudara Henrique de Navarra a se converter do calvinismo para o catolicismo após os massacres parisienses da Noite de São Bartolomeu. Conheceu também o censor papal encarregado de analisar os *Ensaios*, que o liberou levianamente, admoestando-o apenas a deixar sua consciência "emendar o que, como eu veria, era de mau gosto".[55] Em Verona, Montaigne visitou uma sinagoga e conversou com o rabino.[56] Visitando ainda outro templo judeu em Roma, testemunhou uma cerimônia de circuncisão. Ele estava insaciavelmente curioso acerca da variedade de experiências religiosas.

Enquanto isso, na França, os *Ensaios* haviam atingido um ponto sensível. A obra tornara seu autor famoso. Diz a lenda que, quando o rei Henrique III elogiou Montaigne pelas virtudes de seu trabalho, o filósofo respondeu que, se Sua Majestade tinha gostado dos ensaios, também deveria gostar dele, "pois eles são apenas um relato de sua vida e ações".[57]

Em 1582, a primeira edição de seu livro logo deu lugar a uma edição nova e levemente modificada, também impressa em Bordeaux por Simon Millanges. Em 1584, uma terceira edição foi produzida em Rouen; uma quarta, em 1587, reproduzia a segunda edição, mas dessa vez impressa por Jean Richer em Paris; por fim, uma quinta edição, diligentemente revisada, "ampliada com um terceiro livro e com seiscentos acréscimos aos dois primeiros",[58] foi lançada em Paris, no ano de 1588, por Abel L'Angelier, um dos editores mais conhecidos da França.

A crescente reputação de Montaigne como escritor, mesclada com sua experiência como magistrado no parlamento de Bordeaux e com o papel de mediador diplomático que desempenhara para a corte do rei em Paris, fez com que suas opiniões e seus talentos políticos passassem a ser do interesse de uma gama cada vez maior de franceses notáveis. Ao fim de novembro de 1581, Montaigne descobriu pelo rei Henrique III que, em sua ausência, fora eleito prefeito de Bordeaux – escolha aparentemente unânime dos oficiais da cidade e das importantes autoridades de fora, entre as quais se encontravam não apenas Henrique III, mas também Henrique de Navarra.

Montaigne retornou correndo para casa, a fim de assumir suas novas responsabilidades. A maior parte da elite de Bordeaux era formada por legalistas católicos, mas a região rural que circundava a cidade era amplamente protestante e estava sob o controle de Henrique de Navarra. O prefeito de Bordeaux tinha à disposição uma comitiva de lordes e deveria representar os interesses da região diante da corte, em Paris. O historiador De Thou, que veio a conhecer Montaigne naqueles anos, descreveu o novo prefeito como um "homem de espírito livre e alheio a facções".[59]

Por professar sua lealdade à Coroa francesa, não surpreende que, em 1573, Montaigne tenha se tornado cavalheiro ordinário – um assessor oficial – da corte do rei Henrique III. Porém, quatro anos depois, ele também foi feito cavalheiro ordinário da corte de Henrique de Navarra. Um dos pouquíssimos nobres estimados como conselheiro e emissário por ambas as partes, o prefeito deu início a uma série de missões diplomáticas entre 1583 e 1585, tentando intermediar um cessar-fogo entre o rei e Henrique de Navarra – o que se mostrou uma tentativa bem-sucedida de isolar os militantes da Liga Santa em Bordeaux que eram leais a Guise. O futuro da monarquia francesa também estava em questão nas negociações, uma vez que a morte do irmão mais novo do rei, em 1584, tornara Henrique de Navarra o sucessor natural do monarca.

Aquela era uma época impiedosa, mas Montaigne era um discreto defensor da clemência e da misericórdia,[60] temas recorrentes nos *Ensaios*. Como resultado da diplomacia praticada naqueles anos, ele se tornou amigo de um dos conselheiros mais próximos de Henrique de Navarra: Philippe du Plessis Mornay, o mais destacado dos filósofos huguenotes (ele era considerado o autor de *Vindiciae contra tyrannos* [Defesa da liberdade contra os tiranos], uma justificativa radical da rebelião publicada em 1579, sem apresentar argumentos muito diferentes daqueles propostos uma geração antes por La Boétie, o velho amigo de Montaigne).

No entanto, Montaigne continuou a se esquivar de qualquer tipo de retórica radical. Para ele, seu trabalho não era defender com unhas e dentes princípios abstratos, e sim garantir a ordem e o cumprimento das leis locais, assegurando-se de que Bordeaux e seus arredores permanecessem pacíficos e de que seus cidadãos obedecessem à monarquia. Nisso ele foi bem-sucedido, ainda que suas políticas moderadas – e sua disposição para negociar com os protestantes – inevitavelmente parecessem pouco audaciosas aos olhos dos católicos militantes.

Na década de 1930, Max Horkheimer, fundador da teoria crítica no século XX, acusou Montaigne e aquilo que via como seu "ceticismo" de representarem uma forma débil, insidiosa e talvez refinada de irracionalismo, uma filosofia perfeita para o burguês complacente – um homem de vida confortável, de espírito livre, conformista e constitucionalmente incapaz de tomar partido num embate que exigia escolhas difíceis. (Obviamente, Horkheimer pensava nos burgueses alemães de sua época, paralisados como estavam diante do crescente confronto entre o fascismo e o comunismo na Alemanha de Weimar.)

Por servir, em parte, a um objetivo polêmico, isso não passa de uma caricatura. Porém, Horkheimer estava certo ao observar que Montaigne "encarava seu próprio papel como o de um negociador, e não de um antagonista".[61] O que Montaigne certamente fez foi dar voz, tanto na teoria quanto na prática, a uma espécie de *realpolitik* cruelmente impassível, algo que justificava a tendência a flexibilizar alguns princípios e as artimanhas características dos diplomatas esclarecidos que buscavam formas pacíficas de resolver disputas violentas.

Sem dúvidas, essa é uma das razões pelas quais, nos *Ensaios*, o autor se esforça ao máximo para elogiar Alcibíades, camaleão e "louco" (nas palavras de Montaigne) cujo encanto como negociador conquistara, ainda que brevemente, a confiança de atenienses, espartanos e até persas – e cuja vida, se desconsiderarmos sua notável perfídia e nos focarmos em sua clara capacidade de conciliar diferenças culturais, contém "os mais ricos e desejáveis traços",[62] segundo escreve o próprio Montaigne com maliciosa generosidade.

Como frequentemente se dá nos *Ensaios*, essa passagem despreocupada é uma provocação forjada com cautela. Afinal, nos relatos de Platão e Plutarco, Alcibíades representa a antítese de Sócrates, que há muito constituía *a* imagem do homem bom – assim como uma recorrente pedra de toque para o próprio Montaigne. Além disso, como bem sabia o autor, dois critérios clássicos para distinguir a vida filosófica bem vivida eram a unidade racional inabalável e a integridade sólida que o próprio Sócrates afirmava incorporar: "Por toda a minha existência, em todas as atividades públicas em que posso ter me envolvido, sou o mesmo homem de minha vida privada."[63]

Ainda assim, Montaigne – e nesse aspecto ele é igual a Alcibíades – declara incisiva e repetidamente o contrário: "Somos retalhos tão informes e diversos que cada uma de suas partes, a todo momento, joga seu próprio jogo."[64] Ao contrário de Sócrates, Montaigne afirma que a mutabilidade das crenças e do comportamento humano não é sempre um vício, mas pode se tornar uma virtude. Ele julgava possível "amar a virtude em demasia".[65] As "almas mais retas", sugere,[66] são maleáveis, flexíveis, preparadas para transpor circunstâncias complexas e cambiantes. Montaigne negociará com adeptos do catolicismo e do protestantismo. Quem estiver disposto a julgar o autor dos *Ensaios* de acordo com as normas tradicionais da integridade o achará fraco de espírito (e era assim que frequentemente o viam os católicos e protestantes mais fervorosos). Montaigne levava a sério uma das máximas de são Paulo: "Não sejais mais sábios do que convém, mas razoavelmente sábios."[67] A razoabilidade abarca a moderação na crença e na conduta, o que contraria a inflexível convicção e a resoluta consistência condensada por um herói estoico como Catão.

Montaigne se mostra cético no que diz respeito à verdadeira motivação dos mártires desafiadores:

> Não sei se a veemência que nasce do rancor e da obstinação contra a pressão e a violência autoritárias, assim como do perigo ou da preocupação com a fama, não enviou alguns homens para a fogueira a fim de que fosse mantida uma opinião pela qual, entre seus amigos e em liberdade, eles não estariam dispostos a queimar nem a ponta do dedo.[68]

Pelo bem da paz civil, ele em geral defende a submissão às instituições de sempre: num grave conflito entre formas de vida rivais, "o melhor e mais prudente lado" é, "sem dúvida, aquele que mantém a religião antiga e a velha forma de governo do país".[69] Porém, isso não quer dizer que o próprio Montaigne acreditasse no fato de que a antiga religião e o velho governo estivessem de acordo com certa "razão universal e natural", uma vez que, alhures, ele deixa claro que não acredita em nada do tipo.[70]

Em 1585, Montaigne se afastou do cargo de prefeito e se recolheu novamente em seu castelo, onde prosseguiu na análise de si mesmo e escreveu mais capítulos para os seus *Ensaios*. Seu trabalho foi brevemente interrompido naquele ano e no próximo, depois que o rei Henrique III se rendeu aos militantes católicos da Liga e, juntando-se a eles, deu novo vigor à guerra contra seus rivais. No ano de 1586, um exército de católicos sitiou a cidade protestante de Castillon, a cerca de oito quilômetros do castelo de Montaigne. Na ocasião, ao contrário do que ocorrera em 1580, o filósofo não se ofereceu para ingressar no exército do rei. "Eu era ridicularizado por todos os lados", escreveu. "Para os gibelinos, era um guelfo; para os guelfos, gibelino."[71] Desse momento em diante, os católicos mais militantes já não sabiam mais se ele, um homem muito próximo de Henrique de Navarra, era alguém de confiança; ao mesmo tempo, aos olhos dos protestantes, ele era alvo de suspeitas por ser um católico demasiadamente próximo do rei Henrique III.

O virulento flagelo que violou o cerco de Castillon também acabou com a vida de uma grande quantidade de vizinhos de Montaigne. Em 1587, tendo ao fundo esse sombrio cenário, ele voltou a trabalhar nos retoques finais de seu livro. Embora seu estilo e seus pontos de vista continuassem a evoluir, em momento algum dos *Ensaios* Montaigne elabora uma teoria racional da justiça ou oferece argumentos lógicos para defender perspectivas claras sobre como encarar a verdade, o bem, Deus etc. Além disso, Montaigne continua a enfatizar que não possui o tipo de unidade racional que havia sido exemplificada por Sócrates e que uma série de filósofos antigos se esforçara, de modos diferentes, para alcançar. Diante desses fatos, é preciso questionar: Montaigne deveria mesmo ser chamado de "filósofo"?

De maneira característica, Montaigne oferece uma resposta vacilante a essa pergunta nos capítulos finais de seu livro.

"Não sou filósofo algum", escreve em determinado momento.[72] Contudo, essa afirmação se encontra num ensaio sobre a vaidade, no qual o autor talvez quisesse se mostrar modesto.

"A que estatuto pertencia a minha vida, só descobri depois de concluída e esgotada", escreve em outro contexto, exclamando em seguida: "Uma nova figura: o filósofo espontâneo e acidental!"[73]

Sendo ou não acidental em sua filosofia, Montaigne em geral representa a si mesmo como alguém que busca sinceramente o autoconhecimento:

> É espinhosa empreitada, mais até do que parece, acompanhar um movimento tão errante quanto o de nossa mente, penetrar as opacas profundezas de seus recônditos mais íntimos, distinguir e imobilizar as inumeráveis oscilações que a agitam. E é também uma diversão nova e extraordinária, a qual nos afasta das ocupações vulgares do mundo, sim, até mesmo das mais aconselháveis.[74]

Seu dilema diante da filosofia propagada pela maioria das escolas clássicas era simples: ao buscar uma essência estável, um eu coerente dotado de uma vontade resoluta, consistentemente capaz de obedecer ao comando da razão, sua procura acabou por revelar aquilo que Agostinho chamou de "o abismo da consciência humana".[75]

Porém, ao contrário de Agostinho (ou dos humanistas do Renascimento que seguiram seus passos), Montaigne claramente carece da fé compensatória num Deus interior. Em momento algum ele julga possível que um homem de puro intelecto pudesse se transformar num "anjo e filho de Deus", segundo expressara Giovanni Pico della Mirandola em sua famosa *Oração sobre a dignidade do homem* (1486). Ele parece nunca ter vivenciado um arrebatamento ou ter sido agraciado com qualquer tipo de revelação divina, carecendo, assim, da certeza sublime que caracterizava Agostinho e a vertente do humanismo neoplatônico e cristão de Pico.

Na verdade, o que se dava era bem o contrário: quanto mais Montaigne examinava os acontecimentos da história, a ampla variedade de costumes sociais e as estranhezas que vira e experimentara pessoalmente, mais ele se sentia forçado a reconhecer que todo homem não passava de uma criança trocada, um feixe de dores e prazeres inevitáveis, alguém com um intelecto incuravelmente maculado e uma mente desinformada pela lógica, desregulada por ideias claras e repleta de incontáveis "oscilações".

Como resposta, Montaigne optou por construir a si mesmo através da escrita, e não das austeridades estoicas ou do ascetismo cristão: "Diferentemente de Sócrates, não corrigi minhas inclinações com a força da razão", declara. "Deixo-me levar da forma como vim." Embora seja "ele mesmo"[76] quem deseja sondar com a escrita, Montaigne não acredita em sua própria ascendência divina e não se mostra certo de que a força da razão poderia torná-lo um homem melhor; como resultado, torna-se impossível conceber um relato de episódios exemplares de sua vida – tal como os elaborados por Platão sobre Sócrates – ou uma narrativa providencial, como aquela apresentada por Agostinho em suas *Confissões*. Em vez disso, Montaigne deseja revelar seu pensamento da maneira como este mesmo se desdobra.

À medida que os anos passavam e sua experiência de mundo se ampliava, Montaigne continuou a reescrever e revisar incansavelmente, amontoando palavras e mais palavras; construindo uma colagem emblemática; agregando frases novas a ensaios já existentes; reunindo mais esboços históricos e políticos; condensando mais citações de sábios rixosos – antigos e modernos – e mais experiências variadas, geralmente inconclusivas, acerca de questões relevantes ou não, tanto abstratas quanto concretas. Provocadoramente assistemático, o estilo do conjunto é tão original quanto a filosofia que ele exprime, revelando um mundo interior tão novo e desconcertante quanto tudo o que os conquistadores haviam descoberto no além-mar:

> Se pudéssemos ver essa extensão de países e eras, ilimitada em todas as direções, pela qual a mente, precipitando e propagando a si mesma, viaja em tão distante e vasto espaço sem encontrar limites, acharíamos em tal imensidão uma capacidade infinita de produzir inumeráveis formas.[77]

O potencial multiforme dos seres humanos não é apenas (segundo afirma o famoso discurso de Pico della Mirandola) um indício da "dignidade do homem". Ele também dá provas do infinito disparate da humanidade – uma fonte de divertimento que também pode provocar horror. A mente do homem é capaz de qualquer coisa.

Isso é algo que, em seus *Ensaios*, Montaigne não cansa de provar,[78] valendo-se de passagens que são mais e mais repressivas por registrarem meticulosamente as crueldades e atrocidades de seu tempo; por relatarem os horrores e as glórias dos antigos, tal como atestados por Plutarco; e por citarem, incessantemente, máximas contraditórias que uma série de filósofos discordantes – de Platão a Maquiavel, o advogado do diabo – havia proposto de maneira bastante racional. Tais trechos também são progressivamente humilhantes, pois Montaigne registra com inabalável honestidade seus vícios e virtudes comuns, seus delírios e suas convicções ponderadas.

No entanto, apesar de toda a ênfase dada à vanglória dos seres humanos, os *Ensaios* não são um exercício de humildade. Afinal, o inédito método de Montaigne – uma espécie de "livre associação" *avant la lettre freudienne* – também revela duas espécies de verdades positivas: uma sobre alguns limites universais da inconstância humana (uma vez que "cada homem carrega consigo a condição humana em sua forma completa"[79]) e outra sobre a posição do próprio Montaigne como indivíduo único, que incorpora um padrão singular de impulsos naturais, de fantasias e de crenças racionais recorrentes, em consciente desacordo com os códigos de conduta e com as imagens idealizadas da virtude perfeita, tal como propagadas pelas escolas clássicas da filosofia.

Montaigne às vezes se mostra ingênuo, mas suas tolices assumem uma forma inconfundivelmente própria. Assim, ao reconhecer aquilo que o distingue, e também ao descrever as limitações que partilha com todo homem – sua ignorância, sua suscetibilidade à dor, o desregramento de seus apetites e desejos animais –, ele consegue reconfortar a si próprio. Montaigne, dessa forma, atinge aquele que é um dos principais objetivos dos primeiros filósofos: a tranquilidade (embora seja preciso questionar se o seu sucesso deriva de sua excêntrica abordagem à filosofia ou da disposição naturalmente equável que o autor dos *Ensaios* ao mesmo tempo revela e elogia).

De qualquer modo, seu característico sangue-frio sem dúvida o ajudou em suas contínuas operações diplomáticas. Até o fim de sua vida, ele continuou a ser um intermediário de confiança[80] tanto para protestantes quanto para católicos. Henrique de Navarra se hospedou no castelo de Montaigne em outubro de 1587. No ano seguinte, o filósofo viajou até Paris, onde ajudou a negociar, contra os militantes da Liga Católica, uma aliança entre Henrique de Navarra e o rei Henrique III.

Henrique III veio a reconhecer Henrique de Navarra como seu legítimo sucessor. Porém, em 1589, após ter planejado o assassinato de Henri de Guise no ano anterior, o próprio rei foi morto por um monge. Uma revigorada guerra civil estourou, opondo as forças de Henrique de Navarra, agora rei Henrique IV, às forças da Liga Católica, que se recusava a aceitá-lo como rei francês de direito.

No que lhe dizia respeito, Montaigne apoiou incondicionalmente o novo rei. Caso sua saúde lhe permitisse, teria inclusive ingressado em seu séquito de conselheiros. No entanto, o autor dos *Ensaios* passou a maior parte dos dois últimos anos de sua vida confinado em seu castelo. Ele não viveu o bastante para ver o rei Henrique IV renunciar ao protestantismo em 1593 nem para vê-lo determinar, através do Edito de Nantes, em 1598, os termos de um apreensivo *modus vivendi* religioso entre católicos e protestantes – políticas motivadas pela conveniência e por um sincero desejo de evitar atos de violência ulteriores.

Em 1592, Montaigne foi acometido por uma amidalite. Por vários dias, a infecção o impediu de falar. De acordo com o relato de um de seus contemporâneos, ele, ao sentir a proximidade da morte, escreveu um bilhete solicitando que sua esposa e alguns vizinhos se reunissem em seu quarto para a celebração de uma missa. "Quando o padre chegou ao momento de elevar o *Corpus Domini*, aquele pobre cavalheiro, em um esforço desesperado e com as mãos unidas, se ergueu em sua cama; então, com essa derradeira atitude, entregou o espírito a Deus."[81]

Um de seus amigos lamentou o falecimento do "verdadeiro modelo e espelho da filosofia pura".[82]

Outro amigo francês, o proeminente jurista e historiador Étienne Pasquier, expressou com maior precisão a natureza peculiar de sua façanha. Na tentativa de expressar os confusos sentimentos que carregava, ele o aclamou como "outro Sêneca em nossa língua",[83] mas também descreveu como a Montaigne, ao contrário do que acontecia com seus precursores clássicos, "satisfazia ser agradavelmente desagradável". A exemplo de muitos dos primeiros admiradores dos *Ensaios*, ele retirava de suas linhas uma série de máximas e insinuações clássicas, ao mesmo tempo em que percorria silenciosamente os trechos autobiográficos mais enigmáticos e lastimava a organização desmantelada do conjunto: o livro de *Ensaios* de Montaigne, opinou mordazmente, "não é exatamente um canteiro de flores, organizado com vários viveiros e delimitações, mas uma espécie de pradaria confusa e desartificiosa, repleta de flores diversas".

Montaigne foi o tema de seu próprio livro. A obra, porém, tal qual seu autor, era inimitável e (segundo compreendeu Pasquier) um pouco feroz, apesar de seus repetidos elogios à moderação. Ao escrever sobre si mesmo da forma como ele realmente era – sem vergonhas, inibições ou mentiras –, Montaigne revelou uma personalidade singular e elaborou um estilo de pensamento que não era limitado nem por proibições morais, nem pela exigência de uma consistência lógica abrangente. Montaigne desprezava a originalidade, mas ainda assim seus *Ensaios* eram algo inédito: um modelo novo de autoexpressão que deu origem a uma nova forma de filosofia, desconfortavelmente à vontade num mundo de aparências ilusórias e de carnificinas religiosas.

DESCARTES

Rainha Cristina da Suécia (1626-1689) e sua corte, em detalhe que representa Descartes tutorando a monarca no ano de 1649. Óleo sobre tela de Pierre-Louis Dumesnil (1698-1781). Prodígio intelectual e uma das soberanas mais poderosas da Europa, Cristina contatara Descartes pela primeira vez três anos antes, perguntando-lhe: "Se usados com abuso, o que mais danos causa: o amor ou o ódio?"[1]
(Château de Versailles, França/The Bridgeman Art Library International)

Os historiadores muitas vezes retratam René Descartes como o pai da filosofia moderna. Afinal, foi ele o primeiro a despojar a investigação racional das algemas da autoridade de sempre, o primeiro a exigir que todos, independentemente do assunto, pensassem por si mesmos. Gênio matemático com importantes contribuições para o cálculo, a álgebra e a geometria analítica, Descartes foi também o primeiro a formular a lei da refração – que descreve a maneira como os raios de luz são desviados ao passarem de um meio óptico para outro – e o primeiro a propor "a ideia de uma lei natural em meio impresso".² Talvez mais conhecido hoje em virtude de uma simples frase declarativa – *Cogito, ergo sum*: Penso, logo existo –, Descartes ganhou fama em seu próprio tempo por afirmar que qualquer pessoa comum, se adequadamente formada, poderia se tornar instruída e independente.

Em poucas palavras, Descartes foi, em muitos aspectos, exatamente aquilo que a maioria dos escritores do iluminismo do século XVIII dizia sobre ele: um herói de irrestrito intelecto.³

Paradoxalmente, Descartes tinha ciência de que sua busca pela sabedoria tivera origem em mais de uma cadeia de ideias lógicas, claras e distintas. Igualmente crucial foi a revelação que testemunhou na madrugada do dia 10 para o dia 11 de novembro de 1619, no meio de três sonhos ao mesmo tempo enigmáticos e transformadores.

"O Senhor produziu três maravilhas", escreveu, à época, num diário que jamais abandonaria nos três anos seguintes. "Algo saído do nada; o livre-arbítrio; e Deus no homem."⁴

De acordo com o que o diário revela, Descartes via a si mesmo como um visionário, tão certo quanto Agostinho acerca das verdades que Deus lhe revelara. Ele acreditava ardentemente no fato de que "todos aqueles a quem Deus concedeu o uso da [...] razão têm a obrigação de empregá-la, principalmente, para conhecer a Ele e a si mesmos".⁵ Era de Sêneca um de seus epigramas favoritos: "A morte pesa àquele a quem todos conhecem, mas que morre desconhecido a si mesmo."[6] Logo após a morte de Descartes, um mito hagiográfico se espalhou em torno de sua memória, e cada um de seus primeiros biógrafos relata sua indócil juventude, sua conversão à vida do espírito, sua reunião com o núncio papal etc. – sempre enfatizando a ortodoxia de suas perspectivas religiosas.

Educado na religião católica e fornecendo, em suas *Meditações* (1641), duas provas célebres (e notoriamente pouco convincentes) de que Deus existe, Descartes elaborou a imperiosa visão de um mundo material explicado através da matemática aplicada, o que mais tarde serviria como base para as inovações físicas de Christiaan Huygens e Isaac Newton. Ao mesmo tempo, segundo afirmou em carta enviada ao monge e matemático Marin Mersenne (1588-1644), ele supunha que "as verdades matemáticas que chamas de eternas foram estabelecidas por Deus e dele dependem por completo";[7] além disso, Descartes acreditava ter descoberto "os fundamentos da física" apenas porque, ao tentar conhecer a si mesmo de maneira honesta, chegara ao conhecimento de Deus. Ademais, presumia que era obrigação sua, estabelecida por Deus, apresentar com incomparável qualidade um relato verdadeiro de tudo o que descobrira, valendo-se de termos que seriam "o mais independentes possíveis das perspectivas locais ou das idiossincrasias dos inquisidores"[8] (para valermo-nos das palavras de um importante admirador moderno).

A exemplo de outros filósofos do Renascimento, ele esporadicamente sonhava em elaborar uma *mathesis universalis* – "ciência geral que explica tudo o que pode ser questionado sobre a ordem e a medida, independentemente da matéria em análise".[9] Para alguns críticos cristãos, tal sonho, com seu interesse em julgar o mundo físico, era uma forma de blasfêmia, um sintoma do pecado do orgulho. E, embora professasse sua boa-fé nos poucos textos que, ao fim de sua vida, cautelosamente decidira publicar, Descartes foi prudente e deixou de lançar uma série de obras importantes, passando grande parte de sua vida adulta em países protestantes, a uma distância segura dos censores papais que haviam condenado as obras de Galileu.

Aquela não era a confortável vida de riquezas e honras que o nobre pai de Descartes planejara para seu filho. René, o caçula dos três filhos que acabaram por sobreviver à infância, nasceu no dia 31 de março de 1596 no Vale do Loire, próximo à cidade francesa de Tours.[10] Seu pai, Joachim Descartes, era um magistrado católico do Parlamento da Bretanha, grupo que se reunia ao norte, em Rennes. No ano seguinte, após sua mãe, Jeanne Brouchard, ter falecido durante o parto, seu pai deixou os três filhos com a avó materna, Jeanne Sain, mulher que criou René até 1606, ano de seu ingresso no Colégio de La

Flèche, em Anjou. Como Montaigne duas gerações atrás, e também a exemplo de seu irmão Pierre, Descartes estava sendo formado para seguir, como um verdadeiro cavalheiro, a carreira de membro magistrado do Parlamento.

Aquela era uma época de relativa paz e prosperidade na França. Em 1598, após quase trinta anos de guerra civil, o rei Henrique IV – outrora Henrique de Navarra, huguenote convertido ao catolicismo – promulgara o Edito de Nantes, que garantia a liberdade religiosa de seus súditos protestantes no intuito de restabelecer, num reino essencialmente católico, a ordem e o cumprimento das leis. A própria La Flèche, escola de Descartes, era um produto das políticas esclarecidas do monarca.

Inaugurada apenas dois anos antes do ingresso de Descartes e sediada num antigo palácio doado pelo rei, a instituição desde o início tivera como objetivo se tornar a melhor escola católica sob os auspícios da Companhia de Jesus. A companhia era então uma ordem religiosa nova, fundada por Inácio de Loyola e ratificada por Roma em 1540. Sua esperança era reformar o catolicismo a partir de seu próprio seio, valendo-se de uma renovada ênfase no autoexame introspectivo, da criação de instituições de educação humanista rigorosamente clássicas e de uma inflexível lealdade ao papa.

Em La Flèche, Descartes assimilou o latim, o grego, a literatura clássica, a retórica, a matemática, a lógica, a física, a metafísica e, nos últimos anos, a teologia. A vida na escola era minuciosamente regulada, do horário dos ritos à língua de instrução (o latim, exclusivamente). No que dizia respeito aos filósofos clássicos, um lugar especial era dado ao Aristóteles de Tomás de Aquino; além disso, tanto os estoicos quanto Cícero eram estudados como modelos de casuística, a arte de solucionar problemas morais sem recorrer a princípios universais.

O traço mais distintivo da escola talvez fosse a exigência de que os *collegiens* não apenas estudassem os escritos admonitórios de Inácio (por exemplo, ao pensar no inferno, "sinta o odor da fumaça, a corrupção, a podridão"[11]), mas também os colocassem em prática durante retiros orientados por um conselheiro espiritual. Esses retiros giravam em torno de um conjunto de exercícios espirituais meticulosamente regulados, os quais envolviam a oração silenciosa, a meditação, o exame de consciência e a visualização, solitária, de episódios bíblicos específicos, do nascimento de Jesus até sua ascensão.

A rotina acima foi arruinada em 14 de maio de 1610, quando, numa morte que traumatizou toda a França, um católico fanático assassinou Henrique IV. Na herança deixada aos jesuítas – e a fim de expressar a seriedade de seu presente –, Henrique IV estipulou que o colégio deveria receber seu coração. Assim, no final de maio, o órgão do rei morto foi transportado num cálice pelos territórios que separavam Paris de La Flèche, onde o jovem Descartes se uniria a toda a comunidade e participaria de uma cerimônia em homenagem ao monarca.

No ano seguinte, a escola celebrou a morte do rei com um evento, pedindo aos alunos que elaborassem trabalhos em homenagem a Henrique. As contribuições foram encadernadas sob o título *Lágrimas de La Flèche* e armazenadas na biblioteca da instituição, onde o manuscrito pode ser encontrado ainda hoje. O volume inclui um poema em francês que, na opinião de alguns pesquisadores, pode ser do jovem Descartes: "Soneto sobre a morte do rei Henrique, o Grande, e sobre a descoberta de novos Planetas, ou Estrelas, vagueando ao redor de Júpiter, realizada por Galileu Galilei, famoso matemático do grão-duque de Florença."[12]

Em 1614, deixando La Flèche aos 18 anos, o mago da matemática, segundo seus biógrafos, tornou-se um trapaceiro em Paris,[13] tirando proveito de sua habilidade com os cálculos e, assim, vencendo as adversidades. Em 1616, ele obteve seu *Baccalauréat* e sua habilitação em direito pela Universidade de Poitiers. Apesar de se envolver em algumas farras, ele parecia determinado a seguir os passos moderados de seu pai, tornando-se primeiro um soldado do exército real e, depois, magistrado num parlamento provinciano.

Ao deixar Poitiers, o jovem de 22 anos seguiu para os Países Baixos. Conflitos religiosos armados haviam irrompido novamente em toda a Europa, assim como a antiga rivalidade entre os impérios católicos da França e da Espanha. Nos Países Baixos, Descartes se ofereceu para ingressar num regimento francês alocado em Breda, sob o comando do príncipe Maurício de Orange, chefe das tropas das Províncias Unidas – grupo calvinista que conquistara a independência derrotando o exército espanhol. Além de ser um aliado protestante da França em sua luta contra a Espanha, Maurício contratara matemáticos e físicos para orientar oficiais instruídos nas artes da engenharia militar: fortificações, cercos, acampamentos etc. Descartes não testemunhou qualquer combate em Breda, mas acabou por conhecer Isaac Beeckman, cientista e engenheiro brilhante.

Na época, Descartes estava com 22 anos de idade e Beeckman, 29. Fabricante de velas e projetor de dutos d'água para cervejarias, Beeckman também era um médico que destinava seu tempo livre ao estudo da física e da engenharia mecânica. Como muitos de seus contemporâneos também interessados na "filosofia natural" (nome frequentemente dado na época a esses campos de pesquisa), Beeckman conduzia um programa de investigação ativo e discreto ao lado de uma série de companheiros de pesquisa e de circunstantes interessados. A discrição era essencial, uma vez que nem os ensinamentos heliocêntricos de Copérnico nem a filosofia mecânica de Galileu eram facilmente conciliáveis com a visão de cristãos ortodoxos, fossem eles calvinistas ou católicos.

Apesar de Beeckman não ter publicado nada em vida, ele e seus amigos se reuniam em seu próprio *collegium mechanicum*[14] – uma espécie de salão para engenheiros em que comerciantes, banqueiros e filósofos naturais podiam discutir as aplicações práticas das novas invenções. Quando os diários de Beeckman foram publicados (entre 1939 e 1953), descobriu-se que ele havia elaborado a lei dos corpos em queda sem o auxílio das teorias de Galileu, assim como havia formulado a primeira abordagem conhecida à lei da inércia. Beeckman também propusera uma visão meticulosamente mecânica do mundo, especulando que a constituição atômica da matéria seria a chave para a compreensão de todos os fenômenos naturais, das bombas d'água ao som musical.

Embora seu período de aprendizado com Beeckman não durasse muito, aqueles meses foram essenciais para Descartes. Beeckman exemplificava um modo de vida alternativo. Ele era um filósofo que se dedicava sobretudo à pesquisa, não um cavalheiro preocupado com a ascensão social de sua família. Maravilhado com seu intelecto e enfeitiçado por sua personalidade, Descartes escreveu e dedicou ao seu novo amigo um pequeno tratado sobre música. "Foste somente tu", escreveu a Beeckman em abril de 1619, "a me resgatar da indolência e a despertar o aprendizado que, à época, quase desaparecera de minha memória. E, quando minha mente se desviou das sérias buscas, foste tu a recolocá-la no caminho das coisas mais dignas".[15]

Os dois homens logo seguiram caminhos distintos, mas o encontro com Beeckman deixou Descartes certo de que grandes descobertas poderiam surgir da aplicação da matemática aos problemas da física. Ainda duvidoso quanto ao rumo que sua vida deveria seguir, mas caminhando para se tornar um verdadeiro cavalheiro francês, ele se alistou no exército católico de Maximiliano I, outro governante que estimava o uso militar das pesquisas científicas mais recentes. Com a proximidade do inverno, o exército se encontrava em Ulm, Neuburg, onde havia uma faculdade de engenharia marcial e onde Descartes pode ter conhecido e se deixado influenciar por um qualificado matemático local: Johannes Faulhaber.

Ao contrário de Beeckman, Faulhaber era um mistagogo. Quatro anos antes, publicara seu *Mysterium arithmeticum*, destinado aos Irmãos da Rosacruz. Tais como os membros das seitas pitagóricas da Grécia clássica, os rosacrucianistas mesclavam a pesquisa matemática com ritos místicos,[16] prometendo um conhecimento oculto da natureza que estava fundamentado numa abrangente numerologia. Além disso, a exemplo de alguns filósofos neoplatônicos do Renascimento (como Heinrich Cornelius Agrippa, 1486-1535), seus membros proclamavam a existência de uma "ciência das ciências", a qual, partindo de princípios iniciais absolutamente irrefutáveis, fornecia a chave para a disposição de todo o conhecimento.

A maioria dos pesquisadores modernos duvida de que Descartes tenha de fato conhecido Faulhaber – embora Adrien Baillet descreva com alguns detalhes a maneira como os dois homens travaram um colóquio longo e substancial sobre a geometria. Uma coisa ao menos é clara, como afirma certo biógrafo moderno: "O grande fermento composto por alquimistas, astrólogos e mágicos alimentava o desejo de jovens como Descartes, que ansiavam por penetrar os mistérios do mundo natural."[17] Além disso, a julgar por seus diários da época, Descartes parece ter concebido a si mesmo como uma espécie de rosacrucianista.

Os acontecimentos de 10-11 de novembro, embora raramente tratados como primordiais nos relatos modernos sobre Descartes,[18] continuam a representar um dos episódios de conversão mais dramáticos da história da filosofia.

Três fontes diferentes documentam o ocorrido:[19] o relato discreto do próprio Descartes, incluído durante o inverno de 1619 nas passagens autobiográficas que abrem o primeiro texto importante de sua autoria: o *Discurso do método*, publicado quase vinte anos depois, em 1637; as anotações, muito mais vívidas, que Descartes incluiu nos meses mais relevantes de seu diário pessoal, e das quais restam apenas alguns fragmentos transcritos em 1676 – e publicados pela primeira vez apenas duzentos anos depois – pelo matemático e filósofo alemão Gottfried Wilhelm Leibniz (1646-1716); e, por fim, uma paráfrase muito mais detalhada dos conteúdos do mesmo diário, incluída naquela que talvez seja a primeira biografia filosófica abrangente da modernidade – preenchendo dois volumes substanciais, ela é na verdade uma extensa hagiografia –, *La vie de Monsieur Des-Cartes*, publicada em 1691 por Adrien Baillet. (O diário que tanto Baillet quanto Leibniz consultaram sumiu desde então.)

"Permanecia o dia todo enclausurado num quarto aquecido", escreve Descartes no *Discurso do método*, "onde, completamente livre, podia me concentrar em meus próprios pensamentos."[20]

Ele recorda como suas leituras filosóficas o haviam deixado incerto quanto ao seu valor, uma vez que "nada parece tão estranho ou incrível para a boca de um filósofo".[21] Abandonando o estudo das letras, Descartes concluiu sua graduação em direito e partiu para investigar o mundo. Talvez na esperança de satisfazer o desejo do pai, que gostaria de vê-lo na vida política, Descartes "refletiu sobre os costumes de outros homens" e descobriu "quase tanta diversidade quanto a que anteriormente encontrara entre os filósofos".²²

Descartes havia passado bastante tempo aprendendo com "o livro do mundo". Agora, ele decidia "estudar também a mim mesmo" e "usar toda a capacidade de minha mente para definir os caminhos que devo seguir".²³

Sozinho em seu quarto aquecido e livre para meditar como quisesse, Descartes primeiro refletiu sobre como eram muito mais perfeitos os trabalhos criados por um único homem: um único projetista de cidades; um único arquiteto; um legislador solitário, como o lendário Licurgo, de Esparta.

> Então, pensei, uma vez que as ciências contidas nos livros [...] reúnem partes do que disseram várias pessoas diferentes, essas obras nunca chegam tão perto da verdade como o simples raciocínio que um homem sensato naturalmente realiza diante de tudo o que encontra.²⁴

Descartes concluiu que poderia ser sábio alijar suas antigas crenças "de uma só vez, a fim de substituí-las por outras melhores ou, após tê-las alinhado aos parâmetros da razão, pelas mesmas".²⁵

Aquela era uma decisão arriscada, e, depois de tomá-la, Descartes sentiu-se "como um homem que caminha a sós na escuridão".²⁶ Agindo com a devida cautela, e após mais meditações solitárias em seu quarto, ele optou por adotar o que chamou de "código moral provisório".²⁷

Esse código consistia em três máximas práticas e uma regra geral. As máximas eram, primeiro, obedecer as leis e costumes do país em que se vivia; depois, agir de acordo com a opinião mais provável sempre que não houvesse tempo para definir o que era verdade; e, terceiro, tentar subordinar os próprios desejos ao mundo, e não o contrário.

Como código de conduta geral, e como "o único alicerce das três máximas anteriores", ele perseveraria num sereno autoexame e se esforçaria constantemente para cultivar a razão, no intuito de poder avançar ao máximo no conhecimento da verdade.

Este foi o relato de sua conversão à filosofia. Descartes decidiu publicá-lo como prefácio de sua primeira grande obra. Ele não faz qualquer menção à consequência imediata – registrada em seu diário – sobre o esforço para transmiti-lo, junto com outros artigos não publicados, aos seus testamenteiros literários.

Tendo acesso ao diário, o biógrafo Adrien Baillet descreveu o que aconteceu em seguida, depois de Descartes ter dado termo às suas meditações diurnas com a pragmática conclusão de que, com o avanço de seu modo de vida, "nada restava senão o amor à Verdade".[28]

Como resultado de suas reflexões,

> sua mente precipitou-se em agitações violentas, ampliadas por um sentimento continuamente intenso, que o deixava incapaz de distrair-se com alguma caminhada ou companhia humana. Isso o exauriu de tal maneira que seu cérebro entrou em combustão e ele, numa espécie de entusiasmo, teve a mente afetada a ponto de deixá-lo em condições de receber a impressão de sonhos e visões.
>
> Ele nos diz que, em 10 de novembro de 1619, ao ir para a cama *inteiramente tomado por seu entusiasmo* e completamente preocupado com a possibilidade de *ter descoberto, naquele mesmo dia, o fundamento da maravilhosa ciência*, teve à noite três sonhos consecutivos, os quais, para ele, só poderiam ter vindo do alto.[29]

No primeiro sonho, Descartes viu a si mesmo com dificuldades para andar num dia de ventania, de forma que sequer conseguia chegar a uma igreja e rezar – embora as pessoas ao seu redor não parecessem ter qualquer dificuldade para caminhar. Ele acordou sentindo uma "verdadeira dor"[30] e, por isso, começou a questionar a origem e o significado do sonho.

Após passar duas horas refletindo sobre "o que há de bom e ruim neste mundo", Descartes adormeceu e voltou a sonhar. Ouvindo uma forte trovoada, acordou. Quando "abriu os olhos, percebeu muitas faíscas espalhadas pelo cômodo".[31] Aquela era uma luz aterradora, e ele começou a pensar nas várias explicações físicas possíveis para o fenômeno. Acalmando-se ao racionar dessa maneira, ele adormeceu mais uma vez... e testemunhou um terceiro sonho.

Descartes encontrava-se num cômodo, talvez um escritório. Em seguida, viu dois livros à sua frente. Um era um dicionário; o outro, uma antologia de poemas. Curioso para saber o que havia na antologia, ele abriu o livro arbitrariamente e leu: "Que caminho na vida devo seguir?" Descartes parou de ler, ergueu os olhos e viu um homem que não reconheceu. O estranho lhe entregou um pedaço de papel, no qual havia um poema. Seu primeiro verso era: "Sim [...] e não [...]."[32]

Pela terceira vez naquela mesma noite, Descartes despertou. Antes de estar em completa vigília, deu início à tentativa de decifrar o significado do último sonho. Talvez o dicionário procurasse simbolizar "todas as Ciências reunidas". Talvez o poema na antologia representasse "o bom conselho de um sábio". A antologia como um todo, concluiu, era um sinal de "Revelação e Entusiasmo". Da mesma forma, o Sim e o Não do poema que o estranho lhe entregara deviam referir-se aos ensinamentos de Pitágoras e às dificuldades encaradas por um aspirante à sabedoria que tentava deslindar "a Verdade e a Falsidade do entendimento humano e das ciências profanas".[33]

Ao amanhecer, Descartes julgou suas reflexões e devaneios e finalmente concluiu que o terceiro sonho não era um produto de "sua mente humana". Em vez disso, um anjo bom, ou "Espírito de Deus", o havia visitado para que, "através daquele sonho", lhe fossem revelados "os tesouros de todas as ciências".[34]

Na prática, o desenlace de tudo isso foi simples: Descartes desafiaria seu pai[35] e abandonaria qualquer plano para retornar e se tornar um verdadeiro *gentilhomme* francês. Doravante, ele estaria sozinho. O restante de sua vida seria dedicado a uma incessante busca pela verdade.

No entanto, as implicações teóricas e teológicas de sua longa jornada noturna eram mais complexas. "'Deus separou a luz das trevas'", observa Descartes, logo em seguida, no diário. "O texto do Gênesis indica que Deus separou os anjos bons dos anjos maus." Descartes se apressa em dizer que "Deus é inteligência pura" – um pensamento reconfortante, pois de que maneira uma inteligência pura poderia desprezar "os tesouros de todas as ciências"?[36]

Descartes fez questão de registrar o conteúdo de seus sonhos num pequeno diário encadernado em pergaminho a que deu o nome de "Olímpia". Porém, ele guardou o diário consigo. Como observa em outra passagem do mesmo volume: "Até aqui, fui espectador deste teatro que é o mundo. Contudo, estou agora prestes a subir no palco, e me apresento mascarado."

Como aluno dos jesuítas, Descartes era obrigado a duvidar: teria sido mesmo visitado por um anjo bom? Ou suas revelações eram obra de um "demônio malicioso"? Nesse aspecto, a ortodoxia agostiniana não era reconfortante. No capítulo da *Cidade de Deus* em que ataca a falsa teurgia dos platônicos e procura distinguir os demônios maus e ludibriantes dos bons – os mensageiros divinos que chamava de "anjos" –, Agostinho afirma que "os anjos bons desprezam todo o conhecimento das realidades materiais e temporais, enchendo de orgulho os demônios". Uma vez que as visões olímpicas de Descartes pareciam girar em torno do conhecimento de "realidades materiais e temporais",[37] um bom agostiniano não teria dúvidas quanto à origem de sua aparente revelação divina. Além disso, o próprio Inácio de Loyola alertava para o fato de que "é característico do malicioso transformar-se em anjo de luz, começando a trabalhar com a alma e, ao final, para si mesmo".[38]

Aquela era uma época de caça às bruxas e de exorcismos, artes obscuras conduzidas por teólogos argutos, em geral jesuítas que por muito tempo pensavam sobre em que situações alguém poderia ser reconhecido como possuído por forças satânicas. Esses casos de possessão, outrora raros nas sociedades cristãs, haviam se tornado tão comuns na época de Descartes que um historiador se refere a ela como o tempo da "febre das bruxas".[39]

Sob essas circunstâncias, falar publicamente sobre uma inspiração divina poderia sujeitar a mal-entendidos o novo método que Descartes desejava defender. Isso talvez sugerisse que, de alguma maneira, ele se submetera à influência oculta dos rosacrucianistas, ou então que estava tentando promulgar sua própria ciência herética. Seria melhor, portanto, proceder por vias indiretas e com a devida precaução, formulando motivos independentes para a busca pela verdade. Seria mais adequado não ter pressa e definir a melhor forma de reconhecer e tentar responder a possibilidade de "algum demônio malicioso, de extrema força e astúcia, ter empregado todas as suas energias a fim de enganar-me".[40]

Nos meses que se seguiram à "maravilhosa descoberta" de novembro de 1619, Descartes permaneceu com o exército católico de Maximiliano I, provavelmente elaborando os esboços iniciais das primeiras 11 "regras" para a direção do espírito a sobreviverem em seus arquivos particulares (o manuscrito incompleto das *Regulae ad directionem ingenii* foi publicado postumamente em holandês, no ano de 1684, com o texto latino surgindo apenas em 1701). Enquanto as escolas da época enfatizavam a demonstração axiomática, mostrando como era possível obter uma solução a partir de princípios iniciais, Descartes mostrava-se interessado em definir formas úteis de resolver problemas matemáticos e enigmas mecânicos. Ele parte da "intuição",[41] referindo-se, com isso, à apreensão mental imediata de uma ideia clara e distinta. Neste sentido, a intuição permite que quase todos, se livres de preconceitos, assimilem uma série de verdades perfeitamente simples que, juntas, constituem todo o conhecimento. Tudo se resume ao exercício de uma resoluta contemplação mental e à análise, cuidadosa, das evidências disponíveis. (As implicações igualitárias dessa nova abordagem ao aprendizado se manifestaram com clareza nos anos seguintes, quando Descartes emergiu como principal defensor da educação das mulheres[42] e apoiou, também, os esforços para a fundação de um colégio que ensinasse as artes e as ciências aos filhos de artesãos, e não apenas àqueles nascidos em berço nobre.)

No dia 31 de março de 1621, Descartes completou 25 anos e recebeu sua herança materna, a qual consistia em quatro pequenas fazendas e em uma casa em Poitiers. Em vez de vender a propriedade e procurar uma sinecura, Descartes optou por investir um pouco do dinheiro e usar os rendimentos para custear sua pesquisa.

O que mais Descartes fez nesses anos não está totalmente claro. Ele já vislumbrara (quando estava com o exército católico de Maximiliano I) algumas das primeiras manobras da grande tragédia que os historiadores futuros chamariam de Guerra dos Trinta Anos – uma série de sangrentas campanhas militares que ocorreu entre 1618 e 1648 e que contou com a participação de quase todos os estados europeus, colocando exércitos católicos contra exércitos protestantes e transformando partes da Europa Central num grande ossuário.

Descartes viajou por diversos trechos da zona de guerra. Em 1628, de acordo com seus primeiros biógrafos, ele testemunhou a rendição da fortificação huguenote de La Rochelle ao rei Luís XIII,[43] ocorrida após um cerco longo e brutal que levou mais de 20 mil pessoas à morte por inanição, doenças e ferimentos de guerra. Ele certamente viu com os próprios olhos os frutos dos conflitos religiosos, mas, ao contrário de Montaigne, nunca se engajou num combate propriamente dito.

Descartes preferia a liberdade dos estudos às responsabilidades (e riscos) da vida pública. Deixando de lado seus primeiros e hesitantes esforços para a criação de uma *mathesis universalis*, ele passou muito de seu tempo tentando descobrir soluções para problemas específicos da matemática, da mecânica e da óptica. Foi nesse período que explorou com maior intensidade a intuição de que as relações espaciais poderiam ser sempre mapeadas em termos numéricos e, inversamente, de que as verdades numéricas poderiam ser representadas espacialmente – ponto crucial da geometria analítica, área do conhecimento que ele ajudou a criar (em parte desenvolvendo aquele que ainda é conhecido como o sistema de coordenadas cartesiano).

Entre 1625 e 1628, Descartes passou a maior parte de seu tempo em Paris, trabalhando como pesquisador independente. Lá, manteve contato com uma diversidade de inventores e filósofos, sobretudo Marin Mersenne. Monge comprometido com uma vida cristã piedosa, Mersenne estava igualmente engajado na concepção de novas formas de pesquisa, ajudando a promover (e, às vezes, a defender das perseguições religiosas) um grande número de contemporâneos importantes, incluindo o político e filósofo materialista britânico Thomas Hobbes (1588-1679) e o astrônomo e matemático francês Pierre Gassendi (1592-1655). Em vez de se empenhar numa impossível tentativa de conhecer o mundo tal como Deus o conhece, Mersenne afirmava que, para o cristão ansioso por compreender a glória da criação divina, seria melhor analisar gradual e pacientemente as partes do mundo como a nós elas se mostram, buscando projetos de pesquisa – na área da matemática, da mecânica e da óptica – cujo valor poderia ser demonstrado na prática. Mersenne também defendia uma sólida doutrina da matéria como realidade completamente inerte,[44] o que facilitaria uma compreensão quantitativa da natureza e, o que era ainda mais importante, separaria claramente o que era natural do que era sobrenatural, atribuindo as capacidades de movimento, volição e vontade apenas a Deus. A natureza consistiria apenas em matéria, mas uma matéria que, por estar em movimento, necessitava de um empurrão divino.

Um dos resultados manifestos da amizade de Descartes com Mersenne foi seu retorno ao manuscrito das *Regulae ad directionem ingenii*, ao qual acrescentou um novo conjunto de regras no intuito de mostrar como nossa percepção do mundo físico pode ser explicada em termos puramente mecânicos.

Segundo a biografia de Descartes escrita por Baillet, outro resultado de sua amizade com aquele monge erudito foi uma reunião em Paris com o monsenhor De Bagni, núncio papal, e com uma série de outras figuras religiosas importantes, incluindo o cardeal Pierre de Berulle, linha-dura católico que defendia o uso da força para expurgar a França de seus infiéis protestantes. Diz a lenda que Descartes fascinou o grupo com sua capacidade de fazer a verdade parecer falsa e vice-versa, algo que o filósofo realizava através de raciocínios que eram meramente prováveis, e não certos. Quando o grupo perguntou-lhe como evitar esse tipo de logro, Descartes, segundo nos diz o relato, explicou brevemente seu próprio método científico. Surpreso com a genialidade daquele francês, o cardeal supostamente exigiu que Descartes, como "obrigação de sua consciência", desse continuidade às suas pesquisas – e o filósofo, por sua vez, teria afirmado que renunciaria à "alta sociedade" e se "retiraria para sempre num recinto agradável, a fim de procurar a perfeita solidão num local moderadamente frio, onde ninguém o conheceria".[45]

Embora uma tal reunião pudesse ter ocorrido, parece improvável que o cardeal – homem impiedoso e doutrinário – tenha pedido que o filósofo desse continuidade à sua busca pela verdade, assim como é improvável que Descartes tenha encarado seu conselho com seriedade. Ainda assim, na narrativa de Baillet a história servia a um objetivo apologético, ajudando a livrar o pensador de suspeitas acerca de sua boa-fé como católico.

Aqueles eram anos duros para os defensores da investigação livre.[46] Em 1624, o Parlamento de Paris proibira, sob penas de morte, que qualquer cidadão "realizasse debates públicos não aprovados pelos doutores da Faculdade de Teologia" da Sorbonne. Apenas dois anos antes, as autoridades parisienses haviam mandado para a fogueira um filósofo acusado de paganismo. Ao mesmo tempo, uma rede de instituições informais começara a crescer em Paris, reunindo mercadores, magistrados e filósofos que desejavam discutir, com discrição, de que maneira as novas teorias matemáticas e mecânicas poderiam ser proveitosamente aplicadas em campos como a medicina e a engenharia.

Ao patrocinarem novas pesquisas científicas, benfeitores abastados podiam aumentar seu prestígio, ao mesmo tempo em que, em troca, pesquisadores recebiam ordenados e alguma proteção contra as acusações de heresia.

Nesse contexto, o renovado interesse de Descartes em mostrar como os métodos da lógica formal e da geometria poderiam solucionar problemas físicos, morais *e* metafísicos era, segundo certo autor moderno, "uma experiência suficientemente válida como método filosófico, assim como uma astuta jogada política".[47] (De maneira igualmente útil, ela afastava o projeto da investigação pura do elemento mais questionável de sua gênese: os sonhos de 1619.)

No entanto, Descartes não corria riscos. Ele rejeitou o auxílio de benfeitores e, morando em Paris, tentou dissimular seu trabalho e os ambientes que frequentava, solicitando em mais de uma ocasião que Mersenne mentisse sobre suas atividades. Ao fim de 1628 ou no começo de 1629, ele deu um passo ainda mais dramático para proteger sua privacidade: mudou-se para os Países Baixos, onde (segundo escreveu em 1637) "pude levar uma vida tão solitária e reservada que parecia estar no mais distante deserto".[48] Descartes permaneceu nos Países Baixos por duas décadas, mudando-se regularmente de um lugar a outro como se fosse um fugitivo: "A boa vida que Descartes preservava ao permanecer tão escondido exigia um tanto de dissimulação."[49]

O filósofo chegou aos Países Baixos carregando pouca mobília e poucos livros além da Bíblia. Contudo, uma vez instalado, definiu um objetivo novo e grandioso para si mesmo. "Em vez de explicar cada fenômeno por si só", escreveu a Mersenne

> decidi explicar todos os fenômenos da natureza, isto é, tudo o que diz respeito à física. Estimo mais o plano atual do que qualquer outro que já nutri, pois julgo ter encontrado uma forma de desenvolver meus pensamentos que alguns acharão satisfatória e diante da qual outros não verão motivo para discordar.[50]

Ao mesmo tempo, Descartes começara a pensar numa forma de fundamentar a existência de Deus e a imortalidade da alma. Em outra carta enviada a Mersenne, ele escreveu que encontrara "uma forma de provar verdades metafísicas que é mais evidente do que qualquer verdade da geometria"[51] – afirmação quase tão estarrecedora quanto sua intenção de explicar todos os fenômenos da natureza.

Desde o início, Descartes encontrou dificuldades. Ele intitulou a primeira parte de seu tratado de "O mundo" (ou "Le monde", em francês) e, a segunda, de "Tratado do homem". Porém, não estava claro como transformaria resultados de investigações específicas – nos campos da óptica e da meteorologia, assim como sobre o comportamento dos raios de luz – na prometida explicação geral da natureza. Da mesma forma, não estava claro para ele como organizaria e estruturaria um tratado que apresentaria soluções para problemas físicos e metafísicos sobre a alma e o intelecto. Ele esperava explicar, em sequência, a natureza inanimada, a natureza animada e a mente.

Naqueles anos, Descartes estudou anatomia e fisiologia. Da mesma forma, dedicou-se à projeção de uma nova máquina capaz de cortar lentes e fascinou-se com os "autômatos", máquinas que pareciam se mover espontaneamente – relógios e bombas d'água, por exemplo. Com objetivos analíticos, ele propôs que os seres humanos fossem tratados como "nada mais do que estátuas ou máquinas feitas de terra".[52] Em 1632, Descartes escreveu a Mersenne para dizer-lhe que fora

> arrebatado aos céus. Descobri sua natureza e a natureza das estrelas que lá vemos, tal como muitas outras coisas cuja descoberta, alguns anos atrás, eu sequer ousaria almejar. Agora, sinto-me arrojado a ponto de buscar o porquê da posição de cada uma das estrelas.[53]

O tom de suas cartas oscilam entre o júbilo proporcionado por suas descobertas recentes e o desespero gerado pela percepção de que seu projeto, cada vez mais ambicioso, nunca seria concluído.

Em seguida, veio o desastre. "Desejava enviar-lhe o 'Le monde' como presente de Ano-novo", escreveu a Mersenne em novembro de 1633,

> mas, nesse ínterim, tentei descobrir se estavam disponíveis em Leiden e Amsterdã os *Sistemas do mundo* de Galileu. [...] Disseram-me que a obra fora de fato publicada, mas que todas as cópias haviam sido queimadas em Roma, com Galileu condenado e multado. Fiquei tão surpreso que quase queimei ou escondi cada um de meus documentos.[54]

Descartes cogitou revisar seu "Le monde" para evitar aborrecimentos com os censores, mas acabou por rejeitar a ideia, uma vez que os ensinamentos de Galileu eram

> parte tão importante de meu tratado que seria impossível removê-la sem prejudicar o conjunto da obra. Ainda assim, não seria do meu agrado pu-

blicar um discurso com uma única palavra que fosse desaprovada pela Igreja; prefiro suprimir o trabalho, portanto, a publicá-lo com cortes.⁵⁵

A veemência da reação de Descartes é reveladora. Os Países Baixos se encontravam fora do alcance da autoridade papal, e a própria França estava livre da Inquisição. Ele provavelmente não teria problemas se publicasse e distribuísse o "Le monde" em Amsterdã e Paris, uma vez que desfrutava da amizade de católicos de alto escalão, como Mersenne.

Porém, suas dúvidas e suspeitas não eram aplacáveis. Além disso, Descartes não tinha interesse em comprar briga dentro do Vaticano. "Desejo viver em paz", explicou a Mersenne em abril de 1634,

> e dar continuidade à vida que comecei sob o lema: "Para viver bem, deves viver sem ser visto." Fico, portanto, muito mais feliz livre do medo de ter meu trabalho em mãos não desejadas do que infeliz por ter desperdiçado o tempo e os aborrecimentos que dediquei à sua composição.⁵⁶

Infelizmente, Descartes foi submetido mais uma vez a censuras religiosas, dessa vez em virtude de sua conduta pessoal. Em agosto de 1635, ele apareceu numa igreja de Deventer para reconhecer a paternidade de uma menina que estava sendo batizada. A criança, que recebeu o nome de Francine, tinha como mãe Helene Jans, empregada da casa de Descartes em Amsterdã. Em 1673, Francine (e talvez também Helene) passou a viver com Descartes, sendo por ele também cuidada. O fato de a menina ter sido concebida fora do casamento desconcertou Adrien Baillet, que se empenhou ao máximo para lançar ao caso uma piedosa luz cristã, como se Descartes, tal qual Agostinho, fosse uma espécie de santo. "O erro contra a honra do celibato cometido uma vez em sua vida", escreve o biógrafo,

> indica menos sua inclinação ao sexo do que sua fraqueza, e assim Deus, erguendo-o com prontidão, fez com que a memória de sua queda lhe causasse humilhações várias, com sua contrição sendo um salutar remédio contra a soberba de seu espírito.⁵⁷

Repreendido ou não, Descartes foi tomado por um grande surto criativo, publicando em 1637 o primeiro dos livros que alcançariam um público amplo. Após decidir arquivar "O mundo" e o "Tratado do homem" (mas ainda preservando os manuscritos entre seus documentos pessoais, na esperança de que, segundo veio a escrever, "aqueles que os encontrarem após minha morte possam lhes dar o mais apropriado fim"⁵⁸), ele optou por uma abordagem nova: do longo tratado, o filósofo recuperaria as partes que não tratassem do sensível tema do movimento terrestre, elaborando, então, uma seleção de textos científicos na (modesta) forma de *essais*. Desse modo, tentaria solucionar uma variedade de problemas específicos em três domínios: o da óptica (telescópios, o corte de lentes etc.), o da meteorologia (a origem dos arco-íris, a causa dos relâmpagos etc.) e o da geometria (construções elaboradas a partir de círculos e linhas retas, a natureza das linhas curvilíneas etc.). Além disso, Descartes redigiria um prefácio para tais ensaios científicos – o *Discurso do método para bem conduzir a razão na busca da verdade dentro da ciência* –, o qual, ao estilo de Montaigne, viria na primeira pessoa – embora destoasse de Montaigne ao evitar qualquer traço de erudição humanista, apresentando um discurso direto, de estilo simples e amplamente despojado de adornos ou alusões literárias.

Aquela não era a primeira vez em que Descartes cogitava um autorretrato. Em 1628, o filósofo prometera a alguns amigos uma "História de minha mente".⁵⁹ Após a condenação de Galileu, ele pode muito bem ter achado que poderia vencer os céticos católicos elaborando, de maneira personalizada, uma "história ou, se preferirem, uma fábula"⁶⁰ – narrativa exemplar relatando atos dignos de serem emulados – mesclada com breves provas da existência de Deus e da imortalidade da alma.

Felizmente, Descartes não recebeu críticas. Em seu autorretrato fictício, ele apresenta a si próprio como alguém humilde, até mesmo modesto: "Procuro sempre me aproximar do retraimento, e não da presunção, nos julgamentos que faço sobre mim; e, quando lanço um olhar filosófico às várias atividades e tarefas da humanidade, quase não há uma que não julgue vã e inútil."⁶¹ Como se para enfatizar sua afinidade com o homem comum, o autorretrato de Descartes não é escrito em latim, ainda a principal língua dos meios eruditos, mas no francês vernáculo de sua terra natal.

O autor recorda sua vida passada em termos desconcertantemente modestos: deixando para trás o estudo bibliográfico de seus anos escolares, o jovem Descartes procura aprender sobre o mundo a partir de sua própria experiência. Então, vexado pelo que encontra, e "com o reconhecimento de minha ignorância", ele, embora ainda buscasse a sabedoria, opta por "realizar estudos em meu interior".⁶² Referindo-se implicitamente aos acontecimentos de 10-11 de novembro de 1619, Descartes fala das reflexões em que se envolvera e da forma como elas o levaram a adotar certas regras simples para suas investigações posteriores, baseadas em "longas cadeias de raciocínios extremamente elementares e fáceis, aos quais os geômetras em geral chegam em suas mais difíceis demonstrações".⁶³

Descartes muitas vezes é retratado como um solipsista, um monstro de espírito egocêntrico – impressão causada por alguns trechos de suas *Meditações*, publicadas logo após o *Discurso*. Porém, na narrativa autobiográfica original, o autor recorda como travara colóquios e trocara cartas com outros pesquisadores, concluindo que seria mais rápido eliminar os equívocos de seu pensamento "através de debates com outros homens, e não permanecendo enclausurado no cômodo aquecido em que haviam brotado todas essas reflexões". Descartes também declara como, ao estabelecer as máximas que o guiariam na investigação do universo físico, ele as colocou "ao lado das verdades de fé, que estiveram sempre em primeiro lugar entre minhas crenças" – assim, era professada a ortodoxia de seu catolicismo, mesmo quando o autor se punha a descrever seu esforço para "livrar-me do restante de minhas opiniões".[64]

Para além das meras declarações de boa-fé, Descartes, na quarta parte de seu *Discurso*, fornece – pela primeira vez em seus trabalhos sobreviventes – argumentos metafísicos que justificam as várias crenças das quais se encontra absolutamente certo. Ele mina suas próprias dúvidas ao declarar que: *Penso, logo existo*[65] (*Je pense, donc je suis*, proposição mais conhecida em sua forma latina: *Cogito, ergo sum*) – expressão anteriormente utilizada por Agostinho, como seus contemporâneos prontamente reconheceram.

Séculos depois, o astuto poeta francês Paul Valéry observou que *Je pense, donc je suis* "não é um raciocínio, e sim um punho que esmurra a mesa no intuito de corroborar as palavras da mente".[66]

Para Descartes, outras convicções fundamentais também poderiam ser confirmadas de maneira semelhante: tudo o que for concebido "com a mesma clareza e distinção" da proposição "penso, logo existo" deve ser encarado como verdadeiro. Essa perspectiva permite que Descartes afirme que *qualquer um*, refletindo um pouco mais, seria capaz de sustentar duas "verdades de fé" fundamentais: a imaterialidade da mente e, portanto, sua absoluta distinção do corpo (mortal); e a existência de Deus, que, de acordo com ele, é "ao menos tão certa quanto qualquer prova geométrica".[67]

Descartes se desculpa pela superficialidade do relato que apresenta em seu *Discurso*, alegando que muitas de suas investigações dizem respeito a "problemas que têm sido discutidos pelos eruditos, com os quais não desejo criar contendas"[68] (decisão prudente, dado o destino de Galileu). Ao mesmo tempo, ele audaciosamente afirma que,

> através desta filosofia, poderíamos descobrir a força e a ação do fogo, da água, das estrelas, dos céus e de todos os outros corpos de nosso meio, conhecendo-as tão distintamente quanto conhecemos os vários ofícios de

nossos artesãos; assim, poderíamos nos valer desse conhecimento – tal como os artesãos se valem do seu – para todos os intuitos a que eles se adequam, tornando-nos senhores e mestres da natureza.[69]

Visto como um todo, o *Discurso* funciona como uma defesa habilidosamente elaborada da vida investigativa que Descartes realmente levava desde 1619, quando deu início àquela que considerava uma busca divinamente ordenada pela verdade. Segundo observou, com propriedade, o cartesiano Edmund Husserl: "O mote délfico 'Conhece-te a ti mesmo' ganhou nova importância. A ciência positiva é uma ciência perdida pelo mundo. Devo perder o mundo" – através da dúvida radical – "para recuperá-lo através do autoexame".[70] O Deus que Descartes, a exemplo de Plotino, encontra através do autoexame abona as ideias claras e distintas que animam suas investigações científicas. Volta à nossa mente, aqui, uma das máximas de Agostinho: "Não saias. Volta-te para ti mesmo. A verdade habita no homem interior."[71]

Ao expor as origens peculiares de sua busca pela sabedoria universal e ao procurar demonstrar a procedência divina de suas convicções básicas, Descartes se esforça para persuadir os leitores de que seus projetos científicos não apenas estão de acordo com as "verdades de fé", mas também oferecem novas formas de justificá-las. Além disso, ao explicar como as verdades da ciência só se sustentam através da existência demonstrável do Deus interior, ele se mostra capaz de resumir, como conclusão, alguns dos "conceitos gerais da física" que não conseguiria ocultar "sem violar gravemente a lei que nos obriga a fazer tudo o que estiver ao nosso alcance para garantir o bem-estar geral da humanidade".[72]

Escrevendo em francês, Descartes indica que seu *Discurso* era, antes de mais nada, destinado a leitores leigos e abertos a novas ideias, fossem eles artesãos ou escolásticos, homens ou mulheres. E, nesse meio de leitores, a obra alcançou um sucesso extraordinário: um historiador moderno observa que o *Discurso* "se tornou o texto mais famoso a sair das mãos de Descartes, sendo provavelmente o documento mais célebre e mais lido da Revolução Científica".[73]

Descartes já era bastante conhecido nos círculos matemáticos e científicos. Porém, a publicação do *Discurso* aumentou ainda mais sua fama, tornando-o, assim, um atraente alvo para críticas públicas. Apesar do contínuo interesse que monges como Marsenne demonstravam pela ciência nova, um número crescente de teólogos católicos e protestantes desafiou a vigorosa abordagem que o *Discurso* dava a problemas tradicionais da metafísica. Alguns dos críticos do trabalho sugeriam que Descartes era um sofista diabolicamente astuto e que ele havia alijado, de maneira deliberada, argumentos conhecidos a favor da existência de Deus, substituindo-os por um argumento novo que, de tão pouco convincente,[74] levava os leitores a concluírem que Deus na verdade *não* existe.

Na década que se seguiu, Descartes, a contragosto, foi cada vez mais arrastado para o centro da controvérsia religiosa. Como resultado, ele elaborou as notáveis *Meditationes de prima philosophiae*, ou *Meditações sobre a filosofia primeira*,* publicadas em 1641. Escrito em latim e assumindo a aparência dos exercícios espirituais que eram familiares àqueles que haviam sido formados pelos jesuítas, as *Meditações* se dirigiam diretamente aos eruditos cristãos. De acordo com o subtítulo dado à segunda tiragem, em 1642, o principal intuito da obra era demonstrar "a existência de Deus e a diferença entre a alma e o corpo humanos". Indo além do relato autobiográfico que incluíra no *Discurso*, Descartes agora oferece provas filosóficas independentes, valendo-se tão somente da "razão natural" para explicar proposições que um bom católico como ele também aceitaria apenas com a fé.[75]

Na primeira dessas *Meditações*, Descartes procura abordar diretamente o tipo de dúvida que um católico cético poderia nutrir diante do projeto de investigação pura iniciado por ele quando de sua revelação divina, mais de vinte anos antes. Supõe que a fonte de tal revelação não fosse "Deus, que é sumamente bom e fonte da verdade, mas algum demônio malicioso, de extrema força e astúcia", que empregara "todas as suas energias a fim de enganar-me".[76] Isso, obviamente, não era apenas uma preocupação retórica para Descartes; era também uma preocupação que sentira na noite mesma de seus sonhos reveladores.

No contexto da obra, sua resposta à possibilidade de ter sido enganado por um demônio maligno é postergada até a terceira meditação, na qual reafirma sua certeza na existência de divina. Em seus diários, Descartes esboçara brevemente o processo pelo qual, após a noite dos sonhos, convenceu-se de que fora agraciado com a visão de como seria possível adquirir um conhecimento autêntico de Deus e da natureza. No restante das *Meditações*, ele afirma, tecendo considerações mais longas, que apenas Deus (e não um demônio perverso) poderia ser a fonte de suas ideias claras e distintas, incluindo aquelas acerca de um Deus perfeito e aquelas que diziam respeito às verdades da matemática e da natureza.

---

* A obra também é conhecida como *Meditações metafísicas*. (N. do E.)

Certo de que contemplava "o verdadeiro Deus, em quem todos os tesouros da sabedoria estão escondidos", Descartes também se mostrava certo de que, segundo disse, "seria impossível que Deus viesse a me ludibriar". Não sendo Deus um enganador, e sendo Ele a propiciar a Descartes "uma forte propensão" a acreditar que suas ideias sobre a natureza eram "produzidas por objetos corporais",[77] segue-se que os objetos corporais existem, possuindo "todas as propriedades que compreendo de maneira clara e distinta, isto é, todas aquelas propriedades que, em termos gerais, são englobadas pelo escopo da matemática pura".[78] Desse modo, Descartes utiliza suas *Meditações* para sustentar novamente a revelação original de uma ciência das ciências, fundamentada sobre uma compreensão matemática da matéria – ainda que, desde então, tenha sido discutido se tal argumento seria coerente ou se, em vez disso, seria apenas um exemplo flagrante de raciocínio circular.

Uma série de leitores contemporâneos a Descartes certamente não se deixou convencer. Para o jesuíta francês Pierre Bourdin, o filósofo não teria como desautorizar, por exemplo, a suspeita de que Satã o levaria a crer que mal algum seria causado pela negação – ainda que temporária – de perspectivas tradicionais. Segundo indica certo filósofo moderno, se a ideia de um demônio ludibriante for encarada com seriedade, encontraremos a "estarrecedora possibilidade" de, "sabendo ou não, sermos todos vítimas inconscientes do demonismo, em virtude da ilusão sistemática causada pelo agente diabólico".[79]

Uma coisa parece clara: ao escrever, novamente, sobre a epifania meditativa de 1619, Descartes se mostra capaz de confirmar sua monumental autoconfiança e de oferecer justificativas independentes para a defesa de suas convicções mais importantes.

Em mais uma mostra do espírito aberto com que acolhia seus críticos, Descartes pediu que Mersenne solicitasse e compilasse réplicas fornecidas por teólogos e filósofos da natureza – grupo que ia do materialista Tomas Hobbes e do cético Pierre Gassendi a Antoine Arnauld (1612-1694), adepto do determinismo teológico que também assinara a *Lógica de Port-Royal*. Embora fosse melindroso, Descartes aproveitou a ocasião para travar o exato tipo de disputa erudita que, segundo afirmara no *Discurso*, desejava evitar.

Descartes pode ter cometido um erro estratégico. Na esperança de proteger de críticas religiosas a descoberta do "fundamento [*de uma*] maravilhosa ciência", ele dera início a um debate incessante, o qual envolvia tanto teólogos quanto filósofos e se debruçava não sobre os fundamentos de sua maravilhosa ciência, mas sobre uma série de proposições metafísicas. (Aproximando-se do fim de sua vida, Descartes chegou a alertar um visitante para que ele "não se fixasse muito nas *Meditações* e nas questões metafísicas [...] que afastam a mente de coisas físicas e observáveis, tornando inadequado o seu estudo. E são esses estudos físicos que o homem mais deveria desejar".[80])

À medida que fervilhavam debates sobre as visões religiosas de Descartes, rumores sobre sua vida pessoal também começavam a circular. As pessoas diziam que, além de ímpio materialista, ele era também o pai imoral de uma criança ilegítima. (Francine morrera de escarlatina em 1640, deixando Descartes desolado. Segundo a lei holandesa, ela não era tecnicamente "ilegítima", uma vez que sua paternidade fora publicamente reconhecida.)

Além de instalar-se numa fazenda remota, cujos arredores eram formados por dunas de areia que conduziam ao mar, Descartes teve de lidar com um constante fluxo de visitantes. Quando um desses peregrinos pediu para ver sua biblioteca, ele supostamente tomou a sua mão e pediu-lhe que o acompanhasse[81] até um alpendre, onde mostrou-lhe um bezerro morto pronto para ser dissecado. Outro mito dizia que, naqueles anos, Descartes sempre viajava com um autômato criado por ele mesmo,[82] uma boneca de tamanho real construída para acompanhá-lo e para provar que até mesmo os seres humanos não passavam de máquinas.

Com o aumento da fama de Descartes, tornou-se comum entre as jovens instruídas procurá-lo em busca de conselhos sobre a melhor maneira de conduzir a vida, assim como para saber mais sobre os resultados de seus estudos físicos. Aquelas que não tinham como encontrá-lo lhe escreviam cartas. A mais importante dessas correspondentes foi a princesa Elizabeth da Boêmia (1618-1680), descendente da realeza protestante que morrera como abadessa de um monastério luterano na Vestfália.

O início da correspondência entre os dois se deu em 1643, quando Elizabeth tinha 25 anos de idade e vivia em Haia. A princesa aprendera alemão, francês, inglês, holandês, italiano e latim, sendo também competente em matemática e instruída em metafísica. Em sua primeira carta a Descartes, Elizabeth levantou uma objeção contra aquilo que, no *Discurso* e nas *Meditações*, Descartes dizia sobre a mente e o corpo.

Se, segundo afirmara Descartes, todos os corpos são máquinas, isto é, substâncias puramente materiais que operam em resposta a estímulos externos, de acordo com as leis da física; e se, como Descartes também declarara, a mente humana é uma substância imaterial e imortal que, por meio de seu livre-arbítrio, coloca o corpo em operação; como, então, a mente – que é imaterial – poderia compreender o mecanismo do corpo? E como, segundo o que claramente ocorre, os estímulos externos penetrariam nossa consciência?

Descartes teve de admitir que, de acordo com o que nos mostra a experiência, a mente e o corpo *têm* vínculos, mas só Deus poderia saber como isso acontece. A deficiência desse tipo de resposta ajudou a fomentar uma correspondência que se estendeu até o fim da vida de Descartes.

A troca de cartas entre os dois – a qual, após a sua morte, foi às vezes publicada separadamente, como apresentação do modo de vida cartesiano – girava em torno não somente de enigmas metafísicos, mas também de problemas práticos semelhantes àqueles discutidos por Sêneca nas cartas a Lucílio. Em novembro de 1645, por exemplo, Elizabeth colocou Descartes contra a parede ao falar da afirmação, feita por ele em carta anterior, de que existiria mais bem do que mal no mundo. Contestando o filósofo, ela observa que os seres humanos têm mais razões para se atribularem do que para se alegrarem, existindo "milhares de erros para cada verdade".[83] Como resposta, Descartes aconselha Elizabeth a manter-se impassível. Com um pouco de prática na premeditação dos piores males, erros e inquietações que podem acometer a alma, ele lhe garante que também ela poderia se beneficiar de qualquer revés e, assim, aprender a se concentrar nos vários bens, nas várias verdades e nos vários prazeres que a vida proporciona, a exemplo de um bom estoico.

"Devemos dar menos atenção às coisas exteriores que não dependem de nosso arbítrio", aconselha Descartes,

> do que àquelas que dele de fato dependem e com as quais podemos prosperar, caso saibamos usá-las adequadamente; dessa forma, somos capazes de evitar que os males de fora, por maiores que sejam, adentrem nossa alma de maneira mais profunda do que a tristeza suscitada pelos atores que interpretam diversas morbidades. Devo admitir, contudo, que, para agir dessa maneira, é preciso ser deveras filosófico.[84]

Essa amizade epistolar também teve seus altos e baixos. Elizabeth ficou compreensivelmente chateada com a indiferença de Descartes ante a inquietude que demonstrara ao descobrir que seu irmão se convertera do luteranismo ao catolicismo. Como católico, respondeu Descartes, só lhe restava aprovar a decisão do irmão; de qualquer forma, os desígnios de Deus eram misteriosos, e alguém que professava uma crença religiosa por razões equivocadas ainda poderia "levar uma vida de grande santidade". Além disso, "em todos os assuntos em que houver lados rivais, será impossível agradar um sem desagradar o outro".[85] Embora seja difícil duvidar do fervor com que Descartes encarava a própria missão divina, documentos privados como esse sugerem que ele (à semelhança de Montaigne) estimava mais a paz de espírito do que as apaixonadas profissões de fé, fossem elas protestantes ou católicas.

O livro seguinte de Descartes foi dedicado à princesa. Seus *Principia philosophiae* [Princípios de filosofia], lançados em latim no ano de 1644, forneciam um resumo compendioso de suas visões, usando a terminologia e o formato de um tratado de metafísica convencional. O trabalho que se seguiu, *Les Passions de l'Ame* [As paixões da alma], teve origem em sua correspondência com Elizabeth. Publicado em francês no ano de 1649, sendo assim destinado a leitores seculares, a obra explorava extensivamente a maneira pela qual as paixões uniam o corpo e a alma.

Alguns meses depois, Descartes aceitou uma oferta da rainha Cristina da Suécia, que o convidara para se instalar em Estocolmo. A rainha tinha apenas 23 anos, mas, a exemplo da princesa Elizabeth, possuía grande erudição e uma ampla bagagem de leituras. Seu desejo era ter Descartes como membro da corte, ao mesmo tempo em que, como retribuição, ele deveria servi-la como professor e tutor. O filósofo se cansara das intermináveis discussões travadas com os teólogos protestantes holandeses, e pode muito bem ter nutrido a esperança de conseguir algum cargo semelhante na Suécia para a princesa Elizabeth.

No início de 1650, logo após assumir suas tarefas na corte da rainha, Descartes adoeceu. Recusando o tratamento dos médicos reais, ele medicou a si mesmo com uma mistura de vinho e tabaco. O remédio caseiro não surtiu efeito, e Descartes morreu em 11 de fevereiro de 1650.

Nos dias que se seguiram, começaram a correr boatos de que os cortesões protestantes que temiam a influência religiosa de Descartes sobre a rainha o haviam envenenado. (Quatro anos depois, Cristina de fato chocou seus compatriotas, abdicando o trono após ter se convertido secretamente ao catolicismo.) Outro rumor dizia que Descartes não havia realmente morrido, e sim se escondido para melhor conduzir suas abomináveis pesquisas. Se para alguns protestantes ele parecia um agente do papa, para muitos católicos ele era simplesmente um herege, talvez até um rosacrucianista disfarçado. Na Holanda, "cartesiano" se tornou sinônimo de subversão, fosse ela religiosa ou moral. Então, em 1663, a Igreja Romana incluiu todas as obras de Descartes no *Index librorum prohibitorum*.

Ainda assim, o prestígio do filósofo continuou a aumentar. Em 1666, sua reputação na França crescera o bastante para fazer com que seus restos fossem exumados do túmulo sueco e enviados de volta para sua terra, a fim de serem enterrados novamente. Antes de seu esqueleto ser acondicionado, o embaixador francês fora autorizado a cortar um de seus indicadores, ao passo que seu crânio foi removido furtivamente por um guarda sueco.

Ao longo da primeira metade do século XVIII, e à medida que novas explicações do mundo natural substituíam as posições aristotélicas há muito ensinadas nas escolas, Descartes foi visto como o padroeiro da ciência moderna e da cultura iluminista. Na França, na Holanda e na Inglaterra, grupos de cartesianos dedicados mantiveram vivos seus métodos e sua memória. Contudo, o tempo tratou de substituir Descartes por Newton como a figura de maior importância no campo da metodologia científica, com novas pesquisas diminuindo as descobertas científicas e matemáticas do francês. Ao mesmo tempo, sua biografia se dissipava da boca do povo. Como resultado, o nome de Descartes passou a ser menos associado à nova física do que a uma metafísica do *cogito*, articulada a uma distinção implausivelmente rígida entre corpo e mente – ainda que o projeto cartesiano de investigação pura fosse desvinculado das revelações de 1619.

Descartes é uma figura de transição. Nos relatos fornecidos tanto por seus primeiros biógrafos quanto pelos excertos autobiográficos do *Discurso*, a filosofia ainda é concebida como um exercício espiritual dotado de um código de conduta constitutivo, expresso em narrativas que exemplificam o espírito moral puro de um investigador modelar. Porém, ao apresentar sua abordagem matemática à natureza, Descartes estabeleceu as bases sobre as quais se assentaria uma abordagem completamente diferente à filosofia – uma busca pela certeza fundamentada num sistema de ideias claras e distintas sobre o mundo como ele de fato é, formulada da maneira mais independente possível das idiossincrasias de qualquer investigador. Como apontou Michel Foucault, "antes de Descartes, ninguém poderia ser impuro, imoral, e conhecer a verdade". Depois dele, em contrapartida, "o indício direto basta. [...] A evidência foi substituída pela *askesis* [*disciplina espiritual*]".[86]

Descartes inspirou a obra de um importante filósofo do século XX, o fenomenólogo alemão Edmund Husserl (1859-1938). "Qualquer um que deseje, com seriedade, tornar-se filósofo", declarou Husserl, "deve 'uma vez na vida' retirar-se em si mesmo e tentar, em seu interior, derrubar e reconstruir todas as ciências que até então aceitava. A filosofia – sabedoria [*sagesse*] – é a preocupação mais íntima do filósofo. Um *autoexame abrangente*, segundo acreditava Husserl, abarcaria 'toda ciência autoexplicável'."[87]

No entanto, a ênfase dada por Husserl ao "conhecimento autoadquirido" como única base segura do pensamento científico mostrou-se uma anomalia. A partir de Descartes, os filósofos desenvolveram seus pontos de vista dentro de uma ou duas tradições divergentes.

A principal tradição da filosofia moderna no Ocidente desenvolveu formas investigativas cada vez mais impessoais, muitas vezes inspiradas por pesquisas contemporâneas na área das ciências naturais, frequentemente associadas à análise lógica e, às vezes, fundamentadas na original tentativa cartesiana de buscar a representação do "mundo como ele de fato é". Assim, em seu *Tractatus logico-philosophicus* (1921), Ludwig Wittgenstein (1889-1951) valeu-se da lógica simbólica moderna para tentar representar, numa série de proposições elementares, "tudo aquilo que for o caso".

Uma tradição rival, que remete à clássica compreensão da filosofia como modo de vida, deu ênfases a uma renovada prática de autoexame, muitas vezes representada como algo francamente hostil à primazia da lógica e aos critérios da razão (como em Nietzsche) e às vezes fundamentada (como na obscura análise que Heidegger inclui em seu *Ser e tempo*) na conclusão de que a fórmula cartesiana *Cogito, ergo sum* servira como base para a catastrófica oclusão do *sentido de Ser do* sum.[88]

O próprio Descartes talvez ficasse horrorizado com essa cisão no seio da filosofia. Afinal, ela indicaria que a maior parte dos filósofos subsequentes teria sido incapaz de satisfazer tudo o que ele encarou como a tarefa de que Deus lhe incumbira: usar a razão não apenas para conhecer o mundo como ele de fato é, mas também para conhecer a si próprio; não apenas para analisar uma existência individual, mas para compreender tudo aquilo que existe.

ROUSSEAU

Busto de Jean-Jacques Rousseau em terracota, autoria de Jean-Antoine Houdon (1741-1828). Escultor mais famoso de seu tempo, Houdon foi autorizado a usar uma máscara mortuária para a elaboração do retrato póstumo deste intenso filósofo moral: "Seu olhar penetrante parece adentrar as mais profundas sinuosidades do coração humano", maravilhou-se um admirador do busto.[1]
(Musée Lambinet, Versailles, França/Lauros/Giraudon/The Bridgeman Art Library International)

No ano de 1749, num dia de outono extraordinariamente quente, Jean-Jacques Rousseau, um músico batalhador de 37 anos de idade, deu início a uma longa caminhada rumo à prisão onde seu amigo Denis Diderot estava detido, acusado de subverter por escrito os ensinamentos da Igreja Católica. Ao contrário de Rousseau, Diderot, com 36 anos, já era bastante conhecido por suas posições heterodoxas acerca da moralidade e da religião. Enquanto caminhava ao longo da estrada que ligava Paris a Vincennes, Rousseau folheava uma cópia do *Mercure de France*, um dos periódicos mais importantes da elite cultural francesa. Como futuramente recordaria, ele hesitou em meio ao seu trajeto quando leu que um prêmio estava sendo oferecido para o melhor ensaio sobre o tema: "Se a reabilitação das ciências e das artes têm ajudado a purificar os princípios morais."

"Se algo já se assemelhou a uma inspiração súbita", escreveu posteriormente, "foi o impulso que cresceu em mim quando li aquilo."[2] Rousseau sentiu-se tonto, fraco, derrotado. "No momento exato daquela leitura, vislumbrei outro universo e tornei-me outro homem."[3]

Arfando, ele sucumbiu atordoado sob uma árvore, chorando.

> De súbito, senti minha mente ofuscada por milhares de luzes; montes de ideias vívidas a mim se apresentavam de uma só vez, com uma força e uma desordem que me lançaram em inexpressível agitação. [...] Ó Senhor, se pudesse escrever apenas um quarto do que vi e senti sob aquela árvore, com que clareza eu não teria revelado todas as contradições do sistema social, com que força não teria exposto cada um dos abusos de nossas instituições, com que simplicidade não teria demonstrado que o homem é naturalmente bom e que é através dessas mesmas instituições que ele se torna perverso.[4]

A epifania de Rousseau imediatamente o levou a mudar de conduta, fato que se deu de uma tal maneira que amigos como Diderot não tinham como ignorar. "Deixei para trás as douraduras e as luvas brancas, coloquei uma peruca redonda, abandonei minha espada e vendi meu relógio, dizendo a mim mesmo: 'Graças aos céus, não mais precisarei saber que horas são.'"[5] Afastando-se temporariamente de suas ambições musicais, ele começou a escrever como um possuído, enviando sua resposta, então, ao desafio proposto pela Academia de Dijon. Seu trabalho foi escolhido pelo júri, e quando o primeiro *Discurso sobre as ciências e as artes* veio a ser publicado no ano seguinte, Rousseau passou de obscuro compositor a figura pública de elevada estatura.

Nos anos que se seguiram, porém, e à medida que começaram a surgir diferenças entre a verdadeira conduta de Rousseau e seus comoventes ideais filosóficos, os críticos passaram a questionar sua integridade. Segundo escarneceu um antigo amigo, Rousseau era "um anão moral sobre pernas de pau"[6] – homem pouco digno da quantidade de leitores, frequentemente entusiastas, que suas obras conquistaram nos anos seguintes à sua suposta conversão à filosofia.

Em resposta a esses críticos, Rousseau assumiu ser dono de um caráter complexo e até mesmo contraditório, declarando de maneira memorável que "preferia ser um homem de paradoxos do que um homem de preconceitos".[7] Embora afirmasse que os seres humanos eram animados por um senso de piedade inato, sua própria consciência se mostrou uma interlocutora impiedosa. Assim, ele passou grande parte de seu tempo testemunhando contra si mesmo, desnudando as contradições entre sua vida e sua obra. Como um Sêneca tardio, Rousseau transformou fraquezas pessoais em objetos explícitos de sua filosofia; e, assim como Agostinho, escreveu também uma série de *Confissões* autobiográficas, nas quais reconheceu uma quantidade de atos vergonhosos – sobretudo, o abandono num orfanato de todos os filhos que teve com sua antiga companheira Thérèse Levasseur.

Rousseau nasceu em Genebra, no ano de 1712.[8] Confinada por Saboia e pela França, a cidade, república calvinista no meio de reinos católicos, parecia anômala à Europa do século XVIII. Genebra era uma cidade-estado autônoma, com fronteiras limitadas e uma população de 25 mil pessoas – bem menor do que aquela da Atenas clássica. Mesmo quando comparada aos seus vizinhos suíços, os cantões de Vaud e Valais, Genebra era incomum. Enquanto eles eram rudes, rurais e dependentes da agricultura, ela, localizada no cruzamento dos Alpes, era uma cidade cosmopolita e comercial, rica em comércio – além de dilacerada pelo próspero conflito entre a elite governante e um grande grupo de artesãos, que ansiava por uma participação mais ativa no governo da cidade.

Era esse clima político volátil que cercava o jovem Jean-Jacques Rousseau, criado num distrito conhecido pelo ativismo político de seus artesãos: Saint-Gervais. Sua mãe, oriunda de uma família abastada, morrera poucos dias após o seu nascimento, deixando-o aos cuidados de seu pai, Isaac, relojoeiro dono de uma pequena biblioteca e de um amor pela pátria que, segundo o filho, "era sua maior paixão".[9] Não tendo como oferecer uma educação formal ao filho, o pai de Rousseau o encorajou a ler Ovídio, Petrarca e Platão, além dos romances epistolares que haviam se tornado populares no século XVIII e que também o agradavam. Em casa, diante das páginas dessas obras, Rousseau "sentia antes de pensar",[10] tornando-se um autodidata inspirado pelos relatos idealizados da virtude clássica e do amor romântico.

Quando Rousseau tinha dez anos, seu pai teve de deixar Genebra. O menino então permaneceu como aprendiz de um advogado e, depois, de um gravador, o qual o tratava de maneira tão brutal que, em 1728, o jovem se viu obrigado a fugir. Assim tinha início uma picaresca aventura que levaria Rousseau do Reino de Saboia para Turim, na Itália, e de Lyon, na França, para a capital cultural do século XVIII: Paris.

Por mais de uma década, ninguém foi mais presente na vida de Rousseau do que Françoise-Louise Éléonore de la Tour, a baronesa de Warens, que ele conhecera quando tinha 15 anos. Treze anos mais velha do que Rousseau, madame de Warens deixara seu marido protestante em Lausanne para buscar refúgio em Saboia, onde se converteu ao catolicismo e aceitou uma pensão do governo para ajudar na conversão de outros refugiados protestantes à sua nova religião. Madame de Warens fornecia abrigo e orientação espiritual a Rousseau, assim como, nos anos que se seguiram à conversão dele ao catolicismo, uma forma de fé piedosa, que enfatizava a devoção à voz divina da consciência interior.

Rousseau chamava a madame de Warens de *maman*. Durante vários anos, os dois foram amantes, e ele atribuía a ela (nas palavras de um biógrafo moderno) todas "aquelas qualidades de doçura, graça e beleza que, como criança sem mãe, ele ansiava por encontrar em todas as mulheres a cujo feitiço depois se submeteria".[11]

Com o apoio de madame de Warens e de seus benfeitores, Rousseau foi instruído em literatura moderna, filosofia e, sobretudo, música. Ele treinou sua voz, memorizou cantatas e aprendeu a tocar flauta, violino e instrumentos de teclas. Impressionada com seus talentos para a música, a madame de Warens o encorajou a organizar eventos para ela e, também, a trabalhar como professor e copista musical, podendo assim sustentar-se paralelamente. Em 1737, quando Rousseau tinha 25 anos, o *Mercure de France* publicou uma composição de sua autoria. Duas óperas malogradas se seguiram – apenas seus libretos sobrevivem.

Certo de que o sistema de notação musical em voga era desnecessariamente maçante, Rousseau desenvolveu um sistema novo, no qual números substituíam as representações visuais das notas. Em 1742, o homem de trinta anos optou por seguir seu próprio caminho e se instalou em Paris, onde esperava convencer o *establishment* musical a adotar seu novo sistema de notas. Rousseau foi contemplado com uma respeitosa audiência na Academia das Ciências, mas não recebeu respaldo. Em seguida, conheceu o maior compositor e teórico musical da França, Jean-Philippe Rameau (1683-1764), que foi mais ainda mais indiferente diante dele e de sua invenção.

Ele também conheceu uma série de outros jovens artistas e intelectuais,[12] dos quais o mais importante era Denis Diderot (1713-1784), editor recém-nomeado da nova *Enciclopédia* francesa. Publicação audaciosa e subsidiada por um punhado de contribuintes abastados, a *Enciclopédia* deveria oferecer um abrangente resumo do conhecimento então reunido por todas as áreas em que o homem se aventurava e investigava. Ela englobava uma série de ensaios, alfabeticamente dispostos, acerca de vários temas, de "Atos dos Apóstolos" e "Alcachofra" a "Zenicon" ("Nome de um veneno usado pelos caçadores da Gália celta nos tempos de outrora"). Entre os contribuintes encontrava-se uma série de amigos de Diderot, dos quais a maioria era formada, a exemplo de Rousseau, por artistas e intelectuais batalhadores, desligados de qualquer instituição acadêmica.

Alguns anos depois de chegar a Paris e ingressar no círculo de Diderot, Rousseau deu início ao que se tornaria um concubinato vitalício com Thérèse Levasseur. Praticamente analfabeta, e quase dez anos mais nova do que ele, Thérèse era uma mulher de alma simples e temperamento doce, consideravelmente mais sensata do que o próprio Rousseau. Ela lhe proporcionava companhia e satisfações sexuais, enquanto ele, embora fiel à promessa de que nunca a deixaria, se recusava a casar com ela.

Sempre que Thérèse engravidava – o que aconteceu várias vezes entre 1746 e 1752 –, Rousseau dava um jeito de enviá-la para uma parteira e de fazer com que, após o nascimento, o bebê fosse entregue num lar destinado a crianças abandonadas, o Hôpital des Enfants-Trouvés em Paris, instituição de caridade religiosa que recebia cerca de seis mil crianças por ano. Tal prática não era incomum: naquela época, mais ou menos 20% dos infantes batizados em Paris eram enviados para um lar do gênero. "Disse para mim mesmo: sendo esta a prática do país, pode-se segui-la quando nele se vive", escreveu. "Decidi-me com alegria e sem o menor escrúpulo."¹³ Como tantas vezes se dá em sua escrita autobiográfica, é difícil saber se Rousseau não estava sendo sincero ou se apenas se iludia: ele provavelmente sabia que a maioria dos bebês entregues ao Enfant-Trouvés morria dentro de um ano.

Naquele período, Rousseau ganhava a vida copiando músicas e escrevendo artigos para a *Enciclopédia* de Diderot, a maioria sobre temas musicais. Suas composições começavam a atrair alguma atenção; Rameau até mesmo o acusou de plágio. Ainda assim, não havia indícios de que ele um dia conseguiria ir muito longe.

Tudo isso mudou abruptamente após a publicação, em 1750, do *Discurso sobre as ciências e as artes*, que transformou seu autor numa controvérsia – algo irônico, uma vez que o ensaio ostentava, entre outras coisas, uma crítica contundente ao tipo de civilização que desperdiçava honras e atenções com alguns poucos escritores famosos.

A principal tese daquele que acabou por ser conhecido como o *Primeiro discurso*, e que tivera origem direta na revelação vivenciada por Rousseau a caminho de Vincennes, era a de que "nossas almas se corromperam na mesma medida em que se aproximaram da perfeição nossas ciências e artes".

Essa era uma declaração provocadora, uma vez que contradizia plenamente a principal opinião dos eruditos parisienses. O meado do século XVIII foi uma época de crescente entusiasmo pela boa-nova do progresso material – crença enraizada em mudanças visíveis, dado o rápido desenvolvimento das artes mecânicas e financeiras. A *Enciclopédia* de Diderot tinha como objetivo se tornar um *Dicionário racional das ciências, artes e ofícios*, e muitos dos seus verbetes e ilustrações mostravam como as descobertas da ciência moderna estavam sendo fecundamente aplicadas em tarefas como a do tingimento de tecidos, da fabricação de espelhos e da produção de relógios. Ademais, Rousseau conhecia essas melhorias: seu pai trabalhara como relojoeiro, e ele mesmo, quando jovem, passara certo tempo em Lyon, um dos maiores centros manufatureiros e comerciais da França do século XVIII. Num poema escrito em Lyon no ano de 1741 (e que é um dos seus primeiros textos sobreviventes), o próprio Rousseau cantara louvores àquela "inocente indústria", que "multiplica os confortos da vida e, beneficiando a todos com seus úteis serviços, satisfaz as necessidades pelo caminho do luxo".¹⁴

Sentimentos como esse, expressos de maneira ainda mais célebre na *Riqueza das nações* de Adam Smith, obra publicada uma geração depois, foram característicos da época que os historiadores futuros chamariam de "Século das Luzes". Contudo, Rousseau agora atacava esse exemplo de sabedoria convencional. Segundo afirmava em seu *Primeiro discurso*, ao minar os tipos de integridade e bondade estimados por Sócrates, Platão e Sêneca, o luxo acarretava o vício. A fé no progresso era traiçoeira quando escondia o quão corruptora a sociedade civil poderia ser: "Desconfianças, ofensas, medos, friezas, restrições, ódio e traições estarão constantemente ocultos sob o véu falso e homogêneo da cortesia."[15]

Talvez presumindo que Rousseau só quisesse provocar, alguns de seus amigos – Diderot, por exemplo – tinham dificuldades para levá-lo a sério. Outros, por sua vez, demonstravam menos tranquilidade. Uma amarga controvérsia estourou, e Rousseau estava no centro de tudo.

Antes de sua epifania e da contenda gerada por seu ensaio, Rousseau havia sido um músico aspirante, um escritor e, quem sabe, até mesmo um *philosophe* – forma como a palavra era utilizada no século XVIII na França (servindo como sinônimo daquilo que, hoje, chama-se de "intelectual"). No entanto, de acordo com seu próprio julgamento, ele ainda não se tornara um *verdadeiro* filósofo, ao menos no sentido antigo do termo – alguém que tentava viver em harmonia com os princípios professados. "O quão doce", declarava, "não seria viver entre nós se a aparência exterior fosse sempre imagem da disposição do coração; se nossas máximas servissem às nossas regras; se a Filosofia fosse inseparável do título de Filósofo!"[16]

Aos olhos de muitos leitores contemporâneos de Rosseau, o autor do *Primeiro discurso* parecia um retrocesso, um filósofo pré-moderno, mais próximo dos gregos antigos e dos nobres romanos do que dos sábios que frequentavam os salões de Paris. Immanuel Kant (1724-1804), seu admirador alemão mais influente, o chamava de "Diógenes sutil".[17] Tal como Diógenes de Sínope, Rousseau, em seu premiado ensaio, representava o sumo bem como produto da natureza, e não da arte. O homem bom, nutrindo poucas necessidades, se contentará naturalmente com pouco; contudo, uma vez que a sociedade moderna multiplica nossas carências, a mente da maioria dos homens se torna inquieta e apreensiva. Rousseau, a exemplo de Diógenes, renunciou à sociedade moderna por considerá-la corruptora, e então saiu em busca de um homem verdadeiramente bom.

O alvoroço em torno do *Primeiro discurso* de Rousseau se estendeu por quase um ano, garantindo-lhe a posição de pensador mais controverso e conhecido de sua geração. Uma vez que não tinha vergonha de se apresentar como modelo de vida, curiosidades acerca de sua conduta começaram a se espalhar naturalmente. Assim, até abril de 1751, o segredo mais comprometedor de Rousseau foi revelado pela mãe de Thérèse Levasseur a alguns de seus amigos influentes.

Temendo ver maculada sua nova fama de modelo das virtudes antigas, Rousseau enviou uma extensa carta[18] a um desses amigos influentes, mantendo uma cópia rudimentarmente cifrada em seus documentos pessoais, como se a confirmar seu sentimento de culpa. A carta cifrada era, na verdade, uma débil tentativa de racionalizar o que ele fizera com seus filhos. Rousseau afirmava que sua pobreza e sua saúde frágil o impediam de ser um bom pai; que não desejava macular a honra da mãe que não se casara (pouco importava se fora ele quem se recusara a casar); e que um orfanato era um lugar perfeitamente respeitável para uma criança, uma vez que forçaria os protegidos a se tornarem mais rudes e autossuficientes, preparados para todas as dificuldades possíveis (pouco importava, também, o fato de a maioria deles morrer). Em sua defesa, Rousseau citou até mesmo Platão, como se o Hôpital des Enfants-Trouvés pudesse ser comparado de alguma forma ao programa exposto na *República* para a educação de todas as crianças, independentemente de seus pais.

Demoraria ainda uma década para que o segredo de Rousseau fosse por todos conhecido. Enquanto isso, ele teve de se defender de críticas públicas à sua integridade moral por um motivo completamente diferente: a assombrosa popularidade de sua pequena ópera *Le devin du village* [O adivinho da vila], encenada em Paris, pela primeira vez, no dia primeiro de março de 1753. Nos meses e anos que se seguiram, o público francês não se cansou de ouvir a abertura e as árias de Rousseau. Até mesmo o rei da França, embora sem ouvido musical, tentava cantarolar as melodias. No entanto, colegas e rivais se sentiam mais invejosos – e céticos – do que nunca. Era difícil entender como o autor do *Discurso sobre as ciências e as artes* poderia unir sua vigorosa crítica às artes a uma assombrosa popularidade como artista. Talvez esse fosse outro caso, demasiadamente comum entre os moralistas de qualquer época, de absoluta má-fé.

Em suas *Confissões*, escritas entre 1764 e 1770, mas publicadas apenas após sua morte, em 1778, Rousseau recordou o quão estranho e deslocado se sentira na estreia de gala de sua ópera. Tendo-lhe sido oferecida uma pensão do rei, ele surpreendeu seus críticos com uma recusa. Apesar do invejável sucesso de *O adivinho da vila*, Rousseau abandonou as composições musicais. Daquele momento em diante, ele finalmente desdenharia – na verdade, ele rejeitaria ostentosamente – as armadilhas explícitas do sucesso mundano, optando por uma vida de pobreza voluntária. Rousseau viveria com a remuneração modesta de seu trabalho como copista musical e tentaria personificar o espírito independente de um honrado artesão.

No outono de 1753, a Academia de Dijon anunciou outra competição ensaística. Dessa vez, os participantes deveriam abordar a questão: "Qual é a origem da desigualdade entre os homens? E seria ela permitida pela lei natural?"

Ainda sentindo a necessidade de expressar por escrito suas novas convicções, e cada vez mais confiante acerca de seus talentos como escritor e pensador, Rousseau decidiu enviar outro ensaio. Ele já começara a desenvolver seus princípios em vários manuscritos e diários, os quais acabariam por se tornar suas duas obras mais importantes: seu tratado sobre a educação, *Emílio*, e *O contrato social*, ensaio a respeito das instituições políticas legítimas (ambos publicados em 1762). Enquanto isso, o novo problema proposto pela Academia lhe oferecia um pretexto perfeito para esclarecer publicamente a natureza de sua emergente filosofia.

Optando por "refletir sobre este grande tema em meio ao ócio",[19] Rousseau passou uma semana na pequena aldeia de Saint-Germain. Lá, realizou longas caminhadas, como se para evocar, de maneira mais controlada, o espírito de arrebatada iluminação que se apoderara dele a caminho de Vincennes:

> Floresta adentro, procurei e encontrei a imagem daquelas épocas primitivas, cuja história tracei orgulhosamente. Percorri por completo as insignificantes mentiras da humanidade; ousei desnudar sua natureza, seguir o progresso do tempo e remontar tudo que a havia distorcido; então, ao comparar o homem que fora construído pelo homem e o homem natural, mostrei-lhe, no alto de sua pretensa perfeição, a verdadeira fonte de sua miséria. Exaltada por essas reflexões sublimes, minha alma se aproximou da divindade; então, vendo meus companheiros seguindo o caminho cego de seus preconceitos, erros, desgraças e crimes, gritei em sua direção com uma débil e inaudível voz: "Loucos que, sem cessar, reclamam da natureza, saibam que em vós é que todos os vossos males têm origem!"[20]

Ao elaborar seu *Discurso sobre a origem da desigualdade*, Rousseau também consultou uma ampla variedade de obras eruditas, no intuito de assimilar noções mais "precisas" sobre o ser humano e sua condição pré-social. Ainda assim, segundo insiste desde o início de seu texto, é preciso "colocar de lado todos os fatos", aproximando-se com ceticismo dos livros mais científicos – o que, naturalmente, levantou a questão: como, então, alguém *poderia* "julgar de maneira adequada"[21] a constituição original do ser humano?

A resposta de Rousseau é lacônica. Ao "meditar sobre as operações primeiras e mais simples da alma"[22] – e talvez ao se abrir a um tipo de iluminação arrebatadora não muito diferente daquela que Rousseau vivenciara ao caminhar pelos bosques de Saint-German –, qualquer um poderia honrar o preceito délfico a que a primeira frase do ensaio discretamente faz alusão: "Conhece-te a ti mesmo."

Ao fim de sua vida, Rousseau mostrou-se perfeitamente sincero: "Onde o pintor e o apologista da natureza, hoje tão desfigurados e difamados, poderiam ter encontrado seu modelo, se não em seu próprio coração?"[23] Ao longo daqueles anos produtivos – de sua epifania em 1749 até a conclusão de *Emílio* e de *O contrato social*, treze anos depois –, o autor escreveu com inspiração, encontrando forças na certeza de que ele, homem naturalmente bom, fora agraciado com uma visão da bondade natural. Tudo o que saía de sua caneta "nesse período de efervescência", segundo declarou o próprio Rousseau, "carregava uma marca impossível de ser confundida, sendo ainda mais impossível imitá-la. Sua música, sua prosa, seu verso, tudo realizado durante aqueles [...] anos possuía cor, um matiz que jamais será equiparado".[24]

Esse elemento quase místico do pensamento de Rousseau era algo comunicado de maneira claramente proposital. Na esperança de provocar e converter – assim como inspirar – seus leitores, ele encheu o *Segundo discurso* de epigramas ultrajantes e de declarações estarrecedoras: "A mente perverte os sentidos." "A razão é o que engendra o egoísmo, enquanto é a reflexão que o fortalece." "Todos tendem a acorrentar a si mesmos." Porém, é espiritual o objetivo implícito desta retórica exagerada, que convida o leitor a alijar-se das verdades que recebera e a se dedicar a questões fundamentais. Rousseau procura levar o leitor a investigar a si mesmo e a reconhecer que os sentimentos naturais foram eclipsados pelos sedimentos da civilização – como, por exemplo, a compaixão instintiva que sentimos ao contemplar o sofrimento corporal de outrem (o que Rousseau chamou de "piedade").

Antes de mais nada, a reflexão acerca das "operações primeiras e mais simples da alma" revela a força primordial do livre-arbítrio. Como explica Rousseau numa passagem crucial de seu tratado sobre a desigualdade,

> não é tanto o conhecimento que distingue o homem do restante dos animais, e sim o fato de ser ele um agente livre. A natureza comanda cada animal, que a ela obedece. O homem sente o mesmo ímpeto, mas percebe que é livre para anuir ou resistir, e é sobretudo na consciência de tal liberdade que transparece a espiritualidade de sua alma.[25]

Rousseau em geral aceitava a concepção de natureza defendida por cientistas modernos como Buffon (1707-1788), que explicava os atributos intrínsecos das diferentes espécies de animais através das "leis da mecânica", e não da velha teleologia de Aristóteles. A piedade, por exemplo, era um atributo humano que Rousseau acreditava instintivo e, assim, abordável a partir de uma perspectiva puramente mecânica. A exemplo de Diderot e de filósofos britânicos como John Locke (1632-1704), Rousseau presumia que nosso conhecimento direto tinha origem nas percepções sensoriais: uma grande quantidade de crenças sobre o mundo poderia ser explicada como resultado necessário de impressões físicas.

No entanto, ao contrário de Diderot, Rousseau nunca concluiu que "a palavra liberdade é vazia de significado".[26] No que dizia respeito à liberdade, Rousseau era um cartesiano descarado – embora expusesse as implicações morais e políticas do livre-arbítrio em termos que certamente teriam deixado o próprio Descartes estarrecido.

Rousseau via a liberdade como uma misteriosa faculdade dada por Deus que girava em torno de uma espontaneidade inexplicável, uma miraculosa capacidade de iniciar um ato sem motivos físicos ou materiais.

> Cada movimento não gerado por outro só pode ter origem em uma ação espontânea e voluntária. Corpos inanimados agem apenas quando impelidos, e não há ação verdadeira desprovida de vontade. [...] O princípio de toda ação se encontra na vontade de um ser livre.[27]

Por achar que cada um de nós possui livre-arbítrio, Rousseau encara o ser humano "não apenas como um ser sensível e passivo, mas ativo e inteligente".[28] Ou, tomando a fórmula análoga de Kant: "Existe no homem a capacidade de autodeterminar-se, independentemente de qualquer coerção exercida por impulsos sensoriais."[29]

Daí a importância prática da doutrina metafísica de Descartes na explicação de Rousseau: como resultado de sua inata capacidade de autodeterminação, o ser humano não é apenas uma criatura de instinto, mas também de escolhas. As opções realizadas livremente ao longo do tempo se transformam em hábitos. Enquanto os instintos são permanentes, os hábitos, originados na vontade, são variáveis. Enquanto os instintos pertencem ao domínio involuntário e imutável da física, os hábitos são mutáveis: eles pertencem ao domínio voluntário, e essencialmente indeterminado, daquilo que Rousseau chama de "costumes". Em suma, a liberdade fornece aos seres humanos – sozinhos ou em grupo – a capacidade de começar tudo de novo, de criar novos hábitos e, até mesmo, de definir espontaneamente um novo estatuto para a alma ou para a sociedade.

No *Segundo discurso*, Rousseau não apresenta nenhum fato empírico para provar a notável declaração de que os homens são dotados de livre-arbítrio. Na verdade, ao formular seu princípio de liberdade, ele deve "colocar de lado todos os fatos", como antes propusera no *Discurso*. Afinal, como a liberdade que descreve não pertence ao domínio natural dos fenômenos físicos, ela não constitui uma parte observável da essência animal do homem. Por ser uma faceta do "lado metafísico"[30] de alguém, o conceito de liberdade não pode ser esclarecido a partir das ciências naturais.

Então, de que maneira podemos saber que nossa vontade é realmente livre? A ponderada resposta que Rousseau oferece à questão é ao mesmo tempo simples e desconcertante: nós não sabemos e não poderemos saber.

Nós não sabemos, declara o vigário saboiano, alter ego fictício e espiritual de Rousseau em *Emílio*, seu grande *bildungsroman* (romance de formação) sobre a educação. O personagem ecoa o ceticismo de Montaigne: "Ignoramos a nós mesmos; não conhecemos nem nossa natureza, nem nosso princípio ativo."[31] Se um cético disser que a vontade é predeterminada, será impossível refutá-lo. Só é possível representar a sensação interior de espontaneidade que acompanha o exercício da própria vontade – assim como só é possível convidar alguém a olhar para dentro de si e descobrir um sentimento semelhante. Qualquer um que tenha aversão a exercícios espirituais como esse estará inclinado a compreender de maneira errada ou equivocada – ou então a sequer reconhecer – um sentimento que é tudo, menos autoevidente.

Em nossa própria sociedade, afinal – e isso Rousseau deixa claro ao narrar as catástrofes políticas e sociais em seu *Segundo discurso* –, o sentimento de liberdade foi perdido. Ele se encontra corrompido e dissimulado, profundamente escondido, e assim é difícil reconhecê-lo. Nascido livre, o homem está acorrentado por toda parte.

Como consequência dessa inescrutável capacidade "espiritual" de resistir aos comandos da natureza, o ser humano, uma vez capaz de exercitar sua liberdade ao lado dos outros, desenvolve a capacidade que Rousseau, cunhando nova palavra, chama de "perfectibilidade". Além disso, segundo esclarecem esse *Discurso* e outras obras do autor, as consequências do livre-arbítrio maleável e "perfectível" são vertiginosas. De acordo com Rousseau, a maioria dos pensadores clássicos – em especial Platão e Aristóteles – acaba por se mostrar equivocada. Eles estavam errados ao pensar que a capacidade de raciocinar era inata, assim como ao achar que o ser humano se encontrava naturalmente inclinado – devido à sua capacidade inerente de incorporar um modo invariante de raciocínio – a um estado de perfeição final, universal e único, a um *telos* próprio.

O princípio da liberdade e seu corolário, a perfectibilidade, sugerem que as possibilidades do ser humano são ao mesmo tempo múltiplas e, literalmente, infinitas. Diante dos obstáculos do acaso, os hábitos e costumes de uma pessoa podem mudar espontaneamente – talvez para melhor, talvez para pior. Sob a supervisão atenta de um tutor, ou então sob o governo de um conjunto de leis comum, os hábitos e os costumes podem ser formados e reformados deliberadamente – mais uma vez, para melhor ou para pior. Na verdade, sua liberdade intrinsecamente incerta e indeterminada fez do ser humano um animal que não está destinado a contemplar as verdades eternas, mas a lutar com armas mutáveis contra hábitos e costumes também mutáveis, produzindo assim uma *história* única, que se assemelha, paradoxalmente, a um registro inexorável de infortúnios.

Porém, esse não é o fim da história. Exatamente no momento mais intolerável do *Segundo discurso*, quando as coisas parecem incorrigíveis, Rousseau recupera de maneira dramática seu grande princípio do "julgamento adequado", o princípio da liberdade. O mal é artificial em sua essência, um produto da sociedade. Como resultado, é incapaz de acometer toda e qualquer razão.

Em vez disso, é possível fortalecer a própria vontade no intuito de resistir às armadilhas da civilização e, assim, alcançar um determinado grau de *virtude*, palavra que, a exemplo de Sêneca, Rousseau coloca no centro de sua filosofia moral. Nós também podemos exercer de maneira virtuosa nosso livre-arbítrio na companhia dos outros, a fim de alterar as leis e os costumes que levam as pessoas a aceitarem condições de grotesca desigualdade. Por essa razão, ainda está para ser escrito o último capítulo da história que Rousseau narra no *Segundo discurso*. Este final depende de nós. Nosso destino histórico se encontra, num grau incerto, mas crítico, em nossas mãos – e tal é a importância de ser livre. Quando se erguem contra um regime que fomenta apenas "a mais cega obediência", recorda Rousseau, as pessoas estão agindo apenas de acordo com a ordem natural, reafirmando sua liberdade inerente. "Assim, qualquer que seja o resultado dessas breves e frequentes revoluções" – um novo começo, a reincidência em hábitos nocivos –, "ninguém pode reclamar da injustiça de outrem, mas apenas da própria imprudência ou desventura".[32]

Uma nova forma de pensar a condição humana surgira no *Segundo discurso* – um acontecimento raro, sendo também uma das razões pelas quais a escrita de Rousseau, apesar da sombria descrição do declínio e queda da humanidade, transmite a animação de uma descoberta instigante. Segundo afirmaria Hegel duas gerações depois: "O princípio da liberdade despontou no mundo com Rousseau, que deu ao homem uma força infinita; então, a humanidade passou a ver a si mesma como infinita."[33]

A generosa avaliação de Hegel era ferozmente discutida na época. Rousseau não apenas perdeu a competição da Academia em 1754; seu novo discurso também valeu-lhe a eterna inimizade de Voltaire, representante mais poderoso e destacado do iluminismo francês.

Uma geração mais velho do que Rousseau e Diderot, Voltaire (1694-1776) se tornara famoso por ter criticado de maneira franca, nas *Cartas filosóficas* publicadas em 1734, a superstição e a intolerância cristã. Batizado François-Marie Arouet, ele adotou seu novo nome após enriquecer de forma independente, através de investimentos bem planejados. Nos anos seguintes, Voltaire escreveu poemas, peças e obras de ficção e história, assim como incontáveis ensaios sobre temas filosóficos, científicos e políticos, regozijando-se com o prestígio de que desfrutava como tribuno de justiça esclarecida e influenciando a opinião pública com panfletos que conquistaram um amplo grupo de leitores. Em 1755, Voltaire se instalou na Suíça – primeiro em Genebra e, depois, fora da cidade, numa luxuosa propriedade em que podia encenar suas peças para amigos e admiradores.

Em seu *Primeiro discurso*, Rousseau criticara Voltaire indiretamente, provocando-o com seu nome verdadeiro: "Dize-nos, famoso Arouet, quantas belezas másculas e rijas não foram sacrificadas por nossa falsa sensibilidade, e quantas coisas boas não te custou o espírito de cavalheirismo, tão fértil nas pequenas questões!"[34] Ainda assim, ele continuava a professar sua admiração pelo talento de Voltaire, enviando-lhe uma cópia do *Segundo discurso* – o qual gerou uma célebre resposta: "Recebi, senhor, vosso novo livro contra a raça humana. [...] Jamais uma tão grande inteligência foi utilizada para tornar-nos estúpidos."[35]

Uma irascível correspondência se seguiu. Rousseau insistia em que seu discurso fora escrito com seriedade, apesar dos paradoxos ridicularizados por Voltaire: "Se persistisse em minha vocação e jamais houvesse lido e escrito, sem dúvida seria mais feliz. No entanto, se fossem abolidas hoje as letras, eu ficaria privado do único prazer que me resta."[36] Um ano depois, Rousseau redigiu uma longa carta, na qual defendia sua crença idiossincrática na providência divina e esclarecia sua certeza de que uma sociedade boa nunca toleraria a intolerância, incluindo aqueles "incrédulos intolerantes" – como Voltaire – "que desejavam forçar as pessoas a não acreditarem em coisa alguma".[37]

Os motivos de discórdia eram numerosos. Rousseau insistia em publicar seus livros sob seu próprio nome, enquanto Arouet assumira a máscara de Voltaire. A ironia era o forte de Voltaire, enquanto Rousseau era penosamente franco. *Bon vivant* à vontade na alta sociedade, Voltaire não conseguia compreender a predileção de Rousseau pela solidão nem o modo de vida modesto que levava. Rousseau defendia a fé ao mesmo tempo em que solapava o bom senso e a razão. E, acima de tudo, Rousseau era indiscreto – até mesmo imprudente – ao expressar seus pontos de vista políticos: como afirmou, sarcasticamente, Voltaire, ele julgara "reis e repúblicas sem que lhe solicitassem".[38] A gota d'água acabou sendo a fama e a influência que Rousseau, por sua piedosa excentricidade, conquistou em Genebra, cidade que Voltaire escolhera para morar.

Genebra e seu panorama político preocupavam Rousseau cada vez mais. Desde que publicara o *Discurso sobre as ciências e as artes*, em 1750, ele se apresentava publicamente como "um cidadão de Genebra" – embora tivesse sido despojado de sua cidadania anos antes, como resultado de sua conversão ao catolicismo. Após completar o *Discurso sobre a origem da desigualdade*, em 1754, Rousseau decidiu redigir um prefácio dedicatório que louvava as virtudes de Genebra, descrita como a terra democrática de seus sonhos. Logo em seguida, ele retornou à cidade, abjurou o catolicismo e se tornou, novamente, cidadão local.

Sua terra natal estava polarizada, como de costume. De um lado se encontrava a classe dominante, empenhada na manutenção de seus privilégios aristocráticos e entusiasmada com os acontecimentos teatrais realizados no castelo de Voltaire; do outro, um grupo popular composto de clérigos e artesãos, inflexíveis na exigência de que os cidadãos comuns deveriam desempenhar um papel mais forte no governo da cidade e chocados com os gastos excessivos da elite com entretenimentos franceses.

Alguns bairros acolhiam Rousseau calorosamente, enquanto outros se mostravam mais frios. Para alguns magistrados e alguns membros da elite dominante, ele era naturalmente suspeito por ser um homem de classe inferior e um traidor religioso. No entanto, os professores e pastores se alinhavam com ele, que tornou-se um herói para os relojoeiros de Saint-Gervais, distrito onde seu pai trabalhara e vivera.

Após seu breve retorno, Rousseau partiu novamente para a França. Na prática, ele preferia o ócio do filósofo às responsabilidades do cidadão ativo. Ao optar por exilar-se nos subúrbios de Paris, Rousseau permanecia livre para pensar por si mesmo sem precisar se preocupar com as censuras ou com as dificuldades e perigos da ação política. "Há determinadas circunstâncias em que um homem é mais útil a seus concidadãos quando longe, e não no seio, de sua terra natal", observaria ele posteriormente.[39]

Vivendo numa bucólica reclusão e valendo-se da benevolência de alguns amigos abastados para complementar os rendimentos de seu trabalho como copista musical e, de maneira mais irregular, da venda de seus livros, Rousseau oscilava entre surtos de concentração e longos períodos de reflexões descontraídas. Devaneando em caminhadas solitárias, ele via seu espírito se exaltar. Imagens de homens e mulheres modernos incorporando virtudes estoicas surgiam em seu interior, formando "um espetáculo genuinamente novo"[40] e um retrato do amor perfeito. "Elaborei uma idade de ouro com minhas fantasias", recorda ele.[41]

> A impossibilidade de alcançar seres reais me lançou na terra das quimeras, e ao não encontrar nada que fosse digno do meu delírio, alimentei-o em um mundo ideal, logo povoado, por minha criativa imaginação, com seres condizentes com meu próprio coração.[42]

Assim teve início *Júlia ou a nova Heloísa*, romance epistolar ambientado preponderantemente na Suíça. A obra trazia missivistas que, como enfatizou Rousseau em seu prefácio,

> não são franceses, não são sofisticados, não são acadêmicos e não são *philosophes*, e sim provincianos, estrangeiros, reclusos, jovens, quase crianças – os quais, em suas fantasias românticas, encaram a exaltação de suas mentes como filosofia.[43] [*Não muito diferente de Rousseau, poderíamos afirmar.*]

Rousseau nunca produzira tanto. Além de trabalhar em seu romance, ele continuou a reunir anotações para um tratado acerca dos direitos políticos e a trabalhar, intermitentemente, em outro texto, em que idealizava a forma como uma criança deveria ser criada para a virtude.

Então, no ano de 1758, o filósofo foi interrompido pelo surgimento do sétimo e último volume da *Enciclopédia*. O extenso verbete sobre Genebra, elaborado por D'Alembert, colega de Diderot e coeditor da obra, trazia a provocativa insinuação de que a cidade deveria construir um teatro municipal, a fim de "acrescentar a urbanidade de Atenas à prudência de Esparta".[44] Com medo do possível impacto que essas ideias equivocadas poderiam ter em sua terra natal, Rousseau redigiu uma resposta apaixonada, fruto de três semanas de arrebatada escrita.

Embora fosse D'Alembert o seu principal alvo, Rousseau também atacava implicitamente Voltaire, que há muito encenava peças em sua casa e, assim, satisfazia o novo desejo da alta sociedade por diversões parisienses. Apesar de Rousseau ter escrito peças e e de ter tentado encenar uma delas em Paris, ele se sentiu impelido a escrever algo que ia "de encontro aos meus próprios interesses. *Vitam impendere vero* [*arriscar a vida pela verdade*]: este é o lema que escolhi e do qual me sinto digno".[45] Frivolidades teatrais não fariam mal algum a metrópoles decadentes como Paris, mas, numa república justa como Genebra, elas eram desastrosas e corruptoras. Seria melhor, declarou Rousseau, encorajar os cidadãos comuns a participarem de celebrações cívicas inclusivas ou, o que era ainda mais preferível, a debater a virtude civil numa das associações políticas frequentadas pelos artesãos – pouco importava que muito dos principais habitantes da cidade desfrutassem de noites exclusivas com Voltaire, desaprovando os círculos políticos informais que Rousseau elogiava.

Como era de se esperar, Voltaire ficou furioso quando, em 1758, a *Carta a D'Alembert* foi publicada. Na carta que enviou (privadamente) a D'Alembert, ele reclamou do "arquilouco", aquele hipócrita insincero que "escreve contra o teatro após ter elaborado uma péssima peça, assim como contra a França, que o alimenta; ele encontrou quatro ou cinco aduelas da tina de Diógenes, recolhendo-se em seu interior para latir".[46]

Para piorar ainda mais as coisas, a *Carta* de Rousseau incluía um ataque velado a Diderot, numa época em que seu velho amigo sofria as mais duras críticas do clero francês. Desse momento em diante, Rousseau passou a ver a si mesmo como um exilado da República das Letras, um excluído confesso de uma comunidade de amigos que, no início, o ajudara a alavancar sua carreira literária.

Para seus amigos de outrora, sua nova postura era insuportável. No entanto, Rousseau ainda encontrava benfeitores dispostos a protegê-lo e abrigá-lo. Ele pode ter sido o autor mais subversivo de seu tempo, mas jamais teria sobrevivido sem o apoio de uma série de duques, princesas e condes complacentes, que o deixavam a sós para dar continuidade à sua rotina de devaneios e escritas.

A controvérsia criada em torno de sua *Carta a D'Alembert* mantivera Rousseau diante dos olhos do público, tal como o fazia a popularidade de sua ópera. Porém, foi a publicação, em 1761, de *Júlia ou a nova Heloísa* que, aos olhos de incontáveis leitores, transformou o autor de célebre filósofo em fonte de virtude.

"É preciso sufocar, é preciso abandonar o livro, é preciso chorar", declarou um missivista.[47] "É preciso escrever-lhe para dizer que se está asfixiando em emoções e lágrimas." "Vossas obras divinas, *monsieur*, são um fogo que a tudo consome", escreveu outro.[48]

> Desde que li vosso abençoado livro, ardi em amor pela virtude, ao passo que meu coração, que julgava extinto, bate mais forte do que nunca. O sentimento

se apoderou de mim novamente: o amor, a piedade, a virtude e a doce amizade conquistaram minha alma de uma vez por todas.[49]

Num prefácio a *Júlia* em que reconhecia o paradoxo do autor – o qual escrevera, ao mesmo tempo, a *Carta a D'Alembert* e um romance sobre "dois amantes que vivem em uma pequena cidade aos pés dos Alpes" –, Rousseau afirmou que até mesmo os romances podem ter alguma utilidade, contanto que "deixem de lado tudo o que for artificial; devolvam tudo à natureza"; e "ofereçam aos homens o amor a uma vida comum e simples",[50] tal como aquela descrita em *Júlia*.

Júlia foi rapidamente traduzido para o inglês e o alemão, sendo lançado em várias tiragens e em várias edições. Com a obra se transformando num dos livros mais lidos do século XVIII, Rousseau se tornava mais famoso do que nunca.

Ainda assim, mesmo com seu romance convertendo leitores a um amor recém-descoberto pela virtude clássica e por sentimentos naturais como a piedade; e mesmo com o autor nada fazendo para dissuadir seu público de que "eu mesmo era o Herói do romance", Rousseau se ocupou de concluir os dois textos que considerava o ápice de sua carreira. Ele estava se empenhando como jamais o fizera para comunicar, do modo mais claro e convincente possível, o conteúdo e as implicações da descoberta de que "o homem é naturalmente bom, tornando-se perverso tão somente através de [*suas*] instituições".[51]

O primeiro texto, de longe o mais extenso, era *Emílio*, crítica implícita à instituição educacional elaborada na forma de uma ficção fantasiosa, a partir do relato de um jovem imaginário sendo educado, sob circunstâncias ideais, por um tutor solitário. O segundo, mais pretensioso segundo o próprio Rousseau, era *O contrato social*. "Das diversas obras que tinha à mão", confessou posteriormente, "aquela sobre a qual por mais tempo eu ponderara; à qual eu me dedicara com maior sabor; na qual eu gostaria de trabalhar ao longo de toda a vida; e que, na minha opinião, deveria selar minha fama era as *Instituições políticas*".[52]

Mais uma vez, a concepção de livre-arbítrio desempenhava um papel importante: em *Emílio*, uma boa vontade adequadamente trabalhada permitia ao indivíduo resistir às tentações de uma sociedade corrupta, enquanto em *O contrato social*, é aquilo que Rousseau chama de "vontade geral" – vontades boas exercidas em conjunto – o que permite que um povo regule a si próprio com justiça, numa comunidade autônoma. A liberdade moral exige o desenvolvimento de uma força resistente aos acontecimentos externos e perturbadores que se encontram além do controle do indivíduo, aperfeiçoando, assim, o que Rousseau (a exemplo de Sêneca) definiu como "virtude". Ao mesmo tempo, a liberdade política exigiria a participação ativa nos assuntos públicos. Ambas as formas de liberdade ampliam e consolidam, artificialmente, a força da vontade humana, de modo que o homem "só desejará o que pode fazer e só fará o que lhe agradar" – descrição concisa, incluída em *Emílio*, do "homem verdadeiramente livre".[53]

Mais uma vez, Rousseau subestima o papel que a razão desempenha numa vida adequadamente vivida. Ele afirma ser o desenvolvimento correto da boa vontade – e não a razão ou a aquisição de conhecimento – a permitir que o ser humano faça o bem e se abstenha de fazer o mal. No lugar da afirmação platônica de que somente poucos podem alcançar (ou se aproximar) do bem – o que aparentemente justificaria um regime governado por filósofos-reis –, Rousseau apresenta sua própria noção de bem: o exercício incorrupto e desembaraçado do livre-arbítrio inerente a cada alma, o que justificaria a soberania popular. A chave para essa forma de liberdade é o livre-arbítrio coletivo de um povo – forma impessoal de poder limitada pelo grau de interesses que a população partilha, expresso em assembleias periódicas nas quais todos os cidadãos poderiam se encontrar frente a frente.

Essa era uma ideia radical, uma receita para a democracia numa época em que os reis ainda exerciam um poder ilimitado na maioria dos estados europeus. Ela era subversiva até mesmo na Genebra de Rousseau, onde o poder político se concentrava nas mãos de um conselho municipal pequeno e controlado por uma elite abastada.

Em abril de 1762, *O contrato social* e *Emílio* foram publicados quase simultaneamente. Rousseau sequer tentou obter permissão oficial para distribuir *O contrato social*. Desde a aparição do *Primeiro discurso*, ele adquirira a imagem de contestatário público, mas levava uma vida de contos de fada, bem ao contrário do que acontecia com Diderot. (Após ser preso em 1749, Diderot guardara consigo seus escritos mais incendiários com a intenção de que fossem publicados após a sua morte.) No entanto, ao lançar as duas obras ao mesmo tempo, Rousseau mostrava que calculara de maneira equivocada a tolerância da igreja e dos oficiais do governo – e não apenas os da França, mas também de Genebra.

Em ambos os lugares, a fonte dos problemas não era *O contrato social*, mas um longo trecho do quarto livro de *Emílio*, no qual o tutor de Rousseau relata para seu pupilo imaginário como, há muito tempo, um "vigário saboiano" partilhara com ele uma idiossincrática "Profissão de Fé".

O vigário fictício de Rousseau afirma que uma vontade poderosa e sábia move o mundo; *Deus* é o nome desse "Ser que quer".[54] Ademais, a exemplo de Rousseau no *Discurso sobre a desigualdade*, ele representa a vontade como um aspecto metafísico da humanidade, o qual separa o homem dos outros animais e torna cada um semelhante a Deus. Desse modo, "eu [*posso*] senti-Lo em mim",⁵⁵ em parte através do sentimento de liberdade. O que é singularmente humano na natureza do homem é, portanto, algo *sobre*natural, algo divino. Como, porém, seria possível explicar a incessante série de males que claramente acomete os seres humanos? Por que um Deus sábio deixaria sua criação divina livre, mas ao mesmo tempo acorrentada por toda parte?

A abordagem do vigário a esse dilema parece bastante tradicional no início, à semelhança de Rousseau em seu *Segundo discurso*: "Tudo é bom ao sair das mãos daquele que é o autor de todas as coisas; tudo degenera nas mãos do homem."⁵⁶ Quando os males acometem a humanidade, o homem só pode culpar a si mesmo. Enquanto "um animal selvagem é incapaz de fugir à regra que lhe é prescrita", o homem pode se desviar livremente, muitas vezes até "em prejuízo próprio".⁵⁷ A "primeira depravação" dos homens "tem origem em sua própria vontade",⁵⁸ quando, do alto de sua fraqueza, eles cedem a hábitos perversos, guiados por leis perniciosas.

Porém, em outro nível, a teologia da liberdade de Rousseau recupera uma das heresias mais antigas do cristianismo, vinculada por Agostinho ao nome de Pelágio. Foi Pelágio que, escrevendo no século V d. C., formulou a teoria de que "Deus conferiu aos homens uma vontade livre, de modo que, através da pureza e de uma vida sem pecados, eles possam se assemelhar a Deus".⁵⁹ Um pensamento bastante semelhante surge nas páginas de *Emílio*.

> A fim de evitar que o homem se tornasse mau, seria necessário limitá-lo ao instinto e torná-lo um selvagem? Não, Deus de minha alma, nunca reprovar-te-ei por tê-lo feito à sua imagem, de modo que posso ser livre, bom e feliz como Tu és!⁶⁰

Como Pelágio, Rousseau insiste na bondade inata da vontade. O "direito" à liberdade – tomando a palavra francesa *droit* tanto no sentido de "justiça" como no de "franqueza" – tem origem na liberdade mesma: "Não sou livre para desejar o que me é nocivo."⁶¹ Até mesmo na condição mais humilhante, insiste Rousseau, "todas as nossas inclinações primeiras são legítimas".⁶² Contanto que seja forte o suficiente e não se desvie, o livre-arbítrio não pode causar mal algum.

Dessa forma, todas as transgressões devem ser consideradas involuntárias, um produto de causas exteriores: "Possuo sempre o poder da vontade", diz o vigário, "mas nem sempre a força necessária para colocá-lo em prática".⁶³

Se a vontade é inocente por si só, a fonte do mal deve ser encontrada não no domínio da metafísica, mas na esfera física: nas fragilidades do corpo; na preponderante atração exercida por objetos externos e tentadores; ou então nos preconceitos, nas paixões desnecessárias e no tipo de sociedade corrupta que engendra ambos na vasta maioria dos homens.

Essa é a má notícia.

A boa, segundo Rousseau e Pelágio, é a de que o poder divino do livre-arbítrio oferece ao ser humano a possibilidade de começar do zero. Com o mal colocado na esfera dos hábitos nocivos, e não sendo abordado como uma consequência inevitável da queda original de Adão, o pecado é reduzido a um problema de "negligência" humana,[64] curável pela ação do livre-arbítrio. Além disso, se as causas do mal devem ser encontradas exclusivamente no domínio da causa e da consequência material, "a Queda, assim como qualquer redenção possível, pode ser explicada em termos puramente naturais".[65]

É precisamente a afirmação de que o ser humano pode se erguer de maneira independente que Agostinho e a principal tradição cristã condenaram como heresia. "Uma vez capaz de cair por vontade própria, através da livre escolha", declarou Agostinho, "ele seria incapaz de erguer-se novamente" valendo-se só da vontade: "Homem algum pode se libertar do mal, [...] exceto com a Graça de Deus."[66]

A heresia de Rousseau foi logo reprovada pelas autoridades eclesiásticas, primeiro na católica Paris e, depois, na protestante Genebra. Em ambas as cidades, seus livros foram queimados e sua teologia, condenada. Além disso, em Genebra, os oficiais censuraram também sua teoria política, declarando que "a liberdade radical é o deus do autor" e lamentando o apoio dado a "assembleias periódicas – as quais são expressamente proibidas por nossas leis e que tornariam a liberdade ainda mais opressora do que a servidão".[67]

Em 8 de junho de 1762, no intuito de escapar da prisão, Rousseau se viu obrigado a fugir de Paris. Logo em seguida, autoridades genebresas emitiram um mandado de captura, caso ele colocasse o pé na cidade novamente. Rousseau encontrou refúgio em Môtiers, aldeia da província suíça de Neuchâtel que se encontrava sob a proteção do rei prussiano Frederico, o Grande, monarca absoluto que não temia nem a teologia heterodoxa de Rousseau, nem suas teorias políticas radicais.

Censurado oficialmente em quase toda a Europa, Rousseau se mostrou audaciosamente impenitente.

> O princípio fundamental de toda moralidade, defendido com absoluta clareza em cada um dos meus escritos e desenvolvido [em Emílio] com o máximo

de minha capacidade, é o de que o homem é um ser naturalmente bom, amando a justiça e a ordem; de que não há qualquer perversão natural no coração humano; e de que os primeiros movimentos da natureza estão sempre certos.[68]

Ao fim do ano de 1764, e após renunciar à cidadania genebresa, ele se dirigiu diretamente aos inimigos de sua terra natal, declarando que "a constituição democrática é, sem dúvida alguma, a obra-prima da arte política"[69] – observação incendiária no contexto do século XVIII.

Com Genebra inquieta diante da última controvérsia com Rousseau, um panfleto anônimo de oito páginas, intitulado *O sentimento dos cidadãos*, começou a circular. Dando a impressão de ter sido redigido por um preocupado teólogo calvinista, ele fora, na verdade, escrito por Voltaire, que se aliara à oligarquia em meio ao alvoroço causado por *O contrato social*. ("Que ele seja punido com toda a severidade das leis", escreveu ele, privadamente, para um amigo genebrês, instando-o a tratar Rousseau como "um subversivo blasfemo que blasfema contra Jesus Cristo enquanto se diz cristão, e que deseja destruir seu país enquanto se diz cidadão".[70]) O trabalho de Voltaire trazia uma série de alegações falsas sobre Rousseau, mas também atacava seu calcanhar de Aquiles, descrevendo como o suposto paladino da verdade e da virtude abandonara furtivamente, "na porta de um orfanato",[71] os filhos que tivera.

Durante anos, apenas poucos souberam do segredo de Rousseau. Agora, porém, graças a Voltaire, o mundo todo tomava conhecimento.

Mais confusões se seguiram. Defendendo seu autor e suas ideias, as últimas publicações de Rousseau foram proibidas e queimadas por toda a Europa. Na própria Môtiers, suas caminhadas diárias se tornavam ocasiões para zombarias públicas, e um pastor local pregava contra ele de maneira tão vigorosa que os paroquianos se acharam no direito de cobrir sua casa com uma chuva de pedras. Ao fim de outubro de 1765, Rousseau deixou Neuchâtel sem saber ao certo para onde ia. Velhos amigos na França se colocaram à disposição, mas ele não ousou aceitar. Após perambular por semanas, Rousseau finalmente se refugiou na Inglaterra, país em que, no mês de janeiro de 1766, chegou escoltado por David Hume (1711-1776), famoso historiador, ensaísta e filósofo britânico, então *chargé d'affaires* da embaixada da Grã-Bretanha em Paris.

As primeiras impressões de Hume foram positivas:

Monsieur Rousseau ostenta baixa estatura, e talvez se tornasse um tanto feio se desprovido da mais delicada de todas as fisionomias, pelo que me refiro ao seu semblante extremamente expressivo. Sua modéstia não aparenta boas maneiras, mas ignorância da própria excelência: escrevendo, falando e agindo sob o impulso de seu gênio, mais até do que valendo-se de suas faculdades comuns, muito provavelmente se esquece de sua força quando ela adormece. Desfruto da plena certeza de que, por vezes, crê que suas inspirações advêm de uma imediata comunicação com a divindade. Às vezes, cede a êxtases que o mantêm na mesma postura por horas a fio. Sendo esse o seu exemplo, não estaria esclarecida a dificuldade do gênio de Sócrates e de seus arrebatamentos? Creio que Rousseau, em muitos aspectos, se assemelha por demais a Sócrates.[72]

No entanto, o relacionamento entre Hume e o Sócrates francês estava fadado à tensão: Hume falava francês, mas Rousseau era incapaz de falar ou entender o inglês (embora conseguisse lê-lo). Hume era naturalmente gregário e sociável, enquanto Rousseau se mostrava tímido e deselegante. Hume possuía um semblante famosamente frio e impassível, orgulhando-se da "grande moderação de todas as minhas paixões";[73] Rousseau, por sua vez, era transparente e se deixava levar por graves alterações de humor. Ainda assim, a maior parte do meio letrado de Londres seguiu os passos de Hume e acolheu o famoso exilado naquela lendária terra de liberdades civis.

Desejando se instalar numa zona rural e remota, Rousseau aceitou a oferta de um rico admirador e foi morar numa mansão localizada no centro da Inglaterra. Aquele retiro se mostrou sombrio, e o filósofo, com o passar dos meses e mais isolado do que nunca, se convenceu de que era alvo de uma "conspiração" ampla e misteriosa, destinada a destruir sua reputação e a tornar sua vida miserável.

A paranoia de Rousseau era ainda mais deplorável porque ele, na verdade, estava de fato sendo perseguido. Ele fora expulso de um país após o outro, sendo denunciado formalmente não apenas por governantes e clérigos, mas também por velhos amigos e sócios. No entanto, quando suspeitou, corretamente, de que Hume abria suas cartas em segredo (segundo explicou o próprio Hume, seu intuito era livrar Rousseau do trabalho de despachar correspondências que julgava irrelevantes), Rousseau começou a desconfiar, incorretamente, de que David Hume era um de seus piores inimigos.

O que se seguiu foi uma trágica pantomima. Durante uma viagem para Londres, Rousseau visitou Hume. Após o jantar, percebeu que o amigo o encarava e entrou em pânico. Subitamente acometido pela paranoia, ele jogou seus braços ao redor de Hume e disse: "Não! Não! David Hume não é um traidor! Se não é o melhor, ao menos o pior teria de ser."[74] Atipicamente, Hume devolveu o abraço e tentou acalmar seu amigo, dizendo: *Quoi donc, mon cher monsieur?* [Então o quê, meu caro senhor?] Porém, como explicou numa carta posterior em que revisou o episódio, Rousseau se ofendeu com a frieza e a reserva de Hume.

Cartas cada vez mais acusatórias foram trocadas, quando então, à sugestão de alguns inimigos de Rousseau em Paris, Hume publicou em francês e em inglês toda a correspondência. A publicação fez com que Rousseau parecesse ridículo. Segundo escreveu um satirista londrino, a prova de que Rousseau estava sendo traído "aparentemente se resumia ao fato de Hume tê-lo encarado e, em seguida, dito 'meu caro senhor' com uns tapinhas nas costas".[75]

Em pânico, Rousseau retornou abruptamente à França, viajando incógnito, ao lado de Thérèse, a fim de evitar ser preso. Incapaz de confiar em quem quer que fosse, e certo como jamais o fora de que era vítima de um abrangente conluio, ele viajava de um lugar para outro, retomando o modo de vida transitório de sua juventude. Sem criar raízes, Rousseau começou a escrever sobre sua infância e sua adolescência – autobiografia que, nos meses e anos que se seguiram, se transformou nos vários livros de suas *Confissões*, cujo intuito era rivalizar com aquelas de Agostinho.

Algumas de suas lembranças o reconfortavam, outras lhe eram dolorosas. Inevitavelmente, ele teria de expiar aquele que se tornara seu pecado mais notável, relatando as circunstâncias que o haviam levado a entregar os filhos que tivera com Thérèse Levasseur a um lar para crianças abandonadas:

> Ao abandonar meus filhos à educação pública, por ser incapaz de educá-los, e ao destiná-los a uma vida de trabalhadores e camponeses, não de aventureiros ou caçadores de fortunas, julgava estar desempenhando meu papel como cidadão e pai.[76]

Contudo, por mais que tentasse, Rousseau era obviamente incapaz de apaziguar ou transferir o fardo da culpa. O máximo que pôde fazer foi fingir que não se arrependia e afirmar, ao fim de sua vida, que encontrara uma "recompensa pelo meu sacrifício" nas perspectivas sobre a educação infantil que desenvolvera em seus livros, declarando debilmente que "seria a coisa mais inacreditável do mundo que *Heloísa* e *Emílio* fossem frutos de um homem que não amava as crianças".[77]

Em 1770, após ter concluído um esboço de suas *Confissões* e finalmente ter se casado com Thérèse, Rousseau retornou a Paris com sua esposa, onde esperava restaurar sua desgastada reputação. O casal encontrou um apartamento e Rousseau começou a oferecer leituras públicas de sua nova obra. Ao menos três dessas leituras ocorreram entre dezembro de 1770 e maio de 1771.

Em determinada ocasião, segundo uma testemunha que pode não ser confiável, Rousseau ficou lendo por 17 horas, fazendo somente algumas pausas para descansar. Quando chegou ao assunto dos filhos abandonados, ele relatou sua versão dos acontecimentos e parou, como se desafiasse alguém a criticar sua conduta. "Sua única resposta foi um silêncio sombrio", só interrompido quando membros da plateia se levantaram para consolar o autor: "Ele chorou, e lágrimas quentes também rolaram sobre o rosto de todos nós."[78]

Rousseau não chegou a encorajar a discórdia nessas aparições públicas. Ele concluiu sua última leitura declarando que tudo o que dissera era verdade e que,

> se alguém souber de algo contrário ao que acabei de apresentar, ainda que o prove mil vezes, estará na posse de mentiras e imposturas; assim também, se esse alguém se recusar a ir até o fim e a esclarecer os fatos comigo enquanto eu ainda estiver vivo, ele não amará nem a justiça nem a verdade [*sendo alguém que*] deve ser estrangulado.[79]

Não houve mais aparições públicas depois que o chefe de polícia ordenou que Rousseau as interrompesse. Contrariado em seu último esforço para inocentar-se, ele se sentia cada vez mais isolado, sozinho e desesperadamente incompreendido.

Nos anos seguintes, Rousseau trabalhou intermitentemente numa justificativa diferente: um conjunto de três diálogos interiores intitulado *Rousseau, juiz de Jean-Jacques*. Esse é um texto bastante peculiar, no qual o autor apresenta um "francês" autônomo conversando com um personagem imaginário de nome "Rousseau". Ambos discutem como avaliar a natureza moral do homem que escreveu *Júlia*, *Emílio* etc., referindo-se a ele como "Jean-Jacques". O francês, baseado nas fofocas que ouvira, acredita que Jean-Jacques é um monstro; "Rousseau", que o julga pelos livros de sua autoria, acha que Jean-Jacques deve ser um homem bom. O francês desafia "Rousseau" a visitar Jean-Jacques e a observar sua conduta; "Rousseau", por sua vez, desafia o francês a ler suas obras.

Nas *Confissões*, Rousseau, que escreve como ele mesmo, convidara seus leitores a serem os juízes de seu caráter, enquanto, nos diálogos, é o personagem fictício chamado "Rousseau" que opina sobre o homem que escrevera as *Confissões*:

> Ele é um homem sem malícia, e não bom; uma alma saudável, mas fraca; alguém que ama a virtude sem praticá-la, que ama ardentemente o bem sem

quase fazê-lo. Quanto a crimes, estou convicto, tanto quanto o estou de minha existência, de que isso nunca se aproximou de seu coração, tal como o ódio. É assim que condenso minhas observações acerca de sua natureza moral.[80]

"Rousseau" chega até a dizer ao francês que Jean-Jacques está elaborando uma série de diálogos, "muito parecida com aquela que pode resultar de nosso colóquio".[81]

Durante esse "período de efervescência" – que durou de 1749 até o lançamento das *Cartas escritas da montanha*, mais de 15 anos depois –, Rousseau tentou partilhar a boa-nova da bondade natural humana, convidando outras pessoas a darem início a uma busca prometeica cujo objetivo era livrar a humanidade de uma vez por todas das instituições nocivas, que haviam produzido não uma liberdade universal, mas uma escravidão.

Porém, como o próprio Rousseau mostrara em *Emílio*, essa não era a única resposta honrosa ao seu ensinamento salvador, uma vez que o ser humano era sempre livre não apenas para agir, mas também para abster-se deliberadamente de certas atitudes, a exemplo do estoico que preferia o *otium* às obrigações da vida pública. De fato, quando não é forte o bastante para controlar e orientar sua vontade a uma finalidade positiva, aquele que se empenha para viver uma vida de virtude pública se transforma em refém da sorte, de uma série de forças e fatores externos que se encontram bem além da alçada da vontade particular e, até mesmo, geral.

"Uma causa para a virtude", confessa Rousseau em *Os devaneios do caminhante solitário*, testamento que escrevia quando de sua morte, "não é nada além de uma armadilha. [...] Sei que, doravante, o único bem do qual serei capaz será a abstenção de toda atitude, com medo de fazer males sem desejar e saber."[82]

Essa é uma reviravolta impressionante. Rousseau agora era levado a admitir que o "'Conhece-te a ti mesmo' do templo de Delfos não era uma máxima tão fácil de ser seguida quanto imaginara em minhas *Confissões*"; da mesma forma, "atrever-se a professar grandes virtudes" sem ter a coragem e a força necessárias para viver em verdadeira consonância com elas "equivale a ser arrogante e imprudente".[83]

Ao mesmo tempo, o filósofo confessa que "agir contra minha inclinação foi-me sempre impossível",[84] reconhecendo e lamentando, simultaneamente, a necessidade de um autocontrole estoico. Transcendendo o próprio ressentimento, ele anuncia que escolhera para si mesmo um espírito novo, um modo diferente de vida: "Na situação em que me encontro, não tenho outra regra de conduta senão a de seguir em tudo, e sem restrições, as predisposições que possuo."⁸⁵ No entanto, isso não significa que Rousseau estivesse preparado para se guiar por qualquer capricho passageiro. Sem querer refrear sua vontade, mas também temendo as consequências de ceder a um arbítrio desordenado, ele por fim opta pelo desejo de *não* desejar, escolhendo simplesmente um estado de perfeita indolência.

Foi mais ou menos aí que a odisseia do próprio Rousseau teve fim: num sereno isolamento e numa tranquila passividade. Ele passou os últimos meses de sua vida num castelo quarenta quilômetros ao norte de Paris, em Ermenonville, onde o marquês de Garardin, seu admirador, implantara jardins enormes, no estilo descrito por Rousseau em *Júlia*. Lá, o filósofo se contentou em estudar as plantas e em registrar, por escrito, suas divagações, assim como em saborear episódios de seu passado nas páginas dos *Devaneios*. Ao restringir o papel de sua vontade à imaginação e às lembranças, Rousseau finalmente se viu capaz de seguir de maneira relativamente constante e ilimitada as suas inclinações: ele era um homem ostensivamente bom absorto nos próprios pensamentos, saboreando novamente os episódios efêmeros e doces ocorridos quando ele ainda se sentia o homem mais "perfeitamente livre".⁸⁶

Rousseau morreu em 2 de julho de 1778, quatro dias depois de seu aniversário de 66 anos. Apenas Thérèse estava ao seu lado. Imediatamente, começou a circular o rumor de que o filósofo se suicidara com uma pistola. No entanto, os médicos que examinaram o corpo logo após o falecimento declararam que a causa da morte fora um derrame – conclusão corroborada em 1897,⁸⁷ quando, na esperança de acabar com os duradouros boatos, autoridades reexaminaram seu esqueleto e não encontraram qualquer marca de tiro.

Rousseau foi enterrado no terreno do castelo, numa pequena ilha ao centro de um lago ornamental. Segundo dizem, Thérèse Levasseur declarou logo em seguida: "Se meu marido não é um santo, quem um dia será?"⁸⁸

Nos anos que se seguiram à publicação póstuma das *Confissões*, em 1781, Rousseau se tornou objeto de um culto quase religioso. A presença de peregrinos em seu túmulo na ilha de Poplars, em Ermenonville, se tornou tão frequente que um guia do local foi publicado em 1788. Os visitantes realizavam sessões espirituais com o morto e demonstravam sua solidariedade queimando as críticas de Diderot. Após uma dessas sessões, um devoto exclamou: "Foi ele mesmo quem falou comigo; [...] o divino Rousseau, homem tão bom, simples e sublime."⁸⁹ A simplicidade daquele cidadão era visível em relíquias como os tamancos de madeira que usara. Uma duquesa visitante passou uma tarde em Ermenonville andando sobre eles, aparentemente no intuito de participar, ainda que de maneira indireta, da bondade plebeia daquele mero filho de artesão.

Em 1794, cinco anos após a tomada da Bastilha e o início da Revolução Francesa – acontecimento histórico que, para muitos, fora inspirado por Rousseau –, o corpo do filósofo foi exumado e transferido para Paris, numa procissão pública que durou três dias. A legislação francesa honrou Rousseau com uma sessão especial, e então um cortejo carregando seu corpo[90] atravessou as ruas da capital até chegar ao Panthéon, igreja que os revolucionários transformaram em mausoléu para o sepultamento de franceses notáveis.

Lá Rousseau foi enterrado: uma apoteose irônica para aquele picaresco filósofo que, com atraso, acabara por perceber que seria incapaz de honrar a imagem de homem e cidadão perfeitamente virtuoso que legara à posteridade nas páginas de seus livros.

KANT

Retrato de Immanuel Kant, óleo sobre tela de artista desconhecido da escola alemã, século XVIII. Embora Kant reverenciasse o ideal clássico da "verdadeira filosofia" como modo de vida, sua própria vida consistiu basicamente na composição de palestras acadêmicas e de tratados circunspectos, num esforço de elaborar máximas baseadas na razão pura e em princípios morais abstratos.
(Coleção particular/The Bridgeman Art Library International)

O homem que é amplamente considerado o maior filósofo dos tempos modernos foi, na amarga avaliação de um amigo próximo, um "pequeno mestre-escola".[1] Professor, Immanuel Kant ostentava um corpo frágil[2] e uma mente espaçosa; sua testa era larga e seu olhar, penetrante. Ele tinha talento para a ginástica conceitual e trabalhara arduamente para aprimorar duas ideias cuja autoria era basicamente sua: a da autonomia da vontade e a dos limites da razão pura. Modelo de autorrenúncia, Kant nunca se casou e raramente viajava, sendo poucas as vezes em que deixou a cidade natal de Königsberg, localizada na Prússia Oriental. Em vez disso, ele deixava sua mente vaguear com liberdade, controlando sua imaginação através de um senso de dever moral e de um senso, igualmente firme, de probidade intelectual.

Durante meio século, a Universidade de Königsberg foi o centro de sua vida. Ano após ano,[3] ele lecionou de 16 a 25 horas semanais, cuidando de cadeiras extremamente variadas: lógica, metafísica, antropologia, geografia física, filosofia moral, direito natural, religião natural, física teórica, matemática, pedagogia, ciência mecânica, mineralogia, um curso intitulado Enciclopédia Filosófica e, provavelmente, até pirotecnia. Nos quatro meses do ano acadêmico em que não dava aulas, Kant escrevia ensaios e livros, a maioria em alemão e destinada, exclusivamente, a um pequeno círculo de colegas de profissão. Kant é o primeiro filósofo moderno a trabalhar inteiramente dentro do contexto acadêmico, e o centro de sua contribuição à filosofia deve ser encontrado nos tratados que escreveu.

O livro que garantiu sua reputação póstuma foi a *Crítica da razão pura*, publicada em 1781. Como afirmou Michel Foucault, o mundo após a crítica de Kant "surge como uma cidade a ser construída, e não como um cosmos já estabelecido".[4] No entanto, essa inebriante possibilidade vem expressa numa prosa que é, antes de mais nada, austera.

O poeta Heinrich Heine (1797-1856) declarou notoriamente que "é difícil escrever a história da vida de Immanuel Kant, pois ele não teve nem vida, nem história".[5] Como os muitos volumes textuais publicados por Kant são caracteristicamente impessoais – não há *Confissões* de sua autoria –, certo biógrafo optou por relatar sua vida descrevendo, em detalhes, "como sua individualidade se mistura cada vez mais com seu trabalho, parecendo se esvair por completo".[6]

Ainda assim, Kant admirava Rousseau e apreciava seu vigoroso esforço para alinhar suas máximas com sua vida, de acordo com o antigo entendimento do que deveria fazer o verdadeiro filósofo. Kant também reconhecia o quão limitado era o projeto moderno da investigação pura se dissociado da concepção clássica de vida filosófica. "Se nos debruçarmos sobre filósofos gregos antigos como Epicuro, Zenão e Sócrates", declarou ele em uma de suas lições,

> descobriremos que o principal objeto de sua ciência foi o destino do homem e a forma de alcançá-lo. Desse modo, eles permaneceram muito mais fieis à verdadeira Ideia do filósofo do que aqueles pensadores dos tempos modernos, nos quais o filósofo é apenas um artista da razão.[7]

Como Rousseau, Kant vinha de uma família modesta: seu pai, Johann Georg Kant, era um fabricante de correias. Nascido em Königsberg em abril de 1724, o filósofo era o quarto filho de Johann e Anna Regina. Batizado Emanuel, durante toda a vida apreciou o significado de seu nome em hebraico: "Deus conosco."[8] (Ele acabaria mudando sua ortografia, alegando que Immanuel era uma forma mais fiel ao original hebraico.) Os Kant teriam nove filhos ao todo, mas apenas cinco sobreviveram à infância. Immanuel era o mais velho dos meninos.

O pai de Kant era um artesão que se orgulhava da condição de trabalhador independente. Tanto ele quanto sua mãe eram adeptos do pietismo protestante, forma ardorosa de luteranismo muito influente na Prússia da primeira metade do século XVIII. A religião se fundamentava no exame diário da alma e tinha como objetivo o renascimento espiritual – uma conversão que se originava na humilhação e cuja finalidade era alcançar uma vida mais santa. Purificados, os filhos dos homens nasciam novamente como "filhos de Deus", devendo, portanto, renunciar aos prazeres mundanos e desempenhar atos públicos de caridade. Apesar de seu espírito de autorrenúncia, o pietismo não seduzia apenas plebeus trabalhadores como a mãe e o pai de Kant, mas também o rei Frederico Guilherme I, que transformou o que antes fora um movimento reformista na religião oficial.

"Pode-se dizer o que quiser sobre o pietismo", observou Kant para um interlocutor posteriormente, muito após ter renunciado à tenebrosa crença de seus pais. "Basta! Quem o levou a sério se distinguia de uma maneira digna de louvor, pois ostentava as mais elevadas qualidades que um ser humano pode ter: a calma e a amenidade, uma paz interior que não se deixa perturbar pelas paixões."[9] Esse exemplo marcou profundamente aquele jovem, apesar de sua aversão, igualmente duradoura, pelo autoexame sistemático.

Após frequentar por um breve período uma escola primária local, Kant foi enviado aos oito anos para o Collegium Fridericianuum, rígida instituição em que os alunos eram formados para trabalhar na igreja ou no serviço público. A escola, regimentada, possuía um currículo organizado ao redor do estudo do Antigo e Novo Testamentos, das catequeses maiores e menores de Lutero, do hebraico, do grego e do latim. Além disso, Kant aprendeu francês, um pouco de matemática e um pouco de filosofia. A educação era muitas vezes maquinal, uma questão de repetição e declamação. A introspecção era obrigatória. Todo aluno que almejava comungar nos ritos da igreja era levado a redigir, previamente, um relatório sobre o "estado de sua alma", o qual era enviado para um supervisor espiritual.

Futuramente, Kant afirmou que esses exercícios poderiam gerar "entusiasmo e insanidade".[10] Ele sentia calafrios ao recordar de sua "escravidão" nas mãos dos fanáticos religiosos que lhe ensinavam.[11] Contudo, nem todo aspecto dessa experiência o deixava impassível: Kant admirava seu professor de latim e, durante determinado período, se apaixonou por Sêneca, cujas palavras memorizava com satisfação. Kant era um aluno exemplar, obtendo os resultados mais altos em quase todas as cadeiras.

Naqueles anos, Königsberg era uma próspera cidade portuária com cerca de 45 mil habitantes. Fundada em 1255, sendo também membro da Liga Hanseática desde 1340, ela foi a capital da Prússia até 1701. Nessa época, ainda abrigava uma grande guarnição de soldados prussianos e era, ao lado de Berlim, uma das cidades mais importantes da Prússia. Como centro comercial regional, atraía mercadores de países vizinhos como a Lituânia, a Polônia e a Rússia, assim como de nações marítimas como a Holanda e a Inglaterra. Königsberg ostentava uma importante comunidade judaica e um grande número de huguenotes refugiados da França. Apesar de sua distante localização na fronteira ao leste da Prússia Oriental, ela era bem menos provinciana do que a maioria das outras cidades universitárias alemãs.

Em 1740, Kant ingressou na a Universidade de Königsberg, a Albertina. Única universidade da região, aquela era uma das principais instituições da Prússia, atraindo um corpo de alunos cosmopolitas advindos de países vizinhos. Luterana e reformada de acordo com os princípios pietistas, a Albertina não aceitava católicos ou judeus, embora os candidatos a ingresso devessem se submeter à análise de uma parte do Pentateuco hebraico e à interpretação do texto grego de pelo menos dois Evangelhos do Novo Testamento.

Todos os alunos eram obrigados a estudar filosofia, disciplina "inferior" que servia como introdução às três faculdades "superiores" da escola: a medicina, o direito e a teologia. A maior parte dos alunos rapidamente se dedicava ao estudo da teologia, na esperança de serem ordenados pastores ou professores nessa cadeira. Esse, porém, não era o caso de Kant: embora a física e a matemática não fossem o forte da universidade, ele se interessou pela filosofia natural e se mostrou ansioso por publicar sua pesquisa. Em vez de concentrar seus esforços na conclusão de sua tese em latim, o que o qualificaria a dar aulas em instituições secundárias ou universitárias, Kant tomou a decisão incomum e precoce de escrever e publicar uma obra em alemão: *Pensamentos sobre o verdadeiro valor das forças vivas* (1749), na qual tentava mediar uma antiga disputa entre os seguidores de Leibniz e os seguidores de Descartes acerca da medição da energia cinética.

Logo após o lançamento do livro de Kant, o autor deixou a Albertina sem enviar a tese exigida e sem fazer as provas finais. Ao longo dos anos seguintes, ele ganhou dinheiro tutorando os filhos de nobres locais. Ao mesmo tempo, continuava a escrever, trabalhando para satisfazer as exigências da universidade, se formar e terminar um segundo livro em língua alemã, publicado finalmente em 1755: *História natural geral e teoria dos céus, ou um ensaio sobre a constituição e a origem mecânica de todo o universo, abordadas de acordo com os princípios newtonianos*.

Em sua *História natural*, Kant afirmou[12] que eram as leis da física, e não o acaso, que governavam o cosmos. Deus havia criado essas leis para que o universo pudesse se desdobrar harmoniosamente sem qualquer necessidade de intervenção divina. Seu comprometimento com os princípios científicos de Newton não o impediu de especular abundantemente acerca da natureza do sistema solar: admitindo a probabilidade de haver vida em outros planetas, ele conjecturou que as criaturas a habitarem Júpiter e Saturno possuíam capacidades cognitivas tão superiores às dos seres humanos, que ao lado delas Newton pareceria uma criança.

Uma década antes, a publicação de um livro como esse teria sido interpretada como um gesto desafiador – e até mesmo suicida – de um aspirante à carreira acadêmica na universidade, dado o seu afastamento da ortodoxia pietista. Porém, em 1755, a abordagem materialista de Kant à física se encontrava em perfeita consonância com as visões sustentadas pelo monarca a quem o filósofo dedicou sua *História natural*: Frederico Guilherme II, mais conhecido como Frederico, o Grande.

Frederico, o Grande, se tornara rei da Prússia em 1740, ano da morte de seu pai. Criado com um rigor punitivo que estava de acordo com os preceitos pietistas, ele se tornou um anticlerical vitalício. Uma de suas primeiras medidas como rei foi retirar do pietismo a condição de religião estatal *de facto*. Ele defendia a tolerância religiosa, observando que todo homem tinha o direito de ser salvo de acordo com seus próprios pontos de vista. Frederico também aboliu a tortura judicial e tentou instituir (com limitado sucesso) um sistema de educação pública universal. Apreciador das novas teorias e da investigação aberta dos *philosophes* de Paris, ele colocou uma imagem de Voltaire como ornamento intelectual em Berlim (cidade onde o francês vivera de 1750 e 1753).

Além de francófilo, Frederico, o Grande, era um soberano onipotente e um comandante genial. Ele duplicou o tamanho das forças armadas prussianas e, numa série de campanhas militares ousadas, cujo ápice foi a Guerra dos Sete Anos (1756-1763), expandiu amplamente o território controlado pela Prússia. Ao final de seu longo reinado, em 1786, Frederico transformara o pequeno principado numa força continental ascendente, dotada de um espírito de ousadia distinto e ilimitado e de um incansável senso de disciplina e dever – os quais acabavam por permear todo aspecto da vida prussiana.

A influência de Frederico certamente foi sentida na Albertina. As perspectivas filosóficas vistas como tabu sob o controle do último monarca agora podiam ser exploradas com impunidade. À medida que trabalhos estrangeiros eram traduzidos para o alemão, a gama de pontos de vista abertos ao debate – tal como a linguagem em que eles podiam ser articulados – começou a se expandir. (Por exemplo, a *Investigação acerca do conhecimento humano*, de David Hume, publicado na Inglaterra em 1748, foi traduzido sete anos depois, e Kant prontamente acrescentou referências a Hume em suas aulas.) Contudo, havia algo relacionado ao ambiente intelectual que mudava apenas lentamente: o clima escolástico do debate, que exigia (e recompensava) disputas pontuais acerca de sutilezas doutrinárias, as quais eram completamente ininteligíveis aos não iniciados (aqueles que nunca haviam dominado as técnicas de disputa filosófica ensinadas na Albertina).

Seguindo-se à publicação da *História natural*, Kant defendeu três teses na universidade, todas redigidas (como era obrigatório) em latim: a primeira, sobre o fogo; a segunda, sobre os primeiros princípios do conhecimento metafísico; e, a terceira, sobre a relação entre a filosofia de Leibniz e a física de Newton. Finalizar as teses e passar nos exames orais fizeram dele um *Privatdozent* (ou professor adjunto), alguém apto a lecionar em troca de taxas (única remuneração que recebia, uma vez que apenas os professores experientes recebiam salários da universidade). Naqueles anos, Kant estava tão imune às pressões econômicas quanto qualquer outro *Privatdozent* ansioso por se tornar professor. Embora seja um pouco difícil acreditar nisso ao lermos as notas de aula sobreviventes, Kant era mais vigoroso e menos artificial do que seus jovens colegas. Como consequência, um séquito logo se criou ao seu redor. Com uma renda fixa, Kant se viu capaz de alugar cômodos mais espaçosos.

Em 1758, dois anos após Frederico, o Grande, ter marchado Saxônia adentro e dado início àquela que ficou conhecida como a Guerra dos Sete Anos, a Prússia teve de ceder Königsberg à Rússia para uma ocupação de meia década. Alguns habitantes ficaram ressentidos, mas outros, incluindo Kant, viram sua fortuna crescer. Os russos tinham dinheiro e predileção pelas coisas boas da vida. Oficiais começaram a frequentar as aulas de Kant, que agora era convidado para jantares em que beber ponche estava na moda. Ele se tornou uma espécie de dândi, relaxando à mesa de bilhar ou de carteado e dizendo aos seus alunos que era "melhor ser um tolo com estilo do que um tolo sem". Nos jantares que frequentava com os oficiais russos e com a elite de Königsberg – era um "dever", dizia, "não causar impressões negativas ou incomuns aos outros"[13] –, Kant usava paletós com bordas douradas e uma adaga cerimonial.

As mulheres gostavam explicitamente da companhia de Kant. No entanto, embora o filósofo elogiasse as virtudes do casamento como instituição civil, tanto a felicidade conjugal quanto a união sexual eram dois dos muitos prazeres comuns que ele aparentemente nunca experimentou.

Diz a lenda que, certa feita, Kant conheceu uma viúva bela e agradável. "Ele calculou os rendimentos e as despesas e, durante dias, postergou sua decisão."[14] Quando completou a análise da relação custo-benefício, a viúva já escolhera outro pretendente. Da mesma forma, em outra ocasião, uma jovem que vinha da Vestfália muito o apeteceu, mas ele hesitou novamente e, quando decidiu pedi-la em casamento, ela já tinha feito as malas e partido.

Enquanto isso, Kant se dedicava a uma variedade de disputas técnicas com rivais acadêmicos, os quais competiam pelo mesmo e pequeno grupo de alunos pagantes. Entre os assuntos abordados estavam o determinismo, os limites do livre-arbítrio e o fato de os seres humanos viverem ou não no melhor dos mundos possíveis, tal como afirmara Leibniz e como Kant, naquele período, estava inclinado a concordar, mesmo após o calamitoso terremoto em Lisboa ocorrido em 1755 (acontecimento que levou Voltaire a zombar do otimismo de Leibniz em seu *Cândido*).

Um de seus biógrafos mais complacentes resume assim o Kant desse período: "O verdadeiro radicalismo está ausente tanto de seu pensamento quanto de sua vida."¹⁵ Quando o filósofo tentou abordar questões cotidianas – e nesses anos os seus alunos haviam começado a procurá-lo em busca de conselhos –, acabou distribuindo trivialidades: "Todo ser humano traça seu próprio destino no mundo", proclamou num ensaio acerca do sentido da vida, escrito logo após um de seus alunos ter morrido aos 22 anos.¹⁶

> A felicidade da vida conjugal e uma longa lista de prazeres ou projetos formam as imagens de sua lanterna mágica, as quais ele pinta para si mesmo e permite que se reproduzam em sua imaginação. A morte, que dá fim a esse espetáculo de sombras, mostra a si mesma apenas à distância. [...] Enquanto sonhamos, nosso verdadeiro destino nos conduz de maneira completamente diferente. O que recebemos raramente se parece com o que esperávamos, e então vemos nossas esperanças chapinhadas a cada passo que damos, [...] até a morte, que sempre parecera tão distante, dar um fim súbito a todo o jogo.¹⁷

Sentencioso e inteiramente banal: tal era o estilo moral do *Magister* naquele momento de sua carreira.

Em 1762, os russos retiraram suas tropas de Königsberg. Quando a guarnição da Prússia retornou à cidade, o rei ordenou que seus oficiais se aprimorassem assistindo às aulas na *école militaire* local, onde Kant às vezes lecionava. Seu círculo social continuou a se expandir e sua reputação acadêmica, a crescer. Em 1764, seu ensaio sobre os *Princípios da teologia natural e da moral* foi publicado nas Atas da Academia de Berlim, tornando seu nome conhecido fora da Prússia.

As perspectivas profissionais de Kant jamais haviam sido tão favoráveis. Com suas aulas, ele ganhava o suficiente para sustentar Martin Lampe, empregado que passaria os quarenta anos seguintes ao seu lado, assegurando-se de que o mestre vestiria roupas limpas, teria cômodos arrumados e acordasse na hora.

Nesse mesmo período, porém, em virtude de uma profunda imersão na filosofia de Jean-Jacques Rousseau, de preocupações acerca de sua saúde corporal e, não menos importante, de uma florescente amizade com Joseph Green, douto mercador inglês, Kant decidiu reavaliar dramaticamente "seu próprio destino no mundo".

Em meados da década de 1760, ele passou a adotar outro regime teórico e prático, na esperança de forjar, para si mesmo, um caráter moral baseado naquilo que viria a chamar – numa formulação caracteristicamente complexa – de "unidade absoluta do princípio interior de conduta como tal".¹⁸

Joseph Green condensava, para Kant, tal "unidade absoluta" entre preceito e prática. Ele era, nas palavras de um dos primeiros biógrafos do filósofo, "um homem raro, de estrita retidão e verdadeira nobreza", seguindo em sua vida cotidiana "uma regra estranha e invariável":[19] ele venerava a pontualidade.

Tal como Kant, Green era solteiro. De hábitos inflexíveis, ele seguia "máximas" – regras de conduta pessoal – resolutamente.[20] Além de satisfazer os interesses de seu ofício, Green era também um polímata, um aficionado pela filosofia contemporânea e pelas excentricidades de seus principais expoentes vivos: nas cartas que, em 1766, enviara a Kant da Inglaterra, ele lhe comunicou a mais nova fofoca sobre a malograda visita de Rousseau a Hume, ocorrida naquele mesmo ano.

Antes de conhecer Green, Kant levara uma vida bastante convencional. Ele trabalhava duro, mas também se permitia relaxar. Gostava das noites na cidade e, às vezes, bebia demasiadamente. Contudo, depois de Green se tornar seu melhor amigo, Kant estabeleceu uma rotina mais sóbria e fixa. Na maior parte dos dias, acordava às cinco da manhã e bebia uma ou duas xícaras de chá. Em seguida, fumava um cachimbo – ele só se permitia fumar um fornilho por dia, embora os visitantes relatassem que as porções aumentavam à medida que Kant envelhecia. Kant então estava pronto para dar suas aulas. A partir de 1771, sua primeira lição tinha início às sete horas da manhã (horário estabelecido pelo ministro da educação), com outras aulas de uma hora se estendendo até às onze ou ao meio-dia. Kant trabalhava em seus escritos até a hora de se encaminhar para um bar local e fazer sua principal refeição do dia. Após o almoço, ele caminhava e chegava à casa de Green, onde travavam seu colóquio vespertino diário. Enfim, Kant saía da casa do amigo às sete horas em ponto. Voltando para casa, Kant trabalhava um pouco mais, lia, preparava suas aulas ou escrevia.

Aquela era uma agenda perfeitamente previsível, e Heirinch Heine escarnece dizendo que, ao verem Kant caminhar no devido horário, as pessoas "o saudavam cordialmente e ajustavam seus relógios".[21] Segundo o amigo Louis Ernst Borowski, um de seus primeiros biógrafos, a conduta pontual do filósofo refletia uma

> tentativa constante de agir em consonância com máximas circunspectas, as quais – ao menos em *sua* opinião – eram princípios bem fundamentados, e de formular, através de sua avidez, máximas acerca de questões grandes ou pequenas, mais ou menos importantes, a partir das quais sempre começava e para as quais sempre retornava.[22]

Kant logo descobriu que esse rígido regime era um estímulo para a sua "saúde um tanto frágil". Numa rara passagem autobiográfica, incluída em um de seus últimos livros (*O conflito das faculdades*, de 1798), Kant confidenciou: "Eu mesmo tenho uma inclinação natural à hipocondria", cuja causa seria "meu tórax chato e reduzido, que pouco espaço dá para o movimento do coração e dos pulmões". Quando jovem, as queixas físicas de Kant "quase me cansaram da vida".[23]

Em mais de um trecho de suas aulas e de seus trabalhos teóricos elaborados após a mudança, Kant discute a hipocondria, definindo-a como um padecimento "da faculdade cognitiva" – uma doença mental. Aqueles acometidos por essa enfermidade corriam o risco de compreender equivocadamente a verdadeira condição de sua saúde corporal, reclamando sem cessar de problemas imaginários. O antídoto que Kant propôs para a própria hipocondria foi um código de conduta organizado ao redor de máximas rígidas e de "ocupações distrativas". Ele acreditava que as reclamações acerca da própria saúde poderiam desaparecer por completo caso o hipocondríaco se dedicasse, com regularidade, à "abstração intencional".[24]

Desse modo, e a exemplo de um bom estoico, Kant defendia "o poder da mente para controlar os sentimentos mórbidos por meio da simples determinação".[25] Quanto mais sensatamente se dedicasse à "abstração intencional", afirmou, menos indisposto ele se sentiria. Anos depois, Kant creditaria sua longevidade à rígida rotina que passara a seguir ao completar quarenta anos.[26] Embora sua saúde ainda lhe causasse sensações recorrentes de ansiedade, ele escreveu que foi capaz de "controlar a influência que elas tinham sobre meus pensamentos e ações, afastando minha atenção desse sentimento como se ele nada tivesse a ver comigo".[27]

Ao crer que hábitos previsíveis poderiam curar enfermidades imaginárias, Kant encontrara um motivo poderoso para praticar suas máximas, fazendo-o com a mesma inflexibilidade de seu amigo Green. No entanto, Kant também acreditava que uma vida cautelosamente regulada poderia gerar uma unidade racional entre crença e comportamento. "O caráter", afirmou, "exige máximas, as quais procedem da razão e de princípios morais e práticos". Mais adiante, no mesmo contexto, Kant afirma que a criação de um "caráter" verdadeiramente virtuoso "acontece tão somente através de uma explosão". Ela equivale a "uma espécie de renascimento, tal como um tipo de promessa solene para si mesmo", a qual "logo dá lugar ao dissabor diante da condição vacilante do instinto".[28]

Embora não haja evidências de que Kant tenha desfrutado de um tal tipo de epifania explosiva – ao contrário de Agostinho no jardim, de Descartes em meio aos seus sonhos noturnos e de Rousseau a caminho de Vincennes –, há indícios de que ele de fato experimentara "uma espécie de renascimento", e não apenas por causa de sua amizade com Joseph Green, mas também por causa de sua admiração por Jean-Jacques Rousseau.

Kant leu a maioria dos livros de Rousseau à medida que eles foram publicados, do *Primeiro discurso*, em 1751, a *O contrato social*, de 1762. Diz a lenda que Kant só interrompeu uma vez a sua agenda diária: ao ler *Emílio* pela primeira vez, em 1762. Um retrato de Rousseau era a única imagem presente em seu escritório. "Sou um indagador por inclinação", escreveu nos copiosos "Comentários" que anexou à sua própria cópia de *Observações sobre o sentimento do belo e do sublime* (1764).[29]

> Sinto em sua completude uma sede pelo conhecimento e uma inquieta ânsia por aumentá-lo, mas ao mesmo tempo me satisfaço a cada passo adiante. Houve época em que julgava que apenas isso poderia constituir a honra da humanidade, e portanto desprezava as pessoas, que nada sabiam. Rousseau me corrigiu.[30]

Em 1765, quando colocou no papel esses "Comentários", Kant já conhecia muitas obras de Rousseau de cor, talvez num esforço para superar seu entusiasmo inicial: "Devo ler Rousseau até que a beleza da expressão não mais me comova e eu enfim possa olhar para ele racionalmente."[31] Suas reflexões giravam, na época, em torno de uma série coesa de pensamentos suscitados pela leitura de Rousseau: a corrupção dos costumes contemporâneos, os limites do conhecimento, o poder do alvedrio, a possível bondade da vontade quando livre para agir espontaneamente, os males que resultam da sujeição do arbítrio... e a convicção de que "existe um mundo perfeito (a moral) de acordo com a ordem da natureza".[32]

Como Rousseau, Kant cogitava a possibilidade de podermos descobrir uma ciência da moralidade capaz de indicar ao homem como "satisfazer adequadamente a posição que lhe foi designada na criação".[33] Como Rousseau, ele reconheceu os profundos obstáculos impostos à definição de uma tal ciência: "Tudo passa por nós em fluxo, e os variados gostos e diferentes formas do homem transformam todo o jogo em algo incerto e ilusório. Onde encontro os pontos fixos da natureza que o homem não pode substituir?"[34] Como a natureza humana encontra-se corrompida, "os primeiros princípios naturais se tornam dúbios e irreconhecíveis".[35] Mais complicações resultam da espontaneidade indeterminada do livre-arbítrio, considerado tanto por Kant como por Rousseau a essência metafísica do ser humano. Embora Kant associe Rousseau a Newton em determinada passagem, ele também percebe a nítida diferença entre os objetos da investigação física e os objetos da investigação moral. A investigação física almeja um conhecimento determinado, enquanto a moral é potencialmente indeterminada, uma vez que é inevitavelmente *meta*física: "Os movimentos da matéria de fato conservam uma lei definida, mas a obstinação humana, não."[36]

Segundo afirmou um eminente pesquisador alemão, "é possível descrever toda a filosofia de Kant como o resultado de uma tentativa de transformar o pensamento daquele filósofo numa teoria cientificamente respeitável e universalmente aplicável".[37] Essa era uma exigência absurda, uma vez que as reflexões de Rousseau eram rapsódicas e seus surtos de introspecção, ao mesmo tempo apaixonados e líricos: Rousseau se movia dentro de uma tradição de reflexão moral tipicamente francesa, estabelecida por Montaigne. Embora Kant admirasse Montaigne, sua noção do que era "cientificamente respeitável" remontava à tradição alemã de Leibniz e Christian Wolff, que aspiraram a uma precisão seca no uso da razão especulativa e que tentaram explicar o universo inteligível como um todo. Para Kant, transformar suas reflexões sobre Rousseau numa "teoria universalmente aplicável" trazia desafios simultaneamente substantivos e "arquitetônicos", para usarmos o jargão que o filósofo (a exemplo de Leibniz e Wolff) empregava a respeito do que julgava ser a estrutura sistemática do conhecimento.

Seriam necessários anos para que Kant solucionasse todos os desafios. Contudo, nesse ínterim, ele se acomodou em sua nova rotina, destinando uma parte de cada dia à reflexão disciplinada. De acordo com o que disse a um antigo aluno, "a tranquilidade delicada e sensível" do filósofo era infinitamente preferível aos voos arrebatadores "almejados pelos místicos".[38] Sua vida filosófica seria dedicada ao raciocínio sossegado, propositadamente incapaz de ser perturbado pelas emoções fortes e pelos impulsos desordenados.

Em 1769 e 1770, Kant recebeu convites para lecionar em Erlangen e em Iena. Não querendo interromper seu regime, o filósofo rejeitou ambos. "Toda mudança me apavora, até mesmo aquela que talvez me ofereça o maior aprimoramento de minhas condições", admitiu para um amigo alguns anos depois. "Tudo o que queria era uma situação em que meu espírito – hipersensível, mas em outros aspectos despreocupado – e meu corpo – mais penoso, mas jamais enfermo – possam se ocupar sem serem prejudicados, e é isso o que tenho tentado conseguir."[39]

Finalmente, em março de 1770, vagava uma cadeira na Albertina, com Kant sendo indicado para ensinar lógica e metafísica. Isso lhe garantia um salário fixo e modesto, superior à remuneração que obtinha com as taxas de suas lições. Ao contrário de alguns de seus colegas, Kant sabia que deveria guardar o dinheiro ganho e investi-lo com prudência. Ele registrava as presenças das aulas gratuitas que era obrigado a ministrar como professor titular e não permitia que ninguém assistisse duas vezes à mesma lição (embora estivesse disposto, mediante o pagamento de uma taxa, a acolher clientes antigos em seus outros cursos).

Em 21 de agosto de 1770, Kant entregou sua dissertação inaugural em latim: "Acerca da forma e dos princípios do mundo sensível e inteligível." Ela é o primeiro indício de como seu pensamento foi transformado pelas reflexões sobre Rousseau. Tal como o autor do *Segundo discurso* e o vigário saboiano de *Emílio*, Kant estabelece uma clara distinção entre dois mundos. Porém, enquanto Rousseau separava o mundo natural das causas e dos efeitos – aquele que deveria ser explicado pela física – do mundo moral do livre-arbítrio – a ser compreendido através da metafísica –, Kant contrapõe um *mundus sensibilis* – associado aos "fenômenos", isto é, às coisas tal como aparecem – a um *mundus intelligibilis*, que diz respeito aos "númenos", ou às coisas como são em si mesmas. Em seu sentido teórico, o *perfectio noumenon* é, segundo Kant, "o Ser Supremo, Deus", enquanto, no sentido prático, é a "perfeição moral".[40]

Ao mesmo tempo, sua dissertação inaugural deixa transparecer que Kant também revisara partes cruciais da filosofia original de Rousseau. Enquanto Rousseau enfatizava a piedade, Kant ansiava por "determinar as máximas e os primeiros princípios que se manifestam de maneira direta e que nos indicam se devemos aprovar ou rejeitar algo, tal como agir ou evitar alguma ação", independentemente de qualquer sentimento moral presumidamente inato. Pelo resto de sua vida, seria esta a principal dúvida de Kant: "Quais são os *principia prima diiudicationis moralis* [...], isto é, quais são as máximas mais altas da moralidade, e qual é sua mais alta lei?"[41] Ao contrário de Rousseau, que via com desconfiança a habilidade de raciocinar e que acabou por agir somente de maneira extravagante e impulsiva, julgando estar de acordo com suas inclinações naturais, Kant se movia na direção oposta, enfatizando, segundo a opinião de um pesquisador moderno, "como o sentimento moral *dependia* de um princípio racional logicamente anterior e independente".[42] Enfim, ele declararia que apenas os atos realizados de acordo com um senso de dever deliberado gozam de valores morais.

Em dezembro de 1770, após ler a dissertação inaugural, Moses Mendelssohn, um dos poucos companheiros filosóficos que Kant tinha na Prússia, expressou, acerca do estilo do filósofo, reservas que, desde então, têm encontrado ecos em mais de um crítico: "A obscuridade ostensiva de algumas passagens é um indício", observou Mendelssohn em carta ao filósofo, de que esta obra deve ser parte de um conjunto mais amplo. [...] Como demonstras grande talento para uma escrita capaz de alcançar numerosos leitores, espera-se que não te restrinjas aos poucos adeptos que se encontram a par das últimas novidades e que são capazes de descobrir o que se esconde por trás das insinuações publicadas.⁴³

As esperanças de Mendelssohn acabariam frustradas. A exigência autoimposta de apresentar sua nova filosofia como um sistema dedutivo e abrangente limitou a capacidade que Kant tinha de se expressar com clareza. Suas cartas e seus últimos ensaios mostram que ele era capaz de escrever com uma concisão epigramática. Vislumbres de espontaneidade também acabam por se revelar em seu curso mais conhecido, aquele acerca da antropologia, mas suas grandes obras ostentam o que Heine chamou de "o estilo cinza e seco de um saco de papel".⁴⁴ Da mesma forma, suas lições sobre lógica e metafísica ficaram famosas por sua opacidade. "O método de meu discurso", observa em seu diário, "tem um semblante danoso; ele parece escolástico, e portanto velhaco e árido, verdadeiramente amargo e longe do traço da genialidade".⁴⁵

Como recorda um de seus ouvintes, o historiador Adolph Franz Joseph Baczko:

Eu passei imediatamente a frequentar suas aulas, mas não as compreendi. Dados o valor atribuído ao nome de Kant e as suspeitas que sempre nutri acerca de minhas habilidades, cheguei a acreditar que deveria dedicar mais do meu tempo aos estudos. [...] Empenhei-me durante noites inteiras, debrucei-me sobre um único livro ininterruptamente, ao longo de 24 horas ou mais, e nada aprendi. [...] Comecei a me convencer de que alguns dos alunos de Kant sabiam ainda menos do que eu. Passei a acreditar que eles frequentavam as aulas de Kant em busca de maior reputação.⁴⁶

Protegido por sua rotina e preocupado em desenvolver sua nova filosofia, Kant cada vez mais parecia, aos olhos de seus alunos, um sábio inalcançável, muitas vezes inescrutável em suas declarações *ex cathedra*. O próprio Kant confessou a um amigo que quase não tinha "contato privado com meus ouvintes".⁴⁷ Embora tivesse motivos para acreditar que muitos de seus alunos não tinham ideia do que estava sendo dito, ele se recusava a modificar seu modo de apresentação. (Muitos anos depois, ao escrever para um correspondente que solicitara esclarecimentos acerca de uma questão doutrinária sutil, Kant confidenciou que "não compreendo a mim mesmo. Minúcias assim, tão refinadas, não são mais para mim".⁴⁸) Desse modo, Kant ajudou a criar um culto de ininteligibilidade ao seu redor, optando por falar apenas aos convertidos e deixando os não iniciados boquiabertos diante daquele oráculo de peruca empoada atrás do púlpito.

Em 1778, o ministro da educação da Prússia convidou Kant para lecionar filosofia em Halle, ocupando um cargo de prestígio numa importante instituição. Mais uma vez, Kant recusou a oferta, dizendo ser cuidadosamente necessário "prolongar a trama de vida, delicada e tênue, que o Destino fiou para mim".⁴⁹

O filósofo já havia se acostumado com os hábitos que estabelecera, e também desejava dar continuidade à sua íntima amizade com Joseph Green. Além disso, Kant não estava disposto a perder seu posto entre a nobreza local. Quando o famoso astrônomo Johann Bernoulli (1744-1807) passou por Königsberg naquele ano, registrou suas impressões sobre o professor, que conhecera durante um jantar na casa de um conde:

> Em seu trato social, o famoso filósofo é um homem demasiadamente vívido e educado, com um modo de vida tão elegante que ninguém esperaria encontrar nele, e com tamanha facilidade, uma mente tão profundamente perscrutadora. Contudo, seus olhos e seu rosto revelam uma grande perspicácia.⁵⁰

Como observou Bernoulli, muitos anos já haviam se passado desde que Kant publicara algo de relevância. Por mais de uma década, o filósofo continuou a prometer que "logo" um trabalho novo surgiria, mas a aguardada obra era repetidamente postergada. Enfim, no ano de 1781, o título prometido acabou por aparecer: era a *Crítica da razão pura*, um volumoso tratado com mais de oitocentas páginas.

O editor do livro, Johann Georg Hartknoch, vivia em Riga, mas acabou por imprimir a obra em Halle. Antes, Kant a oferecera a um editor de Königsberg, que a recusara com receio de que as vendas de um volume tão grande não lhe permitiriam recuperar os gastos.

Talvez a primeira pessoa a ler a *Crítica* tenha sido um dos amigos mais antigos de Kant em Königsberg, Johann Georg Hamann, que convencera Hartknoch a enviar-lhe páginas do livro assim que elas estivessem disponíveis. "Provavelmente existirão poucos leitores capazes de dominar esse conteúdo escolástico", declarou Hamann para um correspondente,⁵¹ embora admitisse que "pode-se encontrar oásis encantadores depois de vaguear pela areia". Em particular, ele era ainda mais duro, dando à *Crítica* o apelido de "a filosofia transcendental de Sancho Pança".⁵²

Em virtude do estilo penoso da nova obra, não surpreende o fato de sua recepção imediata não ter sido positiva. Certo crítico afirmou que a obra era "um monumento à nobreza e à sutileza do entendimento humano", mas alertou que ela fora escrita "para os professores de metafísica" e que seu conteúdo seria "incompreensível para a grande maioria do público leitor".⁵³

A *Crítica* gira, em parte, em torno de uma premissa ilusoriamente simples: a de que apenas de um ponto de vista humano (e não a partir de uma perspectiva divina) podemos falar sobre o espaço, o tempo e a existência de objetos físicos. Tudo o que podemos saber sobre as coisas que percebemos é determinado pelas categorias e conceitos que construímos para usar em nossas investigações, assim como por nossa experiência sensível. Ambas as partes são essenciais: na fórmula da primeira *Crítica*, "pensamentos sem conteúdo são vazios, enquanto intuições sem conceitos são cegas".⁵⁴

Em parte, Kant desenvolvera sua nova abordagem no intuito de proteger as descobertas da ciência natural moderna (segundo exemplificada por Newton) do ataque dos céticos. Ao tentar definir os limites do conhecimento confiável, ele se sentiu impelido a traçar uma fronteira clara entre o conhecimento empírico suscitado ao longo da experiência e as chamadas "ideias transcendentais", formadas apenas pelo raciocínio especulativo e relacionadas ao que se encontra por trás de toda experiência possível: por exemplo, as ideias sobre a existência de Deus, a imortalidade da alma e a liberdade da vontade. "A razão humana", segundo declara na primeira frase da *Crítica*,

> tem como peculiar sina [...] estar sobrecarregada de questões que é incapaz de rejeitar – visto que são colocadas como problemas pela natureza da própria razão –, mas que também não pode responder, uma vez que transcendem toda a capacidade da razão humana.⁵⁵

Vários dos segmentos mais influentes da *Crítica* são, portanto, puramente negativos: eles demonstram por que todas as tentativas de provar a existência de Deus, a imortalidade da alma e outras coisas do gênero estão fadadas ao fracasso. Foram essas passagens que levaram os primeiros leitores de Kant a considerá-lo um cético radical e que instigaram Moses Mendelssohn a chamá-lo de "destruidor de tudo".

O próprio Kant tinha uma visão mais sutil das implicações de sua crítica. Tomemos, por exemplo, o tratamento dado à ideia especulativa de que a vontade é livre. De todas as "Ideias da Razão" que Kant analisou na *Crítica*, a do livre-arbítrio talvez seja a mais importante – certamente, a mais paradoxal. Segundo sua definição, essa ideia "corresponde apenas à espontaneidade absoluta de uma ação", independentemente da causalidade ou "de qualquer coerção realizada por meio de impulsos sensoriais".⁵⁶ Como Kant julgava ser impossível provar com certeza que o arbítrio é livre, ele admitia que a ideia correlativa da liberdade é, literalmente, inexplicável. No entanto, ele também pressupunha que é uma "ideia necessária", incapaz de ser descartada através de fatos empíricos ou da experiência, aquela de "uma constituição que permite *a maior liberdade humana possível*, de acordo com leis pelas quais *a liberdade de cada um se faz coerente com a liberdade de todos os outros*": "Ninguém deve tentar determinar em que grau a humanidade deve cessar de progredir e, por conseguinte, o quão grande deve ser o vão entre a ideia [*de uma sociedade livre*] e sua execução [*na prática*]; afinal, é a liberdade", escreve ele, "que deve transcender qualquer limite imposto".⁵⁷

Daí o segundo aspecto daquilo que alguns chamaram de a "revolução copernicana" de Kant: a indicação de que os seres humanos (a exemplo do que sugerira Rousseau) são capazes de construir, na prática, um mundo moral e político para si próprios, para além dos fatos que descobrem acerca do universo físico. A filosofia não pode se satisfazer com um inventário dos limites formais do conhecimento possível. Ela também deve criar o que Kant chama de "uma ciência da máxima suprema do uso de nossa razão". Isso se dá, de uma parte, através do desenvolvimento de "ideias transcendentais" capazes de permitir que os seres humanos escolham, com sapiência, entre finalidades diferentes e, de outra parte, através da demonstração de como uma variante abstrata da Regra de Ouro ("Faze com os outros o que gostarias que fizessem contigo", a qual se tornou o famoso imperativo categórico de Kant, "Age como se a máxima de tua ação devesse se tornar lei universal") fornece um bússola moral infalível. Essa bússola permite que cada ser humano "distinga, em todo caso que a ele se apresentar, o que é bom e o que é maléfico, o que está em conformidade com o dever e o que se mostra contrário a ele".⁵⁸

Portanto, todo ser humano, valendo-se de um exercício cuidadosamente regulado da própria vontade racional, é instruído a reconhecer um mundo perfeitamente moral: "O ditado *Aperfeiçoa a ti mesmo* – quando interpretado como se dissesse apenas: 'Seja bom, torna-te digno de felicidade, seja um bom homem, e não apenas feliz' – pode ser visto como o *princípio* da ética."⁵⁹ Além disso, em certos contextos, Kant parece nutrir a possibilidade prometeica de, quando adequadamente esclarecida, a raça humana alcançar "a maior perfeição possível": "o Reino de Deus na Terra", momento em que "a consciência, a justiça e a igualdade dominarão, e não o poder da autoridade".⁶⁰

Tal como sugere até mesmo um breve resumo da obra, a *Crítica da razão pura* é, nas palavras de um dos primeiros biógrafos de Kant, uma mina rica, com vários minérios e veeiros; assim, muitas vezes acontece de pessoas com as mais diversas tendências encontrarem, ou imaginarem que encontraram, exatamente o minério que procuravam, pois cada uma explorara apenas um veeiro específico ou se enganara acerca da natureza do metal descoberto.[61]

Kant tinha opiniões rígidas sobre como compreender sua *magnum opus*. Como seu temperamento era demasiadamente sensível, e como, em seu ponto de vista, sua teoria era um teoria sistemática que precisava ser entendida como um todo, ele reagiu às críticas com irritação, demonstrando também um renovado senso de zelo literário para com a variedade de respostas que a *Crítica* inicialmente suscitara. Nos anos seguintes, ensaios e livros emanaram de sua pena, como se ele se concentrasse para esclarecer de uma vez por todas quais eram as suas intenções originais, assim como para formular todas as implicações de sua nova forma de pensar a moralidade, a ciência natural, a história, a política, a religião, a arte, a lógica – toda a extensão da experiência humana.

Tendo 57 anos quando da publicação de sua primeira *Crítica*, Kant condensou a escrita de toda uma vida nos 15 anos que se seguiram, produzindo muitas das obras pelas quais é mais conhecido. Sua impressionante produtividade ao longo desses anos certamente cobrou um preço. No intuito de escrever seus livros, o grande teórico da liberdade se sentia mais obrigado do que nunca a limitar a própria espontaneidade, controlando sua vida com rédeas curtas. De maneira considerável, Kant tornou-se uma espécie de máquina pensante, encarregado de dominar os "impulsos sensíveis" e, assim, formular categorias e construir argumentos com ligeira eficiência.

Sua rotina consistia basicamente em lecionar e escrever, e dessa forma Kant transformou-se num filósofo quintessencialmente moderno, um professor assalariado conhecido principalmente por seus livros. Como Rousseau, ele reconhecia o ideal clássico da "verdadeira filosofia" como modo de vida; porém, o modo de vida maduro que o próprio Kant escolhera para si próprio estava estritamente focado na investigação sistemática. De fato, ele se reinventara naqueles anos como um "artista da razão",[62] um praticante paradigmático da filosofia como ciência unificada, empenhando-se para oferecer uma explicação integrada e precisa de tudo o que sabia em termos que seriam, na medida do possível, independentes de suas próprias idiossincrasias.

Em 1783, Kant publicou seu breve *Prolegômenos a toda a metafísica futura*, cujo objetivo era responder seus detratores e esclarecer as intenções de sua *Crítica*. No ano seguinte, dirigindo-se a um público relativamente amplo, ele publicou dois ensaios num periódico: "Ideia para uma história universal de um ponto de vista cosmopolita" e "O que é o iluminismo?" Mais tratados se seguiram: *Fundamentação da metafísica dos costumes*, em 1784, e *Primeiros princípios metafísicos da ciência natural*, em 1786.

Nesse ano, um periódico literário publicou uma série de cartas acerca da *Crítica da razão pura*, que pela primeira vez estimulara o interesse do público por aquele novo sistema de pensamento. Um colega escreveu de Iena:

> É possível perceber com que diligência os alunos daqui estão estudando sua *Crítica da razão pura* a partir do fato de, algumas semanas atrás, dois deles duelarem porque um dissera ao outro que não compreendia seu livro e que precisaria de mais trinta anos de estudos para que pudesse compreendê-lo, tal como outros trinta para que fosse capaz de dizer qualquer coisa sobre ele.[63]

Em 1787, Kant publicou uma edição extensivamente revisada da *Crítica da razão pura*. Então, de repente, por razões que não são inteiramente claras, sua filosofia estava em voga. Oficiais de alto escalão em Berlim discutiam o seu valor, mercadores cantavam-lhe louvores. Sua obra começou a vender. Um correspondente contou-lhe[64] que, em viagem para Haia, conhecera um homem que passou horas em seu quarto de hotel devorando as páginas da *Crítica*. Os elogios agora destinados a Kant não conheciam limites. Na Prússia, ele era aclamado como uma mistura de Sócrates moderno, Platão germânico e Aristóteles – tudo numa única pessoa. Certo admirador escreveu: "Deus disse: 'Que se faça a luz!' Então surgiu... a filosofia de Kant."[65]

Aproveitando a popularidade da primeira *Crítica*, Kant publicou uma *Crítica da razão prática*, em 1788, e a *Crítica da faculdade do juízo*, em 1790. Mais duas obras importantes se seguiram: *A religião nos limites da simples razão*, de 1792, e *Metafísica dos costumes*, de 1797. Todos esses livros foram lançados em grandes tiragens, alcançando um amplo público nas terras de língua alemã.

Ao longo da elaboração dessa torrente de obras, Kant modificou ou qualificou uma série de pontos de vista expressos na *Crítica da razão pura*. Na *Fundamentação da metafísica dos costumes*, primeira repetição de sua filosofia moral, ele declarara que a "autonomia da vontade" era "o princípio supremo da moralidade"[66] e que a liberdade, e não as imposições de reis ou sacerdotes, era a fonte da moralidade propriamente dita. Como, segundo nos diz a *Crítica*, a liberdade do arbítrio é um pressuposto "metafísico" que não pode ser provado, Kant teve de admitir que esse "princípio supremo da moralidade" deixa a filosofia "em uma posição precária".[67] Em seus ensaios subsequentes acerca da moralidade, da política e da história, ele ainda assim procura articular princípios racionais para o exercício adequado do livre-arbítrio, colocando os deveres acima dos desejos e as obrigações acima das emoções, assim como formulando preceitos que às vezes desafiam o bom senso (como, por exemplo, ao decretar solenemente que o "prazer carnal" fora do casamento "é, em princípio, *canibalesco*"[68]).

Diferenciando-se de Rousseau, Kant nunca cogitou com seriedade a ideia de que "o homem é naturalmente bom". Ao contrário, ele adverte que "o homem é um animal" com desejos e paixões desordenadas e que "apenas os que descem ao inferno da autocognição podem preparar o caminho que conduz à santidade".[69] Um tal autoexame revela "uma vontade perversa que de fato se encontra"[70] no ser humano. Como consequência, nossos impulsos iníquos devem ser refreados e regulados por regras de conduta autoimpostas. Infelizmente, o homem

> abusa de sua liberdade no que diz respeito aos outros homens, e embora deseje, como ser racional, que uma lei limite a liberdade de todos, seus impulsos animais e egoísticos o tentam a isentar-se dela quando possível. Desse modo, ele necessita de um mestre, que violará seu arbítrio e o forçará a obedecer uma vontade universalmente válida, sob a qual cada homem pode ser livre.[71]

De qualquer forma, uma solução uniforme para os enigmas impostos por esse princípio novo e radical da liberdade se mostra "impossível, pois, de uma madeira tão irregular quanto aquela de que é feita os homens, nada perfeitamente reto pode ser construído"[72] – observação estimada pelo filósofo liberal Isaiah Berlin, que no século XX encarou-a como um alerta contra "sistemas únicos e abrangentes que se afirmam eternos".[73]

Naqueles anos, não desejando ter suas perspectivas censuradas ou encaradas como subversivas, Kant tentou exprimir sua filosofia de maneiras amplamente compatíveis com as visões morais e políticas da Prússia de então. Por exemplo, suas declarações sobre a "madeira tão irregular" e sobre a necessidade de um "mestre" para o homem qualificam claramente sua concepção do livre-arbítrio e fazem de seu ensaio sobre a história natural algo amplamente coerente com os ensinamentos luteranos a respeito da "servidão" da vontade humana, assim como com as normas prussianas de disciplina e obediência.

Além disso, como bem sabia Kant, os seres humanos são muito distintos em sua capacidade de viver com a incerteza. Como consequência, pessoas diferentes necessitam de tipos de crença diferentes para regular as próprias vidas. Ao conduzir a sua, Kant não sentia qualquer necessidade de acreditar na existência de Deus ou na imortalidade da alma. Desse modo, ele se comportava de acordo com os rígidos preceitos da *Crítica da razão pura*: como um Sócrates contemporâneo, tudo o que ele sabia era que não sabia e que *nunca* poderia saber se a alma é imortal ou se Deus existe.

No entanto, baseado na própria experiência, Kant teve de admitir que a maioria das pessoas possui necessidades diferentes. Almas tão comuns quanto a de seu servo Lampe anseiam por respostas irrefutáveis não apenas à pergunta "O que posso saber?", mas também a três outras questões cruciais: "O que devo fazer? O que posso esperar? O que é o homem?"

Como se para compensar os aspectos nada divertidos de sua doutrina, Kant postulou uma vida após a morte, na qual um homem benevolente comum poderia, de maneira aceitável, presumir que desfrutaria da vida eterna. Num trecho tipicamente convoluto de sua *Crítica da razão prática*, Kant declara grosseiramente que a liberdade, a imortalidade e Deus são

> conceitos aos quais pertencem objetos reais, pois a razão prática inevitavelmente exige a existência deles para que seja possível o seu objeto, o sumo bem, que é absolutamente necessário na prática. Dessa forma, justifica-se o raciocínio teórico que os pressupõe.[74] [*Embora esse delicado exemplo de otimismo não possa ser utilizado para satisfazer quaisquer "objetivos teóricos".*]

O recurso de Kant a um casuísmo tão tortuoso provocou um comentário debochado de Heinrich Heine.

> À tragédia se segue a farsa. [...] Immanuel Kant desempenhou o papel do filósofo impiedoso, assaltou os céus, orientou toda a guarnição; aquele que a tudo governa permanece sem provas, não há amor paterno, não existe recompensa no outro mundo para a moderação apresentada neste, a imortalidade da alma agoniza – há gemidos e lamentos. Enquanto isso, o velho Lampe lá se encontra, com o guarda-chuva sob o braço, observando tudo com pesar, suando frio enquanto lágrimas escorrem por seu rosto. Immanuel Kant então se apieda e mostra como não é apenas um bom filósofo, mas também um bom homem. Assim, ele reflete e afirma, de modo parcialmente sincero e parcialmente irônico: "O velho Lampe precisa de um Deus; caso contrário, o pobre coitado jamais será feliz – o homem deve ser feliz na Terra, segundo nos diz a razão prática. Ah, vá lá, deixemos que a razão prática assegure a existência de Deus." A partir deste raciocínio, Kant estabelece a distinção entre razão teórica e razão prática – e, com a última, tal como se usasse

uma varinha de condão, ele ressuscita o cadáver do deísmo que a razão teórica aniquilara.[75]

Heine tem razão. Porém, as visões religiosas de Kant também remetem ao conteúdo igualitário de sua resposta original a Rousseau ("Aprendi a honrar os seres humanos"[76]), a qual é confirmada por uma observação feita quase ao fim da *Crítica da razão pura*: "No que diz respeito às finalidades essenciais da natureza humana, nem mesmo a mais elevada filosofia pode ir além da orientação que a natureza conferiu à sabedoria mais comum."[77] Segundo a interpretação de Kant, "honrar os seres humanos" equivalia, em parte, a forjar uma filosofia capaz de responder às necessidades espirituais de um homem como Lampe, seu servo.

Ao mesmo tempo, apesar de suas concessões, Kant continuava a insistir – de maneira serena, mas firme – que nenhum filósofo se contentaria com meros postulados ou com hábitos e crenças inculcados ritualmente, por mais necessários que fossem à "sabedoria mais comum". Ele nunca prometeu a si mesmo um mar de rosas – apenas o "contentamento intelectual"[78] de agir segundo as máximas que lhe eram coerentes e de fazer o que lhe era devido, em consonância com as leis da moralidade reveladas por suas investigações. Segundo explicou a um amigo que desejava saber sua opinião acerca da fé e da oração, Kant era

> um homem para quem, no final, apenas o mais puro candor relacionado a nossas convicções mais ocultas consegue suportar o teste, tal como um homem que, talvez por medo e a exemplo de Jó, vê como pecado proferir elogios a Deus e confissões interiores que não estejam de acordo com aquilo em que livremente acreditamos.[79]

Um dos lemas favoritos de Kant era *Sapere aude!*[80] – Ouse saber! Ele criticava a extensão da "imaturidade autoimposta" da humanidade e supunha que os tipos de crença que os seres humanos julgam razoável postular devem mudar sempre, a exemplo da ampla expansão da liberdade de pensamento. Da mesma forma, as "Ideias da Razão" que mais estimamos também estão sujeitas a mudanças, uma vez que é da essência da liberdade ampliar "qualquer limite proposto".[81]

Porém, Kant era extremamente prudente quando o assunto era testar tais limites. Em seu ensaio sobre o iluminismo, ele expressa sua admiração por um mote de Frederico, o Grande: "Discute o quanto quiseres, e sobre aquilo que desejas... apenas obedeça!" Só aos poucos é que a sabedoria comum se torna "capaz de manejar a liberdade".[82] "Iluminar uma *época*" era um processo "muito lento e árduo",[83] e ele alertava seus colegas acerca da impaciência e daquilo que, receando a reprimenda dos censores, chamou de afirmação "presunçosa" da independência intelectual.

Em 1786, quando fez circular esses alertas, Kant tinha bons motivos para se preocupar. Frederico, o Grande, defensor do iluminismo alemão, morrera recentemente, e todos esperavam um retrocesso das liberdades civis com a ascensão de Frederico Guilherme II ao poder. Independentemente do que isso acarretasse, Kant passou a ver a si mesmo como um símbolo da razão, uma figura pública devidamente interessada não apenas na liberdade do pensamento, mas também em justificar os limites de tal liberdade – através da autocensura, se necessário. Sua prudência – que às vezes beirava a pusilanimidade – foi devidamente notada: o novo rei ofereceu a Kant um ordenado anual e facilitou o seu ingresso na Academia de Ciências de Berlim.

O filósofo adotou uma imagem magnificente naqueles anos. "Sua cabeça era adornada com uma delicada peruca empoada", recordou certo visitante de Königsberg, e seus "sapatos e meias de seda também pertenciam aos trajes comuns de um cavalheiro bem vestido". O visitante também notou que, ao fim de um cortejo acadêmico na catedral de Königsberg, Kant, que acompanhara os outros professores, passou direto "pela entrada da igreja".[84] Ele pouco fazia para esconder seu desinteresse pelas instituições e pelos ritos da religião organizada.

Em 1789, quando estourou a Revolução Francesa, Kant também fez pouco para esconder sua admiração pelos revolucionários. De acordo com um de seus confidentes naqueles anos, "ele só se concentrava nisso, e apesar de todo o terror, suas esperanças eram tais que gritou jubiloso ao ouvir falar da declaração da república: 'Agora o vosso servo pode ir em paz para o túmulo, pois vi o mundo em sua glória.'"[85] Velhos amigos inventavam desculpas para seu fanatismo político, o qual encaravam como uma "peculiaridade" de seu caráter, e não um defeito moral mais grave.

Embora fosse franco com seus amigos acerca de seu desprezo pela religião organizada e de sua admiração pela República francesa, ele era prudente com estranhos. Se soubesse que um visitante se opunha à revolução, Kant sugeria que evitassem o assunto.[86] Assim, em 1793, ele foi mais além, publicando um ensaio em que ia contra qualquer tipo de rebelião: respondendo de maneira tácita as acusações – feitas recentemente na Alemanha – de que a "metafísica" ajudara a suscitar a revolução na França, Kant declarou que "qualquer resistência ao poder legislativo supremo" de um Estado, "qualquer insurreição que culmine numa rebelião, é o crime mais bárbaro e punível no seio de uma nação, pois é responsável por destruir os seus pilares. Além disso, essa proibição é *incondicional*".[87]

(Num diário[88] escrito mais ou menos na mesma época, Kant afirmou que, em 1789, o rei da França transferira o supremo poder legislativo aos estados-gerais. Esse era um bom exemplo de sofisma, pois sugeria que a Revolução Francesa não fora, tecnicamente falando, uma rebelião. Porém, essa linha de raciocínio sem dúvida ajudava Kant a convencer a si mesmo de que não estava sendo um completo hipócrita ao declarar sua oposição *incondicional* à rebelião.)

Kant também se preocupava com as contínuas insinuações de que era um ateu ou de que sua filosofia conduzia à imoralidade. Ele forçou alguns amigos da academia a defendê-lo contra tais acusações. Ainda assim, o filósofo se entretinha com os censores de Berlim, afirmando corajosamente, em seu livro *A religião nos limites da simples razão*, que *além de uma boa conduta de vida – principal foco de sua filosofia prática –, tudo aquilo que o ser humano se crê capaz de fazer para se tornar agradável a Deus* (seguindo com submissão um catecismo, por exemplo) *não passa de ilusão religiosa e de um falso serviço a Deus.*[89]

Quando *A religião nos limites da simples razão* foi lançada, no início de 1794, os revolucionários franceses já haviam executado o rei Luís XVI. Ao mesmo tempo, Kant, aproximando-se de seu septuagésimo aniversário, estava sendo tratado como o "rei de Königsberg".[90] Sua filosofia se tornara a pedra de toque para uma nova geração de filósofos alemães, e, à medida que esses novos pensadores – Fichte, Schelling, Hegel – davam início às suas carreiras, surgiam incontáveis livros e artigos defendendo e acusando o mestre.

Foi nessas circunstâncias que, no primeiro dia de outubro de 1794, um conselheiro real escreveu a Kant sob as ordens do rei Frederico Guilherme II, relatando que

> nosso mais elevado indivíduo tem há muito observado, com grande desgosto, a maneira como abusas da filosofia no intuito de distorcer e avaliar, negativamente, muitos dos ensinamentos mais básicos e essenciais do cristianismo. [...] Exigimos que defendas conscienciosamente tuas ações.[91]

Durante muito tempo, a sublime reputação de Kant ajudara a protegê-lo da censura real. No entanto, diante dessa carta, ele teve de elaborar uma curta apologia de si mesmo antes de se render completamente. "Como leal súdito de Vossa Majestade", escreveu ele em carta datada de 12 de outubro, "julgo que, no intuito de que não se levantem suspeitas contra mim, será mais seguro que me abstenha por completo de todas as lições públicas que abordam temas religiosos".⁹²

Embora pecasse pela falta de coragem, a abjeta resposta de Kant estava em consonância com um espírito que estabelecera para si próprio muito antes. Segundo confessara há quase trinta anos para Moses Mendelssohn: "Embora nunca vá dizer muitas das coisas que penso com a mais clara convicção e o maior contentamento, jamais hei de dizer algo que não penso."⁹³ Como muitos filósofos do passado e do futuro, Kant ansiava sobretudo por paz de espírito, elaborando um repertório extraordinário de formas de convencer a si próprio de sua integridade moral e da retidão de seus pontos de vista, independentemente das circunstâncias.

Quando Frederico Guilherme II morreu, em novembro de 1797, Kant considerou anulada sua promessa de não lecionar ou publicar sobre temas relacionados à religião, uma vez que ela fora cautelosamente dirigida a um homem em particular ("Como leal súdito de Vossa Majestade"), e não à instituição da monarquia. O filósofo rapidamente publicou, em 1798, um novo trabalho sobre questões religiosas, *O conflito das faculdades*, incluindo em seu prefácio toda a correspondência entre ele e Frederico Guilherme II e, também, louvores obsequiosos a Frederico Guilherme III, o novo rei – "um estadista esclarecido" que garantirá "o progresso da cultura no campo das ciências".⁹⁴

Quando o volume foi lançado, Kant já havia se afastado bastante da universidade. Intelectuais continuavam a consultar aquele grande homem, e alguns ficavam surpresos ao descobrir que suas faculdades mentais tinham se debilitado amplamente. Certo visitante registrou que "Kant não lê mais os seus escritos, não compreende de imediato aquilo que ele mesmo escrevera".⁹⁵ Esses eram os primeiros sintomas da demência senil que, ao fim de sua vida, reduziu o "rei" filosófico de Königsberg a uma mera sombra de seu antigo eu.

Seus hábitos se tornaram cada vez mais inflexíveis; seu comportamento, mais solipsista; e as racionalizações de sua conduta, mais bizarras. Ele tinha certeza de que sua saúde dependia das condições meteorológicas, consultando obsessivamente seu cata-vento, seu termômetro, seu barômetro e seu higrômetro. Kant estava convicto de que a transpiração era um mal a ser evitado com rigor. Se sentisse que estava prestes a suar durante uma caminhada de verão, ele parava como uma estátua sob a sombra até que o perigo passasse. "Ir para a cama se tornou um ritual rígido e complexo, com seu relógio sendo pendurado em um prego entre seu barômetro e seu termômetro."⁹⁶ Os comentários informais daquele grande defensor da liberdade do pensamento se tornavam mais amargos: "Se o homem fosse dizer e escrever tudo o que pensa", disse ele de acordo com o que recorda um visitante, "nada de mais terrível existiria nessa terra de Deus do que o homem".[97]

Ao contrário de seu herói Rousseau, que parecia ter alcançado certo grau de serenidade no fim da vida, Kant ficou reduzido a medos e tremores ocasionados por sonhos cada vez mais violentos: "Quase toda noite, ele imaginava a si mesmo cercado de ladrões e assassinos", e quase toda manhã, ao acordar, confundia seu servo, "que se apressava para acalmá-lo e ajudá-lo",[98] com um assassino.

Durante o longo declínio de Kant, parceiros leais continuaram a organizar obras novas, baseando-se em notas tomadas em suas aulas: *Antropologia de um ponto de vista pragmático*, de 1798; *Lógica*, de 1800; *Geografia física*, de 1802; e *Sobre a pedagogia*, de 1803. O próprio Kant, de maneira espantosa, continuou a trabalhar intermitentemente num novo tratado, tomando notas, traçando esquemas e esboçando fragmentos. O projeto adotara vários títulos: "A transição da metafísica para a física", "O ponto de vista mais elevado da filosofia transcendental no sistema das ideias". Em uma das seções,[99] Kant pretendia definir *a priori* a existência de uma força motriz original na natureza, uma espécie de éter, sem o qual não poderiam existir os objetos da experiência. Os pesquisadores continuam a debater o valor desses manuscritos tardios, embora uma coisa pareça clara: a explicação do éter fornecida por Kant é exatamente o tipo de teoria especulativa que ele tentara desencorajar em sua *Crítica da razão pura*.

Em 11 de fevereiro de 1804, Immanuel Kant proferiu suas últimas palavras. Recebendo a visita de um amigo, ele aceitou uma taça de vinho misturado com água e disse apenas: *Es ist gut* [Está bem].[100] Ele faleceu no dia seguinte, menos de dois meses antes de seu octogésimo aniversário.

Muitos anos depois, fundos foram levantados em Königsberg para a construção de um monumento à memória de Kant, em virtude do centenário da *Crítica da razão pura*. Em 1870, como preparação à transferência do filósofo para seu novo túmulo, seus restos mortais foram exumados. Dois professores da faculdade de medicina da Universidade de Königsberg aproveitaram a ocasião para fotografar o crânio de Kant e medi-lo cuidadosamente. A exumação, em si, foi um acontecimento público festivo, acompanhado com pompa e circunstância. A medição precisa confirmou[101] que a testa de Kant era de fato alta e ampla e que o tamanho incomum de seu crânio indicava que seu cérebro fora significativamente maior do que o cérebro do "homem alemão comum".

No ano seguinte, Kant foi enterrado fora da catedral de Königsberg, numa capela grande e adornada com um rosado pórtico de alabastro. A capela foi uma das poucas construções de Königsberg que havia resistido à Segunda Guerra Mundial e à consequente anexação da cidade à União Soviética, que a rebatizou Kaliningrado. Desde a queda do Estado soviético, casais de noivos costumam visitar o monumento de Kant,[102] e não o de Lenin, para celebrar seus votos, beber champanhe e deixar flores. No monumento, encontra-se uma placa de bronze com uma inscrição retirada da Crítica da razão prática, lá reproduzida em alemão e em russo:

"Duas coisas enchem o espírito de crescente admiração e reverência, renovadas toda vez que, com mais frequência e determinação, sobre elas a reflexão se debruça: *o céu estrelado sobre mim e a lei moral dentro de mim.*"[103]

EMERSON

Retrato de Ralph Waldo Emerson, fotógrafo desconhecido, Estados Unidos, século XIX. Um dos oradores públicos mais famosos de seu tempo, Emerson ostentava uma postura meditativa que ajudou a convencer sua ampla audiência de que todos, independentemente da posição ocupada, poderiam apreciar e até emular as façanhas espirituais de um homem que se tornara poeta e pensador através de um esforço peculiarmente seu.
(Coleção particular/The Bridgeman Art Library International)

A institucionalização da filosofia na universidade moderna foi uma conquista do século XIX, alcançada primeiro na Europa e, depois, nos Estados Unidos. Escolásticos por formação e por ambição, os primeiros herdeiros de Kant na Alemanha escreveram tratados tão abstratos, secamente ponderados e defensivos que, em geral, apenas especialistas eram capazes de compreendê-los. Esses professores normalmente eliminavam a poesia de seu vocabulário, mesmo quando retratavam o potencial prometeico da imaginação e do livre-arbítrio ou quando se juntavam a Kant na esperança daquele *"quiliasmo filosófico, que espera por um estado de paz perpétua cujo pilar é uma federação de nações unidas numa república mundial"*.¹

Simultaneamente, surgiu primeiro na Inglaterra e, depois, na Nova Inglaterra, um movimento literário e filosófico que era ao mesmo tempo contrastante e afim. Comovendo-se com os idealistas germânicos, ele esperava transformar a filosofia numa espécie de poesia, numa nova forma de profecia pós-cristã ou, então, em ambos. Em obra publicada no ano de 1834, o escritor britânico Thomas Carlyle cunhou o termo "supernaturalismo natural"² para descrever a romântica inclinação desse movimento para divinizar o humano e humanizar o divino, em parte através da apropriação, justificada ou não, de filósofos germânicos como Kant.

O resultado disso, nos Estados Unidos, foi a emergência de um fenômeno pressagiado de diversas maneiras pelo culto de Rousseau na França do fim do século XVIII: o do filósofo como herói popular.

Na pessoa de Ralph Waldo Emerson, a filosofia pela primeira vez se encontrava ao alcance de todos os membros de uma ampla sociedade democrática, assumindo a forma de uma "autocultura" igualitária. Tão profunda foi a revolução que Emerson forjou no pensamento americano que John Dewey (1859-1952), talvez o seu maior herdeiro, o aclamou como "o filósofo da democracia", acrescentando que ele era "o único cidadão do Novo Mundo apto a ter seu nome proferido no mesmo fôlego que Platão".[3]

Enquanto o biógrafo moderno de Kant se mostra crível ao afirmar que a individualidade do autor "está cada vez mais mesclada com a obra, parecendo se esvair completamente",[4] um biógrafo contemporâneo de Emerson é incapaz de declarar algo do gênero. O oposto é verdadeiro. Segundo afirmou Oliver Wendell Holmes (1809-1894), um de seus primeiros biógrafos, Emerson,

> em seus vários escritos, retrata a si mesmo de maneira tão perfeita que o leitor cuidadoso vê sua natureza exatamente como ela é em seus traços mais fundamentais, tendo pouco a descobrir além daqueles incidentes humanos que individualizam o homem no tempo e no espaço.[5]

Além disso, Emerson documentou uma grande quantidade desses incidentes – as aparências de sua vida cotidiana – e escreveu sobre seus sentimentos e reflexões numa série de diários, registros e cadernos mantidos por toda a vida. Ademais, um número enorme de cartas sobrevivem. O conteúdo dessa autobiografia mensal, inédita e espontânea preenche, atualmente, 38 volumes, o que torna possível reconstruir minuciosamente a vida simples do "sábio de Concord".

Ao abraçar espantosamente as formas introspectivas de escrita, Emerson renova os velhos modelos de vida filosófica que Kant e seus seguidores haviam ignorado deliberadamente: por mais que falassem sobre autonomia e (no caso de Kant) até mesmo de autoexame, os idealistas germânicos se recusavam a ceder a qualquer tipo de escrita capaz de ser interpretado como confessional.

Emerson, por sua vez, usava seus diários não apenas como instrumento de autorreflexão e de autocrítica, mas também de autotransformação. Em suas páginas, o leitor pode observar o processo de reinvenção do autor – um espetáculo extraordinário, impossível de ser encontrado em qualquer filósofo de outrora. (O único diário mantido por Montaigne registrava sua viagem à Alemanha, à Suíça e à Itália, ocorrida entre 1580 e 1581; Rousseau, em suas *Confissões*, ofereceu aos leitores apenas uma narrativa em retrospecto de seu eu em formação.)

A odisseia singular de Emerson teve início em Boston, no ano de 1803. Sendo o quarto de oito filhos (o terceiro de seis meninos), ele tinha como pais Ruth Haskins e o reverendo William Emerson. Para valermo-nos das palavras de James Elliot Cabot, seu primeiro biógrafo fidedigno, nas veias do filósofo "corria o sangue de várias gerações de 'pregadores aflitos'".[6]

Aos 23 anos, o pai de Emerson fora ordenado pastor da Igreja Congregacional de Harvard, Massachusetts, cidade localizada a vinte quilômetros da primeira casa da família, em Concord. A exemplo de seus antepassados,[7] o pai tinha interesses literários e religiosos, pertencendo a um círculo de Boston que, em geral, era politicamente conservador e religiosamente progressista (tendendo àquele que se tornaria o ponto de vista unitarista, para o qual Deus era único, Jesus era um ser inferior e distinto de Deus e a vida religiosa tinha como objetivo não a penitência, mas o cultivo da mente).

William Emerson morreu quando Ralph Waldo tinha apenas oito anos, desamparando sua família e deixando a educação dos filhos a cargo da mãe. Ruth contava com a ajuda da cunhada Mary Moody Emerson, mulher que seria de grande influência. Mentora rígida e de notável impertinência, Mary Moody esperava grandes coisas dos filhos de Emerson. Ela era visionária e mística,[8] uma autodidata que se descrevia como "pietista deística" e que lia com voracidade – de Platão e Plotino a Rousseau e Coleridge. Estimulando as crianças a "desprezarem ninharias" e a pensarem grande, ela professava uma forma austera de protestantismo cristão, a qual não tolerava nem a oposição nem a falta de firmeza: segundo afirmou acerca de si própria, "eu adoro ser uma fonte de incômodos para a sociedade".[9]

Um ano depois da morte de seu pai, Emerson passou a frequentar a Escola Pública Latina de Boston, onde assimilou o grego e o latim e aprendeu a falar em público com vigor e eloquência. Leitor ávido, ele teve contato com os clássicos – Platão, Cícero, Tácito – e com a literatura inglesa moderna, indo de Shakespeare e Milton a Samuel Johnson. Emerson também escrevia alguns poemas. Assim, em 1817, não encontrou qualquer dificuldade para ingressar na Universidade de Harvard, ainda que ostentando apenas 14 anos, idade inferior à média de sua turma.

Naqueles anos, Harvard forçava seus alunos a aderirem a um regime duro. As normas obrigavam os estudantes a participarem das orações públicas da manhã e da noite, assim como a observarem rigorosamente o sabá. Expressões espontâneas de felicidade poderiam ser punidas com penalidades. A exemplo do que acontecia na Escola Latina, a memorização e a declamação eram os métodos de ensino preferidos. Emerson parece ter se distinguido por sua moderação, o que o mantinha longe de problemas. Desse modo, foi eleito para um clube de estudantes[10] que, a cada semana, se reunia para debater questões diversas, como, por exemplo: "As investigações profundas de temas metafísicos abstrusos seriam vantajosas para os alunos?" e "As representações teatrais seriam vantajosas para a moralidade?" – pergunta que Emerson (tal como Rousseau) veio a responder negativamente.

Um importante divisor de águas[11] para Emerson se deu ao longo de seu ano como calouro. Logo após abrir mão de seu primeiro nome, no intuito de ser chamado apenas de Waldo, ele decidiu dar início a um diário, intitulado "The Wide World" [O extenso mundo]. Nele, Emerson registraria velhas ideias e "novos pensamentos", debateria uma série de questões literárias e filosóficas e faria experimentos com seu crescente interesse pela poesia. O uso de diários, prática rara até o século XVII,[12] se tornara um componente chave da vida espiritual e cotidiana de Emerson. Como ele bem sabia, muitos de seus parentes e ancestrais haviam mantido um registro contínuo de suas experiências pessoais – ou um "Almanack", nome que Mary Moody Emerson dera aos seus anais.

Inicialmente, os diários de Emerson permitiam[13] que ele se envolvesse diretamente no tipo de investigação anímica que Mary Moody estimava e que se tornaria um traço determinante tanto de sua vida privada quanto de sua personalidade pública. Com o passar do tempo, os escritos se tornaram mais desorganizados e amplos. A sós consigo mesmo, ele se permitia relaxar, registrando (nas palavras com que descreveria o conteúdo de seus diários)

> sonhos desconexos, audácias, sátiras assistemáticas e irresponsáveis de sistemas, todas as formas de devaneios incoerentes, as parcas drupas e bagas que encontro em minha cesta após passeios intermináveis, e despropositados, por bosques e pastagens.[14]

Praticamente durante o resto de sua vida, Emerson conservou religiosamente seus diários, criando de maneira espontânea – através de seus mais de 260 cadernos – um mosaico do "Homem Pensante".[15]

Mais ou menos na época em que Emerson começou a escrever em seus diários, ele também passou a estudar com afinco a vida de vários filósofos antigos, recorrendo a Diógenes Laércio e a Xenofonte para saber sobre a vida de Platão e de Sócrates e, assim, dar termo à sua "Tese sobre o caráter de Sócrates". Aquela era a primeira vez em que ele examinava os diferentes relatos sobre o *daimon* de Sócrates,[16] tema que lhe interessou por toda a vida. Emerson também leu pela primeira vez "o livro mais extraordinário já escrito":[17] os *Ensaios*, de Montaigne.

Com 18 anos, e após se formar em Harvard, Emerson trabalhou como professor numa escola para meninas fundada em Boston por seu irmão mais velho, William. Seus diários mostram que a possibilidade de passar o resto de sua vida como mestre-escola[18] o enchia de pavor. Ele continuou a ler muito – romances, história, Shakespeare, as *Epístolas morais* de Sêneca e David Hume, cujo ceticismo acerca da crença religiosa[19] deveria, para Emerson, ser de alguma forma respondido. Ao mesmo tempo, uma nova ambição despertava nas páginas de seu diário.

"Não desconfies mais de tua habilidade", exorta a si mesmo no dia 23 de março de 1823. "Deus colocou em nossas mãos os elementos de nosso caráter, o ferro & o arame, a prata & o ouro, a fim de que escolhamos & os modelemos da maneira que nos aprouver."[20]

Em maio de 1823, pouco antes de seu vigésimo aniversário, Waldo se juntou a William e assinou uma "Declaração de Fé" – em Deus, Jesus Cristo e na santidade das Sagradas Escrituras –, a qual teve ampla circulação entre os membros da Primeira Igreja de Cristo em Boston. Em seguida, William viajou para a Alemanha a fim de estudar teologia e filosofia, deixando portanto a escola sob a responsabilidade do irmão. Waldo, no entanto, juntava dinheiro para ingressar na Faculdade de Teologia de Harvard: com alguns receios, mas optando pela possibilidade de pregar, e não de lecionar, ele se preparava para seguir os passos do pai.

Em particular, Emerson registrou várias explosões de alegria diante da própria existência, como se, à semelhança de Descartes, pudesse derrotar o ceticismo através da simples autoafirmação:

> Por que não posso agir & escrever & pensar com toda a liberdade? [...] Digo ao universo: Poderoso! Não és a minha mãe; retorna ao caos se desejares: ainda continuarei existindo. Eu vivo. Se a algo devo meu ser, é a um destino maior que o teu. Estrela após estrela, mundo após mundo, sistema após sistema – tudo será exterminado, mas eu viverei.[21]

Como sua tia Mary, Emerson estava disposto a deduzir sua postura moral de tais epifanias. No entanto, seu ânimo se mostrava mais deprimido do que exultante, e a descrição de arrebatamentos foi substituída, no crescente relato sobre sua vida, por entradas penetrantes. Num trecho extraordinariamente detalhado, Emerson avalia suas forças e fraquezas com uma precisão impiedosa.

Segundo julga, ele possui "imaginação forte & um consequente gosto pelas belezas da poesia"; porém, confessa, "minha faculdade de pensamento é proporcionalmente fraca". Emerson especifica vários vícios: ele não se anima em situações sociais, é "um amante da indolência"[22] (tema autodepreciativo que adorava), não é autoconfiante e, segundo diz, faz muitas coisas motivado pelo constrangimento, e não pela convicção.

Ainda assim, escreve, "na Divindade espero vicejar", uma vez que "o tipo de raciocínio mais elevado sobre questões divinas" tem origem "em uma espécie de imaginação moral", e não nas "'Máquinas de Raciocínio'", expressão que usa para descrever filósofos como Locke e Hume. Pregar dará espaço a um de seus pontos fortes, uma vez que ele herdara "um amor apaixonado pelo esforço da eloquência" e ansiava por aquele *aliquid immensum infinitumque* – algo grande e incomensurável – "que Cícero ambicionava".

Emerson ingressou formalmente na Faculdade de Teologia em fevereiro de 1825. Em 10 de outubro de 1826, recebeu uma autorização formal para pregar. Três anos depois, ele se tornou pastor iniciante da Velha Igreja do Norte, em Boston. Embora lhe fosse um fardo escrever um sermão novo a cada semana, Emerson foi graciosamente recompensado por seu trabalho.

Em 1827, ele se apaixonou por Ellen Tucker, poetisa aspirante e independente com quem se casaria dois anos depois. Em seus diários, Emerson descreve como a união de ambos despertara nele "certo deslumbre: conheço minhas imperfeições: conheço meus desertos daninhos; & a generosidade de Deus me leva a sentir ainda mais a minha iniquidade. Percebo minha completa dependência".[23]

O futuro de Emerson parecia promissor, mas ele foi acometido por dúvidas e por uma série de enfermidades físicas. Sua visão e seus pulmões o atormentavam, e ele pode muito bem ter contraído uma das formas de pandemia tuberculosa que devastavam Boston à época e que afetaram de maneira ainda mais grave a sua esposa. "As dúvidas constrangem tudo o que desejo", escreveu no diário.[24] Em público, ele proferia o tipo de sermão esperado por seu rebanho, mas a sós, nas páginas de seu caderno, se multiplicavam as dúvidas sobre a própria vocação.

No início, eram os argumentos de Hume contra a existência de um Deus onipotente e benevolente que o consternavam. Sua tia Mary se preocupava, acreditando que ele "se saturara com sua maneira de pensar a ponto de ser impossível desvencilhar-se dela".[25] Em busca de novas formas de certeza, Emerson complementou o estudo obrigatório da exegese bíblica com uma nova leitura de Platão, afirmando que o filósofo grego invocava "a ideia da unidade divina"[26] – ideia útil para um estudante da teologia unitarista que lutava contra as dúvidas acerca da existência do divino.

Emerson encontrou um modelo de eloquência na pessoa de William Ellery Channing (1780-1842), o orador unitarista mais influente de sua geração. Channing era amigo da família Emerson e forneceu a Waldo listas de livros que deveriam ser lidos. Dele, também, o filósofo pôde absorver os princípios da "autocultura", descrita pelo mestre como "o cuidado que todo homem deve a si mesmo, a fim de manifestar e aperfeiçoar a própria natureza" – processo realizado "através da regulação, determinação e formação" de uma alma que, por desígnio divino, é livre e "ilimitável".[27]

Na primavera de 1826, complementando suas leituras acerca da espiritualidade inglesa e americana, Emerson redescobriu Montaigne. Nos *Ensaios*, ele encontrou uma forma de ceticismo capaz de fundamentar a crença religiosa e de formar um tipo de "autocultura" que não era limitado por inibições morais ou pela exigência de coerências lógicas abrangentes. "A mim, era como se, em vida anterior, eu mesmo escrevera o livro, tamanha a sinceridade com que falava à minha mente e à minha experiência."[28]

Emerson sentiu-se semelhantemente instigado por *Aids to Reflection*, de Coleridge,[29] coleção de aforismos e exercícios espirituais cujo objetivo era unir o idealismo germânico à ascensão platônico-cristã da alma à Deus. Mais enfático e menos cuidadoso do que Kant, Coleridge diferenciava duas faculdades da mente: a Compreensão, limitada por sua subordinação às impressões sensoriais, e a Razão, que transcendia tais limitações e, assim, permitia ao homem intuir e se harmonizar com os mistérios suprassensíveis (justificando, segundo a opinião do próprio Coleridge, os fundamentos básicos de sua ortodoxa fé anglicana). "Seu olhar", observaria Emerson acerca de Coleridge,

> se fixava sobre a Razão do Homem como se fosse ela a faculdade em que a própria Divindade se manifestava, ou na qual a Palavra novamente se fazia carne. Sua reverência pela Razão Divina era verdadeiramente filosófica, o que o levava a encarar todo homem como o objeto mais sagrado do Universo, o Templo da Deidade.[30]

A prosa enlevada de Coleridge reforçava, em Emerson, a certeza de que ele trazia consigo *aquela imagem de Deus* que se manifesta nas capacidades divinas "da *razão* e do *livre-arbítrio*"[31] humano – convicção que se encontrava em consonância com o perfeccionismo moral cristão de Channing. Ao mesmo tempo, Montaigne lhe indicava como seria possível empregar uma linguagem maleável para expressar um ideal de "autocultura" capaz de responder "aos fluxos e à mobilidade" da alma.[32] Platão lhe oferecia uma perspectiva da unidade transcendente. Ellen, por fim, o fazia jubiloso, servindo-lhe como âncora existencial, uma companheira de orações.

As principais convicções de Emerson estavam tomando forma. Em seus diários, ele esboçava seu entendimento acerca da conversão, daquele encaminhamento da alma rumo à verdade que Platão descrevera na *República*, que Agostinho vivenciara no jardim de Milão e que Rousseau experimentara a caminho de Vincennes: ela era, segundo explicou a si mesmo, "como o dia após crepúsculo. Ao girar, o globo terrestre se ilumina mais e mais, até que, enfim, tem lugar aquele momento especial em que o olho encontra o sol, tal como a alma que percebe Deus".[33]

Emerson proclamou à congregação a sua crença recém-descoberta nas capacidades divinas da Razão e da alma humana, proferindo, em 1830, um importante sermão intitulado "Confia em ti mesmo":

> Ao escutar com mais atenção nossa alma, não nos tornamos mais autocentrados no sentido vulgar do termo, mas nos afastamos do que é inferior e retornamos à verdade e a Deus. O valor da alma se encontra, por completo, no princípio divino que ela contém, e a voz desse habitante eterno pode sempre ser ouvida em seu interior.[34]

No entanto, a autoconfiança de Emerson estava prestes a ser abalada pelo "completo soçobro da bondade mundana".[35] No outono de 1830, Ellen começou a tossir sangue e, diagnosticada com tuberculose crônica, ficou confinada à sua cama. Quando ela faleceu, em 8 de fevereiro de 1831, Emerson ficou abalado.

Segundo registrou num poema que veio a escrever no mês de junho,

> Os dias por mim passam
> Eu permaneço o mesmo
> Desta vida o Aroma se foi
> Como a flor da qual adveio.[36]

Sua crise vocacional chegava agora a um abrupto fim. Deus podia ser intuído em momentos de revelação, mas Emerson admitia para si próprio que "Ele não pode ser discriminado intelectualmente"[37] – sua existência não poderia ser demonstrada a partir da lógica, não poderia ser provada com certeza a ninguém que optasse por duvidar. Lendo com inédita avidez – sobre a química, a zoologia e a astronomia –, ele fomentou um duradouro interesse pelas ciências naturais. No entanto, suas leituras também despertaram velhas dúvidas. "Em minha investigação, minha fé é perfeita", escreveu em seu diário no dia 28 de dezembro de 1831. "Ela se quebra, se espalha e se amaldiçoa em sua relação com os homens."[38]

"Acredito, às vezes, que é a melhor parte do homem", registrou ele alguns dias depois, "a que mais se revolta contra a sua condição de sacerdote". A dificuldade, continua, é a de que não fazemos um mundo de nossa autoria, mas caímos em instituições já prontas & temos de nos acomodar a elas para sermos úteis. Toda essa acomodação é, segundo penso, uma tremenda perda de integridade &, claro, de poder.[39]

Indisposto a sacrificar sua crescente sensação de liberdade intelectual – fonte, para ele, da confiança cada vez maior em suas capacidades singulares –, ele optou por expressar abertamente as conclusões que obtivera a partir das recentes leituras sobre a compreensão científica da natureza. Num sermão proferido em 27 de maio de 1832, ele afirmou publicamente o que já havia escrito a sós: "Vejo que é o efeito irresistível da astronomia copernicana tornar incrível o esquema teológico da redenção."[40] E, se já não fosse o bastante essa provocação, ele enviou em seguida uma carta para a sua igreja, explicando que, em sã consciência, não poderia mais administrar a Comunhão, uma vez que passara a ver a forma eucarística prescrita como um aviltamento cerimonioso do que deveria continuar a ser um experiência interior e completamente espiritual: a de tornar-se uno com Deus.

Em junho, sua igreja se reuniu e definiu que o jovem pastor estava livre para acreditar no que desejasse, mas que a Comunhão deveria permanecer como parte da cerimônia.

Emerson se recolheu consigo mesmo, passando várias semanas daquele verão nas Montanhas Brancas de New Hampshire.

"O bom de partir para as montanhas", registrou, "é reconsiderar a vida".[41] Na entrada do dia 6 de julho, Emerson especula que a "religião" propriamente dita não é nem uma questão de "credulidade", nem uma questão ritualística vazia, mas "a vida. Ela é a ordem & sensatez do homem. Não é nada externo que deve ser *tomado, acrescentado*, mas uma vida nova daquelas faculdades que temos. É fazer o certo. É amar, servir, pensar".[42]

Uma semana depois, ele escreve: "Eu pensaria... eu sentiria. Eu seria o veículo daquele princípio divino que se esconde no interior & do qual a vida nada mais tem do que vislumbres suficientes para indicar sua existência."[43]

Emerson desejava se tornar um "Plutarco moderno",[44] relatando a vida de homens grandiosos e divinamente inspirados, como Sócrates, Platão... e George Fox, visionário religioso do século XVI que fundara a Sociedade dos Amigos na Inglaterra.

Emerson se sentia inspirado de maneira semelhante: "Deus é, & nós somos nele." O entusiasmo – sentir-se preenchido com Deus – era a marca distintiva do gênio. Sócrates, Jesus, Lutero, Milton: "Todo grande homem, todo aquele com cujo caráter a ideia de estabilidade se mostra, possuía essa fé."[45] "Nós queremos vidas", escreveu ele um mês depois. "Nós queremos o caráter de homens dignos, não seus livros ou suas relíquias."[46]

Sozinho nas montanhas, ele dera seu próprio salto religioso. Abandonando a instituição eclesiástica, Emerson seguiria seu próprio entusiasmo, e "nosso verdadeiro paraíso será penetrado quando tivermos aprendido a ser, com os outros, o mesmo tipo de pessoa que somos quando a sós".[47]

Em setembro, ele oficializou sua decisão, solicitando que a Segunda Igreja o dispensasse de sua "incumbência pastoral".[48]

"Eu seria livre... não posso ser", escreveu, logo em seguida, num poema:

Doravante, Deus, desprezarei eu
Sempre o que diz o homem. Viverei
Leve como a ave & ao lado de Deus.[49]

Em mais de uma ocasião, ele registrou como seu lema a frase: "A filosofia verdadeira é o único profeta verdadeiro."[50] Algumas semanas depois, nas páginas de um caderno, Emerson evocou o espírito de Martinho Lutero: "Aqui me encontro, não posso fazer de outro modo. Que Deus me auxilie. Amém!"[51]

Excomungado, Emerson nascia de novo, dessa vez como filósofo – um tipo muito peculiar, alguém que também era um profeta e que estava disposto a exprimir, audaciosamente, a maneira peculiar pela qual compreendia a "vida com Deus". Emerson é um místico como Platão, mas sem qualquer paciência para a dialética racional; um inquiridor incansável como Agostinho, mas indisposto a depositar sua confiança na graça de Deus; um ensaísta como Montaigne, mas sem seu descrédito diante do perfeccionismo moral; um idealista como Kant, mas sem o interesse em elaborar um sistema de pensamento a partir de suas várias reflexões. "A cada passo, ou nível, uma determinada explicação chega ao fim", observou Stanley Cavell, talvez o maior defensor filosófico de Emerson. "Não há nível a que cheguem todas as explicações, no qual todas terminem. Um americano pode ver isso se andar por uma estrada. O filósofo como o vagabundo do pensamento."[52]

Emerson deixou de lado sua casa, vendeu sua mobília e, no Natal de 1832, embarcou para a Europa.[53] Nos meses que se seguiram, viajou para Nápoles, Roma, Veneza, Paris, Londres, Escócia. Por fim, chegou a Liverpool, de onde partiu para os Estados Unidos em setembro. Durante suas viagens, ele se empenhou ao máximo para conhecer diversos filósofos, poetas e escritores – John Stuart Mill, Wordsworth, Coleridge, Carlyle – e (ao usar Sócrates, ao menos em parte, como critério para a avaliação de cada personalidade que conheceu) renovou sua confiança nos próprios talentos e convicções.

"O que é que convence ao mesmo tempo o fiel & o filósofo? Ouçamos a novidade", escreve Emerson quase ao fim de sua estadia na Europa. "É algo um tanto antigo. É a velha revelação de que a beleza perfeita equivale à bondade perfeita"[54] – referência espontânea a uma equação neoplatônica que aceitava ou na qual cria. Emerson continua:

> O homem traz em seu interior tudo o que necessita para governar a si próprio. Ele foi feito lei para si mesmo. Deve provir dele todo bem ou mal verdadeiro capaz acometê-lo. Apenas ele pode fazer bem ou mal a si próprio. Nada lhe pode ser dado ou tirado sem que haja uma compensação. Existe correspondência entre a alma humana & tudo o que existe no mundo – de forma mais adequada, tudo o que lhe é conhecido. [...] O objetivo da vida parece ser o conhecimento daquele homem interior. Ele não deve viver para o futuro que lhe é descrito, mas viver para o futuro real ao viver o presente real. A suma revelação é a de que Deus se encontra em cada homem. Eu[55]

O "Eu" final flutua à deriva no trecho, sem qualquer ponto final para ancorar o fluxo do pensamento. Todo o excerto, obviamente, não é um exemplo de raciocínio como o *Cogito, ergo sum* de Descartes; ele é a declaração espontânea de uma convicção crucial, baseada tão somente na fé. No entanto, essa fé sem fundamento era resoluta: uma vez afirmados, os fundamentos essenciais dessa certeza permaneceram os mesmos ao longo de toda a vida de Emerson. Era parte da pureza de sua vontade anunciar essa crença particularmente democrática e igualitária – de que Deus se encontra em *todo* homem – com firme constância, usando todos os instrumentos disponíveis.

Ainda assim, por mais firme que fosse sua autoconfiança, o homem precisava se sustentar. A herança antecipada dos bens de Ellen permitia que Emerson vivesse praticamente como um refinado homem de letras, mas era necessário complementar sua renda. O filósofo, então, começou a pregar ocasionalmente nas igrejas ao redor de Boston, sentindo-se "obrigado, se assim permitirem minha saúde & as circunstâncias, a demonstrar que toda verdade necessária é sua própria comprovação, que nenhuma doutrina divina precisa recorrer a um livro" – nem mesmo à Bíblia – e que "o cristianismo é erroneamente visto por todos como um sistema de doutrinas", quando, na verdade, "é uma regra de vida, não uma regra de fé".[56]

Emerson também decidiu tentar algo novo, preparando palestras a serem ministradas para um público de leigos. Basicamente, ele desenvolvia pensamentos, ideias e observações outrora registrados em seus diários e cadernos.

"A palestra é a nova literatura", observou Emerson,

a qual deixa de lado a tradição, o tempo, o local e as circunstâncias para se dirigir a uma assembleia composta de meros seres humanos – não mais. Ela nunca foi realizada de maneira satisfatória. É um instrumento de sublime força, um pan-harmônico para uma variedade de tons. Porém, o orador só é bem-sucedido quando agitado & quando é também um ouvinte, como o resto da assembleia. Ainda assim, em tal tarefa, pode-se & deve-se (valei-nos, Deus!) ver a eletricidade sair de uma nuvem & brilhar de um lado ao outro do céu.[57]

Emerson tinha trinta anos quando, no Templo Maçônico, realizou sua primeira conferência pública, abordando, em novembro de 1833, o tema da história natural para a Sociedade de História Natural de Boston. Mais eventos logo se seguiram,[58] organizados por diversas associações dedicadas à difusão do conhecimento – incluindo o Instituto de Mecânica de Boston, o Instituto Norte-Americano de Educação, uma variedade de congregações e faculdades locais e, também, a Sociedade para a Difusão do Conhecimento Útil, que, em 1835, patrocinou sua primeira sequência de palestras públicas acerca da biografia, nas quais foram brevemente retratadas uma série de vidas exemplares: de Michelangelo e Martinho Lutero a Edmund Burke.

Nessa época, o chamado movimento do liceu[59] havia criado, em praticamente toda cidade da Nova Inglaterra, um número grande e crescente de agências responsáveis por organizar palestras. Segundo almejava Josiah Holbrook, o fundador do movimento, o liceu reduziria o abismo entre ricos e pobres através de uma forma de educação comunitária que se baseava em palestras semanais, bibliotecas, discussões e exposições itinerantes, muitas vezes organizadas em parceria com escolas locais e associações culturais. Nos Estados Unidos do início da década de 1840, havia provavelmente entre 3,5 mil e 4 mil comunidades dotadas de associações que patrocinavam palestras públicas – no Meio-Oeste, essas associações eram às vezes as primeiras a serem fundadas nas novas cidades, ainda que no intuito de indicar que seus habitantes eram receptivos à "cultura" que as palestras públicas representavam.

Durante quase meio século, Emerson se sustentou ministrando conferências, em vez de dar aulas ou escrever (seu primeiro livro a gerar uma renda modesta, *English Traits*, foi publicado em 1856, muito depois de o autor ter ganhado fama por sua capacidade oratória).

Entre 1833 e 1881, além de oferecer 64 palestras na Inglaterra e na Escócia,[60] Emerson ministrou pelo menos 1.469 aulas em, no mínimo, 283 cidades.

Ele preparava uma média de 47 palestras por ano. Reiterando, sobre o palco, os pensamentos que a ele haviam surgido de maneira espontânea e privada, e em geral "falando com uma voz pouco mais veemente do que a de um sussurro", Emerson se mostrava aos ouvintes como uma alma afim e capaz de pensar por si mesma, um homem não muito diferente deles, mas que havia escapado – como eles também poderiam, caso tentassem – da indolência ignorante que Kant descrevera como um tipo de "imaturidade autoimposta".[61]

No intuito de alcançar um público popular[62] que, além de ser instruído, almejava também o entretenimento, Emerson recorria a uma série de recursos retóricos, alguns semelhantes àqueles ensinados nas aulas de homilética da faculdade de teologia. Muitas vezes buscando temas em seu diário – em 1834, ele prometeu "dizer nas Palestras Públicas & em outras apresentações do gênero aquelas coisas a que tenho me detido por interesse nelas mesmas, & não tendo em vista tal ocasião"[63] –, Emerson adornava sua prosa e adotava frases curtas. Ele desenvolvia seus pontos de vista através de deduções e alusões, e não a partir de declarações diretas. Geralmente evitando raciocínios ponderados, o filósofo se tornou um mestre das metáforas ininterruptas. Em vez de justificar, por exemplo, a afirmação de que a beleza do conjunto é maior do que a soma de suas partes, ele, num discurso antigo (proferido pela primeira vez em 1834), se valeu de uma série de exemplos concretos... e arrebatadores: "O cheiro de um campo sobrepuja o aroma de qualquer flor, e a variedade do prisma não se compara à confusão do pôr do sol. Uma encosta expressa algo que jamais foi escrito."[64]

Desafiando a capacidade dos ouvintes de imaginar aonde ele queria chegar, Emerson raramente atribuía uma "moral" específica às suas observações. "O intelecto é estimulado pela declaração da verdade por meio de tropos", declarou, "e a vontade, quando revestimos de ilusões as leis da vida".[65] Ele se recusava, sistematicamente, a abordar sem floreios as questões que seu estilo elíptico e desconexo inevitavelmente suscitava. Em vez disso, as frases que construía muitas vezes pareciam ilógicas, criando um estilo que era ao mesmo tempo concreto e abstrato, epigramático e evasivo, quase assegurando uma reação confusa dos ouvintes – os quais, no entanto, ficavam geralmente encantados com o que ouviam, talvez sentindo-se de alguma forma inspirados por suas palavras.

Em 1835, herdando o que lhe cabia dos bens de Ellen e poupando alguns dos valores obtidos com suas palestras e sermões, Emerson comprou uma casa na aldeia de Concord, a quase duas horas de carruagem de Boston. Em janeiro do mesmo ano, ele noivou com Lydia Jackson, de Plymouth, casando-se em setembro. Emerson decidira "não pronunciar qualquer discurso, poema ou livro que não seja completa & peculiarmente meu",[66] passando a trabalhar duro para cumprir essa promessa ilusoriamente simples.

Além de seu crescente repertório de palestras públicas – naquele outono, ele preparara uma série delas sobre a literatura inglesa, a ser ministrada em Boston –, Emerson começou a examinar seus diários e cadernos em busca de um material que, ao comunicar sua experiência de vida, pudesse se transformar num livro capaz de ser uma espécie de "Novo Testamento" do Novo Mundo. Ele tomou como ponto de partida alguns parágrafos de sua primeira palestra pública: "Os usos da História Natural", proferida em 5 de novembro de 1833.

"Estais impressionados com as riquezas monumentais e inesgotáveis da natureza", dissera ao seu público na ocasião. "Aquilo que é real é mais desconhecido do que aquilo que é imaginário." Analisando a natureza e sua pululante diversidade, o falante se mostra "impressionado pela singular convicção" de que não existe "nenhuma forma tão grotesca, tão selvagem ou tão bela" que não "expresse algo no homem que a observa. Percebemos que há uma relação oculta entre o verme, os escorpiões rastejantes e o homem. Fico comovido com compaixões estranhas. Afirmo que darei ouvidos a esse convite. Serei um naturalista".[67]

Escritas 25 anos antes de *A origem das espécies*, de Darwin, as palavras de Emerson mostram um apreço perspicaz pela unidade caótica da natureza como um todo, a qual ele contempla com a serenidade de um místico que contempla o Uno. De fato, um trecho de Plotino,[68] o grande neoplatônico que forneceu a Agostinho seu modelo de ascensão a Deus, prefacia a primeira edição da *Natureza* de Emerson. Do místico sueco Emanuel Swedenborg (1688-1772), cuja teologia era uma fusão de cristianismo e neoplatonismo, Emerson tomou a intuição de que "o Homem é uma espécie de paraíso diminuto, harmonizando-se com o mundo dos espíritos e com o paraíso"[69] – um microcosmo do Uno, trazendo em si mesmo os mundos do espírito e da natureza, da mente e da matéria. Na beleza da natureza como um todo, Emerson encontrou um espelho visível do Deus interior. Ele foi capaz de desenvolver essa crença crucial sem fazer qualquer menção direta às Sagradas Escrituras ou à autoridade de alguma igreja existente – e também sem recorrer a nenhum fato empírico e a nenhum argumento lógico.

"Nasci poeta", explicou ele em carta a Lydia,[70] sua futura esposa.

> É essa a minha natureza & vocação. Meu canto, devemos admitir, é demasiadamente 'rude', & na sua grande maioria em prosa. Ainda assim, sou um poeta no sentido de observador & amante das harmonias que se encontram

na alma & na matéria, & em especial nas correspondências entre uma & outra. Um pôr do sol, uma floresta, uma nevasca, certa paisagem fluvial significam mais para mim do que muitos amigos &, em geral, dividem meu tempo com meus livros.⁷¹

Ele não estava sozinho em sua ânsia para ir além das formas de devoção e de investigações espirituais disponíveis na Nova Inglaterra. À medida que, durante o verão de 1836, trabalhava em seu Novo Testamento pessoal – e portanto herético –, Emerson passou a se encontrar regularmente com personalidades afins: Margaret Fuller, Orestes Brownson, Theodore Parker, Bronson Alcott, entre outros. Eles partilhavam de seu desgosto em relação às instituições consolidadas e também haviam se comovido com a publicação, nos Estados Unidos, de *Aids to Reflection*, de Coleridge.

"Não vos conformeis com este mundo", escreveu Paulo aos Romanos, "mas transformai-vos através da renovação de vosso espírito, para que possais distinguir qual é a vontade de Deus". De maneira semelhante, nas páginas da *Natureza*, Emerson intimava sua própria geração a ver o mundo com outros olhos: "Nada sou; a tudo vejo; as correntes do Ser Universal circulam por mim; sou parte ou parcela de Deus."⁷²

Natureza vendeu rapidamente em Boston, onde a extravagância de sua retórica dividia os leitores. Alguns admiravam sua "poesia", enquanto os mais ortodoxos em suas posições religiosas e filosóficas lamentavam os perigos de um pensamento tão impreciso:

> O leitor se sente como se em um confuso sonho, rodeado por demonstrações de inigualável beleza e familiarizado com espíritos desencarnados, ao mesmo tempo, porém, em que é acossado por uma inquietante consciência de que aquela série de fenômenos é fantástica e irreal.⁷³

Nove meses depois, quando os membros da Phi Beta Kappa, de Harvard, necessitaram de um orador de última hora para apresentar a palestra anual da organização, eles se voltaram para Emerson, cuja fama vinha se consolidando desde a controvérsia suscitada por seu primeiro livro. Fundada em 1776 e anexada a Harvard três anos depois, a Phi Beta Kappa era a primeira sociedade de universitários a adotar letras gregas como nome, uma insígnia, motes em latim e grego, um código de normas, uma forma complexa de iniciação, um selo e um aperto de mão especial. Como iniciado, Emerson conhecia suas tradições e admirava o discurso de oradores prévios, como Edward Everett, cujo inflamado discurso o ajudara a vencer a eleição para o Congresso. Discursar era uma oportunidade, mas também um desafio: ao apresentar-se no oratório da agremiação, convidado, em parte, como representante de uma nova voz das letras americanas, Emerson estaria diante não só de críticos da comunidade de Harvard, mas também de amigos e aliados.

Emerson, em geral, abominava confrontos. No entanto, dias antes de sua fala, ele sonhou com um combate, um duelo armado. Após registrar o sonho em seu diário e comentar suas possíveis implicações proféticas, o filósofo ensaiou o que seria um atípico discurso combativo. Seu tema central seria a esperança, "a voz do Ser Supremo ao indivíduo" e a necessidade de direcioná-la contra as formas de desespero forçosamente produzidas pelo cristianismo institucionalizado, em especial pela ênfase que o calvinismo dava ao pecado: "O Homem está caído, o Homem está exilado; um exílio; ele está na terra quando existe um céu."[74]

Em 31 de agosto de 1837, dia seguinte ao da cerimônia de formatura em Harvard, Emerson se dirigiu a um grande público para falar sobre "O sábio americano". James Russell Lowell, testemunha de 18 anos de idade, descreveu "um acontecimento sem qualquer paralelo em nossos anais literários. [...] Que corredores apinhados e ofegantes, que janelas a agregar cabeças ávidas, que aprovação entusiasmada, que silêncio cruel da antiga dissidência!"[75]

Emerson falou como partidário da esperança, apresentando suas expectativas na forma de uma fábula. Num tempo muito remoto, o homem não era nem exilado, nem caído, mas experimentava a si mesmo como parte ou parcela de uma Unidade maior: "Um Homem". Hoje, ao contrário, o estado da sociedade é "aquele em que os membros foram amputados do tronco, e por aí pavoneiam-se vários monstros ambulantes – um bom dedo, um pescoço, uma barriga, um ombro, mas nunca um homem". Recuperando sua devida posição no cosmos, o erudito americano é o *Homem Pensante*. No estado de corrupção, ele tende a se tornar um mero pensador, ou, ainda pior, um papagaio a repetir o pensamento alheio".[76]

Além disso, a cultura, da maneira como era administrada pelos guardiões de Harvard, constituía um obstáculo à criatividade e à originalidade, assim como à capacidade de contemplar o mundo com novos olhos – marcas distintivas, para Emerson, do *Homem Pensante*. Recuperando essas capacidades dormentes, o homem seria capaz de contemplar a maravilha que é a Natureza; de aprender a emular os autores dos grandes livros, e não a repetir as doutrinas que encontram em suas obras; e de perceber como toda a experiência, incluindo as percepções mais vulgares, poderiam ser "convertidas em pensamento como a folha da amoreira é convertida em cetim. [...] A vida é nosso dicionário. [...] Não me afastarei dessa esfera de ação, enxertando um carvalho num vaso de flores".[77]

Avaliando seu respeitável público, o orador descreveu o erudito americano como ele de fato era: "[...] decente, indolente, complacente. Já posso ver o trágico resultado." Tendo uma alternativa em mente, Emerson concluiu sua fala com uma exortação, retornando à imagem que utilizara na fábula inicial: "Em vós, dorme a integridade da Razão. É vosso dever tudo conhecer, tudo ousar. [...] Caminharemos com nossos pés; trabalharemos com nossas mãos; falaremos com nossas mentes. [...] Uma nação de homens terá existência pela primeira vez, pois cada um se julga inspirado pela Alma Divina que também inspira todos os outros."[78]

Anos depois, Oliver Wendell Holmes descreveu o impacto do discurso de Emerson sobre sua geração de estudantes.

> Aquele grande Discurso foi nossa Declaração de Independência intelectual. A dignidade dos Acadêmicos, sem falar em sua formalidade, foi surpreendida. [...] Aqueles exemplos familiares possuíam uma espécie de simplicidade maternal que os austeros professores e os clérigos não costumavam esperar em uma tal ocasião. Porém, os jovens de lá saíram como se um profeta lhes houvesse proclamado: "Assim disse o Senhor." Ouvinte algum jamais esqueceu aquela Fala, e, de todas as nobres declarações do orador, poderíamos questionar se alguma continha uma linguagem mais verdadeira, mais parecida com uma inspiração direta.[79]

Tanto em estilo quanto em conteúdo, Emerson dividiu o público, tal como o fizera com a publicação de sua *Natureza*. O que Holmes julgou profético, outros viram como algo "nebuloso, lânguido, ininteligível".[80] Ainda assim, uma tiragem de quinhentas cópias do discurso de Emerson esgotou dentro de um mês. Então, menos de um ano depois, e lucrando com sua recente notoriedade, o filósofo optou por incitar as diferenças em seu lar filosófico, proferindo outro discurso a uma multidão que se acotovelava no oratório de Harvard.

Na ocasião, seu público era a turma de veteranos da Faculdade de Teologia, reunida para escutar a fala anual dedicada aos licenciados que se encontravam prestes a ingressar no ministério cristão. Dessa vez, o alvo de Emerson era a complacência espiritual dos sacerdotes contemporâneos: "Os homens acabam por falar da revelação como algo que há muito ocorreu e terminou, como se Deus estivesse morto." Como "a alma não é proclamada", a igreja está precipitando "a morte da fé".[81] A redenção pode ter lugar, disse Emerson, mas apenas através da proclamação da Alma:

Bardos recém-nascidos do Espírito Santo – deixai para trás todo o conformismo e apresentai os homens diretamente à Deidade. Vigiai antes, e apenas, para que a moda, o costume, a autoridade, o prazer e o dinheiro nada sejam para vós – para que não sejam faixas sobre vossos olhos, impedindo-vos de ver –, e vivei com o privilégio do espírito incomensurável.[82]

Reagindo à provocação de Emerson, a elite unitarista estreitou seus laços com os conservadores de outras denominações, a fim de excomungar o apóstata e de censurar suas inúmeras heresias. No panfleto que se seguiu, Emerson foi denunciado como alguém desprovido "de boa teologia e bom senso", um homem "infiel e ateu",[83] um místico independente cuja mensagem enfraqueceria os baluartes da ordem social.

Erguendo-se em defesa de Emerson, mais teólogos progressistas começaram a louvar seu esforço para "induzir os homens a pensarem por si próprios acerca de todos os temas, assim como a falarem com toda a sinceridade e com suas convicções mais verdadeiras"[84] – palavras com que, alguns meses depois, o caridoso Orestes Brownson resumiu o "Discurso à Faculdade de Teologia". Contudo, as rupturas se agravaram: Emerson não seria convidado a se apresentar em Harvard por quase trinta anos.

Naqueles meses, um professor da Faculdade de Teologia que passara uma noite na casa de Emerson descreveu em seu diário a conduta do filósofo:

> Ele permanece perfeitamente sereno em meio à tempestade. Às minhas objeções e comentários, respondeu da maneira mais franca. Jamais conheci alma tão calma, segura e simples, vivendo sempre em busca da verdade e com sabedoria, apaixonada pelo homem e pela bondade.[85]

A sós, escrevendo em seu diário, Emerson registra sua decepção com a qualidade das respostas acadêmicas suscitadas por seu discurso. "Vivemos em um tempo acanhado", observa:

> O grande exército de covardes que bramam & ameaçam da janela de seus quartos não confia nem na verdade, nem em Deus. A verdade não se sustentará, supõem, se não a incitarem & se não açoitarem & apedrejarem os assaltantes; então, parecem ver a religião de Deus, de ser Deus, como dependente daquilo que dizemos dela.[86]

Dicorrendo sobre si mesmo e sua nova forma de ver o mundo, ele fala de "um crente, um espírito cuja fé é consciente" e que "jamais é perturbado, pois outras pessoas ainda não veem o que ele vê".[87]

Deixando para os outros a tarefa de verificar as implicações teológicas de seu pensamento, Emerson se mostrava sereno em público. Sem fazer parte de qualquer igreja, ele estava livre para ensinar "a doutrina da revelação perpétua"[88] – o que fez livremente, palestra após palestra.

Com as controvérsias transformando-o em objeto de curiosidade popular, o público das conferências de Emerson continuou a crescer. James Elliot Cabot, primeira pessoa a cuidar de suas obras, comentou sobre a multidão que se reuniu no Templo Maçônico para testemunhar, em 5 de dezembro de 1838, a primeira palestra de uma série em que Emerson falaria sobre a vida em geral: "O público era grande e formado pelo mesmo tipo de gente; sem dúvida, a maioria era composta de cristãos progressistas, mas com uma inclinação que não se deixava perturbar por seu afastamento da plataforma de Cambridge."[89] De acordo com Cabot, o público não desejava ouvir seus pontos de vista – os quais, para a maioria, era "demasiadamente irreal e indistinto para ser identificado com qualquer habitante genuíno da Terra". Ainda assim, seu crescente número de ouvintes "gostava de se colocar sob a influência de alguém que obviamente vivia a vida celeste desde a juventude, e que os fazia se sentir como se aquele fosse o modo normal de vida".[90]

"O verdadeiro pregador", declarara Emerson, "pode ser conhecido por repartir com as pessoas a sua vida – vida que passou pelo fogo do pensamento".[91] Era a sua experiência que fornecia material para as meditações do diário, as quais acabavam sendo a base de palestras que, por sua vez, possibilitavam que ele tornasse público seu pensamento, exemplificando na prática a virtude principal, que chamava de "autoconfiança" ou "autossuficiência".

Essa virtude, segundo os desdobramentos expostos por Emerson, envolvia uma espécie de gangorra da alma, que proclamava a centelha divina presente em cada homem e, ao mesmo tempo, vexava seu público, recordando-lhe do que haviam conquistado aqueles faróis que ele mesmo tomava como exemplo de esperança e de vida filosófica – indo de Platão e passando por Montaigne: "Aceita a insinuação da vergonha, do vazio e da destruição espiritual que a verdadeira Natureza te oferece", pregava,[92] proclamando um tipo característico de ascetismo, com um espírito estoico tão autocrítico quanto o de Sêneca.

Então te recolhe, te esconde; tranca a porta; fecha a persiana. Em seguida, bem-vinda cai a detida chuva – caro eremitério da natureza. Recupera o ânimo. Ora e louva sozinho. Digere e corrige a experiência passada. Mescla-a com a nova vida divina e cresce com Deus.[93]

Como Platão, Emerson nutria a esperança de uma guinada da alma, de sua saída do mundo das sombras em direção à visão pura. Também como Platão, ele flertava com a ideia de fundar uma nova escola. Porém, ao contrário do grande predecessor, Emerson não demonstrava qualquer paciência para as instituições, qualquer paixão pela política, qualquer interesse pela instrução de discípulos – de fato, encorajar alguém a seguir sua liderança solaparia, e não fortaleceria, a virtude crucial da autoconfiança. Essas eram algumas das razões que explicavam por que ele mantinha certa distância de seus amigos do chamado Clube Transcendental (que chegou a ter entre seus membros, ao longo do tempo, George Ripley, Bronson Alcott, Theodore Parker, Henry David Thoreau e Margaret Fuller), por que recusou o convite para criar sua própria escola e por que não desejou ingressar na comunidade utópica de Brook Farm, granja localizada em West Roxbury, Massachusetts, fundada por George Ripley ao lado de uma série de outros reformistas inspirados por seus ensinamentos. (Além disso, ao contrário de muitos de seus amigos e da maioria de seus predecessores favoritos, Emerson tinha uma esposa e três filhos: para além de sua ambiciosa visão do Homem Pensante, encontrava-se a necessidade de sustentar uma família tradicional.)

Nessa época, Emerson era o expoente mais visível de um novo espírito reformista encontrado na Nova Inglaterra. Suas aparições públicas estavam se tornando uma espécie de sessão espírita, tendo o sombrio orador como um médium que aparentava invocar um espírito fantasmagórico. Certamente instigado por sua crescente fama no circuito de palestras, Emerson agora elaborava planos para publicar um livro ensaístico capaz de ser comparado com os *Ensaios* de Montaigne. Para tanto, ele se recusou a adotar a saída mais fácil e publicar uma seleção de suas melhores palestras. Em vez disso, optou por garimpar novamente os seus diários, usando um índice de seus conteúdos que começara a compilar em 1838. Emerson escolheria sistematicamente as melhores passagens sobre determinado tópico, representando a espontaneidade de suas meditações mais íntimas e idiossincráticas por meio de ensaios que tinham como objetivo inspirar o leitor a se dedicar às próprias reflexões. "O caminho, o pensamento e o bem devem ser completamente estranhos e novos", diria Emerson, em determinado ensaio,[94] para resumir os esforços empregados para comunicar o objetivo da vida ponderada, escolhendo cuidadosamente suas palavras no intuito de revisar, repudiar e radicalizar, silenciosamente, a representação de Cristo por Ele próprio (na fórmula joanina): "O caminho, a verdade e a vida."⁹⁵

No final de outubro, ao mesmo tempo em que trabalhava em seus *Ensaios*, Emerson teve outra visão profética, a qual veio a ser registrada em seu diário.

> Sonhei que flutuava à deriva no grande Éter, quando então vi este mundo flutuando também, não muito longe, mas com seu tamanho reduzido ao de uma maçã. Em seguida, um anjo o tomou & o trouxe até mim, dizendo: "Deves comê-lo." Então eu comi o mundo.⁹⁶

Com seu simbolismo bíblico – o qual evoca, simultaneamente, uma Eucaristia panteísta e o consumo da fruta proibida –, esse sonho daria nova aparência às dúvidas torturantes experimentadas por Agostinho, por Descartes e por todos os filósofos arrebatados por revelações enigmáticas vindas do alto. Mas e se a visão viesse de baixo? E se ela fosse uma armadilha satânica?

Em "Autoconfiança", ensaio central do primeiro livro dos *Ensaios*, Emerson levanta exatamente esse tipo de objeção ao seu projeto, mas o faz apenas para desprezá-lo de maneira provocadora, quase irreverente: "Se sou o filho do Diabo, viverei de acordo com o Diabo."⁹⁷

Emerson encontrava-se, à época, acossado por vários dilemas, assim como preso, pela própria urdidura de sua escrita, a incoerências e contradições. Isso ele reconhecia com satisfação, gracejando que "uma coerência tola é o trasgo de mentes pequenas".⁹⁸ Seu domínio do sugestivo *non sequitur* alcança, nos *Ensaios*, o sublime nível de um mestre como Montaigne.

Mais vigoroso do que qualquer outro filósofo do passado, Emerson defendia o autoexame como chave para a libertação e para o bem-estar, condição necessária para o florescimento humano. Porém, para o Emerson dos *Ensaios*, a vida filosófica se tornara quase tão incrível como aquela exemplificada pelo cínico Diógenes, com sua tina pública e seus gracejos misteriosos: apesar dos recorrentes louvores à Razão, o pensamento de Emerson estava desprovido de provas empíricas, de argumentos lógicos, das Escrituras Sagradas e de qualquer conjunto fixo de exercícios espirituais destinado a preparar seus adeptos a intuírem a verdade num momento de revelação.

Segundo a busca pela sabedoria apresentada por Emerson, o velho conselho délfico – "Conhece-te a ti mesmo" – deveria ser honrado através de uma busca perfeitamente idiossincrática, a qual exigia, sobretudo, a coragem de obedecer a um mandamento ilusoriamente simples: o de que cada indivíduo deveria sondar continuamente as profundezas de sua experiência de mundo, única e literalmente imperscrutável, sem negligenciar nem o singular nem o universal, nem o lugar-comum nem o visionário, nem a razão interior nem a natureza exterior, e buscar incessantemente o Deus interno – ainda que sem qualquer prova convincente de que Ele um dia seria encontrado.

Emerson não era um pregador convencional, mas sua forma de falar conquistou algumas conversões. Numa resenha da segunda série de *Ensaios*, publicada três anos depois, Margaret Fuller – escritora transcendentalista e precursora do feminismo – afirmou que os ensaios originais de Emerson "criaram para si próprios um círculo de leitores atentos, pensativos, cada vez mais inteligentes. Tal círculo é amplo, se considerarmos as circunstâncias atuais deste país e da Inglaterra".[99]

A primeira série de *Ensaios* foi publicada na Inglaterra com uma introdução de Carlyle, amigo de Emerson. Lá, a obra foi ainda mais difundida do que em sua terra natal. Embora a maior parte dos críticos ingleses da época desgostasse do estilo fraturado e elíptico de Emerson, o autor era amplamente saudado como um "Professor de Sabedoria" tipicamente americano.[100] Então, após uma triunfante jornada de palestras realizada na Inglaterra em 1847, Emerson voltou para casa como um herói desbravador, um gênio do Novo Mundo consagrado, no Velho, pelos juízes da alta cultura anglófona.

À medida que sua fama se espalhava, ouvintes de toda a América do Norte se reuniam para escutá-lo.[101] Nas décadas seguintes, o autor se aventurou em terras ainda mais longínquas, indo de Nova York, Filadélfia e Baltimore a Montreal e Toronto, de Chicago e Saint Louis a São Francisco, cruzando o continente e apresentando-se até mesmo em cidades menores. Em quase todos os lugares aonde ia, ele arrastava um público amplo e mesclado de homens e mulheres, jovens e velhos, clérigos, professores e sumidades locais, mas também de operários, escrivães, vendedores, imigrantes da zona rural americana – todos ansiosos por ver aquele grande homem e por ouvi-lo falar sobre assuntos como "Instinto e inspiração", "Inglaterra" e "Eloquência".

O que eles testemunhavam era um discurso proferido sem fogos de artifício, adornado com poucas máximas memoráveis, mas ao mesmo tempo ardiloso e impossível de ser resumido em uma única frase. "A palestra", informou o *Cincinnati Daily Enquirer*, descrevendo uma das apresentações de Emerson na cidade, "foi recebida com profunda atenção, embora, devido ao seu estilo epigramático, um tanto abrupto e desconexo, fosse demasiadamente difícil seguir o fio do discurso". O desnorteado correspondente se concentrou, então, na simples *aparência* do Sábio de Concord: "O senhor Emerson é um homem alto, para além de 1,80m, mas magro e franzino", usando um "paletó negro, simples e mal-ajambrado". Seu nariz era "grande e suas sobrancelhas, incrivelmente arqueadas e unidas. Ele raramente olha direto para o rosto de seus ouvintes", em nada esforçando-se para fingir espontaneidade. "Ele se posiciona em ângulo agudo diante da plateia [...] e pouco se move, com exceção da mão esquerda ao seu lado, que gesticula como se a intensidade do pensamento escapasse, a exemplo da eletricidade de uma bateria." Lendo seu texto com um ar circunspecto e imperturbável, Emerson "tem o costume de revirar os olhos, como se desejasse olhar para si próprio".[102]

Num contexto em que Emerson se apresentava ao lado de tipos como P. T. Barnum (que naqueles anos percorria o circuito do liceu com palestras como "As vantagens da temperança" e "Sucesso na vida"), sua aparência meditativa – absorta em pensamentos mesmo em público – parecia assegurar, a um público democrático, que todo homem poderia apreciar e aplaudir as façanhas de um filósofo exemplar, independentemente de sua posição.

Era uma ironia – talvez inevitável – o fato de Emerson, ao exemplificar com sua conduta o Homem Pensante, correr o risco de transformar sua ideia de autoconfiança em algo corrente, inspirando o cultivo em massa de almas superficialmente autoconfiantes, tornadas complacentes através de bordões pseudotranscendentalistas ("Sê tudo o que podes ser") – traço característico da cultura popular americana até hoje. Suas palestras, reconheceu, corriam o risco de se tornar "um teatro de fantoches dos Mistérios Eleusianos".[103]

Por outro lado, a efervescência e a fugacidade da retórica de Emerson evitavam, em alguma medida, mal-entendidos vulgares. Como afirmou o repórter do *Cincinnati Daily Enquirer*, resumir o conteúdo de uma de suas palestras "seria como levar água com gás para um amigo na manhã seguinte à de sua obtenção, perguntando em seguida como estava o seu sabor".[104] Além disso, embora Emerson, a exemplo da maioria dos palestrantes do liceu, em geral evitasse controvérsias e preocupações correntes em suas aparições, ele se sentiu impelido, na década de 1850, a falar de maneira cada vez mais direta sobre uma questão de crescente urgência no país como um todo: a instituição da escravidão e a necessidade de aboli-la. Quando o abolicionista John Brown, conhecido por seus atos terroristas, foi capturado após o ataque armado, impiedoso e mal-sucedido em Harpers Ferry, Emerson causou um pequeno furor ao declarar que a morte de Brown "tornará a forca tão gloriosa quanto a cruz".[105]

Quatro meses depois de o Sul alvejar o Fort Sumter e dar início à Guerra Civil, Emerson publicou *A conduta para a vida*, sexto volume de sua prosa completa e última grande obra de sua autoria a ser publicada (embora duas antologias com suas palestras ainda viessem a público). Durante toda a guerra, ele conservou uma agenda ativa de apresentações, falando principalmente na Nova Inglaterra, mas também na região do Meio-Oeste e no Canadá. Sua reputação nacional continuava a crescer, e no período que se seguiu ao conflito, Emerson era mais popular do que nunca.

Em 1867, ele finalmente foi chamado de volta a Harvard – de maneira bastante apropriada, para proferir a palestra anual do Phi Beta Kappa. O mesmo ano marcou o auge de sua carreira no circuito do liceu: ele se apresentou oitenta vezes, viajando de Massachusetts a Nova York, Ohio, Michigan, Illinois, Iowa, Minnesota, Kansas, Missouri, Pensilvânia, Maine e New Hampshire. Fora do Sul (onde seus louvores a John Brown foram, por muito tempo, considerados imperdoáveis), ele se tornara o sábio dos Estados Unidos.

No entanto, seu vigor já começava a se esvair. Emerson passou a escavar palestras antigas em busca de algo novo para apresentar em suas viagens. Em 1872, sofreu lapsos de memória ao se apresentar; em 1875, parou de escrever em seus diários.

À semelhança de Kant,[106] Emerson estava fadado a viver os últimos anos de sua vida envolto em névoas mentais cada vez mais espessas. A maior parte desse tempo foi vivida em Concord, onde o filósofo quebrava a monotonia de seus dias frequentando cultos religiosos ao lado de sua piedosa esposa, o que suscitou boatos de que o velho herético talvez estivesse retornando à crença unitarista – mal-entendido que Emerson pediu para seus filhos retificarem. Em 1880, ele surpreendeu e reuniu energias para proferir seu centésimo discurso em Concord, fazendo-o diante de amigos e vizinhos no liceu da cidade – local em que sua entrada foi acolhida de pé e saudada com uma salva de palmas.

Dois anos depois, em abril 1882, Emerson contraiu pneumonia. Debilitando-se com uma velocidade cada vez maior, ele ficou confinado à própria cama, sendo velado por um amigo pouco antes de morrer.

> Com sua voz melodiosa, ainda não enfraquecida, ele continuava a repetir (quando acordado) frases fragmentadas, quase como se as recitasse. À noite, sozinho com ele, parecia estranho e solene escutar seus esforços para pronunciar, com sua voz, como de costume profunda e musical, algo que evidentemente possuía um quê de lembrança.[107]

Quando o velho orador faleceu, no dia 27 de abril, os sinos da igreja de Concord dobraram 79 vezes. Se tivesse vivido um mês a mais, seria essa a idade de Emerson.

NIETZSCHE

Réplica idealizada[1] da máscara mortuária de Nietzsche, fabricada de gesso, no ano de 1910, pelo escultor tcheco Rudolf Saudek (1880-1965). "Ao redor de cada espírito profundo", afirmou Nietzsche, "cresce sem cessar uma máscara, graças à interpretação falsa, ou melhor, *superficial*, de cada palavra, de cada passo, de cada sinal que dele provém."[2]
(Coleção particular/Archives Charmet/The Bridgeman Art Library International)

Quase no fim de sua vida, Friedrich Nietzsche se gabava, caracteristicamente, pelo caráter múltiplo de suas obras. "Levando em consideração que, no meu caso, a multiplicidade de estados interiores é excepcionalmente ampla", escreveu, "desfruto de várias possibilidades estilísticas – a arte do estilo mais variada que já se viu à disposição de um único homem."[3] Ele era, de fato, um estilista de rara abrangência, e nos 14 livros que produziu entre 1872 e 1889, suas várias formas de escrita – elaboradas com exageros, ironia, humor, seriedade, de maneira polêmica, na forma de ensaios, de poemas, de textos ficcionais, assim como em compilações fragmentárias de aforismos que incorporam contradições e inconsistências como questão de escrúpulo intelectual –, deixaram seu *corpus* escrito aberto a intermináveis disputas sobre a melhor forma de compreendê-lo. "Digam-me o que desejam", gracejou um satirista alemão, "e eu lhes darei uma citação de Nietzsche."[4]

Porém, se o significado da obra escrita de Nietzsche é ambíguo, a trajetória de sua vida está longe de sê-lo. Em 1864, quando aos 22 anos ingressou na Universidade de Bonn para estudar filosofia e teologia, Nietzsche deu um início claro àquele que se tornaria um esforço perpétuo para responder a um punhado de perguntas francas, quiçá intratáveis: "Por que estou vivo? O que posso aprender com a vida? Como tornei-me o que sou, e por que sofro por assim ser?"[5]

A busca por essas respostas afastaria o estudante de filosofia e teologia de Agostinho e Lutero e o aproximaria do tipo de investigação ilimitada estimada por Sócrates e seus seguidores, entre os quais alguns impressionavam Nietzsche profundamente. Ele ficava sensibilizado com a conduta desavergonhada de Diógenes e com as incursões improvisadas de Montaigne pela escrita. Porém, Nietzsche também flertava com a retórica exortatória de Emerson, e seria uma voz profética semelhante que atribuiria a seu personagem mais soberbo, o pregador itinerante a quem deu o nome de Zaratustra.

A maior parte dos livros que Nietzsche escreveu ao longo dos 17 anos em que foi produtivo só encontrou um grande número de leitores após ele ter sido silenciado, em 1889, pela demência paralítica. Em 1900, porém, ano de sua morte, ele provavelmente era o filósofo mais famoso do mundo, uma figura mítica dotada de uma autoinvenção prometeica.

Nietzsche nasceu na Prússia em 1844,[6] filho de um ministro responsável por um pequeno rebanho luterano na cidade interiorana de Röcken. Quando tinha quatro anos de idade, seu pai, com 36, morreu cego e louco, sofrendo de um tumor cerebral (problema que, na época, os médicos chamavam de "amolecimento do cérebro"). Essa experiência fez com que Nietzsche questionasse se também ele não estaria "fadado a passar apenas um breve período sobre a terra, tendo uma lembrança da vida, e não a vida em si".[7]

Prodígio introspectivo, ele escreveu seu primeiro ensaio autobiográfico aos 12 anos. Ao longo de toda a sua vida criativa, também conservou diligentemente um diário e, com dedicação, encheu um caderno de ideias, avaliando esporadicamente seu progresso espiritual. "Como podemos nos dedicar à pintura da vida e do caráter de alguém que conhecemos?", perguntou-se em 1863, aos 19 anos, em outro ensaio autobiográfico.[8] Na época, ele já pensava em termos como "destino" e "livre-arbítrio", ponderando como tais ideias metafísicas poderiam se aplicar à sua vida; no entanto, nessas anotações da adolescência, ele se voltou inesperadamente para uma metáfora orgânica ao buscar informações sobre a própria natureza. É "no reino dos vegetais", escreve Nietzsche, "que encontramos as características mais detalhadas para realizarmos um estudo comparativo da natureza". Ele recordava a localização física em que nascera: uma casa "à sombra de três grandes acácias", ao lado de um cemitério "repleto de cruzes e lápides caídas". Nietzsche reconhecia que tinha uma atração mórbida pela natureza orgânica, mas era ao mesmo tempo espiritualmente autoconsciente, como se fosse parte constitutiva de um chamado divino: "Como planta, nasci ao lado de um cemitério; como homem, numa paróquia."[9]

Seu pai ausente era uma presença constante, palpável como um membro ilusório – mesmo depois de, em 1850, o jovem ter se mudado com a mãe e a irmã caçula para a cidade de Naumburg. Nietzsche confessou que, às vezes, ainda ouvia a voz do pai sussurrando admoestações.[10] "Todos os meus anseios", confidenciou em outro ensaio autobiográfico da época de adolescência, "remontam ao lar de meu querido pai. Então, em asas de saudade e nostalgia, muitas vezes voo até o local em que minha alegria um dia desabrochou."[11] A saúde do filósofo era cronicamente débil – um registro da enfermaria escolar lista inúmeras visitas do doente e, em determinado momento, o descreve:

"Ele é um homem valente, corpulento, dotado de um olhar singularmente penetrante, míope, frequentemente acometido por dores em muitas partes de sua cabeça."[12]

Aos 14 anos, Nietzsche saiu de casa para ingressar num internato vizinho à cidade de Naumburg. Schulpforta era famosa por ter educado alguns dos poetas, filósofos e pesquisadores mais famosos da Alemanha. Seu currículo era rigorosamente clássico, com aulas obrigatórias de latim e de literatura grega antiga. Os alunos acordavam às 5h, e às 5:30 tinham início orações e leituras bíblicas. Cada menino deveria refletir com sinceridade sobre a própria conduta e a própria vida, em parte através da elaboração de ensaios acerca de uma variedade de tópicos predeterminados: por exemplo, poderia ser completamente feliz uma alma repleta de inveja? "A inveja", escreveu Nietzsche como resposta, "não é compatível com o amor, e sem amor não pode existir bondade de caráter."[13] Na época em que esse ensaio lhe foi solicitado, ele se tornara um juiz moral virtuoso, perfeitamente atento aos sentimentos de vergonha e culpa, uma vez que era constantemente convidado a se comparar com os ideais cristãos do coração puro e da boa vontade perfeita.

Aspirante a poeta e compositor, o jovem foi irresistivelmente sugado pelo ideal romântico de genialidade exemplificado por Beethoven. À semelhança de Goethe, cuja obra também estudara com atenção, ele compreendia a criatividade em termos quase socráticos, isto é, como uma busca que envolvia a revelação e o enfrentamento do *daimon* único de cada indivíduo. Conforme escreveu num poema de juventude,

> Desejo conhecer-te, ó Desconhecido
> Que em minha alma penetra
> E que em minha vida adentra como tempestade.
> Ó Insondável, semelhante!
> Quero conhecer-te e servir-te.[14]

As aulas de literatura grega antiga o deixaram encantado com o *Édipo Rei*, de Sófocles, e com o *Banquete*, de Platão. Como o Alcibíades do diálogo platônico, ele ficava inebriado com a ideia de que buscar a verdade era uma tarefa intrinsecamente erótica – um antídoto encantador contra a severidade do catecismo de Lutero. Ao mesmo tempo, Nietzsche lia o teólogo dissidente Ludwig Feuerbach – que afirmara que a ideia de Deus seria uma projeção, realizada pela humanidade, de suas capacidades divinas de autocriação – e os ensaios de Emerson, cuja doutrina secularizadora da autoconfiança celeste também foi levada a sério. "Tão logo fosse possível subverter a história do mundo por meio de uma vontade resoluta", escreveu num de seus ensaios escolares em 1862,

> alcançaríamos imediatamente o posto de deuses independentes, e então a história do mundo nada mais seria, para nós, do que um irreal estado de arrebatamento; cai o pano, e o homem vê a si próprio como uma criança que brinca com os mundos – uma criança que ao amanhecer desperta e, com um sorriso, se livra de todos os pesadelos.[15]

Na época em que deixou a Schulpforta, Nietzsche era mais pagão do que cristão, mais um esteta do que um sacerdote pronto para o ministério. Ainda assim, sua família lutava contra os fatos e esperava que ele seguisse os passos do pai. Quando, então, no outono de 1864, Nietzsche ingressou na Universidade de Bonn, ele manteve suas portas abertas, matriculando-se como aluno de teologia ao mesmo tempo em que continuava a frequentar o curso de literatura grega.

"Sem dúvidas, apenas a fé traz a salvação", explicou ele em carta à sua irmã Elizabeth, enviada na primavera de 1865. Mas que *tipo* de fé? Deveria ela assumir a forma da piedade cristã? Ou "não seria verdade que teríamos experimentado as mesmas bênçãos se, desde a infância, sustentássemos a crença de que a salvação tem origem apenas em outra pessoa que não Jesus – em Maomé, digamos?"[16]

Quando, alguns meses depois, transferiu-se para a Universidade de Leipzig, Nietzsche decidiu mudar de rumo e matricular-se apenas como aluno de filologia. Ele rapidamente impressionou o mais destacado de seus professores: Friedrich Wilhelm Ritschl, que, ao lado de Theodor Mommsen, editara os *Priscae latinitatis monumenta epigraphica* [Registros epigráficos da latinidade antiga] (1862), compilação de inscrições latinas formuladas desde o início da república romana até o seu termo, e que valera a Ritschl o título de um dos fundadores da epigrafia moderna.

Nietzsche se juntou à confraria e se esforçou ao máximo para se misturar com os outros alunos. No entanto, seus diários e cadernos trazem o relato de um jovem atormentado, frequentemente enfermo e sujeito a visões alucinatórias. "O que temo", escreveu numa das entradas de seu diário, "não é o caráter temeroso por trás de minha cadeira" – referindo-se aparentemente ao seu *daimon* –, "mas sua voz: não suas palavras, mas o tom terrivelmente inarticulado e inumano de seu caráter. Se ao menos falasse como falam os humanos!"[17]

Logo após chegar a Leipzig, Nietzsche vivenciou uma epifania mais bem-vinda. Enquanto vasculhava um sebo, afirmou num ensaio autobiográfico:

"vi este exemplar, peguei-o e comecei a folheá-lo. Um demônio então sussurrou em meu ouvido: 'Leva este livro para casa.'"[18]

A obra tinha como autor Arthur Schopenhauer, filósofo de maior prestígio na Alemanha da época. Nascido em 1788, Schopenhauer tivera uma carreira acadêmica interrompida, escrevendo uma tese *Sobre a quádrupla raiz do princípio de razão suficiente* e conquistando um cargo de professor em Berlim. Contudo, em 1831, ele desistira do magistério a fim de se tornar um homem de letras independente. Com atraso, um amplo público leitor se rendeu a ele em 1850, quando uma compilação de ensaios curtos – os *Parerga e Paralipomena* – se tornou um surpreendente campeão de vendas, transformando em celebridade aquele autor desconhecido que só teria mais uma década de vida.

Schopenhauer era hábil na arte de condensar ideias complicadas em máximas impressionantes: "O estilo é o que dá valor aos pensamentos." "Nossas primeiras ideias sobre a vida têm, em geral, origem na ficção, e não nos fatos." "O monoteísmo é a personificação de toda a natureza de uma só vez."[19] A condição humana, ensinava ele em sua *magnus opus*, *O mundo como vontade e representação* (1819), era inevitavelmente dolorosa:

> O desejo e o empenho resumem toda a sua essência, podendo ser comparados a uma sede insaciável. A base de toda vontade, porém, é a necessidade, a carência e, desse modo, a dor; portanto, ela está fadada à dor por sua própria natureza e origem. Se, por outro lado, não possui objetos de desejo, sendo deles privada por uma satisfação demasiadamente fácil, um vazio e um tédio temerosos a acometem. Em outras palavras: seu próprio ser e existência se tornam um insustentável fardo. Dessa maneira, sua vida oscila para a frente e para trás tal qual um pêndulo, indo da dor ao tédio – os quais são, de fato, seus componentes definitivos.[20]

Nietzsche se recorda de ter levado para casa o livro de Schopenhauer, esperando "que o espírito deste gênio poderoso e misterioso executasse seus milagres em mim". Ele não se decepcionou. Nas páginas de Schopenhauer, Nietzsche encontrou "um espelho no qual se refletia, em terrível grandeza, o mundo, a vida e minha própria natureza". Ele se sentiu tomado "pelo desejo do autoconhecimento, até mesmo da automortificação", analisando "a deificação e transformação do próprio coração da humanidade".[21]

Nos três anos seguintes, apesar de sua metamorfose interior, a maior parte da energia de Nietzsche foi destinada à pesquisa convencional e à escrita acadêmica. Na expectativa de receber um prêmio por sua erudição, ele redigiu um artigo sobre as fontes que Diógenes Laércio utilizara para elaborar as *Vidas e doutrinas dos filósofos ilustres*. Por meio de seu atento estudo desse texto, ele se familiarizou com a ampla diversidade de filósofos gregos antigos, incluindo Heráclito, cuja "extraordinária capacidade de pensar intuitivamente"[22] (e não logicamente) ele admirava, e Diógenes, o Cínico, cuja notável impudência "canina" se tornou para ele outro tipo de exemplo.

Nietzsche tinha orgulho de sua disciplina nos estudos. Em particular, porém, ele reconhecia que deixara de se dedicar por completo à vocação para a filologia. "Talvez eu não pertença mesmo ao específico grupo de filólogos em cuja fronte a natureza, valendo-se de um buril de bronze, inscreveu: Eis um filólogo", observou em 1869.[23]

> Quando olho para trás e vejo de que forma troquei a arte pela filosofia e a filosofia por uma ciência, chegando então, novamente, a um campo que mais e mais se estreita, ela [*sua opção por buscar uma carreira acadêmica na área da filologia*] parece quase uma renúncia consciente.[24]

Naqueles meses, Nietzsche se submetia ao tratamento da sífilis.[25] A forma como contraíra a doença não é clara; da mesma forma, não é clara a maneira como ele, se informado, reagiu ao diagnóstico, uma vez que, no século XIX,[26] a sífilis não era apenas uma doença qualquer, mas uma aflição que soava como uma espécie de maldição trágica: era impossível de ser curada, difícil de ser tratada e, por fim, gerava a possibilidade de anos de uma doença debilitante – após um início marcado por feridas, borbulhas e febres, a sífilis passa por um incerto período de latência, quando então começa a destruir, silenciosamente, vasos sanguíneos, ossos e neurônios. Novos sintomas surgem esporadicamente – dores de cabeça violentas, vômitos, vertigens, convulsões, surtos de mania –, coroados então com a demência paralítica.

Uma coisa é clara: desse momento em diante, Nietzsche estaria subordinado a uma dor crônica e seria assombrado pela possibilidade da loucura – medo reforçado pela lembrança de como seu pai falecera.

Apesar da fragilizada saúde – sua visão era particularmente débil –, Nietzsche descobriu no outono de 1867 que não seria dispensado do serviço militar. Ingressando num regimento de artilharia alocado em Naumburg, ele percebeu que, "agora, minha filosofia poderá ter utilidade prática". Após um mês de treinamentos, Nietzsche escreveu para um amigo: "Não fiquei deprimido em momento algum. [...] Às vezes, escondido sob a barriga do cavalo, murmuro: 'Schopenhauer, socorro!'"[27] Ele ficou no exército por apenas alguns meses. Em março de 1868, feriu-se ao cavalgar; seis meses depois, foi liberado. (Quando estourou a guerra entre a Prússia e a França, dois anos depois, ele se alistou e, por pouco tempo, serviu novamente, mas logo adoeceu e foi liberado como antes.)

Uma reviravolta na vida de Nietzsche se deu em janeiro de 1869, quando foi chamado para ocupar a cadeira de língua e literatura grega na Universidade da Basileia. Ele só tinha 24 anos e sequer terminara sua tese; por isso, a Universidade de Leipzig, sob sugestão de Ritschl, se apressou em conceder-lhe um título de doutorado, baseando-se em alguns ensaios acadêmicos publicados anteriormente. Das cidades de todos os cantões suíços, Basileia era a mais peculiar:[28] ela estava próxima tanto da Alemanha quanto da França, era próspera como centro comercial cosmopolita e acolhia pesquisadores experientes e abertos, a exemplo de Johann Jakob Bachofen, antropólogo social pioneiro, e Jacob Burckhardt, um dos primeiros e grandes historiadores da arte e da cultura, mais conhecido pela obra *A cultura do Renascimento na Itália*.

De todos os seus colegas mais novos, o mais importante deles seria Franz Overbeck. Pensador heterodoxo tão iconoclasta quanto Nietzsche, Overbeck elaborou uma espécie de teologia negativa: "Aquele que se firma verdadeira e resolutamente sobre dois pés deve ter a coragem de se firmar sobre o nada", escreveu em um de seus cadernos. "Apenas sem Deus ele pode viver como um indivíduo livre."[29]

Segundo recordou Ida, esposa de Overbeck, naquela época Nietzsche se apresentava como uma figura e tanto. Ele tinha mãos expressivas e unhas cuidadosamente tratadas, o que a ela sugeria um "traço de feminilidade".[30] Um tanto almofadinha, ele cuidava minuciosamente de seus paletós e lenços e ostentava um bigode grosso, comprido e curvado, o qual mantinha sempre asseado e encerado. Apesar de sua extraordinária elegância e de sua conduta refinada, "ele aparentava ser um homem demasiadamente introvertido, um tanto aflito", escreveu Ida. "Ele tendia a evitar encontros e colóquios; porém, caso ocorressem, impressionava pela cordialidade e pelo zelo que dirigia ao seu interlocutor. Sentíamo-nos imediatamente desafiados a dizer-lhe algo que julgássemos importante."[31]

Além de conversas sérias sobre assuntos sérios, os Overbeck também tinham em comum com Nietzsche o amor pela música. Na primeira vez em que se encontraram, eles tocaram a quatro mãos, no piano, uma peça de Brahms, ao que Nietzsche respondeu com uma obra composta por um de seus ídolos de então: Richard Wagner.

Figura já renomada nos círculos musicais germânicos, Wagner vivia próximo à Basileia, numa isolada vila em Tribschen, perto do lago dos Quatro Cantões. Nascido em 1813, uma geração antes da de Nietzsche, ele se tornaria conhecido em Dresden, na década de 1840, graças à popularidade das óperas

Rienzi, *O holandês voador* e *Tannhäuser*. Como muitos intelectuais e artistas, Wagner se deixou comover pelas insurreições populares ocorridas na Europa em 1848, sendo forçado a exilar-se depois de tomar parte numa revolta ocorrida em Dresden no ano de 1849.

Num ensaio exortatório escrito naquele mesmo ano, Wagner clamava por uma revolução cultural na Alemanha. Tomando como modelo o teatro trágico da Grécia Antiga, ele propôs a criação de uma forma de arte neopagã, capaz de substituir o que chamava de efeitos impeditivos do cristianismo sobre o espírito germânico: um modo de vida pernicioso que "regula as chagas de uma existência desonrada, inútil e pesarosa por meio do amor miraculoso de Deus". Em vez de simplesmente sonhar com a "obra de arte perfeita, a expressão grandiosa e conjunta de uma vida pública livre e adorável",[32] Wagner passou duas décadas compondo uma obra "completa", na qual mesclaria palavras e imagens, música e teatro e, assim, ressuscitaria o espírito pré-cristão dos povos teutônicos – tal como o encontrado na *Nibelungenlied*, poema épico da Idade Média que retrata os ideais germânicos do destino e da lealdade e que se notabiliza pela sensibilidade violenta e por atos sanguinários de vingança.

Quando conheceu Nietzsche, em 1868, Wagner já terminara outras cinco óperas. Graças à anistia, foi capaz de vê-las no palco em Munique: *Lohengrin*, *Tristão e Isolda*, *Die Meistersinger*, *O ouro do Reno* e *A valquíria*. Porém, como à época ele havia se tornado amante de Cosima von Bülow, jovem filha do compositor Franz Liszt e esposa do crítico e regente alemão Hans von Bülow, ele retornou para o exílio, desta vez sob o amparo do jovem rei da Baviera, que o instalara com Cosima em Tribschen.

Nietzsche conheceu Wagner em Leipzig, onde ambos discutiram Schopenhauer e filosofia. Então, Wagner convidou o jovem para visitá-lo novamente. Meses depois, após Nietzsche ter se mudado para a Basileia, essas visitas se tornaram rotineiras. A vila em Tribschen na qual viviam Wagner e Cosima era um santuário rococó dedicado à excêntrica genialidade do mestre, decorado com cortinas de cetim e diversos bustos e retratos que mostravam Wagner e seu benfeitor real. Todo domingo – único dia da semana em que estava livre –, Nietzsche viajava para o lago dos Quatro Cantões; à noite, segundo recordou um de seus amigos da Basileia, "ele retornava com o espírito repleto e me contava tudo de esplêndido que vira e ouvira".[33]

Naqueles anos, Wagner estava finalizando seu grande ciclo de quatro óperas baseadas na lenda alemã *O anel do Nibelungo* e já planejava construir, em Bayreuth, um teatro destinado a ser o centro de um culto neopagão que reuniria um corpo regenerado de almas belas e fortes e que, através da apreciação ritual de uma obra de arte completa, as transformaria numa comunidade nacional unificada. Velho o bastante para ser pai de Nietzsche, Wagner era uma presença formidável. Nietzsche mal conseguia nutrir esperanças de a ele se equiparar (embora continuasse a compor). Em vez disso, o jovem professor aceitou o desafio de seu exemplo, jogando ao vento sua cautela acadêmica e redigindo uma espécie de poema em prosa, um louvor aos ideais culturais revolucionários que Wagner pretendia incorporar.

Concluído em 1871 e publicado no ano seguinte, *O nascimento da tragédia* era uma obra audaciosa – quiçá temerária – para um aspirante a filólogo, uma vez que elogiava os mundos artísticos do sonho e da comoção e postulava um vínculo direto entre as façanhas culturais dos gregos da Antiguidade e os desafios culturais impostos à Alemanha – desafios respondidos, declarou, pelo *Anel* de Wagner, um "mito trágico" moderno que "renasceu da música".[34] A maioria dos colegas de Nietzsche na Universidade da Basileia – incluindo Bachofen e Burckhardt – admirou a ousadia de seu raciocínio. Naturalmente, o próprio Wagner sentiu-se lisonjeado.

Ainda assim, Nietzsche tinha de lutar com as críticas do meio acadêmico. Em correspondência, Ritschl, seu velho mentor, desprezou o livro, chamando-o de "uma mistificação pseudoestética, dotada de uma religiosidade ignorante e produzida por um homem que sofre de paranoia"[35] – esta não seria a última vez em que Nietzsche veria seus velhos amigos contestando sua sanidade. Outro crítico acadêmico, dessa vez em resenha publicada, comentou sua "ignorância e sua falta de amor pela verdade".[36]

Em 1871, sentindo-se marginalizado na filologia e cada vez mais interessado em ser um filósofo, Nietzsche se apresentou como candidato a uma cadeira de filosofia na Universidade da Basileia. No entanto, ele foi sumariamente rejeitado, sob as alegações de que não possuía uma formação acadêmica adequada.

Nos meses que se seguiram, e à medida que começaram a aparecer críticas hostis ao seu livro, Nietzsche começou a se questionar. Quem era ele? O que deveria se tornar? Deveria continuar como professor de cultura clássica e viver a vida de pesquisador acadêmico? Deveria, em vez disso, se concentrar na redação de mais ensaios polêmicos relacionados à cultura e à arte, seguindo o modelo de seu livro sobre a tragédia? Ou, apesar da rejeição de seus colegas da Universidade da Basileia, deveria tentar a vida de filósofo?

E que tipo de vida seria essa?

No verão de 1872, Nietzsche começou a esboçar uma resposta a essas questões, julgando-se capaz de escrever um livro inteiro sobre o tema. Embora traçasse, nos vários meses subsequentes, dezenas de rascunhos diferentes[37] para o texto que seria intitulado "O filósofo", Nietzsche acabou por abandonar o projeto – mas não sem antes tomar uma grande variedade de notas, as quais revelam sua procura por um novo objetivo para si próprio.

Em seus cadernos, Nietzsche escrevia de maneira adorável sobre os primeiros filósofos, embora inicialmente não se via realmente capaz de um dia seguir os seus passos. Ele admirava Tales – o sábio grego que defendera "a absurda ideia [...] de que a *água* seria a origem primeira e o ventre de todas as coisas"[38] – porque ele renunciara à superstição e oferecera uma explicação física, ainda que equivocada, para a origem do mundo, e também porque explorara, simultaneamente, a hipótese metafísica de que "todas as coisas são uma só". No entanto, Nietzsche admirava Sócrates ainda mais, considerando-o o ápice da filosofia grega antiga:

> Dele procede um dilúvio moral, uma incrível força de vontade direcionada à reforma ética. [...] A *sabedoria* como caminho para a virtude é o diferencial de sua natureza filosófica: a *dialética* como *único* caminho, a indução e a definição. A luta contra o desejo, os impulsos, a raiva etc. se volta contra uma ignorância arraigada. Ele é o primeiro filósofo da *vida*. [...] Uma vida governada pelo pensamento![39]

O que motivava Tales era aquilo que, segundo Nietzsche, motivaria no futuro qualquer filósofo verdadeiro (incluindo ele, sem dúvida): "[...] um teorema metafísico, admitido pela fé e originado numa intuição mística."[40] Sócrates, por sua vez, era movido por uma pureza da vontade – uma vontade de conhecer, um desejo pela verdade – que, de acordo com Nietzsche, também distinguiria todo filósofo subsequente. O resultado disso foi uma mistura instável de duas motivações paradoxais e simultâneas: a primeira, almejando uma vida governada apenas pelo pensamento, livre de qualquer superstição e coerente com os escrúpulos da razão discursiva; a segunda, objetivando algum tipo de intuição mística, uma experiência capaz de provocar algo como um salto de fé. Juntos, esses traços definiram todos os filósofos verdadeiros.

"Se tudo correr bem", observou Nietzsche, "chegará o dia em que as pessoas tomarão Sócrates, e não a Bíblia, como guia moral e racional, e no qual Montaigne [...] será precursor e modelo de interpretação desse que é o mais simples e imperecível de todos os antepassados."[41]

Ainda assim, imitar Sócrates ou Montaigne não era algo simples, em especial nas circunstâncias a que Nietzsche julgava estar submetido:

> Um tempo que sofre do chamado alto nível de educação, mas que se encontra desprovido de cultura – no sentido de uma unidade estilística que caracte-

riza toda a sua vida –, não saberá ao certo o que fazer com a filosofia, ainda que o próprio gênio da verdade a proclame nas ruas e nos mercados. [...] Ninguém pode satisfazer a lei da filosofia – ninguém pode viver filosoficamente – com aquela lealdade simples e humana que obrigava um antigo, independentemente do que estivesse fazendo, a comportar-se como um estoico depois de ter jurado lealdade à *stoa*.[42]

Segundo essa perspectiva bastante clássica, uma criação essencial do filósofo era "sua *vida* (a qual ocupa a posição mais importante, *superior* até mesmo à de suas *obras* [*escritas*]). Sua vida é sua obra de arte" – e toda filosofia digna desse nome "deve ser capaz de fazer o que exijo: ela deve concentrar o homem", muni-lo de uma vontade pura e de um objetivo grandioso. Porém, dadas as circunstâncias da vida na sociedade comercial moderna, com sua especialização, sua divisão do trabalho e a carência, concomitante, de uma cultura unificadora, "nenhuma filosofia é capaz de fazer isso hoje". Olhando ao seu redor, escreve Nietzsche em seus cadernos, "não vejo nada além de coxos intelectuais: sua educação parcial transformou-os em corcundas".[43]

Tornar-se um filósofo legítimo, na opinião de Nietzsche, era ainda mais difícil em virtude de uma "terrível consequência do darwinismo, o qual, a propósito, considero correto".[44] Ao contrário de muitos de seus colegas do século XIX (incluindo, por exemplo, Karl Marx e Herbert Spencer), Nietzsche compreendeu as implicações reais da teoria científica de Darwin acerca da seleção natural: a de que o cosmos natural de organismos vivos, do qual os seres humanos inextricavelmente fazem parte, era por si só o resultado fortuito de variações aleatórias. Desse modo, a vontade, longe de representar uma espécie de essência sobrenatural inexplicável, deveria ser "um produto altamente complexo da natureza". Opondo-se a Kant e a sucessores como Hegel, não havia para ele qualquer objetivo racional na história: "Durante um longo tempo, os seres humanos não existiram. [...] Eles não possuem nenhuma missão, nenhum objetivo." Se Darwin estivesse certo, até os instrumentos mais básicos da razão – o questionamento dialético, o emprego metódico de induções e deduções, a pesquisa empírica e a análise lógica – deveriam ser vistos como resultados involuntários da seleção natural. Segundo afirmou Nietzsche, valendo-se de uma hipérbole característica, *o ser humano se tornou um ser inteligente por acidente*.[45]

Se a cultura partilhada com os outros não possui um estilo unificante, conclui Nietzsche, e se não há objetivo algum na história, qualquer um que aspire a uma vida ponderada deve aprender a viver uma vida de autoconfiança (não muito diferente daquela prescrita por Emerson uma geração antes):

Ele deve organizar o caos interior recordando-se de suas verdadeiras necessidades. Em determinado momento, sua franqueza, a força e a honestidade de seu caráter, devem se rebelar contra um estado em que ele apenas repete o que ouviu, apenas aprende o que já sabe, apenas imita o que já existe.[46]

Uma ambição limitada, talvez, mas com consequências culturais que podem ser mais revolucionárias do que qualquer obra composta por Wagner. "Acautelem-se", escreve Nietzsche,[47] citando Emerson em tom de aprovação.

Quando o grande Deus deixa solto um pensador neste planeta, todas as coisas correm perigo. É como na ocasião em que um incêndio toma uma grande cidade e ninguém sabe o que é seguro, onde o fogo hesitará. Não há ciência que amanhã não possa ser derrubada; não há reputação literária que não possa ser revista e condenada, nenhuma fama, supostamente eterna; tudo aquilo que aos homens é caro nesse momento o é em virtude das ideias que despontaram em seu horizonte e que dão origem à atual ordem das coisas, tal como a macieira que gera suas maçãs. *Um novo grau de cultura subverteria de imediato todo o sistema de anseios humanos.*[48]

O primeiro fruto da nova concepção vocacional de Nietzsche foi uma sequência de quatro ensaios de crítica cultural. O primeiro, publicado em 1873, era um polêmico ataque a David Strauss, autor de uma popular *Vida de Jesus*; o segundo, que veio a público em 1874, atacava as visões convencionais acerca do valor do conhecimento histórico epitomizado por filósofos como Hegel e por acadêmicos como Leopold von Ranke; o terceiro, também publicado em 1874, louvava Schopenhauer como um exemplo contemporâneo de filósofo; e, por fim, publicado em 1876, um novo ensaio sobre seu velho ídolo: Wagner.

Os ensaios sobre a história e sobre Schopenhauer abordavam indiretamente a questão da vida filosófica. Porém, em sua obra escrita, Nietzsche ainda não conseguira encontrar uma voz própria, única; ele ainda precisaria vivenciar uma espécie de "intuição mística" capaz de fornecer-lhe "um teorema metafísico, admitido pela fé".

Em 22 de maio de 1872, na ocasião do aniversário de 59 anos of Wagner, Nietzsche viajou para a cidade de Bayreuth, na Baviera, a fim de presenciar o lançamento da pedra fundamental de uma nova casa de ópera. Os Wagner estavam no meio de sua mudança de Lucerna para uma nova vila no local. Afoito para continuar fazendo parte do círculo íntimo da família, Nietzsche disse que se mudaria para Bayreuth e se tornaria publicista pessoal de Wagner. Aquela era uma ideia estapafúrdia, e Wagner o demoveu.

Quando retornou para a Basileia, no outono, Nietzsche descobriu que ninguém se matriculara em uma de suas disciplinas e que ninguém se inscrevera em seu curso sobre Homero; sua terceira turma, de retórica clássica, só atraíra dois alunos.

Apesar disso, naqueles anos Nietzsche não estava intelectualmente isolado. No verão de 1873, ele conheceu aquele que, na década seguinte, talvez se tornasse seu interlocutor mais importante: Paul Rée. Cinco anos mais novo do que Nietzsche, Rée ambicionava a carreira de escritor. Impressionado por *O nascimento da tragédia*, ele mostrou a Nietzsche o manuscrito de um livro em que trabalhava, e que seria publicado anonimamente dois anos depois, sob o título *Observações psicológicas*. Quando Nietzsche leu a obra publicada – audaciosamente redigida como uma sequência de aforismos, seguindo o modelo estabelecido no século XVII pelo moralista francês La Rochefoucauld –, ele reconheceu a autoria de Rée e lhe enviou uma carta, elogiando-o. Os dois homens tinham em comum uma paixão por Schopenhauer e a certeza de que o darwinismo deveria ser a base de qualquer tentativa moderna de formular uma explicação naturalista para a origem dos sentimentos morais. Foi esse o tema do segundo livro de Rée, publicado em 1877.

Na época, as investigações filosóficas de Nietzsche eram dificultadas por sua saúde sempre débil. Ele sofria de enxaquecas paralisantes; sua visão piorava e o deixava funcionalmente cego por longos períodos, sendo necessário que outros lessem para ele e anotassem o que ditasse. "Meu pai morreu aos 36 anos com uma inflamação no cérebro", escreveu para um amigo no início de 1876, quando estava com 32 anos. "É possível que, comigo, isso se dê ainda antes."[49] Preocupado com a própria saúde, ele também se importava com o reduzido impacto de seus escritos: nenhum dos novos ensaios alcançara tantos leitores quanto *O nascimento da tragédia*. Ao mesmo tempo, sua mãe o instava a se acalmar e encontrar uma esposa adequada.

Dos poucos textos que descrevem Nietzsche nesses anos, o mais revelador foi escrito por Ludwig von Scheffler, antigo aluno do filósofo. Protegido de Jacob Burckhardt, Von Scheffler se tornou especialista na obra de August Graf von Platen (1796-1835), dramaturgo e poeta alemão cuja homossexualidade foi revelada – tornando-se objeto de escândalo público – por Heinrich Heine e cujo grande tema do sofrimento, com um tom homoerótico nas entrelinhas, foi musicado por Franz Schubert em "Du liebst, mich nicht" [Tu não me amas].

Nietzsche "não era alto, mas baixo", recorda Von Scheffler, "com sua cabeça profundamente fincada nos ombros de seu corpo ao mesmo tempo troncudo e delicado". Em vez dos paletós rotos usados por muitos professores da universidade, "ele usava calças claras, um casaco curto e, ao redor de seu colarinho, uma gravata delicadamente nodada, também de cor mais clara", como se "para insinuar algo de artístico em sua aparência. O longo cabelo que enquadrava seu rosto não com cachos, mas com mechas, também insinuava isso".[50]

Lecionando sobre Platão, Nietzsche

> falava lentamente, muitas vezes de modo hesitante – não tanto em busca de uma expressão, mas para verificar a impressão que suas declarações causavam nele mesmo. Se o fio de seu pensamento o conduzisse a algo particularmente radical, sua voz também se abrandava, tal como em uma hesitação, até chegar ao *pianissimo* mais suave.[51]

Ele aparentava sentir dores, como se suportasse, à moda dos estoicos, um destino que seria esmagador se não fosse por sua visível ânsia por se expressar lucidamente.

O entusiasmo de sua apresentação, a maneira como suas palavras davam forma àquela visão de mundo, parecia algo novo e completamente particular. Era como se uma nuvem cobrisse toda a existência daquele homem. Então, enquanto ouvia, vinham sem parar à minha cabeça as perguntas: "Quem é ele? Aonde este pensador está indo?"[52]

No meio do semestre, após ter ministrado sua lição mais sombria, o professor surpreendeu Von Scheffler, convidando-o para tomar chá em seu apartamento no dia seguinte. Como Von Scheffler visitava frequentemente a casa de Burckhardt, ele esperava encontrar Nietzsche num escritório como o do historiador, com livros empilhados em prateleiras e amontoados sobre o chão. Em vez disso, Nietzsche o conduziu até um apartamento ensolarado, mobiliado com "poltronas grandes, macias", decoradas "com colchas de renda branca e uma estampa floral".[53] Flores recém-colhidas eram vistas por toda parte,

> em copos, bacias, cantoneiras, paredes! Tudo tênue, aromático e delicado! Janelas com cortinas leves, filtrando o brilho da luz solar, faziam o visitante se sentir não como se na casa de um professor, mas na de uma querida namorada.[54]

Nas semanas seguintes, os dois homens conversariam regularmente após as aulas, até o dia em que Von Scheffler recusou o convite para passar férias na Itália com Nietzsche. "Eu baixei o olhar com tristeza e dei uma desculpa que deve ter soado um tanto fria. As mãos de Nietzsche escorreram imediatamente para longe de meu braço." Anos depois, refletindo sobre o que ocorrera, ele julgou que o filósofo estivera atormentado pela própria sexualidade, a exemplo do poeta Platen: "No caso de Platen, encontramos provas disso em suas memórias, que tudo revelam. No caso de Nietzsche, descobri diretamente, por experiência própria."[55]

Sem dúvida, parece haver um eco de tais tormentos em um dos surtos autobiográficos mais apaixonados de Nietzsche, o qual evoca esse período de sua vida em que ele tentava se libertar e se tornar um "espírito livre". Em determinada passagem, escrita logo após seus colóquios com Von Scheffler, Nietzsche fala sobre a alma que busca a liberdade e que se encontra "abalada, solta, despedaçada, sem saber ela mesma o que está acontecendo. Uma energia e um impulso a governam como um comando", provocando

> um relâmpago de desprezo pelo que chamara de "dever", um desejo rebelde, arbitrário e vulcânico de viagens, de locais estrangeiros, desavenças, resfriamentos, sobriedade, frieza, um ódio ao amor, talvez um golpe e um olhar profanante *para trás*, para onde outrora amara e louvara, talvez um rubor de vergonha diante do que acaba de fazer e, ao mesmo tempo, o júbilo por *tê-lo* feito, um tremor bêbado, interno, regozijador, revelando uma vitória... uma vitória? Sobre o quê? Quem? Vitória enigmática, questionável, cheia de questões, mas ainda a *primeira* vitória: coisas tão perversas e dolorosas fazem parte da história da grande libertação. É ao mesmo tempo uma enfermidade que pode destruir o homem por ela acometido, um jorro de força e ânsia pela autodeterminação, pela avaliação por conta própria, essa vontade de tornar *livre* o arbítrio: e quanta enfermidade não é expressa nos experimentos selvagens e nas singularidades pelas quais que o prisioneiro liberto agora parece demonstrar seu domínio, [*em parte através de uma*] insaciada lascívia.[56]

Oferecendo como desculpa sua saúde continuamente débil, Nietzsche conseguiu se licenciar das responsabilidades do magistério no outono de 1876 e no inverno de 1877, chamando Paul Rée para se juntar a ele nesse período. Durante cinco meses, os dois mantiveram contato diário, vivendo basicamente em Sorrento, na Baía de Nápoles, e trocando ideias, enquanto Rée completava o tratado *Sobre a origem dos sentimentos morais* e Nietzsche trabalhava em seu primeiro livro de aforismos: *Humano, demasiado humano: um livro para espíritos livres*. Foi em tal contexto que, pela primeira vez, Nietzsche concebeu a ideia de que os seres humanos podem ser habitantes de um mundo de causas e efeitos completamente predeterminado, no qual não haveria lugar para o livre-arbítrio e, portanto, para "remorsos ou angústias culposas".⁵⁷ Essa experiência com o pensamento tinha implicações tão radicais quanto a dúvida de Descartes. Para Nietzsche, ela apagava a lousa da ética: ao fim de seu raciocínio, não restava qualquer sentimento moral autoevidente.

Por mais próximos que fossem Rée e Nietzsche em diversos aspectos, entre ambos continuavam a existir grandes diferenças. Nietzsche ansiava por rejeitar as reivindicações morais convencionais; Rée, não. Como o Darwin de *A descendência do homem* (1871), Rée identificou a origem da moralidade com os aspectos naturalmente bons dos primatas mais desenvolvidos, enfatizando como a necessidade de cuidar de proles indefesas cria uma base evolutiva para o comportamento altruísta, tal como um fundamento biológico para a elaboração, por parte dos seres humanos, de algo como a Regra de Ouro, existente em diversos contextos sociais.

Nietzsche ficava mais impressionado com a sobrevivência de instintos agressivos e com o elemento compulsivo encontrado em muitos costumes, indícios do que ele logo chamaria de "vontade de potência". Nietzsche rejeitava veementemente a visão de Rousseau, Darwin e Rée, para os quais a natureza humana era essencialmente benigna. Ele via crueldade onde não se poderia esperar, nas formas de autoabnegação mais espetaculares do comportamento humano – como, por exemplo, nas renúncias ascéticas do santo cristão:

> Ele açoita sua autoidolatria com desprezo próprio e crueldade, regozija-se com a batalha selvagem de seus desejos, na violenta dor do pecado, na ideia de que está perdido; [...] então, quando finalmente anseia por visões, por colóquios com seres vivos ou divinos, no fundo é um tipo raro de voluptuosidade o que deseja.⁵⁸

Além disso, ao contrário de Rée, Nietzsche acreditava que os seres humanos necessitavam de mitos, ilusões, intuições místicas. Ele até mesmo cogitou que as forças evolutivas pudessem ter dado ao ser humano

> um cérebro duplo, como se fossem dois ventrículos cerebrais, um para as percepções da ciência, o outro para as da não ciência: um ao lado do outro, sem se confundirem, separáveis, capazes de serem isolados; essa é uma exigência da saúde. Em um domínio encontra-se a fonte de poder; no outro, o regulador: ele deve ser aquecido com ilusões, preconceitos, paixões, e as perigosas consequências do superaquecimento devem ser evitadas com o auxílio do conhecimento fornecido pela ciência.⁵⁹

Após passar o verão de 1877 trabalhando em *Humano, demasiado humano*, Nietzsche retornou para a Basileia e deu continuidade às suas tarefas como professor. Acometido por dores constantes e ainda atormentado por enxaquecas e pela debilidade de sua visão, ele consultou um médico novo, amigo de Wagner, que então perguntou ao compositor o que achava da saúde de Nietzsche. Segundo descobriu o filósofo, a resposta de Wagner fora devastadora: ele explicou sua convicção de que a saúde deteriorante de Nietzsche era o resultado de "perversões contrárias à natureza, com alusões à pederastia".[60] (Esse foi um episódio especialmente perverso de uma série de traições que, fossem reais ou imaginárias, levaram Nietzsche a se voltar violentamente contra seu velho ídolo.)

Aparentemente, o mesmo médico também disse a Nietzsche, alguns meses depois, que ele estaria sofrendo de uma séria doença cerebral (talvez suspeitando de que seu paciente de fato demonstrava os primeiros sintomas do tipo de demência associado à sífilis). Na Basileia, rumores sobre a sanidade de Nietzsche começaram a se espalhar.

No outono de 1878, Ludwig von Scheffler, o antigo aluno de Nietzsche, retornou à Basileia pela primeira vez em meses e decidiu visitar o velho professor, no intuito de saber como estava. Advertido de que Nietzsche não recebia visitas, ele se pôs de pé num fastidioso subúrbio da Basileia e espiou por uma janela. Do lado de dentro, viu Nietzsche curvado sobre uma mesinha desorganizada, num pequeno cômodo repleto de utensílios de cozinha. Von Scheffler ficou atônito: "Seria ainda o mesmo homem que, outrora, se sentou à minha frente sobre uma delicada mobília de renda, e cuja sensibilidade femininamente delicada só tolerava beleza ao seu redor?"[61]

Na primavera de 1879, Nietzsche enviou seu pedido de demissão à Universidade da Basileia, alegando ser dono de uma saúde frágil. A ele foi concedida uma pequena pensão anual, sua primeira fonte de renda nesta nova fase da vida.

Deste momento em diante, ele viveria como um nômade sem residência fixa, vagando entre a Alemanha, a Suíça e a Itália em meio a dores crônicas. Nietzsche sofreria de convulsões repentinas, as quais o acometiam como relâmpagos e o deixavam paralisado, com seus olhos nublados e seu espírito ocasionalmente exausto. Contudo, ele ainda ansiava, mesmo que apenas em seus escritos, por expressar alguma possibilidade nova e até então desconhecida de vida filosófica.

Em resposta aos votos de feliz 1880 enviados por seu médico, Nietzsche confidenciou que minha existência é um fardo terrível. Eu já teria me livrado dela há muito tempo se não fossem os testes instrutivos e os experimentos mentais e morais que faço exatamente nestas circunstâncias de sofrimento, assim como uma renúncia quase completa. [...] De modo geral, estou mais feliz do que antes. Ainda assim, sofro de dores contínuas; durante muitas horas do dia, de sensações muito parecidas com enjoos, de uma semiparalisia que torna difícil a fala, alternando-se com ataques de fúria.[62]

Nesse momento, ele já vivia à base de diversos analgésicos, alguns dos quais eram opiatos poderosos. Porém, entre as enxaquecas e as convulsões, ele também vivenciou momentos de intensa euforia. Nietzsche registrava seus pensamentos e, quando conseguia se acalmar, escrevia furiosamente.

No verão de 1881, o filósofo viajou por via férrea de Recoaro Terme, na região italiana do Vêneto, até Graubünden, cantão ao leste da Suíça não muito distante da fronteira com a Itália. Ele acabou por se instalar num hotel em Sils-Maria, pequena aldeia rodeada por lagos e localizada num arborizado vale alpino. Pela primeira vez, começou a ler com seriedade o filósofo holandês Spinoza (1632-1677), pensador independente familiarizado com o cartesianismo e, a exemplo de Descartes, visto por muitos como um ateu dissimulado. "Sua tendência toda é a minha", escreveu a seu velho amigo Franz Overbeck,

fazendo do conhecimento *a paixão mais poderosa*; porém, também me encontro em cinco pontos cruciais de sua doutrina; o mais anormal e solitário dos pensadores se aproxima de mim precisamente por: negar o livre-arbítrio, negar os propósitos, negar a ordem moral do mundo, negar o que é não egoístico e negar o mal.[63]

Alguns dias depois, numa de suas caminhadas diárias pelos prados vizinhos, ele foi tomado por uma inspiração surgida aparentemente do nada. Num pedaço de papel, Nietzsche registrou o momento: "Começo de agosto de 1881 em Sils-Maria, 6.000 pés acima do nível do mar e muitos mais sobre as coisas mundanas!" Com pressa, sob o título "eterno retorno", ele anotou alguns pensamentos enigmáticos: "A paixão pelo conhecimento. [...] O inocente. O indivíduo como experimento. A mitigação da vida, humilhação, alívio – transporte. O novo *peso pesado: o eterno retorno do mesmo*."[64]

Ele transmitiu a boa-nova para um de seus parceiros mais próximos:

Em meu horizonte, surgiram pensamentos que nunca vira antes. [...] Ah, meu amigo, às vezes passa por minha cabeça a ideia de que estou vivendo uma vida extremamente perigosa, pois sou uma daquelas máquinas que podem explodir. As intensidades de minha sensibilidade me fazem tremer e gargalhar; muitas vezes, não pude deixar meu quarto pela ridícula razão de ter os olhos inflamados – de quê? Toda vez, eu chorara demasiadamente na caminhada do dia anterior, e não lágrimas sentimentais, mas de alegria; eu cantava e falava absurdos, em plenitude após vislumbrar as coisas que me colocavam à frente de todos os outros homens.[65]

Além de si mesmo, Nietzsche recorreu a um novo alter ego, um personagem fictício que chamou de Zaratustra para comunicar suas revelações mais recentes. Seu modelo para Zaratustra era Zoroastro, o lendário poeta e profeta persa, fundador da religião zoroastrista. Hoje, os pesquisadores acreditam que ele brilhou mais ou menos mil anos antes do nascimento de Cristo; na Grécia Antiga, o próprio nome do profeta era evocativo, formado a partir da mistura da palavra *zoros*, que significava "não diluído", e *astra*, ou "estrelas". Os poetas e filósofos gregos consideravam Zoroastro uma fonte de sabedoria órfica. Para eles, o persa profetizava um universo dilacerado, envolvido numa luta cósmica entre a verdade e as mentiras, não muito diferente daquela que Nietzsche imaginava travar consigo mesmo. Ele elaborou uma nova série de aforismos, a fim de apresentar, de maneira fragmentária, o caráter de Zaratustra e suas mais novas convicções.

O primeiro resultado desse processo foi *A gaia ciência*, obra cuja maior parte foi escrita entre outubro de 1881 e março de 1882, sendo publicada ainda naquele ano com uma epígrafe de Emerson: "Para o poeta, para o filósofo, para o santo, todas as coisas são caras e sagradas, todos os acontecimentos proveitosos, todos os dias sagrados e todos os homens divinos."[66]

Ao final do quarto livro de *A gaia ciência*, sob o título *Incipit tragoedia*[67] [A tragédia começa], o Zaratustra de Nietzsche faz a sua estreia. Talvez o aforismo mais famoso do filósofo também apareça nesse contexto. Intitulado "O louco", ele descreve como um tolo que carregava uma lamparina em plena luz do dia (evocando Diógenes) gritava: "Procuro Deus! Procuro Deus!" (No primeiro esboço desse aforismo, o tolo é chamado de Zaratustra.) Ele então declara que "Deus está morto" e, em seguida, de maneira mais enigmática, pergunta: "A grandeza desse feito não é demasiadamente grande para nós? Não devemos tornarmo-nos deuses nós mesmos, a fim de que pareçamos dignos dele?"[68]

Em abril de 1882, após terminar um dos rascunhos de *A gaia ciência*, Nietzsche viajou sozinho para a Sicília, onde ficou exposto ao sol e visitou as ruínas gregas. Ele retornou por Roma, onde seu velho amigo Paul Rée o apresentou a uma jovem russa e exótica: Lou Andreas-Salomé. Como outro amigo em comum lhe explicou antes de sua chegada, aquela jovem parecia ter "alcançado os mesmos resultados de seu próprio pensamento filosófico, isto é, o idealismo prático, com a rejeição de toda suposição metafísica". Embora só tivesse 21 anos de idade, Salomé já conhecia bem a filosofia e a teologia ocidentais, as religiões do mundo e a literatura alemã e francesa. (Ela viria a se tornar uma autora prolífica de romances e ensaios, psicanalista, amante do poeta Rilke e amiga de Sigmund Freud.)

Apesar de possuir uma beleza impressionante, tornando-se posteriormente uma *femme fatale*, em 1882 Salomé era uma virgem declarada que se vestia como freira, ostentando uma túnica negra abotoada até o pescoço. Julgando-se diante da rara oportunidade de desempenhar o papel de casamenteiro para seu mestre espiritual, Rée sugeriu que Nietzsche a tomasse como esposa: por questões de decoro, ela precisava de um consorte inteligente, tal como Nietzsche necessitava de alguém para silenciar as incansáveis exigências de sua mãe, que desejava ver casado aquele solteiro inveterado. Nietzsche hesitou antes de ceder aos encantos de Salomé, mas quando isso aconteceu, também Rée havia se apaixonado. De qualquer forma, Salomé não tinha qualquer interesse em se casar com Nietzsche por conveniência. Então, o trio amadureceu uma nova ideia: a de viverem juntos, em Paris, um *ménage à trois* platônico.

Enfeitiçado por Salomé, Nietzsche se tornou, miraculosamente, uma pessoa loquaz. De repente, sentia-se capaz de conversar sem parar acerca de suas intuições mais profundas. Ele relatou seu momento de visão em Sils-Maria e o projeto de escrever uma sequência para *A gaia ciência*, considerando sua companheira "peculiarmente pronta para a parte de minha filosofia que, até hoje, esteve praticamente abscôndita".[69] Do mesmo modo, ela partilhava a certeza recém-descoberta de que os sistemas filosóficos poderiam ser proveitosamente reduzidos à condição de "registros pessoais de seus autores"[70] – um projeto que Nietzsche defendera em anos anteriores, nos cadernos e lições que tratavam dos filósofos pré-platônicos.

E isso não era tudo. De acordo com Salomé, eles também conversavam sobre sexo. "Na medida em que as pessoas cruéis são também masoquistas, toda a situação é de relevância para a questão da bissexualidade", escreveu ela, anos depois, num diário mantido em 1912 e 1913, após ter se familiarizado com a obra de Freud e enquanto se preparava para tornar-se psicanalista. Ela continua: "A primeira pessoa com quem falei sobre isso foi Nietzsche, ele mesmo um sadomasoquista. Recordo-me, também, de que em seguida não ousávamos olhar nos olhos do outro."[71]

Em outubro, Salomé e Paul Rée deixaram Nietzsche em Roma, aparentemente para buscar um apartamento em Paris para os três. Logo, porém, tornou-se claro que Salomé fugira com a velha alma gêmea de Nietzsche. Em dezembro, tendo se mudado durante o inverno para uma pensão em Rapallo, cidade costeira próxima a Gênova, o humilhado pretendente enviou uma odiosa carta ao casal:

> Considerem-me, ambos, um semilunático ruim da cabeça, completamente aturdido após um período de longa solidão. A esta visão das coisas, que julgo *sensível*, cheguei após tomar uma grande dose de ópio – em desespero. Porém, em vez de perder a razão, parece que finalmente vim a *conquistá-la*.[72]

Novamente sozinho, Nietzsche se refugiou em si mesmo. Incapaz de encontrar a tranquilidade por meio de um *ménage* platônico, ele retornou ao personagem de Zaratustra. Semanas apáticas davam lugar a surtos eufóricos de inspiração: escrevendo calorosamente no início de 1883, como se em transe, ele produziu em dez dias a primeira parte de *Assim falou Zaratustra*, logo enviando o texto revisado para publicação.

Nos meses que se seguiram, Nietzsche oscilou entre a mania e a depressão. Contudo, sempre que a euforia retornava, ele se via capaz de pensar com clareza e de escrever com vivacidade. Em dois outros surtos de contínua produtividade – também de dez minutos – o filósofo completou a segunda e a terceira partes do *Zaratustra*. Ele nunca se sentira tão feliz, explicando em carta a Franz Overbeck que seu novo trabalho "traz uma imagem de mim mesmo no mais nítido foco, tal como eu sou *após* ter me livrado de todo o meu fardo".[73]

Naqueles meses, Overbeck continuou a ser um amigo e correspondente fiel, aflitivamente cônscio das ferozes oscilações de humor de Nietzsche. "Nietzsche já era habitado por Zaratustra", observou Overbeck anos depois, acrescentando que,

> como indivíduo, Nietzsche sempre se encarou com uma seriedade religiosa, o que explica o fenômeno, incompreensível de outra forma, das duas caras que ele apresentava aos que o conheciam: a natureza selvagem e tempestuosa, o fanático (o que ele, de tempos em tempos, admitia ser) e o homem modelar.[74]

Overbeck falou também do "*culto* de si" de Nietzsche, e com boas razões. Segundo lhe confidenciara o filósofo em carta escrita ao final de 1882, a redação de *Zaratustra* lhe proporcionaria "a mais esplêndida chance de provar que, para mim" – assim como para Emerson –, "'todas as experiências são úteis, todos os dias sagrados e todas as pessoas divinas'!!!"[75]

Nietzsche se sentia em águas desconhecidas. Ele não era mais um acadêmico, não mais lecionava no interior de uma sala de aula, não mais ambicionava algum tipo de equilíbrio sereno – ao contrário de Montaigne – e se contentava em analisar, com perplexa indulgência, as tolices e fraquezas do homem. Ele era um homem possuído.

"Quando novo", escreveu ele em um caderno da época,[66] "eu me preocupava com o que a filosofia de fato era. [...] Por fim, percebi que existem dois tipos de filósofo". Um deles se assemelhava a Kant, alguém que ansiava por "fixar um grande corpo de valorações" e que fizera com que todas as avaliações morais fossem, "até agora, fáceis de serem examinadas, compreendidas, manejadas". Nietzsche admitia que essa era uma façanha "grande e espantosa", mas que não era mais o seu tipo de filosofia. "Os verdadeiros filósofos *comandam e legislam*; eles dizem: é assim que isso *deve* ser! São eles que determinam o 'Para onde' e o 'Para que' do homem."[76]

Em *Assim falou Zaratustra*, Nietzsche se esforçou para oferecer uma fórmula poética definitiva para o que Lou Salomé chamou de "o movimento profundo daquele que busca a Deus [...], alguém que veio da religião e que caminhava para a profecia religiosa".[77] O que encontrava aquele que buscava a Deus era, na verdade, aquilo que seu porta-voz Zaratustra proclama: nada menos do que um novo evangelho de autoconfiança, transmitido por meio de uma narrativa mítica, cujo objetivo é se equiparar à mitificação musical do *Anel* de Wagner e que se fundamenta em sua nova ideia principal: a do eterno retorno.

A essência de tal ideia fora abordada publicamente, pela primeira vez, no penúltimo aforismo da primeira edição de *A gaia ciência*, sob o título "O peso mais pesado":

> Essa vida que agora vives e viveste, tu terás de viver mais uma vez e inumeráveis vezes mais; e nada de novo encontrarás nela, mas toda dor e todo júbilo, todo pensamento e todo suspiro, tudo de indizivelmente grande e pequeno em tua vida retornará a ti, na mesma cadeia e sequência.[78]

A ideia era, em parte, uma experiência do pensamento, um exercício espiritual: imagine ter de viver sua vida toda de novo. Como esse pensamento lhe parece? Se a possibilidade o enche de pavor, você ainda não se reconciliou com aquilo que em sua natureza é inalterável, ainda não se tornou o que você é, ainda não foi capaz de dizer "*Sim* para o mundo tal como ele é, a ponto de desejar sua recorrência absoluta e sua eternidade, o que significaria um novo ideal de filosofia e sensibilidade".[79]

Contudo, a ideia do eterno retorno não era apenas um exercício espiritual, mas também um teorema metafísico, admitido pela fé e não muito diferente da proposição de Tales, para quem "todas as coisas são uma só".

Em seus cadernos, Nietzsche tentou persuadir a si mesmo de que a ideia tinha sentido nos termos da ciência natural. No entanto, ele acabou precisando retroceder à explicação, dada no *Ecce Homo*, de que sua ideia tivera origem numa intuição mística: "Alguém sabe ao certo, no final do século XIX, o que os poetas de épocas fortes chamavam de *inspiração*? Caso ninguém saiba, eu a descreverei. – Com o menor resíduo de superstição em si mesmo" – e o filho de um ministro luterano não teria como escapar de ao menos *algum* resíduo –,

> qualquer um julgaria difícil recusar a ideia de que é apenas encarnação, apenas porta-voz, apenas um instrumento de forças irresistíveis. [...] Nós ouvimos, não procuramos; nós aceitamos, não perguntamos quem oferece; como um raio, por necessidade, um pensamento vem à luz, não hesitando quanto à sua forma – jamais tive qualquer escolha. [...] Tudo se dá involuntariamente, no mais alto grau, mas como em um vendaval de sentimentos de liberdade, de incondicionalidade, de poder, de divindade.[80]

É fácil conceber *Assim falou Zaratustra* como o resultado de uma espécie de inspiração divina. Febril e por vezes sentenciosa, sua prosa é com frequência exaustiva, apesar do cômico alívio proporcionado por inúmeras paródias de passagens bíblicas. No entanto, Zaratustra não desce de seu monte com uma tábua da lei. Do mesmo modo, ele não se comporta como seu homônimo histórico, que, como observa Nietzsche, "foi o primeiro a considerar que a luta entre o bem e o mal era a verdadeira roda motriz no maquinário das coisas". Em vez disso, o porta-voz de Nietzsche reparará as tolices de Moisés e Zoroastro, forjando um código de valores que, de maneira confessa, se encontra além das concepções monoteístas do bem e do mal.

Dessa forma, na terceira e culminante parte de *Assim falou Zaratustra*, no capítulo mais longo de toda a obra, o profeta de Nietzsche fala "Das antigas e das novas tábuas". Zaratustra reitera seus três teoremas metafísicos fundamentais. Ele recapitula a ideia do eterno retorno. Ele recorda a noção da "vontade de potência", revelando que todas as coisas, incluindo os seres humanos, querem um poder cada vez maior – o que, na verdade, é uma revisão "daimônica" (e darwinista) do ensinamento aristotélico de que, por meio de suas ações, todos os homens buscam a *eudaimonia*, ou "felicidade". Além disso, ele proclamava novamente o *Übermensch*, ou "super-homem", uma versão naturalizada da "superalma" anunciada por Emerson – palavras que, em ambos os casos, impõem a cada indivíduo um desafio único: o de (nas palavras de Nietzsche) "concentrar e unir tudo o que, no homem, não passa de fragmento, mistério e horrendo acaso".[81]

Sem se contentar apenas em expressar seus teoremas metafísicos, o profeta de Nietzsche também reitera, enfatizando com pontos de exclamação, uma série de novos mandamentos: "Consiste a divindade em haver deuses, mas não Deus!" "Destruí as velhas tábuas da lei!" *"Não tenhais misericórdia de teu próximo!"*[82]

Como Sócrates, Nietzsche havia examinado a si próprio. Como Platão, estava disposto a legislar para os outros, ainda que como um ventríloquo falando através de Zaratustra, seu profeta fictício. Porém, ao contrário dos filósofos que separaram Aristóteles de Agostinho, o profeta claramente ficcional de Nietzsche não ordenará a obediência a qualquer conjunto de preceitos e crenças positivos, incorporados por meio de palavras e atos. Afinal, como Montaigne, Nietzsche acabou por ver a si mesmo como uma criatura em fluxo, uma potencialidade pura para o ser, duvidosamente orientada para o que outrora fora visto como o bom, o verdadeiro e o belo. Então, como consequência, ele fará com que Zaratustra proclame, a exemplo de Emerson, um evangelho da autoconfiança.

Após terminar a terceira parte do *Zaratustra*, no início de 1884, Nietzsche estava mais convicto do que nunca de que era um pensador monumental, o grande legislador responsável por uma revelação nova e libertadora. "Pela primeira vez percebo ser possível a ideia de que a humanidade se dividirá em duas", escreveu a Franz Overbeck em março. "Todos os que viveram [*nas páginas de* Zaratustra] retornarão ao mundo vendo as coisas de maneira diferente", acrescentou em outra carta, enviada algumas semanas depois.[83]

Porém, seus meses de inspirada criatividade terminaram de modo tão abrupto quanto haviam começado. Além disso, com o passar do tempo e os volumes de *Zaratustra* jorrando do prelo, Nietzsche foi levado a admitir que sua profecia encontrara ouvidos surdos, que ele agora tinha de lutar com o "pavoroso silêncio que o indivíduo ouve ao seu redor".[84] Quando a editora de Nietzsche, prestes a falir, tentou vender os direitos da obra do filósofo para levantar fundos, não encontrou qualquer comprador.

Embora seus trabalhos não vendessem, Nietzsche continuou a escrever, redigindo a quarta e última parte de *Assim falou Zaratustra* – uma paródia, como se para insinuar que Zaratustra era mais um palhaço do que um profeta.

Um visitante que foi procurá-lo em Sils-Maria no verão de 1884 encontrou uma alma doente e abatida. Nietzsche imediatamente começou a falar sobre o quão insuportável era a sua aflição. Ele me descreveu como, ao fechar os olhos, via uma abundância de flores fantásticas, serpenteando e entrelaçando-se, crescendo constantemente, mudando de forma e cores em exótica riqueza. [...] Então, fixando em mim aqueles olhos enormes e escuros, perguntou com sua voz fraca e uma inquietante urgência: "Não te parece que essa condição seja um sintoma de loucura incipiente? Meu pai morreu com uma doença no cérebro."[85]

Nietzsche continuou se mudando de um lugar a outro: Suíça no verão, Itália no inverno. Terminado o *Zaratustra*, ele voltou a trabalhar em seus conceitos fundamentais, na esperança de produzir uma explicação mais sistemática de sua visão de mundo. Nietzsche planejou um livro maior, *A vontade de potência*, e começou a encher seus cadernos com trechos a serem incluídos. Enquanto se ocupava com a obra, compilou outro livro de aforismos sobre sentimentos morais. Embora fosse difícil encontrar uma nova editora disposta a lançar *Para além do bem e do mal*, em 1886 a obra finalmente foi publicada.

Quando, naquele verão, Nietzsche visitou a Basileia pela primeira vez em anos, velhos amigos ficaram chocados com o que viram. "Uma atmosfera peculiar e indescritível emanava dele", escreveu Erwin Rohde, "algo que me abalou profundamente, [...] como se ele viesse de um país em que ninguém mais vivia".[86]

Certo de que os leitores não haviam compreendido a importância de *Para além do bem e do mal*, Nietzsche tentou esclarecer sua posição numa série de três ensaios intitulada *A genealogia da moral* e publicada como livro em 1887. Nesse ano, ele passou um tempo em Nice, viajou da Itália para a Suíça, permaneceu em Sils-Maria durante o verão e retornou para Nice por Veneza. O tamanho e o escopo de *A vontade de potência* continuavam a crescer; ele começara a desenvolver seus teoremas metafísicos da forma mais completa possível, mas encontrava dificuldades para dar forma ao seu material.

Então, no verão de 1888, Nietzsche mudou de planos repentinamente. Reavaliando o conteúdo de seus cadernos, ele preparou rapidamente dois breves volumes de aforismos: *O crepúsculo dos ídolos* e *O anticristo* (os quais acabariam publicados em 1889 e 1895, respectivamente). O ritmo de seu trabalho cresceu. Em setembro, ele se mudou para Turim, a fim de lá passar o inverno, e começou a escrever *Ecce homo*, uma *apologia pro vita sua* autobiográfica cujo título aludia ao relato da Paixão de Cristo encontrado em João 19, 4-5: "Surgiu, então, Jesus, trazendo a coroa de espinhos e o manto de púrpura. Pilatos disse: 'Eis o homem.'" Nietzsche também preparou para a publicação um polêmico ensaio com o nome *Nietzsche contra Wagner*. Embora o compositor tivesse morrido cinco anos antes, ele ainda o via como uma pedra em seu sapato.

Em sua correspondência, Nietzsche se mostrava cada vez mais afetado. Em 7 de dezembro de 1888, ele escreveu: "Sou forte o suficiente para partir ao meio a história da humanidade." Em 18 de dezembro: "O mundo ficará de ponta-cabeça nos próximos anos: como o velho Deus abdicou, serei *eu* a governar o mundo." Em 21 de dezembro: "Há verdadeiros gênios entre os meus admiradores – hoje, nenhum nome é tratado com tanta distinção e reverência como o meu." Em 25 de dezembro: "Em dois meses, serei o principal nome do mundo." Em 29 de dezembro: "O que de mais extraordinário encontro aqui, em Turim, é o completo fascínio que exerço – sobre todas as classes de pessoas. Qualquer olhadela me trata como príncipe."[87]

Na manhã de 3 de janeiro de 1889, quando viu o motorista de uma charrete batendo em seu cavalo, Nietzsche abraçou o cavalo e desmoronou, precisando ser carregado de volta a seus aposentos. Alguns dias depois, sua senhoria, assustada com o comportamento cada vez mais instável do filósofo, espiou pela fechadura de seu cômodo e descobriu que ele cantava "e saltitava completamente nu".[88]

Depois de receber um bilhete em que Nietzsche assinava como "Dioniso" e outro, ainda mais insano, no dia 6 de janeiro, Jacob Burckhardt apelou angustiadamente para Franz Overbeck, solicitando que ele partisse imediatamente para Turim e buscasse seu velho amigo.

Overbeck chegou a Turim no dia seguinte. Ele encontrou Nietzsche "aninhado, lendo no canto de um sofá. [...] O incomparável mestre da expressão é incapaz de transmitir sua alegria de qualquer outra forma que não por expressões extremamente triviais ou dançando e pulando de maneira cômica".[89]

Sob os cuidados dos médicos e de sua família, Nietzsche viveria por mais 11 anos, acometido pela demência paralítica e incapaz de falar ou escrever. A cada ano que passava, sua fama crescia. Uma famosa fotografia tirada naqueles anos mostra o filósofo de perfil, com um impressionante bigode de morsa e um semblante pétreo – a própria imagem do profeta sisudo, como se imobilizado pelo olhar da eternidade.

Após a morte de sua mãe, em 1897, a irmã de Nietzsche o levou para uma vila em Weimar, aonde afluía um número constante de peregrinos que desejavam contemplar aquele grande homem e refletir sobre o quão irônico era o fato de (segundo um visitante) "apenas um milagre ser capaz de salvar Zaratustra, o infiel". A vida de Nietzsche como filósofo chegara ao seu termo em 1889; porém, quando ele morreu, em 25 de agosto de 1900, sua fama ainda estava em formação.

Tal fama era algo que o próprio Nietzsche ajudara a forjar, sobretudo através do personagem de Zaratustra; no entanto, seu interesse pela criação dos mitos mostra-se clara desde o começo. Assim, já em 1872, numa das notas elaboradas para seu incompleto "O filósofo" – escritas muito antes de Zaratustra ser concebido –, ele imaginou um solilóquio para Édipo que pode ser usado como um epitáfio assustadoramente adequado ao próprio Nietzsche:

> Afirmo ser eu mesmo o último filósofo porque sou o último ser humano. Eu mesmo sou o único que fala comigo, e minha voz chega até mim como a voz de alguém que agoniza. Deixe-me conversar com você, amada voz, por apenas uma hora, com você, lembrança última de toda a felicidade humana. Com sua ajuda, me iludirei quanto à solidão e encontrarei meu caminho para a comunhão e o amor; pois meu amor se recusa a acreditar que o amor está morto; ele é incapaz de tolerar o calafrio da solidão mais solitária, e me força a falar como se eu fosse Dois.[90]

EPÍLOGO

Nietzsche, obviamente, não foi o último filósofo nem, apesar de ver a si mesmo como alguém inigualável, o último pensador a se sentir desafiado pelo exemplo de Sócrates. No século XX, homens como Martin Heidegger e Ludwig Wittgenstein manteriam viva a ideia da filosofia como modo de vida – algo que também se aplica a Michel Foucault, que, em suas últimas lições no Collège de France, ajudou a inspirar as 12 pequenas biografias que compõem este livro.

Como alguém criado numa comunidade luterana que estimava a introspecção e as profissões sinceras de benevolência; que iniciou seus estudos formais de filosofia a partir da leitura de textos existencialistas essenciais, como *Ser e tempo*, de Heidegger, e *O ser e o nada*, de Jean-Paul Sartre, os quais encorajavam seus leitores a viverem uma vida de "autenticidade"; eu por muito tempo presumi, como o Sócrates da *Apologia* de Platão, que "a vida imponderada não é digna de ser vivida".

Porém, como um historiador que acaba de contar a história de 12 homens diferentes que se empenharam para satisfazer a ambição socrática em várias épocas e lugares, confesso que algumas de minhas velhas suposições sobre o valor da vida ponderada foram abaladas, em parte porque retratar essas vidas filosóficas suscitou em mim uma série de reações inesperadas: não apenas espanto e admiração, mas também pena, desgosto e, em alguns casos, uma divertida incredulidade.

Na Antiguidade, uma vida ponderada geralmente não era um fim em si. Para alguns dos filósofos clássicos, ela era um meio que conduzia à felicidade e à tranquilidade; para outros, uma condição necessária à salvação eterna. A maioria dos autores antigos a considerava algo perfeitamente adequado tanto à investigação rigorosa quanto a uma fé primordial em Deus ou no Bem.

Ainda assim, para Montaigne e muitos modernos que se empenharam para descrever honestamente a natureza heterogênea da experiência interior, a busca pelo autoconhecimento não mais se adequa facilmente à confiança na ciência ou à crença num cosmos divinamente ordenado. De fato, a tentativa de conhecer a si mesmo parece, em alguns casos – Nietzsche é um exemplo –, ter terminado em fracasso, como se para confirmar a observação nietzschiana de que "somos necessariamente estranhos para nós mesmos".[1] Para piorar, a própria prática do autoexame, em virtude do caráter proteico e efêmero da experiência interior, parece ter se tornado, na modernidade, uma possível fonte de depressão – Montaigne fala de seu "humor melancólico"[2] – e, nos casos de Rousseau e Nietzsche, até mesmo de loucura.

Alguns podem acolher de bom grado um resultado tão punitivo; afinal, o eu conflitivo investigado por filósofos que vão de Sêneca a Nietzsche se revela miserável, vão e demasiadamente humano, sendo culpado por impossibilitar uma vida de perfeita integridade ou sabedoria.

De algumas formas, Montaigne, como bom conhecedor de Agostinho, partilhava dessa perspectiva humilhante. No entanto, ele rejeitava explicitamente aquelas formas de perfeccionismo moral que envolviam um sentimento crônico de culpa. Então, como Emerson, ele teve a sorte de encontrar para si mesmo – em parte através de seus ensaios introspectivos – um temperamento uniforme, o qual lhe permitiu contemplar seus fracassos e as tolices alheias com invejável tranquilidade.

Nietzsche, por sua vez, foi incapaz de se livrar do peso da culpa incessantemente escrutinado e criticado em seus textos, talvez por ser dono de uma natureza marcada pelas práticas punitivas de autoexame transmitidas por seu pai luterano e assimiladas, novamente, dos filósofos antigos, tão obcecados quanto ele por responder, sem temor, "a questão da verdade – a verdade que diz respeito ao que se é, ao que se faz e ao que se é capaz de fazer".[3]

A moral dessas biografias filosóficas, portanto, não é simples ou uniformemente edificante. Para quem estiver em busca de felicidade, de sabedoria política ou de salvação, o autoexame filosófico parece ter culminado, com a mesma frequência, na insegurança e na autoconfiança, no sofrimento e na alegria, em atos públicos impulsivos e em condutas políticas prudentes, assim como em situações de tormentos autoimpostos e em situações de graça salvífica.

Não surpreende o fato de Montaigne chamar o filósofo que busca a sabedoria de "investigador sem conhecimento, magistrado sem jurisdição e, de modo geral, o bobo da farsa".[4]

Examinando alguns dos predecessores de Montaigne, também somos levados a questionar se não compreenderíamos diferentemente a filosofia como modo de vida se pudéssemos saber tanto sobre a vida de Sócrates e de Platão quanto sabemos sobre a vida de Emerson e Nietzsche. É difícil acreditar que os filósofos da Antiguidade agiam e falavam de maneira tão coerente quanto parecem ter feito nas lendas que sobrevivem acerca de suas vidas. Os mitos certamente são encantadores, mas também tornam Sócrates, Platão e Diógenes um tanto distantes, mais parecendo estátuas reluzentes de mármore do que criaturas falíveis, de carne e osso.

Com Sêneca e Agostinho, porém, começamos a sentir certa proximidade, pois vislumbramos o que parecem ser histórias mais realistas, cheias de incidentes, acidentes, sucessos e fracassos – uma cacofonia de crenças e de códigos de conduta concorrentes. Em vez de definir um eu essencial, moldado primeiramente pela intuição de uma Forma governante do Bem, Sêneca levantou uma variedade de sensações, emoções e sentimentos, da raiva e do pesar à alegria e à felicidade. Agostinho reconheceu uma paisagem interior semelhantemente variada, a qual servia para assinalar o abismo entre o eu caído dos seres humanos e a unidade perfeitamente racional de Deus e sua bondade.

Quando, em seus *Ensaios*, Montaigne tentou – e não conseguiu – emular a tranquilidade estoica de Sêneca, optando por descrever a si próprio como de fato era, ele acabou se desvencilhando do perfeccionismo moral tradicional que vinculara os ideais filosóficos de Sócrates e Platão àqueles articulados por Sêneca e Agostinho. Então, quando Rousseau, de maneira ainda mais espetacular, se mostrou incapaz de viver de acordo com seu hercúleo padrão de conduta virtuosa, ele não teve medo de reconhecer a única consequência possível: "Quereis que as pessoas sejam sempre coerentes" – a ideia clássica de unidade racional. "Duvido que isso seja possível ao homem; no entanto, a ele é possível ser sempre verdadeiro: e é isso que desejo tentar ser."[5]

"O amor à verdade é terrível e poderoso", escreveu Nietzsche, e o traçado de sua vida, tal como da vida de mais uma série de filósofos modernos, indica a sabedoria dessa máxima. Consagrar a si mesmo à verdade – assim como examinar a si próprio e aos outros – parece algo mais difícil e menos recompensador do que aparentemente foi para Sócrates, há mais de 2 mil anos.

Talvez seja por isso que, em sociedades científicas e pragmáticas como a nossa, que instigam o ceticismo diante da contemplação interior, a "filosofia continue sendo", como lamentou Nietzsche, "o douto monólogo do andarilho solitário, o saque acidental do indivíduo, o esqueleto secreto no armário, ou então o inofensivo bate-papo entre acadêmicos sãos e crianças".[6]

Se, portanto, quisermos compreender "o mundo como ele de fato é", provavelmente devamos estudar (como Aristóteles, Descartes e Kant) os traços mais gerais e abstratos do mundo e as categorias com as quais pensamos, valendo-nos dos termos mais impessoais possíveis. Alguns biólogos evolucionistas contemporâneos e alguns cientistas cognitivos foram ainda além, afirmando que somente a ciência moderna produzirá conhecimentos úteis sobre a condição humana.

Além disso, se buscarmos basicamente a felicidade, a tranquilidade ou um significado transcendente para a vida, talvez seja de fato mais fácil abandonar a procura por um conhecimento científico incondicional e a tentativa filosófica de descobrir o que verdadeiramente somos, sustentando, em vez disso, uma fé específica – seja aderindo a algum tipo de culto religioso tradicional, seja explorando uma das várias alternativas contemporâneas. Como afirmou o famoso pregador americano Rick Warren, valendo-se de termos que repudiam a filosofia como modo de vida: "Você não descobrirá o sentido da vida olhando para dentro de si mesmo. [...] Você não se criou, então não tem como saber para o que foi criado!"[7]

Ainda assim, no contexto contemporâneo dominado pela luta entre a força pragmática da ciência aplicada e a força igualmente evidente de comunidades de fé – ambas desejando dar um sentido à vida –, a concepção clássica de filosofia como modo de vida sobrevive de maneira quase miraculosa. Ela continua a ser uma alternativa verdadeira, mas *apenas* se estivermos dispostos a desenvolver *nossas próprias* ponderações para responder perguntas monumentais como: "O que posso saber?", "O que devo fazer?", "O que posso esperar?"

Obviamente, uma "história que parte do problema da vida filosófica" não pode, por si só, indicar como abordar qualquer uma dessas questões. Por mais exemplares que possam ser, cada uma das vidas declaradamente filosóficas retratadas neste livro é literalmente inimitável – em parte por razões históricas inalteráveis, elas desafiam a imitação ou a simulação. No início do século XXI, carecemos dos recursos espirituais específicos e dos contextos culturais que tornaram possíveis as buscas características do século XIX abraçadas por Emerson e Nietzsche, sem falar nas vidas modernas de Montaigne e Descartes e nas vidas de modelos antigos, como Sócrates, Platão, Sêneca e Agostinho.

Como resultado, não pode haver para nós, hoje, qualquer forma ideal de filosofia como modo de vida, algo "idêntico para todos", segundo observou no século XX o filósofo alemão Karl Jaspers, utilizando para tanto uma imagem críptica: na melhor das hipóteses, a vida filosófica "é como uma chuva de estrelas, uma miríade de meteoros, as quais, sem saber de onde vêm ou para onde vão, permeiam a vida".[8]

Ainda assim, pode ter sido útil recordar alguns episódios fundamentais da filosofia que ainda assombram aqueles que, de maneira irrevogável, foram educados através de rituais de introspecção e que permanecem ligados, independentemente da regularidade, à possibilidade de praticar uma vida melhor ou mais "autêntica" para si mesmo e para os outros.

Afinal, quer reconheçamos ou não, nós ainda vivemos às sombras da injunção délfica "Conhece-te a ti mesmo" e da ambição socrática de examinar a nós mesmos e os outros, ainda que pareça uma tarefa infindável levar a sério esses ideais depois de Rousseau, Kant, Emerson e Nietzsche – não havendo qualquer objetivo estável e qualquer recompensa certa, exceto a experiência, ainda que breve, do anseio pela sabedoria e do desejo de viver de acordo com uma tal ambição, custe o que custar.

NOTAS

As obras citadas com frequência são indicadas pelas seguintes abreviações:

AK   Immanuel Kant, *Gesammelte Schriften*. Berlim: Preussichen Akademie der Wissenschaften, 1902–, 34 vols.
AT   René Descartes, *Œuvres de Descartes*. Ed. revisada. Org. Charles Adam e Paul Tannery. Paris: Vrin/C.N.R.S., 1964-76, 11 vols.
CC   Jean-Jacques Rousseau, *Correspondance complète de Jean Jacques Rousseau*. Org. R. A. Leigh. Genebra: Institut et musée Voltaire, 1965-98, 52 vols.
EJ   Ralph Waldo Emerson, *Emerson in His Journals*. Org. Joel Porte. Cambridge: Harvard University Press, 1982.
EL   Ralph Waldo Emerson, *Essays and Lectures*. Nova York: Library of American, 1983.
ET   Immanuel Kant, *Anthropology from a Pragmatic Point of View*. Trad. Victor Lyle Dowdell e Hans H. Rudnick. Carbondale: Southern Illinois University Press, 1978.
JMN   Ralph Waldo Emerson, *The Journals and Miscellaneous Notebooks*. Org. William H. Gilmann et al. Cambridge: Harvard University Press, 1960-82, 16 vols.
KSA   Friedrich Nietzsche, *Sämtliche Werke, Kritische Studienausgabe*. Org. Giorgio Colli e Mazzino Montinari. Nova York: W. De Gruyter, 1980, 15 vols.
OC   Jean-Jacques Rousseau, *Oeuvres complètes*. Ed. Pleiade. Paris: Gallimard, 1959-95, 5 vols.
PW   René Descartes, *Philosophical Writings*. Trad. John Cottingham et al. Nova York: Cambridge University Press, 1984-91.
SL   Ralph Waldo Emerson, *The Selected Letters of Ralph Waldo Emerson*. Org. Joel Myerson. Nova York: Columbia University Press, 1997.

INTRODUÇÃO

1. Blackburn, Simon. *Oxford Dictionary of Philosophy*. 2ª edição. Nova York: Oxford University Press, 2008. Essa é uma obra de referência indispensável.
2. Benhabib, Seyla. "Taking Ideas Seriously". *Boston Review*, dezembro de 2002/janeiro de 2003, p. 40.
3. Nehamas, Alexander. *The Art of Living*. Berkeley: University of California Press, 1998, p. 2.
4. Hadot, Pierre. *What Is Ancient Philosophy?* Trad. Michael Chase. Cambridge: Harvard University Press, 2002, p. 3.
5. Xenofonte, *Memorabilia*, IV, iv, 10.

6. Diógenes Laércio, *Vidas e doutrinas dos filósofos ilustres*, I, 39.
7. Ibid., 34.
8. Num famoso trecho de sua *Poética*, Aristóteles classificou os *Sokratikoi logoi* de Platão como uma espécie de poesia.
9. Cf. Platão, *Leis*, 930b: "Precisamos encontrar vocábulos que *seduzam* [...]."
10. Momigliano, Arnaldo. *The Development of Greek Biography*. Cambridge: Harvard University Press, 1993, p. 46.
11. Nietzsche, Friedrich. "Dos usos e desvantagens da história para a vida", 6, *Considerações extemporâneas*, KSA 1, p. 288.
12. Traduzindo *Seinkönnen*, termo cunhado por Martin Heiddeger em *Ser e tempo*.
13. Nietzsche, Friedrich. "Schopenhauer como educador", 8, *Considerações extemporâneas*, KSA 1, p. 417.
14. Foucault, Michel. Palestra no Collège de France, 14 de março de 1984.
15. Idem.
16. Ver Sartre, Jean-Paul. *O ser e o nada*. Trad. Hazel Barnes. Nova York: Philosophical Library, 1956, p. 568, para a abordagem que Sartre chamou de "psicanálise existencial".
17. Nozick, Robert. *The Examined Life*. Nova York: Simon & Schuster, 1989, p. 15.
18. Kant, Immanuel. *Logik*, AK 9:25.
19. Diógenes Laércio. *Vidas*, prefácio, p. 12.
20. Aristóteles. *Metafísica*, 982b20.
21. Platão. *Apologia*, 28e.
22. Platão. *Fedro*, 229e-230a.
23. Eu escrevi sobre a questão num longo ensaio biográfico: "Heidegger's Guilt". *Salmagundi* 109-110. Inverno/primavera de 1996.
24. Emerson, Ralph Wado. "Os usos dos grandes homens". *Homens representativos*, I, *EL*, p. 615.
25. Nietzsche, Friedrich. "Schopenhauer como educador", 8, *Considerações extemporâneas*, KSA 1, p. 417.
26. Nietzsche, Friedrich. *Genealogia da moral*, prefácio, I, KSA 5, p. 247.

SÓCRATES

1. Robinson, Henry Crabb. *Blake, Coleridge, Wordsworth, Lamb, Etc.* Londres: Longman, 1922, p. 3.
2. Burckhardt, Jacob. *The Greeks and Greek Civilization*. Trad. Sheila Stern. Nova York: St. Martin's Press, 1998, p. 217.
3. Platão, *Apologia*, 31c-d.
4. Ver Nails, Debra. *The People of Plato*. Indianápolis: Hackett, 2002, pp. 264, 299, 218.
5. Diógenes Laércio, *Vidas*, II, 25.
6. Ibid., 27.
7. Ibid., 33.
8. Os indícios que dão suporte a essa afirmação foram recentemente organizados, à exaustão, por Wilson Nightingale, Andrea. *Genres in Dialogue: Plato and the Construct of Philosophy*. Nova York: Cambridge University Press, 1995. Cf. Frede, Michael. "The Philosopher". In: Brunschwig, Jacques e Lloyd, Geoffrey E. R. (orgs.). *Greek Thought*. Trad. Catherine Porter. Cambridge: Harvard University Press, 222, pp. 3-19.
9. Platão, *Fédon*, 96a.
10. Aristóteles, Fragmentos 1-3.

11. Ésquilo, *Prometeu acorrentado*, 309-10. Ver também Gregory Wilkins, Eliza. *The Delphic Maxims in Literature*. Chicago: University of Chicago Press, 1929; e Courcelle, Pierre. *Connais-toi toi-même de Socrate à Saint Bernard*. Paris: Études Augustiniennes, 1974.
12. Seguimos as especulações oferecidas em Reeve, C. D. C. *Socrates in the Apology*. Indianápolis: Hackett, 1989, pp. 21-32; e em Vlastos, Gregory. *Socrates: Ironist and Moral Philosopher*. Ithaca: Cornell University Press, 1991, pp. 288-89.
13. Platão, *Apologia*, 23b; *inútil* é a palavra de que se vale Péricles em sua famosa oração fúnebre, segundo afirma Tucídides em *História da guerra do Peloponeso*, II, 40.
14. Platão, *Banquete*, 175b.
15. Ibid., 203d.
16. Seguimos o relato de Grote, George. *History of Greece*. Londres: 1869-70, 8:211-12. Grote enfatiza o caráter público do modo de vida de Sócrates e as críticas que ele suscitava.
17. Aristóteles, em *Ética a Nicômaco*, 4.7, 1127b25, menciona Sócrates discutindo a prepotência e a falsa modéstia.
18. Diógenes Laércio, *Vidas*, II, 25.
19. Ibid., 22.
20. Ibid., 21.
21. Ver Zanker, Paul. *The Mask of Socrates*. Berkeley: University of California Press, 1995, p. 43.
22. Platão, *Banquete*, 216d-e.
23. Nietzsche, Friedrich. "O problema de Sócrates", 3, *O crepúsculo dos ídolos*. Zópiro foi o tema de um colóquio socrático – outrora famoso, hoje perdido – assinado por Fédon. Ver Kahn, Charles. *Plato and the Socratic Dialogue*. Nova York: Cambridge University Press, 1996, p. 11.
24. Diógenes Laércio, *Vidas*, II, 34.
25. Ibid., 48.
26. Plutarco, *De curiositate*, 2, 516c.
27. Aristófanes, *As nuvens*, 359.
28. Ibid., 363.
29. Ibid., 1508; ver também o clássico ensaio de K. J. Dover incluído na edição grega da peça (Nova York: Oxford University Press, 1989).
30. Plutarco, "Alcibíades", 4.
31. Ver Dover, K. J. *Greek Homosexuality*. Cambridge: Harvard University Press, 1978.
32. Plutarco, "Alcibíades", 4.
33. Platão, *Banquete*, 219c-d.
34. Ver, por exemplo, Bluck, R. S. "The Origin of the Greater Alcibiades". *Classical Quarterly* 3, n. 1/2, 1953, pp. 46-52.
35. Platão, *Alcibíades*, 105c.
36. Ibid., 116e.
37. Ibid., 117d.
38. Ibid., 124a-b.
39. Ibid., 130e
40. Cf. Plutarco, "Alcibíades", 2. Segundo afirma Plutarco, ele precisa forjar um caráter (*ethos*) forte o suficiente para dominar a força de sua paixão (*pathos*).
41. Platão, *Alcibíades*, 132ª.
42. Ibid., 135e.
43. Ibid., 4.
44. Plutarco, "Alcibíades", 6.

45. Idem.
46. Idem.
47. Ibid., 23.
48. Ibid., 16.
49. Para a história completa, ver Tucídides, *História da guerra do Peloponeso*, livros VI-VIII.
50. Xenofonte, *Memorabilia*, I, 2.36.
51. Platão, *Carta VII*, 324e-325a.
52. Diógenes Laércio, *Vidas*, II, 40. Cf. Platão, *Apologia*, 24b-c.
53. Platão, *Apologia*, 28e.
54. Ibid., 31c-d. Cf. Xenofonte, *Apologia*, 12-13.
55. Xenofonte, *Apologia*, 18.
56. Cf. Burnyeat, Miles. "The Impiety of Socrates". *Ancient Philosophy* 17, 1997, pp. 1-12.
57. Platão, *Críton*, 51b.
58. Aristófanes, *As aves*, 1280-83. O verbo *socratizar* foi cunhado pelo comediógrafo.
59. [Platão?], *Carta II*, 314c.
60. Ver Momigliano, *Development of Greek Biography*, pp. 46-48; e Kahn, *Plato and the Socratic Dialogue*, pp. 1-35.
61. Aristóteles, *Poética*, 1447b11.
62. A maior parte do parágrafo parafraseia Kahn, *Plato and the Socratic Dialogue*, p. 4.
63. Burnyeat, "The Impiety of Socrates", p. 1.
64. Cf. a discussão encontrada em Kahn, *Plato and the Socratic Dialogue*, pp. 88-95.
65. Ver a discussão encontrada em Nehamas, *The Art of Living*, pp. 46-98.
66. Platão, *Apologia*, 33a.
67. Ibid., 17b-c.
68. Ibid., 36b.
69. Ibid., 32d.
70. Jaspers, Karl. *The Great Philosophers: The Foundations*. Org. Hannah Arendt. Trad. Ralph Manheim. Nova York: Harcourt, 1962.
71. Platão, *Fédon*, 89d.
72. Esse parágrafo muito deve a Frede, Michael. "Plato's Arguments and the Dialogue Form". In Klagge, James C. e Smith, Nicholas D. (orgs.). *Methods of Interpreting Plato and His Dialogues. Oxford Studies in Ancient Philosophy*, 10, 1992: Suplemento, 215. Para uma tentativa contemporânea de explicar o que a "unidade racional" significa na prática, ver Hubbs, Graham. "The Rational Unity of the Self". Disponível em <http://etd.library.pitt.edu/ETD/available/etd-04052008-144828/unrestricted/Hubbs5April2008.pdf> (tese de doutorado, Universidade de Pittsburgh, 2008).
73. Nietzsche, Friedrich. "On the Uses and Disadvantages of History for Life", *Untimely Meditations*, p. 9.

PLATÃO

1. Diógenes Laércio, *Vidas*, III; Cf. Anônimo, *Prolegomena to Platonic Philosophy*. Org. e trad. Westerink, L. G. Amsterdã: North-Holland Publishing, 1962, I, p. 2.
2. Idem.
3. Ibid., I, pp. 4-6.
4. Ibid., I, p. 6.
5. Diógenes Laércio, *Vidas*, III, 26.

6. Ibid., 5.
7. Ibid., 4.
8. Ibid., 5.
9. Ver as traduções de Heráclito em Burnet, John. *Early Greek Philosophy*. Londres: 1982, pp. 130-68.
10. Diógenes Laércio, *Vidas*, III, 5.
11. Ibid., 5, 63.
12. Platão, *Carta VII*, 324b-d.
13. Seguimos as especulações de Grote, George. *Plato and the Other Companions of Sokrates*. Londres: 1865, 1:117; e Field, G. C. *Plato and His Contemporaries*. Londres: Methnen, 1930, p. 5.
14. Platão, *Carta VII*, 324d.
15. Ibid., 325a.
16. Idem.
17. Ibid., 326ab.
18. Friedländer, Paul. *Platão: An Introduction*. Trad. Hans Meyerhoff. Princeton: Princeton University Press, 1969, p. 6.
19. Diógenes Laércio, *Vidas*, II, 106; III, 6.
20. *Prolegomena to Platonic Philosophy*, I, p. 8.
21. Ver Kahn, Charles. *Pythagoras and the Pythagoreans*. Indianápolis: Hackett, 2001, pp. 6-7.
22. De "The Golden Verses of Pythagoras", 40ss. In: Guthrie, Kenneth Sylvan (org.). *The Pythagorean Sourcebook and Library*. Grand Rapids: Phanes, 1987, p. 164.
23. Platão, *Fedro*, 230a.
24. Ver as máximas encontradas em Guthrie, *Pythagorean Sourcebook*, pp. 159-61; e em Kahn, *Pythagoras and the Pythagoreans*, pp. 8-10.
25. Ver *Vidas*, VIII, 79-83; sobre Platão e Filolau, ver *Vidas*, III, 6, e VIII, 84-85.
26. Para a influência de Arquitas sobre Platão, ver Kahn, *Pythagoras and the Pythagoreans*, pp. 39-62.
27. Iâmblico, *The Life of Pythagoras*, 31. In: Guthrie, *Pythagorean Sourcebook*, p. 105.
28. Platão, *Carta VII*, 327a-b.
29. Plutarco, *Vidas*, Díon, 5.
30. Diógenes Laércio, *Vidas*, III, 18.
31. Plutarco, *Vidas*, Díon, 5.
32. Diógenes Laércio, *Vidas*, III, 20; VIII, 79.
33. Ibid., III, 9.
34. Ibid., 20.
35. Platão, *Carta VII*, 340c, d.
36. Aristóxeno, *Elementa Harmonica*, II, 1, citado em Patrick Lynch, John. *Aristotle's School: A Study of a Greek Educational Institution*. Berkeley: University of California Press, 1972, p. 90.
37. Na parte final dessa frase, estou parafraseando o filósofo britânico contemporâneo Bernard Williams, que defende sua própria concepção do valor da investigação científica.
38. Platão, *República*, 522-34.
39. Ibid., 506e, 533a. Cf. a linha de interpretação presente em Kahn, *Plato and the Socratic Dialogue*, pp. 329ss. O que penso sobre a *República* também sofreu a influência da obra de Harry Berger Jr.; ver, por exemplo, os ensaios de *Situated Utterances: Texts, Bodies, and Cultural Representations*. Nova York: Fordham University Press, 2005.
40. Platão, *Carta VII*, 342a-b.

41. Ibid., 344b.
42. Ibid., 341c-d.
43. Epícrates, citado em Field, *Plato and His Contemporaries*, pp. 38-39.
44. Tal como é confirmado pela leitura que faz Werner Jaeger da elegia de Aristóteles dedicada a Eudemo; ver Jaeger, Werner. *Aristóteles*. Trad. Richard Robinson. Nova York: Oxford University Press, 1962, pp. 106-109.
45. Citado em Friedländer, *Plato*, p. 99.
46. Platão, *Fédon*, 89d.
47. Aristóteles, Fragmento de um diálogo, em Temístio, orationes, 295cd, F 64 R^3. In: *Collected Works of Aristotle*. Org. Barnes, Jonathan. Princeton: Princeton University Press, 1984, 2:2418.
48. Seguimos os argumentos de Guthrie, W. K. C. *History of Greek Philosophy*. Nova York: Cambridge University Press, 1975, 4:285.
49. Para detalhes do que mais se sabe acerca desses personagens históricos, ver a prosopografia de Platão em Nails, *People of Plato*.
50. Platão, *Górgias*, 521c.
51. Ibid., 447c; cf. Guthrie, W. K. C. *The Sophists*. Cambridge: Cambridge University Press, 1971, pp. 41-44.
52. Platão, *Górgias*, 458c.
53. Ibid., 447d.
54. Ibid., 482b-c.
55. Ibid., 521d.
56. [Olimpiodoro], *Vida de Platão*, 61.
57. Hadot, *What is Ancient Philosophy?*, p. 60.
58. Diógenes Laércio, *Vidas*, III, 24.
59. Platão, *Carta VI*, 322d-e. Cf. Plutarco, *Adversus Colotem*, 1126c-d.
60. Seguimos o relato encontrado em Friedländer, *Plato*, pp. 102-103. Um relato mais cético da política da Academia platônica encontra-se em Brunt, P. A. "Plato's Academy and Politics". In: *Studies in Greek History and Thought*. Nova York: Oxford University Press, 1993, pp. 282-342.
61. Plutarco, *Vidas*, "Fócion", 4.
62. Idem.
63. Seguimos o relato de Green, Peter. *Alexander to Actium*. Berkeley: University of California Press, 1990, pp. 40-44.
64. Plutarco, *Vidas*, "Díon", 17, 49; cf. a interpretação apresentada em Grote, *History of Greece*, 10:339n2.
65. Plutarco, *Vidas*, "Díon", 47.
66. Ver Platão, *Carta VII*, 327b.
67. Ibid., 327e-328a.
68. Idem.
69. Ver Platão, *República*, 520a, para a necessidade de obrigar os filósofos a cuidarem dos outros.
70. Platão, *Carta VII*, 350c.
71. Ibid., 328b.
72. Ibid., 335d.
73. Plutarco, *Vidas*, "Díon", 13.
74. Platão, *Carta VII*, 330b.
75. Passagens retiradas de Platão, *Carta I*, 309c; *Carta II*, 312c; *Carta III*, 318e; *Carta XIII*, 361c-362a.

76. Platão, *Carta II*, 310e-311c.
77. Platão, *Carta VII*, 338b.
78. Ibid., 339e.
79. Ibid., 347b-c.
80. Ibid., 348a.
81. Ver Platão, *Carta VII*, 350b; e Diógenes Laércio, *Vidas*, III, 25.
82. Grote, *History of Greece*, 10:407.
83. Platão, *Carta VII*, 350d-e.
84. Platão, *Górgias*, 484d.
85. Platão, *Leis*, IV, 710e.
86. Ibid., V, 731e-732a.
87. Platão, *Carta VII*, 339a.
88. *Prolegomena to Platonic Philosophy*, I, p. 4.
89. Ver Diógenes Laércio, *Vidas*, III, 41.
90. Ibid., 40.
91. Platão, *República*, 473d.
92. *Prolegomena to Platonic Philosophy*, I, pp. 12-14.

DIÓGENES

1. Diógenes Laércio, *Vidas*, Vi, 41.
2. Ibid., 35.
3. Ibid., 76.
4. Ibid., 20.
5. Ver Dudley, Donald R. *A History of Cynicism*. Londres: 1937, pp. 21, 54-55; e Navia, Luis E. *Classical Cynicism*. Westport: CT, Greenwood, 1996, pp. 88-89.
6. Ver Seltman, C. T. "Diógenes of Sinope, Son of the Banker Hikesias". In: Mattingly, J. H. e Robinson, E. S. G. (orgs.). *Transactions of the International Numismatic Conference of 1936*. Londres: 1938.
7. Diógenes Laércio, *Vidas*, VI, 21. A expressão grega *paracharattein to nomisma* também pode ser traduzida como "falsifique o dinheiro" ou "modifique a cunhagem".
8. Ibid., 71 (usando a tradução de A. A. Long para a primeira parte da frase).
9. Ibid., 63.
10. Ibid., 11.
11. Ibid., 6.
12. Plutarco, *Moralia*, 77e-78a. Cf. Diógenes Laércio, *Vidas*, VI, 22.
13. Sêneca, *Epistulae*, 90, 14.
14. Uso atestado, pela primeira vez, em Aristóteles, *Retórica*, 1411a24.
15. Diógenes Laércio, *Vidas*, VI, 60.
16. Ibid., 20, 80; Dio Crisóstomo, *Discursos*, X, 30; ver também Krueger, Derek. "The Bawdy and Society". In: Bracht Branham, R. e Goulet-Cazé, Marie-Odile (orgs.). *The Cynics*. Berkeley: University of California Press, 1996, p. 226.
17. Ver os excertos de Filodemo traduzido para o francês em Dorandi, Tiziano. "La *Politeia* de Diogène de Sinope et quelques remarques sur sa pensée politique". In: Goulet-Cazé, Marie-Odile e Goulet, Richard (orgs.). *Le Cynisme ancien et ses prolongements*. Paris: Presses Universitaires de France, 1993, pp. 59-61.
18. Dio Crisóstomo, *Discursos*, VIII, 6.

19. Ibid., 8.
20. Diógenes Laércio, *Vidas*, VI, xx.
21. Ibid., 46.
22. Dio Crisóstomo, *Discursos*, VIII, 36.
23. Diógenes Laércio, *Vidas*, VI, 32.
24. Fílon, *Quod omnis probus liber sit*, 121-22.
25. Ibid., 123.
26. Epiteto, *Discursos*, III, xxii, 13; ver também III, xxii, 18.
27. Ver Diógenes Laércio, *Vidas*, VI, 69.
28. Plutarco, *Vidas*, "Alexandre", xiv.
29. Idem.
30. Idem.
31. Green, Peter. *Alexander of Macedon*. Berkeley: University of California Press, 1991, p. 123.
32. Gutas, Dimitri. "Sayings by Diogenes Preserved in Arabic". In : Goulet-Cazé e Goulet. *Le cynisme ancien*, 39.1, p. 486.
33. Ibid., 40.1, p. 486.
34. Diógenes Laércio, *Vidas*, VI, 40.
35. Ibid., 53.
36. Ibid., 58.
37. Platão, *Górgias*, 487b-e.
38. Diógenes Laércio, *Vidas*, VI, 65.
39. Cícero, *De officiis*, I, 148.
40. Agostinho, *A cidade de Deus*, XIV, 20.
41. Diógenes Laércio, *Vidas*, VI, 43.
42. Citado em Navia, *Classical Cynicism*, p. 81.
43. Dio Crisóstomo, *Discursos*, IV, sobre a Realeza, talvez proferido diante do imperador Trajano em seu aniversário, no dia 18 de setembro de 103 d.C.

ARISTÓTELES

1. Citando Dante, Averróis e Tomás de Aquino, respectivamente.
2. Barnes, Jonathan. *Aristotle: A Very Short Introduction*. Nova York: Oxford University Press, 289, p. 139.
3. Turner, William. "Aristóteles", artigo que afirma a opinião cristã medieval na *Catholic Encyclopedia*, publicada pela primeira vez, em língua inglesa, em 1914.
4. Heidegger, Martin. *Grundbegriffe der aristotelischen Philosophie*. Frankfurt: Klostermann, 2002, p. 5.
5. Citado em Barnes, Jonathan. "Life and Work". In: *Cambridge Companion to Aristotle*. Nova York: Cambridge University Press, 1995, pp. 15, 12.
6. Ver Düring, Ingemar. *Aristotle in the Ancient Biographical Tradition*. Gotemburgo: Institute of Classical Studies, 1957. A obra traz uma antologia de fragmentos relevantes, com comentários.
7. *Vita Marciana*, 3, ibid., pp. 96-97.
8. Diógenes Laércio, *Vidas*, X, 4, registrando as visões de Epicuro.
9. Filodemo, *De rhetorica, Vol. rhet.* II, p. 50, Sudhaus, col. XLVIII, 36. In: Düring, *Aristotle*, pp. 299-300, 303.
10. Ver, por exemplo, a biografia árabe escrita por Ibn Abi Usaibia. In: Düring, *Aristotle*, p. 215.

11. Ver, por exemplo, *Vita Syriaca*, ibid., p. 185.
12. A hipótese de a cronologia de Hermipo sugerir que Aristóteles estudara com Isócrates foi apresentada pela primeira vez, no século XIX, pelo historiador alemão Eduard Zeller, em *History of Greek Philosophy* (Londres, 1881).
13. Isócrates, *Antidosis*, 277. O *locus classicus* para seu uso da palavra filosofia é Isócrates, *Panegyricus*, 47-51. O debate entre Platão e Isócrates acerca do significado de *filosofia* é analisado em Nightingale, *Genres in Dialogue*, pp. 13-59.
14. Estrabão, *Geographia*, XIII, 1, 54.
15. De acordo com o que afirma Werner Jaeger em *Aristóteles*, p. 15. Embora os pesquisadores modernos difiram quanto à data exata de vários diálogos platônicos, existe pouca controvérsia acerca do fato de o *Teeteto* pertencer a um grupo de obras escritas mais para o fim da vida do filósofo.
16. A explicação de Jaeger para o idealismo juvenil de Aristóteles (ibid., pp. 21-22) não convenceu muitos pesquisadores posteriores.
17. Aristóteles, *Metafísica*, 992a32.
18. Ver *Vita Marciana*, 7. In: Düring, *Aristóteles*, pp. 98. A passagem é discutida por Düring na p. 109.
19. Iâmblico, *Protreticus*, 54.10-56 Pistelli in Barnes, *Collected Works of Aristotle*, 2:2410. Cf. Filodemo, que afirma que Aristóteles justificava seu interesse pela política dizendo como Platão que, em parte, "a política muito progredirá em uma cidade bem governada".
20. Ver o último tratado de Aristóteles sobre a *Retórica*, no qual ele cita mais Isócrates do que qualquer outra autoridade antiga para falar de tal arte; lições anteriores podem ter sido mais críticas.
21. Parafraseando Karl Jaspers, que fala dos filósofos que eram, em suas palavras, "ordenadores criativos" ou "grandes sistematizadores"; ver *The Great Philosophers*. Trad. Edith Ehrlich e Leonard H. Ehrlich. Nova York: Harcourt, 1993, 3:188.
22. Utilizo a obra de Terence Irwin, que, no extenso glossário de sua tradução de Aristóteles, explica de maneira útil os vários significados ingleses possíveis para *phronesis*. Ver *Nichomachean Ethics*. Indianápolis: Hackett, 1999, p. 345.
23. De tudo o que conheço, o resumo moderno mais detalhado e interessante do fato é de Jaeger, *Aristotle*, p. 111-17. Ele deve ser comparado com os fragmentos sobreviventes que descrevem Hérmias; ver Düring, *Aristotle*, pp. 272-83.
24. Platão, *Carta VI*, 322c.
25. Ibid., 322d.
26. Ibid., 323a-c.
27. Dídimo, *In Demosth. Comm.* Org. Diels e Schubart, W. *Berliner Klassikertexte*, I, 1904, pp. 17ss. In: Düring, *Aristotle*, pp. 272-77; seguimentos a tradução de Jaeger em *Aristotle*, pp. 114-15n.
28. As passagens mais relevantes da literatura antiga se encontram nas *Olínticas*, de Demóstenes, e em Xenofonte, *Hell*. v. 2.
29. Diógenes Laércio, *Vidas*, V, 4.
30. Ibid., 3.
31. Ver Grene, Marjorie. *A Portrait of Aristotle*. Chicago: University of Chicago Press, 1963, p. 32.
32. Jaeger, *Aristotle*, p. 121.
33. Plutarco, "Alexandre", 7. As prováveis fontes de Plutarco são analisadas exaustivamente em Düring, *Aristotle*, pp. 284-99.

34. Plutarco, "Alexandre", 7.
35. Idem.
36. Seguimos o resumo dos indícios da Antiguidade encontrado em Jaeger, *Aristotle*, p. 117.
37. Diógenes Laércio, *Vidas*, V, 7, seguindo a tradução de Barnes, *Collected Works of Aristotle*, 2:2463.
38. Plutarco, "Alexandre", 8.
39. Idem.
40. Ver Düring, *Aristotle*, pp. 290-94.
41. *Vita Marciana*, 73-80. In: Barnes, *Collected Works of Aristotle*, 2:2459-60.
42. Plutarco, "Alexandre", 11.
43. Bayle, Pierre. "Aristotle". *Dictionnaire historique et critique*. Amsterdã: 1740, 1:324-24. A entrada de Bayle demonstra a continuidade das tradições biográficas antigas.
44. Diógenes Laércio, *Vidas*, V, 5.
45. Ver Lynch, *Aristotle's School*, em especial pp. 68-96.
46. Ver Jaeger, *Aristotle*, p. 125.
47. Plínio, o Velho, *História natural*, VIII, 16, 14.
48. Ver Grote, George. *Aristotle*. Londres: 1872, 1:14.
49. Aristóteles, *Ética a Nicômaco*, VII, 13, 1153b32.
50. Aristóteles, *Do céu*, I, 4, 271a33.
51. Aulo Gélio, *Noctes atticae*, XX ,5.
52. Strauss, Leo e Kojève, Alexandre. 28 de maio de 1957. In: Strauss, *On Tyranny*. Ed. ampliada. Org. Gourevitch, Victor e Roth, Michael S. Nova York: Free Press, 1991, p. 277.
53. Ver Düring, *Aristotle*, pp. 339-40; e a discussão em Barnes, "Life and Work". In: *Cambridge Companion to Aristotle*, p. 6.
54. "Acropolis Museum Dig Unearths Hoard". *New York Times*, 4 de janeiro de 2007, p. E2.
55. Diógenes Laércio, *Vidas*, V, 1.
56. Ibid., 18.
57. Plutarco, "Alexandre", 53.
58. Ibid., 54.
59. Ibid., 56.
60. Ibid., 77.
61. Orígenes, *Contra Celsum*, I, 380, Migne, II, p. 781 B, citado em Düring, *Aristotle*, p. 343. Düring analisa todas as fontes antigas na p. 344.
62. Seguimos as suposições de Grote, *Aristotle*, 1:18-19.
63. Eliano, *Varia Historia*, XV 1=F666R[3]. In: Barnes, *Collected Works of Aristotle*, 2:2461.
64. *Vita Marciana*, 184-91=F667R[3], ibid.
65. Pseudo-Justino, o Mártir, segundo relatado em Blakesley, Joseph Williams. *A Life of Aristotle*. Londres: 1839, p. 95.
66. Diógenes Laércio, *Vidas*, V, 11-16.
67. Hutchinson, D. S. "Ethics". In: Barnes, *Cambridge Companion to Aristotle*, p. 196.
68. Ver Inwood, Brad. e Gerson, L. P. (orgs. e trads.), *The Epicurus Reader: Selected Writings and Testimonia*. Indianápolis: Hackett, 1994, p. vii, citando Filodemo de Gadara.
69. As citações seguintes nesse parágrafo vêm de Filodemo, *De rhetorica, Vol. rhet.* II, p. 50, Sudhaus, col. XLVIII, 36; elas são discutidas em Düring, *Aristotle*, pp. 302-11. O volume de Düring inclui o texto exato e um longo comentário.
70. Diógenes Laércio, *Vidas*, V, 11.
71. Aristóteles, *Tópicos*, III, 118a14-15.

72. Aristóteles, *Ética a Eudemo*, VIII, 1249b16-21.
73. Aristóteles, *Política*, I, 2, 1253a3-4 (segundo traduzido por Ernest Barker [Nova York, Oxford University Press, 1958]).
74. Aristóteles, *Política*, IV, 1294a30-1294b41.
75. Aristóteles, *Ética a Nicômaco*, X, 8, 1179a21-24.
76. Jaeger, *Aristotle*, p. 321.
77. Ver Grote, *Aristotle*, 1:14-17, 37.
78. Jaeger, *Aristotle*, p. 321.
79. Cícero, citando Aristóteles em *De Natura Deorum*, II, xxxvii, 95.
80. Aristóteles, *Analíticos posteriores*, 71b9-13.
81. Seguimos a distinção traçada por Alasdair MacIntyre entre as tradições agostinianas e tomistas na filosofia. Ver *Three Rival Versions of Moral Enquiry*. Notre Dame: University of Notre Dame Press, 1990, p. 103.
82. Aristóteles, *Metafísica*, A, 980a21.
83. Aristóteles, *Das partes dos animais*, 645a23.
84. Aristóteles, *Analíticos posteriores*, 76a26.
85. Jaeger, *Aristotle*, p. 321.

SÊNECA

1. Ver Griffin, Miriam. *Seneca: A Philosopher in Politics*. Nova York: Oxford University Press, 1992. A justificativa mais recente para a importância crucial de Sêneca como filósofo que *pensa* em latim encontra-se em Inwood, Brad. *Reading Seneca*. Nova York: Oxford University Press, 2005. Cícero, por sua vez, tende a mascarar a terminologia grega com o latim, numa prosa que não possui a enérgica rudeza de Sêneca.
2. Jerônimo, *De viris illustribus*, 12.
3. Grimal Pierre. *Sénèque, ou la conscience de l'Empire*. Paris: Belle Lettres, 1978. Embora mais prudente, Miriam Griffin deixa uma impressão comparável em *Seneca*.
4. Tácito, *Anais*, 13, 42.4.
5. Dião Cássio, *História romana*, 61, 10, 3.
6. Cf. Grimal, *Sénèque*, pp. 105-106.
7. Ver Sêneca, *Epistulae morales*, CXVIII, 2-3.
8. Sêneca, *Dialogi*, XII, *De consolatione ad Helviam*, v, 4.
9. Plutarco, *Vidas paralelas*, Catão, o Velho, 22; cf. Griffin, Miriam. "Philosophers, Politics, and Politicians". In: Griffin, Miriam e Barnes, Jonathan (orgs.). *Philosophia Togata: Essays on Philosophy and Roman Society*. Nova York: Oxford University Press, 1989, pp. 2-5.
10. Diógenes Laércio, *Vidas*, "Zenão", VII, 10-11.
11. Para mais informações em inglês, ver Rist, J. M. *Stoic Philosophy*. Cambridge: Cambridge University Press, 1969; Sandbach, F. H. *The Stoics*. Nova York: Norton, 1975; Erskine, Andrew. *The Hellenistic Stoa*. Ithaca: Cornell University Press, 1990; Long, A. A. *Stoic Studies*. Berkeley: University of California Press, 1996; Schofield, Malcolm. *The Stoic Idea of the City*. Chicago: University of Chicago Press, 1999; e Inwood, Brad. (org.). *The Cambridge Companion to the Stoics*. Nova York: Cambridge University Press, 2003.
12. Long, A. A. *Epictetus*. Nova York: Oxford University Press, 2002, p. 20.
13. Ver Sedley, David. "Plato's *Auctoritas* and the Rebirth of the Commentary Tradition". In: Barnes, Jonathan e Griffin, Miriam (orgs.). *Philosophia Togata II: Plato and Aristotle at Rome*. Nova York: Oxford University Press, 1997, pp. 110-29.

14. Ver Griffin, *Seneca*, p. 315.
15. Gibbon, Edward. *The Decline and Fall of the Roman Empire*, 1:3.
16. Sêneca, *Thyestes*, 33-36 (na tradução de Caryl Churchill; Londres: Nick Hern Books, 1993).
17. Ver Vernon Arnold, E. *Roman Stoicism*. Cambridge: Cambridge University Press, 1911, em especial pp. 111-12.
18. Sêneca, *Epistulae morales*, CVIII, 13-15.
19. Sêneca, *Dialogi*, V, *De ira*, III, xxxvi, 1-2.
20. Idem.
21. Sêneca, *Epistulae morales*, C, 3.
22. Sêneca, *Dialogi*, X, *De brevitate vitae*, x, 1.
23. Sêneca, *Epistulae morales*, XCV, 10, 1; cf. Grimal, *Sénèque*, p. 12: "Ao mesclar a vida de um aristocrata romano com a odisseia interior do coração, Sêneca não traía a filosofia, muito menos a tradição da filosofia romana."
24. Ver Dião Cássio, *Anais de Roma*, LX, 8; e Suetônio, *Gaius*, 24.
25. Manetti, Giannozzo. *Vita Senecae*, 28. Para uma tradução em inglês dessa *Vita*, ver Manetti, Giannozzo. *Biographical Writings*. Trad. e org. Baldassarri, Stefano U. e Bagemihl, Rolf. Cambridge: Harvard University Press, 2003, pp. 234-87.
26. Sêneca, *Epistulae morales*, XLIX, 2.
27. Dião Cássio, *Anais de Roma*, LX, 8; e Suetônio, *Gaius*, 24.
28. Ver Grimal, *Sénèque*, pp. 97-98.
29. Tácito, *Anais*, 12.8.2.
30. Suetônio, *Nero*, 52.
31. Ver, por exemplo, Griffin, *Seneca*, pp. 24-25n.
32. Ver Tarrant, R. J. "Greek and Roman in Seneca's Tragedies". *Harvard Studies in Classical Philology* 97, 1995, pp. 215-30; cf. Calder, William M. III. "Seneca: Tragedian of Imperial Rome". *Classical Journal* 72, nº 1, 1976, p. 3.
33. Suetônio, *Nero*, 11.
34. Veyne, Paul. *Seneca: The Life of a Stoic*. Trad. David Sullivan. Nova York: Routledge, 2003, p. 9.
35. Idem.
36. Para a instituição do *amicus principis*, ver Crook, J. A. *Consilium Principis*. Cambridge: Cambridge University Press, 1955, pp. 21-30.
37. Tácito, *Anais*, 15, 61, 1.
38. Ibid., 13, 16, 3.
39. Veyne, *Seneca*, p. 19.
40. Tanto Griffin quanto Grimal afirmam, de maneira independente e isolada, que o *De clementia* deve ter sido escrito *após* o assassinato de Britânico.
41. Tácito, *Anais*, 13, 11, 2.
42. Sêneca, *Naturales quaestiones*, I, 17, 4.
43. Sêneca, *De clementia*, I, 1, 1-4.
44. Ibid., 1, 5.
45. Ibid., 11, 2.
46. Tácito, *Anais*, 13, 2, 1.
47. A atribuição do *quinquennio* de Nero a Trajano aparece em duas obras do século IV: *Liber de Caesaribus* (5, 1-4) e *Epitome de Caesaribus* (5, 1-5), de Sexto Aurélio Vítor.
48. Dião Cássio, *História romana*, 61, 10.
49. Grimal e Griffin (este de maneira mais prudente) concordam que, em parte, o ensaio é uma provável resposta a Sullius.

50. Tácito, *Anais*, 14, 52.
51. Plínio, *História natural*, 14, 50-52; cf. Griffin, *Seneca*, pp. 287-89.
52. Sêneca, *De vita beata*, 17, 3.
53. Ibid., 17, 4.
54. Ibid., 27, 5.
55. Ibid., 28, 1.
56. Tácito, *Anais*, 14, 2, 1.
57. Ibid., 14, 2, 1.
58. Ibid., 14, 3, 1.
59. Ibid., 14, 7, 3.
60. Ibid., 14, 11, 2.
61. Ver Griffin, *Seneca*, p. 171.
62. Ver Tácito, *Anais*, 14, 52, 2-4.
63. Ibid., 14, 53, 5; cf. Veyne, *Seneca*, p. 12, para mais informações sobre a riqueza como uma "espécie de dever".
64. Idem.
65. Tácito, *Anais*, 14, 54, 1, 2-3.
66. Ibid., 14, 55, 4-5.
67. Ibid., 14, 56, 2.
68. Ibid., 15, 45, 3.
69. Dião Cássio, *História romana*, 62, 25, 3.
70. Ver Veyne, *Seneca*, p. 25.
71. Ver Griffin, *Seneca*, p. 91.
72. Ver Sêneca, *Epistulae morales*, XXI, 5.
73. Ver o útil resumo encontrado em Griffin, *Seneca*, pp. 347-49.
74. Ibid., p. 417, expressando a convicção de que as letras são ficcionais – perspectiva contestada por Grimal, mas amplamente aceita mesmo assim.
75. Sêneca, *Epistulae morales*, LXXVI, 4.
76. Ibid., XXVII, 1.
77. Veyne, *Seneca*, p. 157.
78. Sêneca, *Epistulae Morales*, XCIV, 56.
79. Ibid., XXXV, 4.
80. Ibid., LXXV, 4.
81. Ibid., LXXXIII, 2.
82. Ibid., CXX, 22.
83. Ver Misch, Georg. *A History of Autobiography in Antiquity*. Trad. E. W. Dickes. Cambridge: Harvard University Press, 1951, 2:404-35; Long, A. A. "Representation and the Self in Stoicism". In: Everson, Stephen (org.). *Companions to Ancient Thought 2: Psychology*. Nova York: Cambridge University Press, 1991, pp. 102-20; e Edwards, Catherine. "Self-Scrutiny and Self-Transformation in Seneca's Letters". *Greece & Rome*, 2ª série, 44, nº 1, abril de 1997, pp. 23-38.
84. Foucault, Michel. *The Care of the Self*. Trad. Robert Hurley. Nova York: Random House, 1986, p. 68. O trecho se refere não apenas a Sêneca, mas ao estoicismo romano como um todo, de Sêneca a Epiteto e Marco Aurélio.
85. Ver Kahn, Charles H. "Discovering the Will: From Aristotle to Augustine". In: Dillon, John M. e Long, A. A. (orgs.). *The Question of "Eclecticism": Studies in Later Greek Philosophy*. Berkeley: University of California Press, 1988, pp. 234-59; uma visão discordante, a qual

minimiza o ineditismo da ideia de vontade apresentada por Sêneca, se encontra em Inwood, *Reading Seneca*, pp. 132-56.
86. Sêneca, *Epistulae morales*, XCV, 57.
87. Ibid., LXXXV, 40.
88. Ibid., XXVII, 1.
89. Ver Foucault, Michel. "Self Writing". In: Foucault, *Ethics*. Org. Rabinow, Paul. Nova York: New Press, 1997, pp. 207-22.
90. Sêneca, *Epistulae morales*, LXX, 16.
91. Ibid., LXX, 6, 14.
92. Ibid., LXXIII, 1.
93. Ver Veyne, *Seneca*, pp. 160-63, em que se afirma que as *Epístolas* são uma "obra de oposição".
94. Tácito, *Anais*, 15, 45, 3.
95. Ver Griffin, Miriam T. *Nero: The End of a Dynasty*. New Haven: Yale University Press, 1985, pp. 166-70.
96. Tácito, *Anais*, 15, 61, 2.
97. Ibid., 15, 62, 1-2.
98. Ibid., 15, 63, 2.
99. Ibid., 15, 63, 3.
100. Ibid., 15, 64, 3; cf. o relato encontrado em Dião Cássio, *História romana*, 62, 65.
101. Tácito, *Anais*, 15, 64, 4.
102. Ver Griffin, Miriam T. "Philosophy, Politics, and Politicians". In: Griffin e Barnes, *Philosophia Togata*, pp. 19-22.
103. Manetti, *Vita Senecae*, 46.

AGOSTINHO

1. Agostinho, *Confissões*, VIII, xii, 29.
2. Agostinho, *Solilóquios*, I, xiii, 23. A afirmação foi censurada explicitamente anos depois em suas *Retractationes*, I, iv, 3.
3. Agostinho, *Confissões*, X, xxxv, 55.
4. Jaspers, *The Great Philosophers*, 1:185.
5. Ver Brown, Peter. *Augustine of Hippo*. Berkeley: University of California Press, 2000; e O'Donnell, James. *Augustine*. Nova York: Harper, 2005; uma ótima e curta biografia é de Wills, Garry. *Saint Augustine*. New York: Viking, 1999.
6. Agostinho, *Confissões*, 1, xi, 17.
7. Agostinho, *A vida feliz*, iv, 31.
8. Agostinho, *Confissões*, III, iv, 7.
9. Ver Rudolph, Kurt. *Gnosis*. Trad. Robert McLachlan Wilson. San Francisco: Harper, 1983, pp. 329-31.
10. Allberry, C. R. C. *A Manichaean Psalm-Book*, vol. II, parte II. Stuttgart: Kohlhammer, 1938, pp. 42, 20-25.
11. Agostinho, *A vida feliz*, i, 4.
12. Ver Agostinho, *Confissões*, VI, vii, 11.
13. Ibid., VI, xvi, 26.
14. Ibid., VI, xv, 25.
15. Ver Courcelle, Pierre. *Late Latin Writers and Their Greek Sources*. Trad. Harry E. Wedeck. Cambridge: Harvard University Press, 1969, p. 138.

16. Ver Brown, *Augustine of Hippo*, p. 486.
17. Ver Courcelle, Pierre. *Recherches sur les Confessions de Saint Augustin*. Paris: Boccard, 1968. Esta obra culminou na reavaliação da importância de Plotino para Agostinho. Em sua tradução inglesa das *Confissões* (Nova York: Oxford University Press, 1991), Henry Chadwick explica cautelosamente todas as referências tácitas a Plotino no texto. Cf. o comentário de O'Donnell, James J. *Augustine: Confessions*. Nova York: Oxford University Press, 1992, 2:413-18, obra cujo autor é mais cético acerca da importância de Plotino.
18. Agostinho, *Contra os acadêmicos*, 2, 2, 5.
19. Porfírio, *Vita Plotini*, 1.
20. Ibid., 3.
21. Ibid., 10.
22. Ibid., 10, 11.
23. Plotino, *Enéadas*, VI, 9, 11.
24. Ibid., I, 6, 9, 7-24, usando a tradução inglesa de Michael Chase incluída em Hadot, Pierre. *Plotinus or the Simplicity of Vision*. Chicago: University of Chicago Press, 1993, p. 21.
25. Agostinho, *Confissões*, VII, x, 16, usando a legível e maravilhosa tradução para o inglês de Henry Chadwick. Cf. o relato encontrado em *A vida feliz*, 4, 35, redigido logo após sua experiência mística. Ao citar as *Confissões*, omiti propositalmente uma frase crucial desse longo trecho ("Adentrei minha cidadela mais remota, *para o que me foi dada capacidade porque havias me dado teu auxílio*"), pois acho que ela reconhece a necessidade da graça em retrospecto, aparentemente para isentar Agostinho do pecado do orgulho. Esse longo excerto encontra-se repleto de alusões e paráfrases das *Enéadas* de Plotino; ver as observações encontradas em Chadwick, assim como os comentários de O'Donnell, *Augustine: Confessions*, 2:436.
26. Agostinho, *Confissões*, VII, xii, 18.
27. Ibid., VII, xvi, 22.
28. Ibid., VII, xvii, 23.
29. Ibid.
30. Agostinho, *Contra os acadêmicos*, 2, 2, 5.
31. Ver Agostinho, *Confissões*, VIII, i, 1-ii, 3; cf. Wills, *Saint Augustine*, pp. 44-45, e Brown, *Augustine of Hippo*, p. 97.
32. Porfírio, *Vita Plotini*, 12.
33. Sobre o contexto em que se inseria a comunidade filosófica de Cassicíaco, ver Trout, Dennis E. "Augustine at Cassiciacum: *Otium Honestum* and the Social Dimensions of Christianity". *Vigiliae Christianae*, 42, 1988, pp. 132-46.
34. Agostinho, *Contra os acadêmicos*, 3, 19, 42.
35. Ibid., 3, 6, 13; cf. Cícero, *Sobre a amizade*, 6, 20.
36. Ver Agostinho, *A vida feliz*, 2, 15.
37. Ibid., 1, 1.
38. Agostinho, *Confissões*, VII, ix, 13.
39. Agostinho, *Solilóquios*, I, 1, 3.
40. Ibid., II, 14, 25-26; cf. a referência ao renascimento de Platão em Plotino incluída em Agostinho, *Contra os acadêmicos*, 3, 18, 43. Onde deixo implícito que há uma alusão a Plotino, outros pesquisadores veem uma referência a Mânlio Teodoro ou a Ambrósio: ver O'Donnell, *Augustine: Confessions*, 2:341-43.
41. Idem.
42. Idem.

43. Agostinho, *Solilóquios*, II, 19, 33.
44. Ibid., I, 15, 30.
45. Ver Atanásio, *The Life of St. Antony*. Trad. Robert T. Meyer. Westminster: Newman Press, 1950.
46. Brown, Peter. *Authority and the Sacred*. Nova York: Cambridge University Press, 1995, p. 68.
47. Ver Wills, *Saint Augustine*, p. 39.
48. Agostinho, *Confissões*, X, xliii, 70.
49. O'Donnell, *Augustine*, p. 61.
50. Ver Brown, *Augustine of Hippo*, p. 126.
51. Nebrídio a Agostinho, 389, *Cartas*, VI.
52. Agostinho, *A verdadeira religião*, xxix, 72, usando a tradução de Catherine Conybeare.
53. João, 1, 14.
54. Possídio, *Sancta Augustini vita scripta*, iv.
55. Idem.
56. Agostinho, *Sermões*, 67, 2, citado por Brown, *Augustine of Hippo*, p. 169.
57. Agostinho, *Confissões*, X, xl, 65.
58. Agostinho, *Sobre o Gênesis, contra os maniqueus*, I, 3, 6.
59. Agostinho, *Retractationes*, I, 10; II, 27.
60. Agostinho, *Confissões*, XI, xxix, 39.
61. Ibid., X, xxxvii, 60, usando a tradução para o inglês de Garry Wills.
62. Ibid., X, xvii, 26.
63. Ibid., X, xi, 18, usando a tradução para o inglês de Henry Chadwick.
64. Possídio, *Sancta Augustini vita scripta*, xxii.
65. Ver ibid., xxvi.
66. Brown, *Augustine of Hippo*, p. 200.
67. Possídio, *Sancta Augustini vita scripta*, ix.
68. Cf. Agostinho, *Contra os acadêmicos*, 3, 17, 37.
69. Agostinho, *Confissões*, VI, v, 7; cf. Agostinho, *Contra os acadêmicos*, 3, 20, 43.
70. Agostinho a Paulino, 408, *Cartas*, XCV, 5, 6.
71. Agostinho, *Cartas*, CCIV (segundo traduzido por Brown em *Augustine of Hippo*, p. 336).
72. Pelágio, *Ad Demetriadem*, 2 (citado em Brown, *Augustine of Hippo*, p. 342).
73. Agostinho, *A cidade de Deus*, XIX, 4, disfarçando Habacuc 2, 4 e Romanos 1, 17.
74. Agostinho a Proba, 412, *Cartas*, CXXX, ii, 4, citando 1 Coríntios 4, 5.
75. Jerônimo, citado em Brown, *Augustine of Hippo*, p. 288.
76. Agostinho ao senhor Volusiano, 412, *Cartas*, CXXXVII, v, 20.
77. Agostinho, *Frang.* 2, 8 (citado em Brown, *Augustine of Hippo*, p. 246).
78. Brown, *Augustine of Hippo*, p. 234.
79. Agostinho, *A cidade de Deus*, X, 32.
80. Ibid., XVIII, 41; cf., porém, XXII, 22, momento em que Agostinho, após admitir que a filosofia pode ter consolado alguns pagãos, fala do cristianismo como a "verdadeira filosofia".
81. Ibid., XXII, 4, passagem que precede uma citação do Salmo 94, 11.
82. Agostinho, *Retractationes*, 1, 1, 2.
83. Possídio, *Sancta Augustini vita scripta*, xxviii.
84. Ibid., xxix.
85. Ibid., xxviii.
86. Ibid., ao que se segue uma paráfrase, não indicada, de Plotino, *Enéadas*, I, iv, 7.

87. Ibid., xxxi.
88. Idem.
89. Idem.
90. Idem.
91. Dilthey, Wilhelm. *Introduction to the Human Sciences*. Trad. Ramon J. Betanzos. Detroit: Wayne State University Press, 1988, II, sec. 3, 2: 233.
92. No mundo islâmico, por sua vez, a vida filosófica condensada por Sócrates e Platão continuou a influenciar pensadores religiosos como Shihab al-Din Suhrawardi, místico sufi do século XII que escreveu *As iluminações filosóficas*.

MONTAIGNE

1. Montaigne, *Ensaios*, III, 9, p. 990 (757). As páginas indicadas se referem à edição francesa de Villey e (entre parênteses) à tradução para o inglês de Frame: Montaigne, *Les essais*. Org. Villey, Pierre e Saulnier, V.-L. Paris: Presses Universitaires de France, 1965, 3 vols.; e Montaigne, *Essays. The Complete Works*. Trad. Donald M. Frame. Stanford: Stanford University Press, 1957. A edição de Frame que integra a coleção Everyman's Library, publicada em 2003, possui uma paginação diferente.
2. *Ensaios*, III, 13, p. 1115 (856).
3. *Ensaios*, II, 19, p. 617 (509), parafraseando o imperador Juliano. Em seu contexto, Montaigne está escrevendo sobre a "liberdade de consciência" e sobre a violência de alguns cismáticos no cristianismo antigo e moderno.
4. Sobre o uso que Montaigne dá a Plutarco, Maquiavel e Erasmo, a melhor fonte é Friedrich, Hugo. *Montaigne*. Trad. Dawn Eng. Berkeley: University of California Press, 1991, em especial pp. 184-85, 197-99, 307-309. Para mais informações sobre a popularidade e as diferentes edições dos *Adágios*, ver Barker, William (org.). *The Adages of Erasmus*. Toronto: University of Toronto Press, 2001.
5. Montaigne, *Ensaios*, "Ao leitor", p. 3 (2).
6. Ibid., II, 6, p. 379 (274). Cf. Xenofonte, *Memorabilia*, IV, iv, 10.
7. Ver, por exemplo, Frame, Donald M. *Montaigne: A Biography*. Nova York: Harcourt, 1965. Baseei-me nesta obra para obter detalhes biográficos, que foram complementados por Trinquet, Roger. *La jeunesse de Montaigne: Ses origines familiales, son enfance et ses études*. Paris: Nizet, 1973. Ver também Lazard, Madeleine. *Michel de Montaigne*. Paris: Fayard, 1992; e Dubois, Claude-Gilbert. *Montaigne et Henri IV*. Biarritz: J&D Editions, 1996.
8. Ver. Holt, Mack P. *The French Wars of Religion, 1562-1629*. Nova York: Cambridge University Press, 1995.
9. Roth, Cecil. "The Jewish Ancestry of Michel de Montaigne". In: *Personalities and Events in Jewish History*. Filadélfia: Jewish Publication Society, 1953, pp. 212-25. As conclusões de Roth são cautelosamente qualificadas em Trinquet, *La jeunesse de Montaigne*, pp. 117-59.
10. Montaigne, *Ensaios*, I, 14, p. 54 (36).
11. Ibid., I, 26, p. 173 (128).
12. Erasmo, *Enchiridion militis christiani* [O manual do cavaleiro cristão], 3: "A coroa da sabedoria é conhecer a ti mesmo". In: *The Essential Erasmus*. Trad. John P. Dolan. Nova York: New American Library, 1964, p. 40. Nesse texto bastante difundido, publicado pela primeira vez em 1503, Erasmo insta seus leitores a mesclarem as formas de autoexame filosófico do período clássico a uma leitura atenta da Bíblia, visando a criação de uma forma de espiritualidade cristã mais ponderada e internalizada.

13. Já foi dito que esse treinamento legal ajuda a explicar alguns traços distintivos da escrita de Montaigne: Ver Tournon, André. *Montaigne: La glose et l'essai*. Paris: Champion, 2000.
14. Montaigne, *Ensaios*, III, p. 917 (700). Cf. Frame, *Montaigne: A Biography*, p. 64: "Ele preferia ser importuno e indiscreto a ser um bajulador dissimulado."
15. Montaigne, *Ensaios*, III, 13, p. 1072 (821).
16. Idem.
17. Ver Bonnefon, Paul. Introdução a La Boétie, Étienne. *Oeuvres complètes*. Bordeaux, 1892; e Rothbard, Murray. In:trodução à La Boétie, Étienne. *The Discourse of Voluntary Servitude*. Trad. Harry Kurz. Nova York: Free Life Editions, 1975.
18. Kant, Immanuel. "O que é o iluminismo?" (1783).
19. Montaigne, *Ensaios*, I, 28, pp. 184 (135); p. 188 (139).
20. Ver Vasoli, Cesare. "The Renaissance Concept of Philosophy". In: Schmitt, Charles B. (org.) *The Cambridge History of Renaissance Philosophy*. Nova York: Cambridge University Press, 1988, pp. 57-74.
21. Ver a epígrafe de Erasmo, *Enchiridion militis christiani*: "Que este livro conduza a uma vida, e não a uma disputa teológica."
22. Holt, *French Wars of Religion*, p. 1.
23. Ver Kurz, Harry. "Montaigne and La Boétie in the Chapter on Friendship". *PMLA*, 65, n.º 4, junho de 1950, p. 494.
24. Montaigne a seu pai [1563?] sobre a morte de La Boétie, carta 2 (publicada em 1570).
25. Idem.
26. Citado em Villey, Montaigne, *Ensaios*, I, p. xxxiv.
27. Montaigne, *Ensaios*, II, 8, p. 385 (278).
28. Citado em Frame, *Montaigne*, p. 80.
29. Montaigne, *Ensaios*, II, 6, p. 379 (274).
30. Ibid., I, 26, p. 159 (117).
31. Ibid., I, 28, p. 194 (144).
32. Montaigne a seu pai sobre a morte de La Boétie, carta 2.
33. Para um olhar perspicaz acerca das diferenças entre Montaigne, o neoplatonismo cristão e Agostinho, ver Friedrich, *Montaigne*, pp. 214-19.
34. Ver Lazard, *Michel de Montaigne*, pp. 217-25.
35. Thou, Jacques-Auguste. *Memoirs*, citado em Frame, *Montaigne*, pp. 140-41.
36. Ver Kingdon, Robert M. *Myths About the St. Bartholomew's Day Massacres, 1572-1576*. Cambridge: Harvard University Press, 1988.
37. Ver Trinquet, Roger. "Montaigne et la divulgation du *Contr'Un*". *Bulletin de la Société des Amis de Montaigne*, 3ª série, n.º 29, janeiro/março de 1964, pp. 9-10.
38. Montaigne, *Ensaios*, I, 28, p. 194 (144).
39. Sobre a implícita crítica de Montaigne ao Parlamento de Bordeaux, ver Hoffmann, George. *Montaigne's Career*. Nova York: Clarendon Press, 1998, p. 136.
40. Ver Frame, *Montaigne*, p. 171.
41. Ver Friedrich, *Montaigne*, pp. 97-98.
42. Popkin, Richard H. *The History of Scepticism from Erasmus to Descartes*. Nova York: Humanities Press, 1964, p. 46. Cf. o esboço traçado na edição dos *Essais* de Villey, p. 433; o esboço traçado em Frame, *Montaigne*, pp. 172-73; e a explicação estrutural de Starobinski, Jean. *Montaigne in Motion*. Trad. Arthur Goldhammer. Chicago: University of Chicago Press, 1985, pp. 131-32.
43. Popkin, *History of Scepticism*, p. 46.

44. Montaigne, *Ensaios*, II, 12, p. 559 (419).
45. Ibid., II, 37, p. 784 (596).
46. Ver Hoffmann, *Montaigne's Career*, em especial pp. 63-83.
47. Montaigne, *Ensaios*, "Au lecteur", p. 3 (2).
48. Quint, David. *Montaigne and the Quality of Mercy*. Princeton: Princeton University Press, 1998, p. ix.
49. Montaigne, *Ensaios*, II, 18, p. 666 (505).
50. Ibid., II, 18, p. 665 (504).
51. Idem.
52. Ibid., III, 2, p. 805 (611).
53. Ibid., III, 13, p. 1096 (841).
54. Montaigne, *Travel Journal*, "Italy: Rome" (20 de novembro de 1580 a 19 de abril de 1581). In: *The Complete Works*. Everyman's Library. Nova York: Knopf, 2003, p. 1156.
55. Ibid., p. 1166.
56. Ibid., pp. 1152-53.
57. La Croix du Maine, *Bibliothèque françoise*, 1584, citado em Frame, *Montaigne*, pp. 208, 371n.
58. Do frontispício da quinta edição, citado ibid., p. 250.
59. De Thou, op. cit., p. 229.
60. Esses aspectos da obra de Montaigne são esclarecidos brilhantemente em Quint, *Montaigne and the Quality of Mercy*, assim como em Nakam, Geralde. *Les Essais de Montaigne, miroir et procès de leur temps*. Paris: H. Champion, 2001.
61. Horkheimer, Max. "Montaigne and the Function of Skeptcism" (1938). In: *Between Philosophy and Social Science*. Trad. G. Frederick Hunter, Matthew S. Kramer e John Torpey. Cambridge: MIT Press, 1993, p. 269.
62. Montaigne, *Ensaios*, I, 26, p. 167 (124), e II, 36, pp. 753, 757 (570, 573). Os trechos sobre Alcibíades datam de todas as fases da redação do livro, seja no início ou no final.
63. Platão, *Apologia*, 33a.
64. Montaigne, *Ensaios*, II, I, p. 337 (244).
65. Ibid., I, 30, p. 197 (146).
66. Ibid., III, 3, p. 818 (621).
67. Romanos 12, 3, citado ibid., I, 30, p. 197 (146).
68. Ibid., II, 12, pp. 566-67 (426).
69. Ibid., II, 19, p. 668 (506).
70. Ver, por exemplo, ibid., II, 12, p. 565 (425), sobre a maleabilidade da razão.
71. Ibid., III, 12, p. 1044 (798).
72. Ibid., III, 9, p. 950 (725).
73. Ibid., II, 12, p. 546 (409), de um trecho acrescentado à edição de 1588 da obra. Uma leitura recente de Montaigne que mostra por que vale a pena levar a sério essa afirmação é Hartle, Ann. *Michel de Montaigne: Accidental Philosophy*. Nova York: Cambridge University Press, 2003. Cf. Comte-Sponville, André. *"Je ne suis pas philosophie": Montaigne et la philosophie*. Paris: H. Champion, 1993.
74. Montaigne, *Ensaios*, II, 6, p. 378 (273).
75. Agostinho, *Confissões*, X, i, 1.
76. Montaigne, *Ensaios*, III, 12, p. 1059 (811).
77. Ibid., III, 6, p. 907 (692). Na edição francesa dos *Essais*, o trecho se encontra em latim, em itálico e entre aspas. Sem indicar, Montaigne reescreve, aqui, a passagem de um diálogo de Cícero (*De natura deorum*, I, xx). No contexto ciceroniano, o falante, epicurista confes-

so, ridiculariza a ideia estoica de Deus como um ser vivente e racional que governa um cosmos ordenado providencialmente.
78. Ver Montaigne, *Ensaios*, I, 5, p. 25 (16), e I, 44, p. 272 (199).
79. Ibid., III, 2, p. 805 (611). Ver também ibid., III, 1, p. 795 (603).
80. Ver Frame, *Montaigne*, pp. 269-76.
81. Pasquier, Étienne. Op. cit., p. 305.
82. Brach, Pierre de. citado ibid.
83. Pasquier, Étienne. "À M. de Pelgé, conseiller du roi et maître en sa chambre des comptes de Paris". In: *Oeuvres choisies*. Org. Feugère, Léon. Genebra: Slatkine, 1968, p. 394.

DESCARTES

1. Ver Watson, Richard. *Cogito, Ergo Sum: The Life of René Descartes*. Boston: Godline, 2002, p.T281ss.
2. Garber, Daniel. "Voetius and Other Voids". *Times Literary Supplement*, 8 de setembro de 2006, p. 8.
3. Ver, por exemplo, Hegel, G. W. F. *Lectures on the History of Philosophy*. Trad. E. S. Haldane. Londres: 1896, 3:224-25.
4. Descartes, René. *Cogitationes privatae*, AT X, 218,; *PW*, I, p. 5.
5. Descartes a Mersenne, 15 de abril de 1630, AT I, 144; *PW* III, p. 22.
6. Descartes a Chanut, 1º de novembro de 1646, AT IV, 537; *PW* III, p. 300, citando Sêneca, *Tiestes*, 401-403.
7. Descartes a Mersenne, 15 de abril de 1630, AT I, 145; *PW* III, pp. 22-23.
8. Williams, Bernard. "Philosophy as a Humanistic Discipline". In: *Philosophy as a Humanistic Discipline*. Princeton: Princeton University Press, 2006, p. 184. Nesta obra Williams detalha uma afirmação central de seu livro *Descartes: The Project of Pure Enquiry*. 2ª edição. Nova York: Routledge, 2005.
9. Descartes. *Regras para a direção do espírito*, Regra IV, AT X, 378; *PW* I, p. 19.
10. Tanto aqui como alhures, os detalhes biográficos são retirados da fonte original (Baillet, Adrien. *La vie de Monsieur Des-cartes*. Paris: 1691). Baillet teve acesso a muitos documentos hoje perdidos. Também consultei três trabalhos recentes publicados em língua inglesa: Gaukroger, Steven. *Descartes: A Biography*. Nova York: Cambridge University Press, 1995, excelente no que diz respeito ao contexto histórico e cultural; Clarke, Desmond M. *Descartes: A Biography*. Nova York: Cambridge University Press, 2006, o qual é forte no tema da ciência e mais fraco quanto à filosofia; e Watson, Richard. *Cogito, Ergo Sum: The Life of René Descartes*. Boston: Godline, 2002, obra que é a mais vívida e pungente a abordar a personalidade de Descartes.
11. Do quinto exercício da primeira semana, segundo *Os exercícios espirituais de Santo Inácio*. Ver também a reconstrução dos aspectos espirituais de "Descartes au collège" em Jama, Sophie. *La nuit de songes de René Descartes*. Paris: Aubier, 1998.
12. Ver Toulmin, Stephen. *Cosmopolis: The Hidden Agenda of Modernity*. Nova York: Free Press, 1990. Toulmin reimprime e analisa o soneto nas pp. 56-62, 215.
13. Baillet, op. cit., 1:36.
14. Ver Jacob, Margaret C. *Scientific Culture and the Making of the Industrial West*. Nova York: Oxford University Press, 1997, pp. 40-41; e a resenha feita por Lettie S. Multhauf sobre o trabalho de Berkel, Klaas van. *Isaac Beeckman (1588-1637) en de mechanisering van het wereldbeeld*. In: *Technology and Culture*, 25, nº 2, abril de 1984, pp. 334-35. O mesmo trabalho foi resenhado por Hackman, W. D. in *Isis*, 76, nº 2, junho de 1985, pp. 273-74.

15. Descartes a Beeckman, 23 de abril de 1619, AT X, 163; *PW* III, p. 4.
16. Ver Yates, Frances. *The Rosicrucian Enlightment*. Nova York: Routledge, 1972.
17. Watson. Op. cit., p. 107.
18. Entre os biógrafos recentes, somente Gaukroger leva os sonhos a sério, mas o faz apenas para sugerir que Descartes sofrera um colapso nervoso.
19. A maior autoridade na avaliação de tais documentos é Cole, John R. *The Olympian Dreams & Youthful Rebellion of René Descartes*. Urbana: University of Illinois Press, 1992. Sua interpretação é utilmente complementada por Browne, Alice. "Descartes's Dreams". *Journal of the Warburg and Courtauld Institute*, 40, 1977, pp. 256-73; Jama, *La nuit de songes de René Descartes*; e Grafton, Anthony. "Traditions of Conversion: Descartes and His Demon". *Occasional Papers of the Doreen B. Townsend Center for the Humanities*, nº 22, 2000.
20. Descartes, *Discurso do método*, parte II, AT VI, 11; *PW* I, p. 116.
21. Ibid., AT VI, 16; *PW* I, p. 118.
22. Ibid., parte I, AT VI, 10; *PW* I, p. 115.
23. Ibid., p. 116.
24. Ibid., parte II, AT VI, 12-13; *PW* 1, p. 117.
25. Ibid., AT VI, 13-14; *PW* I, p. 117.
26. Ibid., AT VI, 16; *PW* I, p. 119.
27. Ibid., parte III, AT VI, 22-27; *PW* I, pp. 122-24.
28. Baillet, Op. cit., 1:81.
29. Idem.
30. Ibid., 1:82.
31. Idem.
32. Ibid., 1:83.
33. Ibid., 1:83-84.
34. Ibid., 1:84-85.
35. Ver a interpretação de Cole em *Olympian Dreams*, obra que julgo convincente nessa questão.
36. Descartes, *Early Writings*, AT X, 213; *PW* I, p. 2.
37. Agostinho, *A cidade de Deus*, IX, 22; cf. XIX, 4, para informações sobre a especial propensão à possessão demoníaca por parte daqueles filósofos pagãos que se diziam capazes de alcançar o Sumo Bem por si só, sem a graça de Deus.
38. Inácio, *Os exercícios espirituais*, Regras para discernimento de espíritos, Segunda semana, 4.
39. Trevor-Roper, H. R. "The European Witch-Craze of the Sixteenth and Seventeenth Centuries". In: *The Crisis of the Seventeenth Century: Religion, the Reformation and Social Change*. Nova York: Harper, 1968.
40. Descartes, *Meditações*, AT VII, 22; *PW* II, p. 15.
41. Descartes, *Regras para a direção do espírito*, Regra XII, AT 425-27; *PW* I, pp. 48-49.
42. Ver Baillet, *La vie de monsieur Des-Cartes*, 2:433-34.
43. Ibid., 1:155-60.
44. Ver Gaukroger., *Descartes*, pp. 146-52.
45. Baillet, *La Vie de Monsieur Des-Cartes*, 1:166.
46. Ver Jacob, *Scientific Culture*, p. 38; e Gaukroger, *Descartes*, p. 136.
47. Toulmin, Op. cit., p. 80.
48. Descartes, *Discurso do método*, IV, AT VI, 31; *PW* I, p. 126.
49. Watson, Op. cit., p. 151.
50. Descartes a Mersenne, 13 de novembro de 1629, AT I, 70; *PW* III, p. 7-8.
51. Descartes a Mersenne, 15 de abril de 1630, AT I, 144; *PW* III, p. 22.

52. Descartes, *Tratado do homem*, AT XI, 120; *PW* I, p. 99.
53. Descartes a Mersenne, 10 de maio de 1632, AT I, 250; *PW* III, pp. 37-38.
54. Descartes a Mersenne, fim de novembro de 1633, AT I, 270-72; *PW* III, pp. 40-41.
55. Idem.
56. Descartes a Mersenne, abril de 1634, AT I, 286; *PW* III, p. 43.
57. Baillet, Op. cit., 2:502.
58. Descartes, *Discurso do método*, VI, AT VI, 66; *PW* I, p. 145.
59. Ver Gaukroger, Op. cit. *Descartes*, p. 181.
60. Descartes, *Discurso do método*, I, AT VI, 4; *PW* I, p. 112.
61. Ibid., I, AT VI, 3-4; *PW* I, p. 112.
62. Ibid., I, AT VI, 5, 10; *PW* I, p. 113.
63. Ibid., II, AT VI, 19; *PW* I, p. 120.
64. Ibid., III, AT VI, 28; *PW* I, p. 125.
65. Ibid., IV, AT VI, 32; *PW* I, p. 127. Cf. Agostinho, *O livre-arbítrio*, II, 3, 20-21; e Agostinho, *A cidade de Deus*, XI, 24.
66. Paul Valéry, de um caderno de 1910 com comentários sobre Descartes. In: Valéry, Paul. *Masters and Friends*. Trad. Martin Turnell. *The Collected Works of Paul Valéry*. Princeton: Princeton University Press, 1968, vol. 9, p. 309.
67. Descartes, *Discurso do método*, IV, AT VI, 33, 36; *PW* I, pp. 127, 129.
68. Ibid., V, AT VI, 40; *PW* I, p. 131.
69. Ibid., VI, AT VI, 62; *PW* I, pp. 142-43.
70. Husserl, Edmund. *Cartesian Meditations*. Trad. Dorion Cairns. Haia: M. Nijhoff, 1960, p. 157.
71. Agostinho, *A verdadeira religião*, xxxix, 72. Para informações mais gerais acerca da influência de Agostinho sobre Descartes, ver Menn, Stephen. *Descartes and Augustine*. Nova York: Cambridge University Press, 1998.
72. Descartes, *Discurso do método*, V, AT VI, 61; *PW* I, p. 142.
73. Jacob, *Scientific Culture*, p. 43.
74. A forma mais complexa dessa crítica foi elaborada pelo calvinista Voécio. Ver Watson, *Cogito, Ergo Sum*, pp. 224-30.
75. Descartes, *Meditações*, Carta-dedicatória à Faculdade de Teologia de Sorbonne, AT VII, 2; *PW* II, p. 3.
76. Ibid., I, AT VII, 22, *PW* II, p. 15.
77. Ibid., IV, AT VII, 53; *PW* II, p. 37.
78. Ibid., VI, AT VII, 79-80; *PW* II, p. 55.
79. Popkin, *History of Scepticism*, p. 185. Cf. [Bourdin em] Descartes, *Meditações*, Sétimo conjunto de objeções com respostas, VII, 470-71; *PW* II, pp. 316-17.
80. Colóquio com Burman, 16 de abril de 1648, AT V, 165; *PW* III, p. 165.
81. Ver Watson, *Cogito, Ergo Sum*, p. 257.
82. Ver Gaukroger, *Descartes*, p. 1.
83. Elizabeth a Descartes, 30 de novembro de 1645, AT IV, p. 283.
84. Descartes a Elizabeth, janeiro de 1646, AT IV, 355; *PW* III, p. 283.
85. Ibid., AT IV, 352; *PW* III, p. 281.
86. Foucault, "On the Genealogy of Ethics". In *Ethics*. Org. Paul Rabinow. Nova York: New Press, 1997, p. 279.
87. Husserl, *Cartesian Meditations*, pp. 2, 156. Trabalho baseado numa séria de lições que, ministradas em 1929, podem ser lidas tanto como uma breve introdução ao método

fenomenológico do próprio Husserl quanto como uma crítica implícita do tratamento desdenhoso que Heidegger dá a Descartes em *Ser e tempo*.
88. Heidegger, *Sein und Zeit*. Tubinga, 1927, p. 24.

ROUSSEAU

1. Citado em Gagnebin, Bernard (org.). *Album Rousseau*. Paris: Gallimard, 1976, p. 215.
2. Rousseau, *Confissões*, Livro VIII, OC I, p. 351.
3. Rousseau ao M. de Malesherbes, 12 de janeiro de 1762, OC I, p. 1135.
4. Ibid., OC I, pp. 1135-36.
5. Rousseau, *Confissões*, Livro VIII, OC I, p. 363.
6. Madame d'Épinay em carta a Grimm, citada em Cranston, Maurice. *The Noble Savage: Jean-Jacques Rousseau 1754-1762*. Chicago: University of Chicago Press, 1991, p. 72.
7. Rousseau, *Emílio*, Livro II, OC IV, p. 323.
8. Os detalhes biográficos que se seguem se baseiam na biografia mais fidedigna de língua inglesa: Cranston, Maurice. *Jean-Jacques*. Nova York: Norton, 1983. Do mesmo autor há também *The Noble Savage* e *The Solitary Self*. Chicago: University of Chicago Press, 1997. Utilizo também a biografia mais recente e abrangente em francês: Trousson, Raymond. *Jean-Jacques Rousseau*. Paris: Jules Tallandier, 2003. Também útil é Damrosch, Leo. *Jean-Jacques Rousseau: Restless Genius*. Boston: Houghton Mifflin, 2005. Todas essas biografias se inspiram na inestimável *Correspondance complète de J.-J. Rousseau*. Org. Leigh, R. A. Uma interpretação psicológica sem paralelos da vida e obra de Rousseau é oferecida por Starobinski, Jean. *Jean-Jacques Rousseau: La transparence et l'obstacle*. Paris: Gallimard, 1971. Também me vali de meus trabalhos anteriores sobre Rousseau: Miller, James. *Rousseau: Dreamer of Democracy*. New Haven: Yale University Press, 1984; e "'The Abyss of Philosophy': Rousseau's Concept of Freedom". *Modern Intellectual History*, 3, nº 1, abril de 2006, pp. 95-103.
9. Rousseau, *Confissões*, Livro I, OC I, p. 8.
10. Ibid., p. 9.
11. Wokler, Robert. *Rousseau: A Very Short Introduction*. Nova York: Oxford University Press, 1995, p. 4.
12. Ver o capítulo de Mark Hulliung sobre a "história filosófica" e a *Enciclopédia* em *The Autocritique of the Enlightenment*. Cambridge: Harvard University Press, 1994, pp. 38-75.
13. Rousseau, *Confissões*, Livro VII, OC I, p. 344.
14. Rousseau, "Épître à M. Bordes", OC II, pp. 1131-32.
15. Rousseau, *Discurso sobre as ciências e as artes*, Primeira parte, OC III, p. 8.
16. Ibid., p. 7.
17. Kant, *Lectures on Ethics*. Trad. Peter Heath. Nova York: Cambridge University Press, 1997, p. 45; Kant, *Gesammelte Schriften*. Berlim: 1900-, 27:248.
18. Ver Rousseau a madame Francueil, 20 de abril de 1751, CC II, pp. 142-46.
19. Rousseau, *Confissões*, Livro VIII, OC I, p. 388.
20. Idem.
21. Rousseau, *Discurso sobre a origem da desigualdade* [doravante, *Desigualdade*], prelúdio à Parte I, OC III, p. 132.
22. Rousseau, *Desigualdade*, Prefácio, OC III, p. 125.
23. Rousseau, *Rousseau, juiz de Jean-Jacques*, Terceiro diálogo, OC I, p. 936.
24. Ibid., Segundo diálogo, OC I, p. 871.

25. *Desigualdade*, OC III, p. 141.
26. Diderot, *Landois*, 29 de junho de 1756, citado em Hulliung, *Autocritique of Enlightenment*, p. 190.
27. Rousseau, *Emílio*, Livro IV, OC IV, pp. 576, 586. Cf. Kant, *Crítica da razão pura*, A533/B561 (em que "a ideia transcendental da liberdade" se refere "à capacidade de iniciar um estado *espontaneamente*", sem que seja necessária qualquer causa precedente), e Hobbes, *Leviatã*, parte 2, capítulo XXI ("pois todo ato da vontade humana, todo desejo e toda inclinação têm origem em alguma causa, e de tal causa, em cadeia contínua", todos os atos que dizem "proceder da *liberdade*" também "procedem da *necessidade*"). Alguns monistas do século XVIII, incluindo Toland e La Mettrie, questionaram a afirmação de Rousseau, para quem a espontaneidade não poderia ser um atributo da matéria.
28. Rousseau, *Emílio*, Livro IV, OC IV, p. 573.
29. Kant, *Crítica da razão pura*, A534/B562.
30. *Desigualdade*, Primeira parte, OC III, p. 141.
31. Rousseau, *Emílio*, Livro IV, OC IV, p. 568.
32. *Desigualdade*, Segunda parte, OC III, p. 191.
33. Hegel, *Lições sobre a história da filosofia*, vol. III, pts. III, sec.1, cap. 2, §2, 3C.
34. Rousseau, *Discurso sobre as ciências e as artes*, Segunda parte, OC III, p. 21.
35. Voltaire a Rousseau, 30 de agosto de 1755, CC IV, p. 158.
36. Rousseau a Voltaire, 10 de setembro de 1755, OC III, p. 227.
37. Rousseau a Voltaire, 18 de agosto de 1756, OC IV, p. 1073.
38. Voltaire, "Rescript of the Emperor of China on the Occasion of the Plan for Perpetual Peace". In: Voltaire, *Mélanges*. Paris: Gallimard, 1961, p. 413.
39. Rousseau, *Emílio*, Livro V, OC IV, pp. 858-59.
40. Rousseau, *A nova Heloísa*, Segundo prefácio, OC II, p. 14.
41. Rousseau a Malesherbes, 26 de janeiro de 1762, OC I, p. 1140.
42. Idem.
43. Rousseau, *A nova Heloísa*, Segundo prefácio, OC II, p. 6.
44. D'Alembert, Jean le Rond. "Geneva". In: Diderot e D'Alembert (orgs.). *Encyclopédie ou Dictionnaire raisonné des sciences, des arts et des métiers*. Paris: 1751-72.
45. Rousseau, *Carta a D'Alembert sobre o teatro*, OC V, p. 120n.
46. Voltaire a D'Alembert, 19 de março de 1761, citado em Damrosch, *Jean-Jacques Rousseau*, pp. 301-302.
47. Abade Cahagne a Rousseau, 27 de fevereiro de 1761, CC VIII, p. 148.
48. Citado em Darnton, Robert. "Readers Respond to Rousseau". In: *The Great Cat Massacre*. Nova York: Basic Books, 1984, p. 247.
49. Idem.
50. Rousseau, *A nova Heloísa*, Segundo prefácio, OC II, p. 21.
51. Rousseau, *Confissões*, Livro XI, OC I, p. 547.
52. Ibid., Livro IX, OC I, p. 404.
53. Rousseau, *Emílio*, Livro II, OC IV, p. 309.
54. Ibid., Livro IV, OC IV, p. 581. Que as perspectivas do vigário são as mesmas de Rousseau é confirmado por textos como a carta do autor a Beaumont, na qual Rousseau defende sua boa-fé contra as acusações feitas pelo arcebispo de Paris.
55. Rousseau, *Emílio*, Livro IV, OC IV, p. 581.
56. Ibid., p. 245.
57. Rousseau, *Discurso*, p. 113, OC III, p. 141. Cf. Agostinho, *O livre-arbítrio*, II, 167: "Se estivesse de acordo com sua natureza, a vontade certamente sustentaria tal natureza, e não

a prejudicaria – não seria, portanto, iníqua. Daí compreendemos ser esta a origem do mal: estar em desacordo com a natureza."
58. Rousseau, *Emílio*, Livro IV, *OC* IV, p. 604.
59. Pelágio, segundo citação de Agostinho, *A natureza e a graça*, LXIV.
60. Rousseau, *Emílio*, Livro IV, *OC* IV, p. 587.
61. Ibid., p. 586.
62. Ibid., p. 604.
63. Ibid., p. 586.
64. Agostinho, *A natureza e a graça*, XIII. As afinidades entre Pelágio e Rousseau são traçadas, de maneira útil, em Karant, Joshua. "A Peculiar Faith", em especial pp. 102-13 (tese de doutorado, Departamento de Ciência Política, Universidade de Maryland).
65. Neiman, Susan. *Evil in Modern Thought*. Princeton: Princeton University Press, 2002, p. 43. Neiman oferece uma boa descrição das perspectivas teológicas de Rousseau e de sua influência sobre Kant.
66. Agostinho, *Retractationum libri duo*, 6.
67. Tronchin, Jean-Robert. "Conclusion of the Public Prosecutor", proferida em Genebra no dia 19 de junho de 1762, *CC* XI, pp. 298-99.
68. Rousseau, *Carta a Beaumont*, *OC* IV, pp. 935-36.
69. Rousseau, *Cartas escritas da montanha*, *OC* III, pp. 837-38.
70. Voltaire a François Tronchin, 25 de dezembro de 1764, citado em Damrosch, *Jean-Jacques Rousseau*, p. 390.
71. *O sentimento dos cidadãos*, *CC* XXIII, p. 381.
72. Hume a Hugh Blair, 28 de dezembro de 1765, escrito antes de Hume levar Rousseau a Londres, em Greig, J. Y. T. (org.) *The Letters of David Hume*. Oxford: Clarendon Press, 1932, 1:297-303.
73. Hume, "My Own Life". In: *Essays, Moral, Political, and Literary*, vol. 1.
74. Rousseau a Hume, 10 de julho de 1766, *CC* XXX, p. 35.
75. *The Miscellany no. 11, by Nathaniel Freebody Esq.*, 15 de janeiro de 1767, tal como resumido em Damrosch, *Jean-Jacques Rousseau*, pp. 427-28.
76. Rousseau, *Confissões*, Livro VIII, *OC* I, p. 357.
77. Rousseau, *Os devaneios do caminhante solitário*, Nono devaneio, *OC* I, pp. 1087-88.
78. Dusaulx, Jean-Joseph. *De mes rapports avec J. J. Rousseau*. Paris: 1789, pp. 62-65.
79. Rousseau, *Confissões*, Livro XII, *OC* I, p. 656.
80. Rousseau, *Rousseau, juiz de Jean-Jacques*, Segundo diálogo, *OC* I, p. 774.
81. Ibid., p. 836.
82. Rousseau, *Os devaneios do caminhante solitário*, *OC* I, p. 1051.
83. Ibid., pp. 1024, 1039.
84. Ibid., p. 1053.
85. Ibid., p. 1060.
86. Ibid., p. 1099.
87. "Voltaire and Rousseau Again". *New York Times*, 19 de dezembro de 1897, p. 6.
88. Relatado pelo arquiteto Paris em *Récit de la mort de Rousseau* e citado em Damrosch, *Jean-Jacques Rousseau*, p. 491.
89. Ver McNeil, Gordon H. "The Cult of Rousseau and the French Revolution". *Journal of the History of Ideas*, 6, nº 2, abril de 1945, pp. 197-212.
90. Ver Trenard, Louis. "La diffusion du *Contrat social* (1762-1832)". In: *Études sur le "Contrat social" de J. J. Rousseau*. Dijon: Universidade de Dijon, 1964, p. 447.

KANT

1. Johann Georg Hamann a Johann Gottfried Herder, 14 de abril de 1785, em Hamann, *Briefwechsel*. Org. Ziesemer, Walther e Henkel, Arthur. Wiesbaden: Insel Verlag, 1955-79, 5:418.
2. Ver o entalhe contemporâneo incluído como frontispício em Stuckenberg, J. H. W. *The Life of Immanuel Kant*. Londres: 1882.
3. Sobre a carreira de Kant como professor, ver a introdução a Immanuel Kant, *Lectures on Metaphysics*. Trad. e org. Ameriks, Karl e Naragon, Steve. Nova York: Cambridge University Press, 1997, p. xx.
4. Foucault, *Introduction à l'anthropologie de Kant*, Ier tome (texto datilografado e encontrado na Bibliothèque de la Sorbonne, arquivado em 1961, p. 17).
5. Heine, *On the History of Religion and Philosophy in Germany*. Trad. Howard Pollack-Milgate. Nova York: Cambridge University Press, 2007, p. 79.
6. Cassirer, Ernst. *Kant's Life and Thought*. Trad. James Haden. New Haven: Yale University Press, 1981, p. 6.
7. Kant, *Vorlesungen über die Philosophische Enzyklopädie*, AK 29:8-9. Os primeiros volumes também se encontram disponíveis em www.korpora.org/Kant/verzeichnisse-gesamt.html. Essas lições são brevemente discutidas em Hadot, *What Is Ancient Philosophy?*, pp. 266-67. É provável que as notas tenham sido retiradas do curso de Enciclopédia Filosófica ministrado no semestre hibernal de 1777-78: ver Naragon, Steve. "Kant in the Classroom". Disponível em <http://users.manchester.edu/Facstaff/SSNaragon/Kant/Lectures/lecturesIntro.htm.>
8. Ver Kuehn, Manfred. *Kant: A Biography*. Nova York: Cambridge University Press, 2001, p. 26. As principais fontes da biografia de Kant são a sua correspondência e as curtas memórias biográficas escritas por três amigos – L. E. Borowski, R. B. Jachmann e C. H. Wasianski – e publicadas em 1804, logo após a morte de Kant. O livro de Kuehn, repetitivo e maculado por sua prosa inexpressiva, é a biografia moderna de referência. Geralmente confiável (embora equivocada acerca da filosofia de Rousseau e sua influência sobre Kant), ela incorpora muitos dos conhecimentos históricos recentes. Doravante, a maior parte dos detalhes biográficos foram daí retirados. Eu complementei as informações oferecidas por Kuehn com aquelas encontradas em Stuckenberg, *The Life of Immanuel Kant*, uma narrativa esplêndida do século XIX, repleta de longas citações de fontes primárias; Cassirer, *Kant's Life and Thought*, uma hagiografia neokantiana; Vorländer, Karl. *Immanuel Kant: Der Mann und das Werk* (Hamburgo: Meiner, 1977 [1964]), a fonte moderna mais abrangente depois de Kuehn; e Gulyga, Arsenij. *Immanuel Kant: His Life and Thought*. Trad. Marijan Despalatovic. Boston: Birkhauser, 1987. Publicado originalmente na Rússia, este é um relato vívido e pungente. Onde tais autores discordam, eu apresento a versão de Kuehn, exceto quando indicado.
9. Kuehn, *Kant*, p. 40, citando F. T. Rink, aluno e sócio de Kant a partir do ano de 1786.
10. Kant, *Antropologia de um ponto de vista pragmático*, Livro I, 4, AK 7:132; ET, p. 15.
11. Ver Kuehn, *Kant*, p. 45, citando Hippel, amigo de Kant.
12. Seguimos o resumo oferecido em Stuckenberg, *The Life of Immanuel Kant*, pp. 61-62.
13. Kuehn, *Kant*, p. 115, citando Borowski.
14. Ibid., p. 117, citando Heilsberg.
15. Cassirer, *Kant's Life and Thought*, p. 53.

16. Idem.
17. Kant, "Thoughts on the Occasion of Mr. Johann Friedrich von Funk's Untimely Death", AK 2:41. Citado em Kuehn, *Kant*, p. 126.
18. Kant, *Antropologia de um ponto de vista pragmático*, AK 7:295; ET, p. 206.
19. Kuehn, *Kant*, p. 154, citando Jachmann.
20. Ver Kant, *Antropologia de um ponto de vista pragmático*, AK 7:293-94; ET, p. 205.
21. Heine, *On the History of Religion*, p. 79.
22. Kuehn, *Kant*, p. 222, citando Borowski; cf. p. 273.
23. Kant, *O conflito das faculdades*, III, "O princípio do regime", 1, AK 7:104. Para informações sobre a hipocondria de Kant, ver a brilhante discussão incluída em Meld Shell, Susan. *The Embodiment of Reason*. Chicago: University of Chicago Press, 1996, pp. 264-305.
24. Kant, *Antropologia de um ponto de vista pragmático*, I, 50, AK 7:212; ET, p. 109; cf. I, 3, AK 7:131; ET, p. 14: "A abstração [...] dá provas da liberdade da faculdade do pensamento e da soberania da mente, tendo condições de manter as impressões sensórias sobre o controle do indivíduo."
25. Kant, *O conflito das faculdades*, III, AK 7:97.
26. Kant, AK 23:463, retirado de um esboço preliminar da seção sobre a hipocondria de *O conflito das faculdades*.
27. Kant, *O conflito das faculdades*, III, "O princípio do regime", AK 7:104.
28. Kant, *Antropologia de um ponto de vista pragmático*, II, A, AK 7:293-94; ET, pp. 205-206.
29. Kant, *Comentários acerca das "Observações sobre o sentimento do belo e do sublime"*, AK 20:44.
30. Ibid., AK 20:30.
31. Idem.
32. Ibid., AK 20:16.
33. Ibid., AK 20:45.
34. Ibid., AK 20:46.
35. Ibid., AK 20:48.
36. Ibid., AK 20:93.
37. Henrich, Dieter. *Aesthetic Judgment and the Moral Image of the World: Studies in Kant*. Stanford: Stanford University Press, 1992, p. 10. Cf. Cassirer, *Kant's Life and Thought*, pp. 86-90; e Velkley, Richard. *Freedom and the End of Reason*. Chicago: University of Chicago Press, 1989. São obras que reúnem dados sobre a influência de Rousseau sobre a "virada crítica" de Kant.
38. Kant a Johann Gottfried Herder, 9 de maio de 1768, AK 10:73-74.
39. Kant a Marcus Herz, início de abril de 1778, AK 10:231.
40. Trechos citados, de maneira resumida, por Kuehn, *Kant*, pp. 190-92.
41. *Handschriftlicher Nachlass: Moralphilosophie, Rechtsphilosophie und Religionsphilosophie*, AK 19:116-17, 103.
42. Kuehn, *Kant*, p. 202.
43. Moses Mendelssohn a Kant, 25 de dezembro de 1770, AK 10:133; ET, p. 74.
44. Heine, *On the History of Religion*, p. 80.
45. Citado em Cassirer, *Kant's Life and Thought*, p. 140.
46. Baczko, citado em Kuehn, *Kant*, p. 211.
47. Kant a Marcus Herz, 20 de outubro de 1778, AK 10:232.
48. Kant a Jacob Sigismund Beck, 1º de julho de 1794, AK 11:515.
49. Kant a Marcus Herz. Início de abril de 1778, AK 10:231.
50. Bernoulli, citado em Kuehn, *Kant*, p. 218.

51. Hamann, carta ao editor de Kant, 8 de abril de 1781, citado em Stuckenberg, *The Life of Immanuel Kant*, p. 261.
52. Hamann, carta a Herger, 15 de setembro de 1781, citado ibid., p. 463n114.
53. Resenha de 1782 em *Göttingische gelehrte Anzeigen*, citada em Kuehn, *Kant*, p. 254.
54. Kant, *Crítica da razão pura*, A51/B75.
55. Ibid., Avii.
56. Ibid., A448/B476, A534/B562.
57. Ibid., A316-17/B373-74.
58. Kant, *Fundamentação da metafísica dos costumes*, I, AK 4:403-404. Kant, *Metafísica dos costumes*, Parte I, Introdução, III, AK 6:226. Ver também Kant, *Lógica*, Introdução, III, AK 9:25 (tradução para o inglês de Hartman, Robert S. e Schwarz, Wolfgang. Nova York: Bobbs Merrill, 1974, pp. 28-29).
59. Kant, *Handschriftlicher Nachlass*, AK 19:298.
60. Collins, Georg Ludwig. Das lições do professor Kant, Königsberg, semestre hibernal de 1784-85, Sobre o destino final da humanidade, AK 27:471.
61. Stuckenberg, *The Life of Immanuel Kant*, p. 273.
62. Pessoa desfavoravelmente comparada aos filósofos gregos antigos em Kant, *Vorlesungen über die Philosophische Enzyklopädie*, AK 29:8-9.
63. Christian Gottfried Schutz a Kant, fevereiro de 1786, AK 10:430-31.
64. Stuckenberg, *The Life of Immanuel Kant*, p. 370.
65. Citado ibid., p. 374.
66. Kant, *Fundamentação da metafísica dos costumes*, AK 4:440.
67. Ibid., AK 4:425.
68. Kant, *Metafísica dos costumes*, Parte I, Apêndice, 3, AK 6:359.
69. Ibid., Parte II, Seção II, §14, AK 6:441.
70. Idem.
71. Kant, "Ideia para uma história universal de um ponto de vista cosmopolita", AK 8:23.
72. Idem.
73. Berlin, Isaiah. "Two Concepts of Liberty". In: *Four Essays on Liberty*. Nova York: Oxford University Press, 1969, p. 170.
74. Kant, *Crítica da razão prática*, Livro II, Capítulo II, vii, AK 5:134.
75. Heine, *On the History of Religion*. In: Heine, *Sämtliche Schriften*. Munique: Hanser Verlag, 1971, 3:604.
76. Kant, *Comentários acerca das "Observações sobre o sentimento do belo e do sublime"*, AK 20:44.
77. Kant, *Crítica da razão pura*, A831/B859.
78. Ver Kant, *Crítica da razão prática*, Livro II, Capítulo II, AK 5:117-18.
79. Kant a Johann Casper Lavater, 28 de abril de 1775, AK 10:175-76.
80. Kant, "O que é o iluminismo?" (1784), AK 8:35.
81. Idem.
82. Ibid., AK 8:41.
83. Kant, "Que significa orientar-se no pensamento?" (1786), AK 8:146.
84. Kuehn, *Kant*, p. 318, citando Reusch.
85. Ibid., pp. 341-42, citando Malter.
86. Ver ibid., p. 343.
87. Kant, "Sobre a expressão corrente: isto pode ser correto na teoria, mas nada vale na prática", AK 8:299. Publicado anteriormente na Prússia, mas ainda em 1793, *Examination of the French Revolution*, de Wilhelm Rehberg, afirma que era a metafísica a causa da revolução,

e as anotações preliminares de Kant para o ensaio indicam que ele tinha essa acusação diante dos olhos: ver a introdução ao ensaio da "expressão corrente" em Kant, *Practical Philosophy*. Trad. e org. Mary J. Gregor. Nova York: Cambridge University Press, 1996, pp. 275-76.
88. Kant, *Handschriftlicher Nachlass*, AK 19:595-96.
89. Kant, *A religião nos limites da simples razão*, AK 6:170-71.
90. Expressão usada por Fredrich Lupin, que visitou Kant em 1794.
91. Frederico Guilherme II a Kant, 1º de outubro de 1794, AK 11:525.
92. Kant a Frederico Guilherme II, 12 de outubro de 1794, AK 11:530.
93. Kant a Moses Mendelssohn, 6 de abril de 1766, AK 10:69.
94. Kant, *O conflito das faculdades*, AK 7:11.
95. Kuehn, *Kant*, p. 391, citando Pörschke.
96. Scharfstein, Ben-Ami. *The Philosophers: Their Lives and the Nature of Their Thought*. Nova York: Oxford University Press, 1980, p. 221. A seção de Scharfstein sobre Kant é especialmente incisiva.
97. Stuckenburg, *The Life of Immanuel Kant*, p. 466n133, citando Hippel.
98. Wasianski, A. C. *Immanuel Kant: Sein Leben in Darstellungen von Zeitgenossen*. Berlim: 1912, pp. 278-79.
99. Ver Kant, *Opus postumum*, AK 21:222.
100. Kuehn, *Kant*, p. 422, citando Wasianski.
101. Kupffer, Carl e Bessel-Hagen, Fritz. *Der Schädel Immanuel Kant's*. *Archiv fur Anthropologie*, 13, 1881, pp. 359-410. Ver também Hagner, Michael. "Skull, Brains, and Memorial Culture: On Cerebral Biographies of Scientists in the Nineteenth Century". *Science in Context*, 16, 2003, pp. 195-218.
102. Ver Romano, Carlin. "Special K: Kant, Königsbergm and Kaliningrad". *Chronicle of Higher Education*, 16 de maio de 2003; e Wolf, Erika. "Kant's Brides: A Readymade Photographic Chronotope". Disponível em <*Art-Guide: Königsberg-Kaliningrad Now*, http://ncca-kaliningrad.ru/art-guide/?by=p&aglang=eng&au=027wolf.>
103. Kant, *Crítica da razão prática*, Parte II, Conclusão, AK 5:161.

EMERSON

1. Kant, *A religião nos limites da simples razão*, AK 4:34.
2. Ver Carlyle, Thomas. *Sartor Resartus: The Life and Opinions of Herr Teufelsdröckh in Three Books* (publicado pela primeira vez em 1833-34). Org. Tarr, Rodger L. e Engel, Mark. Berkeley: University of California Press, 2000, p. 187. A expressão reaparece como título de um incrível estudo sobre a literatura romântica: Abrams, M. H. *Natural Supernaturalism*. Nova York: Norton, 1971.
3. Dewey, John. "Emerson – The Philosopher of Democracy". *International Journal of Ethics*, 13, julho de 1903, p. 412, na ocasião do centenário do nascimento de Emerson.
4. Idem.
5. Wendell Holmes, Oliver. *Ralph Waldo Emerson* (introdução). Boston: 1885.
6. Cabot, James Elliot. *A Memoir of Ralph Waldo Emerson*. Boston: 1887, 1:7. A biografia de dois volumes escrita por Cabot foi publicada, originalmente, como os volumes 13 e 14 de *The Complete Works of Ralph Waldo Emerson*. Boston: 1883-93. Doravante, me baseio em Cabot, tal como em três biografias mais recentes: Rusk, Ralph L. *The Life of Ralph Waldo Emerson*. Nova York: Scribner, 1949; Porte, Joel. *Representative Man: Ralph Waldo Emerson*

in His Time. Nova York: Oxford University Press, 1979; e – destacando-se – Robert D. Richardson Jr., *Emerson: The Mind on Fire*. Berkeley: University of California Press, 1995, uma obra-prima da biografia moderna.

7. Cabot, *Memoir of Ralph Waldo Emerson*, 1:24.
8. Richardson, *Emerson*, pp. 23-25.
9. Rusk, *Life of Ralph Waldo Emerson*, p. 25, citando Mary Moody Emerson; Cabot, *Memoir of Ralph Waldo Emerson*, 1:31, citando Mary Moody Emerson.
10. Ver Cabot, *Memoir of Ralph Waldo Emerson*, 1:66; e Rusk, *Life of Ralph Waldo Emerson*, p. 73.
11. Ver Richardson, *Emerson*, pp. 11ss.
12. Ver Cole, Phyllis. *Mary Moody Emerson and the Origins of Transcendentalism*. Nova York: Oxford University Press, 1998.
13. *EJ*, p. 1.
14. Emerson a Carlyle. In: Slater, Joseph (org.). *The Correspondence of Emerson and Carlyle*. Nova York: Columbia University Press, 1964, p. 272, citado em Richardson, *Emerson*, p. 320.
15. Emerson, "O sábio americano", *EL*, p. 54.
16. Ver Rusk, *Life of Ralph Waldo Emerson*, p. 78. Posteriormente, Emerson ministrou uma palestra sobre "demonologia".
17. Ibid., p. 79.
18. Diários de Emerson, 7 de maio de 1822, *JMN* 1:130; *EJ*:27.
19. Richardson, *Emerson*, pp. 44-45.
20. Diários de Emerson, 23 de março de 1823, *JMN* 2:113, 112; *EJ*:27.
21. Ibid., 21 de dezembro de 1823, *JMN* 2:189-90; *EJ*:38.
22. Ibid., 18 de abril de 1824, *JMN* 2:239; *EJ*:45-47.
23. Ibid., 17 de janeiro de 1829, *JMN* 3:149-50; *EJ*:68.
24. Ibid., 16 de janeiro de 1828, *JMN* 3:102; *EJ*:66.
25. Mary Moody Emerson citada em Richardson, *Emerson*, p. 63.
26. Ibid., p. 66.
27. Channing, William Ellery. "Self Culture: An Address Introductory to the Franklin Lectures, delivered at Boston, September, 1838". Disponível em <www.americanunitarian.org/selfculture.htm.>
28. Emerson, "Montaigne, o cético", *Homens representativos*, EL:697.
29. Ver Hedley, Douglas. *Coleridge, Philosophy and Religion: Aids to Reflection and the Mirror of the Spirit*. Nova York: Cambridge University Press, 2000, p. 17.
30. Emerson, "Aspectos modernos das letras", do curso de literatura inglesa ministrado em janeiro de 1836. In: Whicher, Stephen E. e Spiller, Robert E. (orgs.). *The Early Lectures of Ralph Waldo Emerson*. Cambridge: Harvard University Press, 1959-72, 1:378.
31. Marsh, James. Introdução a Coleridge. In: Samuel Taylor. *Aids to Reflection*. Boston: 1829, p. 42.
32. Emerson, "Montaigne, o cético", EL:696.
33. Diários de Emerson, 2 de junho de 1830, *JMN* 3:186.
34. "Self Trust". In Toulouse, Teresa e Delbanco, Andrew. *The Complete Sermons of Ralph Waldo Emerson*. Columbia: University of Missouri Press, 1989-92, 2:266-67.
35. Emerson a Mary Moody Emerson, 8 de fevereiro de 1831, *SL*, pp. 111-12.
36. Poema encontrado em *JMN* 3:227.
37. Diários de Emerson, 21 de julho de 1831, *JMN* 3:274; *EJ*:79.
38. Ibid., 28 de dezembro de 1831, *JMN*, 3:314.
39. Ibid., 10 de janeiro de 1832, *JMN* 3:318; *EJ*:81.

40. Citado em Richardson, *Emerson*, p. 124.
41. Diários de Emerson, 14 de julho de 1832, *JMN* 4:29.
42. Ibid., 6 de julho de 1832, *JMN* 4:27; *EJ*:83.
43. Ibid., 14 de julho de 1832, *JMN* 4:28; *EJ*:83.
44. Ibid., 12 de agosto de 1832, *JMN* 4:35; sobre Fox, ver *JMN* 4:31.
45. Ibid., 17 de setembro de 1832, *JMN* 4:43.
46. Ibid., 28 de outubro de 1832, *JMN* 4:54.
47. Ibid., 29 de novembro de 1832, *JMN* 1:66.
48. Emerson aos proprietários da Segunda Igreja, 11 de setembro de 1832, *SL*:114.
49. Diários de Emerson, 9 [?] de outubro de 1832, *JMN* 4:47; *EJ*:86.
50. Ibid., 9 e 13 de outubro, *JMN* 4:47, 48.
51. Ibid., 27 de outubro de 1832, *JMN* 4:53; *EJ*:87.
52. Cavell, Stanley. "Finding as Founding". In: *Emerson's Transcendental Études*. Stanford: Stanford University Press, 2003, p. 139.
53. Ver Rusk, *Life of Ralph Waldo Emerson*, p. 195.
54. Diários de Emerson, [3 de setembro de 1833?], *JMN* 4:84. A entrada encontra-se incompleta, com um quarto da página deixado em branco após a palavra *Eu*.
55. Idem.
56. Ibid., 11 de julho de 1833, *JMN* 4:77.
57. Ibid., 5 de julho de 1839, *JMN* 7:224-25; *EJ*:221.
58. Ver Whicher e Spiller, Introdução a *Early Lectures of Ralph Waldo Emerson*, 1:xx-xii.
59. Ver Bode, Carl. *The American Lyceum*. Nova York: Oxford University Press, 1956; e Scott, Donald M. "The Popular Lecture and the Creation of a Public in Mid-Nineteenth-Century America". *Journal of American History*, 66, nº 4, março de 1980, pp. 791-809.
60. Charvat, William. *Emerson's American Lecture Engagements: A Chronological List*. Nova York: Nova York Public Library, 1961, p. 7; Scudder III, Townsend. "A Chronological List of Emerson's Lectures on His British Lecture Tour of 1847-1848". *PMLA*, 51, nº 1, março de 1936, pp. 243-48.
61. George Gilfillan descrevendo "Eloquência", palestra proferida por Emerson em 1848. *Dundee Advertiser*, 16 de março de 1874, citado em Scudder III, Townsend. "Emerson's British Lecture Tour, 1847-1848, Part II". *American Literature*, 7, nº 2, maio de 1935, p. 170.
62. Ver Baumgartner, A. M. "'The Lyceum Is My Pulpit': Homiletics in Emerson's Early Lectures". *American Literature*, 34, n.4, janeiro de 1963, pp. 477-86.
63. Diários de Emerson, 15 de novembro de 1834, *JMN* 4:335; *EJ*:128.
64. Emerson, "O naturalista", proferido em maio de 1834. In: Whicher e Spiller, *Early Lectures of Ralph Waldo Emerson*, 1:74.
65. Emerson, "Ilusões", *A conduta para a vida*, *EL*:1123.
66. Diários de Emerson, 15 de novembro de 1834, *JMN* 4:335; *EJ*: 128.
67. Emerson, "Os usos da história natural", proferido em 5 de novembro de 1833. In: Whicher e Spiller, *Early Lectures of Ralph Waldo Emerson*, 1:10.
68. Ver *The Collected Works of Ralph Waldo Emerson*, vol.1: *Nature, Addresses, and Lectures*. Org. Spiller, Robert E. e Ferguson, Alfred R. Cambridge: Harvard University Press, 1971, p. 7, com sua nota correspondente.
69. Emerson, "Swedenborg, ou o místico", *Homens representativos*, *EL*:672.
70. Emerson a Lydia Jackson, 1º de fevereiro de 1835, *SL*:142-43.
71. Idem.
72. Emerson, *Natureza*, cap. 1, *EL*:10.

73. Bowen, Francis. "Transcendentalism". *Christian Examiner*, 21, 1837, pp. 371-85.
74. Diário de Emerson, 21 de agosto de 1837, *JMN* 5:371; *EJ*:167.
75. Lowell, James Russell. "Thoreau's Letters". *North American Review*, 101, outubro de 1865, p. 600, citado em Sacks, Kenneth S. *Understanding Emerson: "The American Scholar" and His Struggle for Self-Reliance*. Princeton: Princeton University Press, 2003, p. 18.
76. Emerson, "O sábio americano", *EL*:53-54.
77. Ibid., *EL*:60-61.
78. Ibid., *EL*:70-71.
79. Holmes, *Ralph Waldo Emerson*, p. 115.
80. John Pierce, citado em Sacks, *Understanding Emerson*, p. 17.
81. Emerson, "Discurso à faculdade de teologia", *EL*:83, 89.
82. Idem.
83. *Christian Examiner*, 25, 1838:266. *The Biblical Repertory and Princeton Review* (periódico presbiteriano), citado em Rusk, *Life of Ralph Waldo Emerson*, p. 271.
84. Brownson, Orestes. Crítica do "Discurso à faculdade de teologia", de Emerson. *Boston Quarterly Review*, outubro de 1838, pp. 500-14.
85. Cabot, *Memoir of Ralph Waldo Emerson*, 1:337.
86. Diários de Emerson, 19 de outubro de 1838, *JMN*, 7:110-11; *EJ*:202.
87. Idem.
88. Ibid., *JMN* 7:111; *EJ*: 202.
89. Cabot, *Memoir of Ralph Waldo Emerson*, 2:383-84.
90. Idem.
91. Emerson, "Discurso à faculdade de teologia", *EL*:85.
92. Emerson, "Ética literária", palestra proferida em julho de 1838, *EL*:105-106.
93. Idem.
94. Emerson, "Autoconfiança", *EL*: 271.
95. João 14, 16. Ver também Hodder, Alan. "'After a High Negative Way': Emerson's 'Self-Reliance' and the Rethoric of Conversion". *Harvard Theological Review*, 84, nº 4, outubro de 1991, pp. 423-46.
96. Diários de Emerson, 25 de outubro de 1840, *JMN* 7:525.
97. Emerson, "Autoconfiança", *Ensaios*, *EL*:262.
98. Ibid., *EL*:265.
99. Fuller, Margaret. "Emerson's *Essays*". *New-York Tribune*, 7 de dezembro de 1844.
100. Espinasse, Francis. Artigo sobre Emerson publicado no *Manchester Examiner*, 20 de outubro de 1847, e citado em Scudder, "Emerson's British Lecture Tour, 1847-1848, Part I". *American Literature*, 7, nº 1, março de 1935, p. 19.
101. Ver Cayton, Mary Kupiec. "The Making of an American Prophet: Emerson, His Audiences, and the Rise of the Culture Industry in Nineteenth-Century America". *American Historical Review*, 92, nº 3, junho de 1987, pp. 597-620.
102. *Cincinnati Daily Enquirer*, 28 de janeiro de 1857, citado em Mead, C. David. *Yankee Eloquence in the Middle West*. East Lansing: Michigan State University Press, 1951, pp. 42-43. Compare as descrições do estilo discursivo de Emerson incluídas em Scudder, "Emerson's British Lecture Tour, 1847-1848, Part II", pp. 167-69.
103. Citado em Rusk, *Life of Ralph Waldo Emerson*, p. 309.
104. *Cincinnati Daily Enquirer*, 28 de janeiro de 1857, citado em Mead, *Yankee Eloquence*, p. 43.
105. Ver Emerson, *Collected Works*, 11:249-63 (edição da Riverside); e Rusk, *Life of Ralph Waldo Emerson*, p. 402.

106. Rusk, *Life of Ralph Waldo Emerson*, pp. 409, 503.
107. Cabot, *Memoir of Ralph Waldo Emerson*, p. 683.

NIETZSCHE

1. Ver Hertl, Michael. *Der Mythos Friedrich Nietzsche und seine Totenmasken*. Würzburg: Königshausen & Neumann, 2007.
2. Nietzsche, *Para além do bem e do mal*, 40, KSA 5, p. 58.
3. Nietzsche, "Por que eu escrevo livros tão bons", 4, *Ecce homo*, KSA 6, p. 304.
4. Tucholsky, Kurt. "Fräulein Nietzsche". In: *Gesammelte Werke*. Hamburgo: Rowohlt, 1975, 10:14.
5. Nietzsche, "Schopenhauer como educador", 4, *Considerações extemporâneas*, KSA 1, p. 374.
6. Daqui em diante, no que diz respeito à biografia de Nietzsche, valho-me de uma série de fontes primárias: a correspondência reunida de Nietzsche, *Sämtliche Briefe, Kritische Studienausgabe*. Org. Colli, Giorgio e Montinari, Mazzino; a boa seleção de cartas traduzidas para o inglês em *Selected Letters of Friedrich Nietzsche*. Trad. e org. Middleton, Christopher. Chicago: University of Chicago Press, 1969; as observações autobiográficas sobre os anos de adolescência do próprio Nietzsche, encontradas em Schlechta, Karl (org.). *Friedrich Nietzsche Werke in 3 Bänden*. Munique: 1956; os comentários incluídos pelo próprio autor nos prefácios de 1886 às obras anteriormente lançadas; e o relato autobiográfico que encontramos em *Ecce homo*, publicado postumamente mas concluído em 1888, pouco antes do derradeiro colapso mental de Nietzsche. Igualmente úteis são as anedotas incluídas nas memórias dos amigos e conhecidos do filósofo, publicadas em Gilman, Sander L. (org.). *Conversations with Nietzsche: A Life in the Words of His Contemporaries*. Trad. David J. Parent. Nova York: Oxford University Press, 1987. A biografia moderna de referência é de Janz, Curt Paul. *Friedrich Nietzsche, Biographie*. Munique: Hanser, 1979, uma obra em três volumes abrangente e judiciosa. A melhor e mais elementar biografia em inglês é Hayman, Ronald. *Nietzsche: A Critical Life*. Nova York: Oxford University Press, 1980. Também útil é a *Chronik zu Nietzsches Leben* que aparece no volume 15 do texto alemão padrão das obras reunidas de Nietzsche: *Sämtliche Werke*, de Colli e Montinari. São pertinentes, ainda, as primeiras interpretações da obra de Nietzsche: Lou Andreas-Salomé, *Friedrich Nietzsche in seinen Werken*, publicado em 1894, e a extensa biografia que compõe o livro I de Jaspers, Karl. *Nietzsche: Einführung in das Verstandnis seines Philosophierens*. Berlim: W. De Gruyter, 1936. Os dois títulos foram traduzidos para o inglês: Salomé, *Nietzsche*. Trad. Siegfried Mandel. Urbana: University of Illinois Press, 2001; e Jaspers, *Nietzsche*. Trad. Charles F. Wallraff e Frederick J. Schmitz. Tucson: University of Arizona Press, 1965. Muito mais controversa é a obra, de 1989, escrita por Joachim Köhler e parcialmente traduzida para o inglês como *Zarathustra's Secret: The Interior Life of Friedrich Nietzsche*. Trad. Ronald Taylor. New Haven: Yale University Press, 2002. A grande virtude da obra é conseguir reunir, num só lugar, uma série de informações circunstanciais interessantes acerca dos demônios interiores de Nietzsche, em especial os que dizem respeito à sua sexualidade; seu vício, porém, é oferecer uma interpretação rudemente reducionista desses dados. Ao citar as versões em inglês dos textos de Nietzsche, utilizei, quando disponíveis (e com algumas revisões minhas), as traduções de Walter Kauffmann e R. J. Hollingdale para as obras e as de Christopher Middleton para as cartas, às quais geralmente me refiro tão somente pela data e pelo correspondente.
7. Nietzsche, "Por que eu sou tão sábio", 1, *Ecce homo*, KSA, 6, p. 264.

8. Nietzsche, "Mein Leben [Aus dem Jahre 1863]". In: Schlechta, *Friedrich Nietzsche Werke*, 3:815-16.
9. Idem.
10. Ver Bergmann, Peter. *Nietzsche: "The Last Antipolitical German"*. Bloomington: Indiana University Press, 1987, p. 13.
11. "Mein Leben [Aus dem Jahre 1859]". In: Schlechta, *Friedrich Nietzsche Werke*, 3:40.
12. Citado em Janz, *Nietzsche*, 1:129.
13. "Kann der Neidische je wahrhaft glücklich sein?", setembro de 1863. In: Mette, Hans Joachim. *Nietzsche Jugendschriften, Historisch-Kritische Gesamtausgabe*. Munique: Musarion Verlag, 1933-34, e também www.geocities.com/thenietzschechannel/1863.htm.
14. Citado em Janz, *Nietzsche*, 1:124.
15. Nietzsche, "Fate and History". Trad. George J. Stack. *Philosophy Today*, 37, n.º 2, 1993, pp. 154-56.
16. Nietzsche a Elisabeth Nietzsche, 11 de junho de 1865.
17. Nietzsche, "Aus dem Jahre 1868/69". In: Schlechta, *Friedrich Nietzsche Werke*, 3:148.
18. "Rüblick auf meine zwei Leipziger Jahre", ibid., 3:133.
19. Schopenhauer, *The World as Will and Representation*. Trad. E. F. J. Payne. Nova York: Dover, 1969, vol. I, 57, p. 312.
20. Idem
21. Nietzsche, "Rüblick auf meine zwei Leipziger Jahre". In: Schlechta, *Friedrich Nietzsche Werke*, 3:133.
22. Nietzsche, *Philosophy in the Tragic Age of the Greeks*. Trad. Marianne Cowan. Chicago: Regnery, 1962, p. 52.
23. Nietzsche a Carl von Gersdoff, 11 de abril de 1869.
24. Idem.
25. Ver Janz, *Nietzsche*, 1:202.
26. Ver Hayden, Deborah. *Pox: Genius, Madness, and the Mysteries of Syphilis*. Nova York: Basic Books, 2003.
27. Nietzsche a Erwin Rohde, 3 de novembro de 1867.
28. Ver Gossman, Lionel. *Basel in the Age of Burckhardt: A Study in Unseasonable Ideas*. Chicago: University of Chicago Press, 2000.
29. Overbeck, Franz. *Christentum und Kultur*. Org. Bernoulli, C. A. Basileia: 1919, p. 286, citado em Gossman, *Basel in the Age of Burckhardt*, p. 423.
30. Overbeck, Ida. "Erinnerungen". In: Bernoulli, Carl Albrecht; *Franz Overbeck und Friedrich Nietzsche: Eine Freundschaft*. Iena: 1908, 1:234, citado em Gilman, *Conversations with Nietzsche*, pp. 32-33.
31. Wagner, Richard. "Art and Revolution" (1849). In: *Richard Wagner's Prose Works*. Trad. W. Ashton Ellis. Londres: 1895, 1:37.
32. Ibid., 1:53.
33. Luise Elisabeth Bachofen, citado em Randa, Hermann. *Nietzsche, Overbeck und Basel*. Bern, 1937; e em Gilman, *Conversations with Nietzsche*, p. 50.
34. Nietzsche, *O nascimento da tragédia*, 24, *KSA*, 1, p. 154.
35. Friedrich Ritschl a Wilhelm Vischer, 2 de fevereiro de 1873, citado em *KSA*, 15, pp. 38-39.
36. Wilamowitz-Moellendorff, Ulrich von. *Zukunftsphilologie*. Berlim: 1972, p. 32, citado em Kaufmann, Walter. Introdução à sua tradução de *O nascimento da tragédia*: *The Birth of Tragedy*. Nova York: Vintage, 1967, p. 5.

37. Ver Nietzsche a Erwin Rohde, 21 de novembro de 1872, e Nietzsche a Rohde, 7 de dezembro de 1872. O caderno em questão é o de número 19 = P I 20b, verão de 1872/início de 1873, *KSA* 7, pp. 417-520.
38. Nietzsche, *The Pre-Platonic Philosophers*. Trad. Greg Whitlock. Urbana: University of Illinois Press, 2001, pp. 144-45. Uma edição acadêmica do texto alemão dessa série de lições, escrita para ser proferida no outono de 1872, na Basileia, foi publicada em 1995 pela primeira vez, sendo incluída em *Nietzsche: Werke, Kritische Gesamtausgabe*, parte 2, vol. 4, *Vorlesungsaufzeichnungen*, pp. 211-362.
39. Idem.
40. Nietzsche, *A filosofia na época trágica dos gregos*, 3, *KSA* 1, p 813.
41. Nietzsche, "O andarilho e sua sombra", 86, *Humano, demasiado humano*, vol. 2, *KSA* 2, p. 591.
42. Nietzsche, *A filosofia na época trágica dos gregos*, 2, *KSA* 1, p. 812.
43. Nietzsche, *Notebook Fragments*, verão/outono de 1873, 29 [205], *KSA* 7, p. 712; 29 [211], *KSA* 7, p. 714; 29 [204], *KSA* 7, p. 712.
44. Nietzsche, *Notebook Fragments*, verão de 1872/início de 1873, 19 [132], *KSA* 7, p. 461.
45. Ibid., 19 [179], *KSA* 7, p. 475.
46. Nietzsche, "Dos usos e desvantagens da história para a vida", 10, *Considerações extemporâneas*, II, *KSA* 1, p. 333.
47. Nietzsche, "Schopenhauer como educador", 8, *Considerações extemporâneas*, III, *KSA* 1, p. 426.
48. Idem.
49. Nietzsche a Carl von Gersdorff, 18 de janeiro de 1876.
50. As citações deste e dos próximos três parágrafos vêm de Scheffler, Ludwig von. "Wie ich Nietzsche kennen lernte". *Neue Freie Presse* (Vienna), 6 e 7 de agosto de 1907, traduzido em Gilman, *Conversations with Nietzsche*, pp. 63-76.
51. Idem.
52. Idem.
53. Idem.
54. Idem.
55. Idem.
56. Nietzsche, *Humano, demasiado humano*, vol. 1, Prefácio, 3, *KSA* 2, pp. 16-17.
57. Ibid., vol. 1, 39, *KSA* 2, p. 64.
58. Ibid., vol. 1, 142, *KSA* 2, p. 138.
59. Ibid., vol. 1, 251, *KSA* 2, p. 209.
60. Nietzsche a Peter Gast, 1883, *Sämtliche Briefe*, 6:365, citado em Köhler, *Zarathustra's Secret*, p. 103.
61. Von Scheffler, "Wie ich Nietzsche kennen lernte". In: Gilman, *Conversations with Nietzsche*, p. 103.
62. Nietzsche ao dr. Eiser. Início de janeiro de 1880, citado em Hayman, Ronald. *Nietzsche: A Critical Life*. Nova York: Oxford University Press, 1980, p. 219.
63. Nietzsche a Franz Overbeck, com carimbo postal de 30 de julho de 1881.
64. Nietzsche, *Notebook Fragments*, primavera/verão de 1881, 11 [141], *KSA* 9, p. 494.
65. Nietzsche a Peter Gast, 14 de agosto de 1881.
66. A epígrafe aparece apenas no frontispício da primeira edição, publicada em 1882. Ela foi retirada do ensaio "História", de Emerson, *EL*, p. 242.
67. Nietzsche, *A gaia ciência*, 342, *KSA* 3, p. 571.

68. Ibid., 125, *KSA* 3, pp. 480-82.
69. Nietzsche a Franz Overbeck, provavelmente outubro de 1882.
70. Lou Andreas-Salomé a Nietzsche, provavelmente 16 de setembro de 1882.
71. Lou Andreas-Salomé, *In der Schule bei Freud*. Org. Ernst Pfeiffer. Zurique: Max Niehans, 1958, pp. 155-56.
72. Nietzsche a Lou-Andreas Salomé e Paul Rée, provavelmente meados de dezembro de 1882.
73. Nietzsche a Franz Overbeck, enviada de Rapallo e recebida em 11 de fevereiro de 1883.
74. Overbeck, *Werke und Nachla?*, 4:18-19, citado em Gossman, *Basel in the Age of Burckhardt*, p. 437.
75. Nietzsche a Franz Overbeck, com carimbo postal de Rapallo, 25 de dezembro de 1882.
76. Nietzsche, *Notebooks Fragments*, junho/julho de 1885, 38 [13], *KSA* 11, pp. 611-12.
77. Ver Lou Andreas-Salomé, *Lebensruckblick*. Org. Ernst Pfeiffer. Zurique: Max Nichans, 1951, pp. 98-107. In: Gilman, *Conversations with Nietzsche*, p. 118.
78. Nietzsche, *A gaia ciência*, 341, *KSA* 3, p. 570.
79. Nietzsche, *Notebook Fragments*, outono de 1887, 10 [3], *KSA* 12, p. 455.
80. Nietzsche, "Assim falou Zaratustra", 3, *Ecce homo*, *KSA* 6, pp. 339-40.
81. Nietzsche, "Das antigas e das novas tábuas", III, *Assim falou Zaratustra*, III, 3, *KSA* 4, pp. 248-49.
82. Ibid., 4, 7, 11, *KSA* 4, pp. 249, 251, 254.
83. Nietzsche a Franz Overbeck, 20 de março de 1884 e 7 de abril de 1884.
84. Nietzsche, "Assim falou Zaratustra", 5, *Ecce homo*, *KSA* 6, pp. 342.
85. Von Schirnhofer, Resa. In: Lohberger, Hans. "Friedrich Nietzsche und Resa von Schirnhofer". *Zeitschrift fur philosophische Forschung*, 22, 1969, pp. 441-45. In: Gilman, *Conversations with Nietzsche*, p. 164.
86. Erwin Rohde em carta a Franz Overbeck, citado em Safranski, Rüdiger. *Nietzsche: A Philosophical Biography*. Trad. Shelley Frisch. Nova York: Norton, 2002, pp. 367-77.
87. Nietzsche a August Strindberg, 7 de dezembro de 1888; a Carl Fuchs, 18 de dezembro de 1888; a Franziska Nietzsche, 21 de dezembro de 1888; a Franz Overbeck, 25 de dezembro de 1888; a Meta von Salis, 29 de dezembro de 1888.
88. Verrecchia, Anacleto. *Zarathustras Ende*. Viena: Hermann Böhlaus, 1986, p. 265, citado em Köhler, *Zarathustra's Secret*, p. 193.
89. Overbeck, citado em Safranski, *Nietzsche*, p. 371.
90. Nietzsche, *Notebook Fragments*, verão de 1872/início de 1873, 19 [131], *KSA* 7, pp. 460-61.

EPÍLOGO

1. Nietzsche, *A genealogia da moral*, Prefácio, 1, *KSA* 5, p. 247.
2. Montaigne, *Ensaios*, II, 8, p. 385 (278).
3. Foucault, *Care of the Self*, p. 68.
4. Montaigne, *Ensaios*, III, 9, p. 1001 (766).
5. Rousseau, *A nova Heloísa*, Segundo prefácio, *OC* II, p. 27.
6. Nietzsche, *A filosofia na época trágica dos gregos*, 2, *KSA* 1, p. 812.
7. Warren, Rick. *What on Earth Am I Here For?* Grand Rapids, Zondervan, 2004, p. 5.
8. Jaspers, Karl. *Man in the Modern Age*. Trad. Eden e Cedar Paul. Londres, G. Routledge, 1933, pp. 193-94.

AGRADECIMENTOS

Grande parte deste livro foi pesquisado e redigido entre 2006 e 2007, com o auxílio da bolsa concedida pelo Dorothy and Lewis Cullman Center for Writers and Scholars, da Biblioteca Pública de Nova York. Agradeço à biblioteca e sua equipe pelo apoio generoso, assim como ao diretor do Cullman Center, Jean Strouse, e aos colegas que, ao longo daquele ano, se tornaram meus interlocutores mais importantes: James Shapiro, Maya Jasanoff, David Blight, Jeff Talarigo, Nelson Smith e Ben Katchor. Pelos cruciais diálogos travados no início do projeto, agradeço a Alexander Nehamas, a Stanley Cavell, a Richard Shusterman e a Richard J. Bernstein, amigo e colega na New School University.

Na primavera de 2003, a New School for Social Research me liberou das aulas para que eu pudesse começar a escrever, estendendo o auxílio até o período entre 2006 e 2007.

O New York State Summer Writers Institute me ofereceu um fórum em que li esboços do projeto diante de colegas e alunos. Agradecimentos especiais vão para Robert e Peg Boyers, diretores do instituto, e para os colegas escribas Lee Abbott, Elizabeth Benedict, Frank Bidart, Nicholas Delbanco, Carolyn Forché, Mary Gaitskill, Mary Gordon e Marc Woodworth.

Timothy Don, amigo e antigo aluno, hoje diretor de arte do periódico *Lapham's Quarterly* e gerente de produção do *The Nation*, me ajudou a encontrar e organizar as imagens dos filósofos que trago no livro.

Em busca de conselho e de encorajamento, recorri, como de costume, a Raphael Sagalyn, da Sagalyn Literary Agency; ele é meu amigo há mais de duas décadas, e sou incapaz de imaginar um defensor mais apurado.

Jonathan Galassi, da Farrar, Straus and Giroux, me instruiu a escrever uma obra que ele gostaria de ler, fornecendo-me um norte. Eric Chinski, seu colega na FSG, me aproximou deste objetivo, graças ao seu incrível talento como editor e seu profundo conhecimento da história da filosofia.

No final das contas, porém, minha primeira e última leitora foi Ruth Klue, e nossa canção era "Speak Low", de Kurt Weill. Acredito que, sem ela e sem a música que partilhamos, eu não teria sobrevivido.

Impressão e Acabamento:
GRÁFICA STAMPPA LTDA.
Rua João Santana, 44 - Ramos - RJ